德州学院学术著作出版基金资助

青年学术丛书·历史

YOUTH ACADEMIC SERIES-HISTORY

县令·幕僚·学者·遗老

——多维视角下的劳乃宣研究

张立胜 著

人民出版社

序

　　劳乃宣是近代中国一位政治保守而又有学术成就的人。政治上，劳氏力主镇压义和团、维护传统礼教、反对共和制，在当时产生过一定的影响。学术上，他的等韵学研究和推广简字的实践，又受到后世专家学者的称赞。二者矛盾似的集中于劳乃宣一身。清末民初，社会变化剧烈，劳乃宣在那个时代的官僚知识分子中有一定的典型性。

　　2007 年，张立胜同志考入北京师范大学攻读博士学位，几经周折，最终选择了劳乃宣作为学位论文的研究对象。选题确定后，他就开始广泛搜集有关劳乃宣的资料，经过两年半辛勤的研究，终于完成了以《多维视角下的劳乃宣研究》为题的博士论文。论文答辩后，又根据专家们的意见做了认真的修改，将由人民出版社出版。

　　《多维视角下的劳乃宣研究》是国内第一本较系统地研究劳乃宣的学术专著。该书对劳乃宣一生的重要活动及其思想作了探讨，涉及他的家世、受教和交游，仕宦和幕僚生涯，政治思想，学术兴趣与成就，教育活动及主张，遗老活动及其心态等方面。作者参考了大量文献，除《桐乡劳先生遗稿》、《劳乃宣公牍手稿》、《各国约章纂要》、《简字谱录》外，还利用了中国社会科学院近代史研究所图书馆所藏的《劳乃宣存札》等未刊稿。此前关于劳乃宣的一些记载，多有矛盾之处，作者做了认真考订和辨析。书后还附录有《〈韧叟自订年谱〉正误及补遗》一文。应该说，研究基础是扎实的。

　　在研读史料的基础上，作者以横向专题为主，辅以纵向为序，力图实事求是地评价劳乃宣。作者认为，劳氏是一位政治保守型的学者，和传统士人有共性，以传统的价值观为依归，且旧中有新，以新知维护旧道；但他又集县令、幕僚、学者、遗老于一身，在这一类型中又有其独特性。文中对劳氏关于"义和团乃白莲教支流"说的有关分析，对其"共和思想"的论述等，表明了作者的创新意识和科研能力。当然，这些论断只是作者自己的思考和认识，未必都准确、深入，有的还有待于时间的检验。

　　立胜同志的书稿，多有自己的见解，这里不一一说明。学术著作的出版，对作者来说，既带来喜悦，也带来遗憾——因为它总会存在不完善之处。"行远者必自迩"，"登高者必自卑"，希望立胜同志再接再厉，打牢史学研究的基础，为学术研究做出新的贡献。在本书即将出版之际，写点感言，是为序。

龚书铎

2011 年 1 月

目　录

绪　论

一、选题意义

　　劳乃宣（1843—1921），字季瑄，号玉初，一号玉磋，别署矩斋，晚号韧叟、劳山居士等，浙江桐乡人。祖籍山东阳信县①。同治四年（1865）中举人，同治十年（1871）成进士，光绪五年至二十六年间（1879—1900）历任临榆、南皮、完县、蠡县、吴桥、清苑等县知县二十余年（其中临榆、蠡县、清苑为署理）；光绪二十七年（1901）至光绪三十二年（1906）期间，任南洋公学总理、杭州求是书院监院、浙江大学堂总理及监督等职，曾在两江总督幕府，创办简字学堂，力主普及教育；光绪三十四年（1908），担任过宪政编查馆行走、政务处都提调；宣统二年（1910），任钦选资政院硕学通儒议员，后授江宁提学使；宣统三年（1911），授京师大学堂总监督兼署学部副大臣、代理大臣；进入民国后，劳氏主张复辟清室，以遗老自居。"丁巳复辟"期间（1917），授法部尚书，因衰老未受。他还是近代音韵学家、汉语拼音倡导者（一说创始人）。据劳氏自称，其著作大都散佚，现有《等韵一得》、《等韵一得补篇》、《增订合声简字谱》、《重订合声简字谱》、《简字从录》、《京音简字述略》、《简字全谱》、《古筹算考释》（6卷）、《古筹算浅释》（2卷）、《各国约章纂要》、《归来吟》、《诗文稿》、《遗安录》等，其中大部著作的序文收在《桐乡劳先生（乃宣）遗稿》一书中。《清史稿》（卷472，列传259）有其本传。

　　劳乃宣是清末民初的一个政治守旧型的学者，在清末民初的政治和学术领

---

① 劳乃宣：《桐乡劳先生遗稿·韧叟自订年谱》，丁卯冬日桐乡卢氏（卢学溥）校刊本1927年，第1页。

域均产生了一定的影响，有的方面还较为显著。从目前研究状况来看，史学界由于劳氏政治保守、官职不高等种种原因，对其研究还较为薄弱，专著尚付阙如，论文只有 20 篇左右。虽有几篇文章①对劳乃宣进行了总体研究，也有值得称道之处，但仍较为薄弱，尚有研究的余地。其余论文中大部分问题集中在教育思想及实践、法律思想（修订刑律时的礼法之争）、义和拳源流等方面，即使在这些领域，也只能说刚刚起步，研究得尚不够深入，而对其政治活动和学术贡献的研究相对更少。

在政治上，劳乃宣被认为是一个政治保守人物，但从现在的研究看，学界对其具体政治活动的研究，语焉不详，有必要认真地加以梳理。劳氏在直隶担任县令近 20 年，颇有政声而一直没有升迁的原因，是一个值得研讨的问题；他在礼法之争中扮演的角色，发挥的作用，值得进一步探讨；在辛亥革命后，他对"共和"的态度，以及对袁世凯复辟和"丁巳复辟"持有的态度及与青岛等地遗民的交往，自身遗民心态的特点等等，都有必要深入分析论证。

在学术上，劳乃宣善于思考，著述甚丰。他基本上接受的是中国传统教育，其知识构成的特点——研究古筹算学、音韵学、读音简字、简易识字等的成就与价值，值得探讨。作为一个知县，他编纂《各国约章纂要》和撰写《义和拳教门源流考》的动机、结果及其影响，也值得研究。在近代中国中西文化交流和碰撞的大背景下，劳乃宣不得不受到"欧风美雨"的浸染，有人提出劳乃宣也受到了西学的影响，逐步地认可和接受了西学②；但其认可和接受西学的程度与内容，目前尚未见到专门的论文对此进行研究。有人认为：劳乃宣是清末继曾国藩、张之洞等之后的"中体西用"的又一位代表人物③（惜未加论证）。这一观点是否成立，确有深入论证之必要。他曾出任南洋公学总理、杭州求是书院监院和总理、浙江大学堂监督、学部副大臣、京师大学堂监督等，尽管时间较短，但是劳氏能够履任教职的原因等，也是值得探讨的问题。笔者力求对上述问题作出进一步的论证分析。

---

① 沃丘仲子：《劳乃宣》，《近现代名人小传》下册，北京：国家图书馆出版社 2003 年，第 324—325 页（原名《当代名人小传》，崇文书局 1922 年印行）。陈训慈：《桐乡劳玉初先生小传》，浙江省立图书馆《文澜学报》第 1 集，1935 年第 1 期。朱宗震：《劳乃宣》，宗志文、朱信泉主编，李新校阅：《民国人物传》（第 3 卷），北京：中华书局 1981 年，第 391—394 页。

② 于建胜等：《试论劳乃宣的教育思想及实践》，《青岛大学师范学院学报》2005 年第 4 期。

③ 郭婕：《劳乃宣法律思想略论》，《史学月刊》2000 年第 2 期。

从资料情况来看，首先，即最基本的是《桐乡劳先生（乃宣）遗稿》（其中文稿 8 卷）；其次，中国社会科学院近代史研究所图书馆藏有《劳乃宣存札》，劳乃宣《劳斋日记》、《矩斋日记》等资料①；再次，劳乃宣曾为端方起草的《劳乃宣公牍手稿》早已影印出版，为后人研究提供了一定的便利。另有《各国约章纂要》和《简字谱录》等著作及国家图书馆等藏有劳乃宣的一些单行刻本著述。同时再搜集与之交往的亲朋好友的文集、书信等，以资佐证。因此对其进行研究的资料支撑是充分的。

综上，在清末民初，劳乃宣的政治活动及政治态度与其学术成就有何关系，是一个饶有兴趣的问题，如果从政治与学术互动的角度，以劳乃宣为个案，系统而深入地梳理劳乃宣的政治活动及态度、其在学术上的贡献以及二者之间的互动关系，对于深入研究劳乃宣，进一步把握清末民初的政治与学术有一定的学术价值。

劳乃宣研究也有一定的现实意义。如何对待中国传统文化和外来文化，是许多人关心、思考和需要解决的问题，当代学者对文化的继承原则问题进行了诸多探索。其实，在中西文化剧烈碰撞与交融的清末民初，学者也曾面临这一问题。劳乃宣一生的活动和事业也反映出其对传统文化与外来文化的探讨，以劳氏为个案从一个侧面对文化的继承原则问题加以研讨，对于我们深入了解近代士人在中西文化上的认识有借鉴意义。

二、学 术 史 回 顾

20 世纪初至 20 年代初劳乃宣去世，关于劳乃宣举办简字学堂、推广简字的奏摺和演讲、礼法之争中的言行及反对革命、主张复辟等事在当时的报纸上有报道②，但尚称不上严格的学术研究。

---

① 编号为甲 57，甲 57 - 3，甲 57 - 4，甲 57 - 6，甲 57 - 7，未刊稿，中国社会科学院近代史研究所图书馆藏。

② 如 1906 年，劳乃宣有《致〈中外日报〉馆书》，是对《中外日报》（光绪三十二年二月二十八日）之文《评劳乃宣〈合声简字〉》的答复，旨在宣传推广简字。《国内紧要新闻：劳乃宣之折留中》，《大同报》（上海），1909 年第 15 期。此外在《政治官报》（第 297、800、984 号）、《盛京时报》（影印本第 21 册，宣统三年十一月初八日，《劳乃宣示儿书》，第 233 页；第 28 册，《劳乃宣之坚决》，1914 年 6 月 6 日，第 188 页）、《孔教会杂志》（劳乃宣：《复友人论丧服书》，1913 年 8 月，第 1 卷第 1 期）和《民视报》等报刊上有所涉及。劳氏自己曾记述过报章的讽刺其"劳而无功"的话，并赋诗反击，见劳乃宣：《桐乡劳先生遗稿》卷 7，页 22。

自从劳乃宣去世，至今约 90 年间，学术界对劳乃宣的研究也曾有所关注，但总体上是断断续续，没有引起足够的重视，可以说与劳氏在清末民初的影响是不相称的。改革开放以来尤其是 20 世纪 90 年代以来，伴随着学术的日益繁荣，学术界对劳乃宣的研究成果逐渐增多。

截至目前，据笔者不完全统计，学术界研究劳乃宣的论文有 20 余篇①，专著尚付阙如。现分为通论研究和专题研究两个方面，对研究现状予以梳理。而专题研究主要集中在教育思想及实践、法律思想、音韵学等方面。另外在一些著作和论文中，如法律史在论述"礼法之争"时，作为礼教派的一个重点代表人物，劳乃宣往往作为背景知识予以介绍，但大多一笔带过。兹具体评介如下：

---

① 据笔者目力所及，关于劳乃宣的论文，大陆学界有：于建胜：《一个知县眼中的义和团——以劳乃宣的〈义和拳教门源流考〉为中心的探析》，《山东师范大学学报》（哲学社会科学版）2010年第 1 期；李美惠：《劳乃宣教育主张与教育实践探析》，北京师范大学硕士学位论文，2009 年；周旋：《清末礼法之争中的劳乃宣》，《华东政法大学学报》2009 年第 4 期；闫翠翠：《劳乃宣的"变"与"不变"》，《山东农业管理干部学院学报》2008 年第 4 期；李明等：《试论劳乃宣的重民思想及其实践》，《山东教育学院学报》2008 年第 1 期；李明：《论劳乃宣的思想历程》，《今日科苑》2007 年第 22 期；于建胜：《劳乃宣与清末修律述论》，《历史教学问题》2007 年第 5 期；于建胜等：《试论劳乃宣的教育思想及其实践》，《青岛大学师范学院学报》2005 年第 4 期；李福友：《阳信名人劳乃宣》，《春秋》2003 年第 3 期内部资料；孔令仁：《我的太外祖劳乃宣和祖母劳绅》，《春秋》2002 年第 2 期内部资料；郭婕：《劳乃宣与清末修律》，河南大学硕士论文 1999 年（未得见）；郭婕：《劳乃宣法律思想略论》，《史学月刊》2000 年第 2 期；王世维：《官吏、学者劳乃宣》，《青岛师专学报》1993 年第 2 期；吕淑红：《论劳乃宣现象》，《内蒙古师范大学学报》（哲学社会科学版）1991年第 2 期；林敦奎：《劳乃宣》，林增平、郭汉民主编：《清代人物传稿》下编第 6 卷，沈阳：辽宁人民出版社 1990 年；朱宗震：《劳乃宣》，宗志文、朱信泉主编，李新校阅：《民国人物传》（第 3卷），北京：中华书局 1981 年；陈训慈：《桐乡劳玉初先生小传》，浙江省立图书馆：《文澜学报》第 1 集，1935 年第 1 期；沃丘仲子：《劳乃宣》，《近现代名人小传》下册，北京：国家图书馆出版社 2003 年，第 324—325 页。

港台和海外以劳乃宣为题的论文中现见到二篇硕士学位论文和一篇劳乃宣的传记：朴允河：《劳乃宣〈等韵一得〉研究》，台湾师范大学国语研究所硕士论文，1992 年；郑绍基：《劳乃宣汉字改革理论研究》，香港大学硕士论文，1999 年（朴氏的硕士论文参考书目中列有研究劳乃宣音韵学的论文如姚荣松：《劳乃宣的审音论》，第二届国际暨第十届全国声韵学学术研讨会抽印本，1992 年，等）。劳乃宣的传记，参见 [美] 包华德主编，沈自敏译，赵杰等校：《中华民国史资料丛刊》译稿，《民国名人传记辞典》第 6、7、8 分册（上），北京：中华书局 1986 年，第 137—140 页。

（一）通论研究

　　1921 年，劳乃宣去世后，柯劭忞为其撰写了墓志铭①；1927 年，劳氏遗稿由其弟子卢学溥刊印，为以后的研究提供了基本的资料。

　　笔者目前所见最早的劳乃宣传记为沃丘仲子在《当代名人小传》中所作。作者对劳乃宣在知县任上的宦绩等有所肯定，但总体上认定劳氏为"旧派"，"朝士莫不笑其迂腐"，"主守旧而不能自圆其说"。作者把他归入清室遗臣一类（共 26 人）中，反映出作者所持民国之立场②。该书最早出版于 1922 年，按其自叙"传例生存人归当代"③，可知作者为劳氏作传当于 1921 年劳氏去世之前，全文虽只有五百余字，但对劳乃宣的评价还是较为深刻的，日后也被贾逸君编《中华民国名人传》所采用④。其次，较早的劳乃宣传记见于《清史稿》（卷 472，列传 259：劳乃宣列传）⑤，但亦较为简略，只有八百余字，又有其特定立场。后蔡冠洛编著《清七百名人传》中劳乃宣的传记⑥与《清史稿》中的记载相同，值得注意的是蔡氏把劳乃宣放在了政治编（分为政事、财政、教育、外交等四类）政事类人物之中，其中虽有一定的道理，但人的活动往往是多方面的、复杂的，对于某些人勉强归入一类有时不一定妥当，譬如劳乃宣在清末民初的教育领域和语言文字学领域亦有重要的影响，就是

---

　① 柯劭忞撰：《诰授光禄大夫劳公墓志铭》除收入《桐乡劳先生遗稿》（丁卯冬日卢氏校刊版）外，还收入闵尔昌纂录：《碑传集补》卷 6 部院大臣四，沈云龙主编：《近代中国史料丛刊》（100），台北：文海出版社 1973 年，第 423—426 页。按，《碑传集补》为 1923 年纂录。汪兆镛辑：《碑传集三编》卷 8 部院五，沈云龙主编：《近代中国史料丛刊续编》（73），台北：文海出版社 1977 年，第 397—401 页。按，《碑传集三编》为 1938 年辑成。

　② 沃丘仲子：《劳乃宣》，《近现代名人小传》下册，北京：国家图书馆出版社 2003 年，第 324—325 页。

　③ 沃丘仲子：《当代名人小传自叙》，《近现代名人小传》下册，北京：国家图书馆出版社 2003 年，第 3 页。

　④ 如贾逸君编：《民国名人传》，岳麓书社 1993 年，第 579 页。该书据北平文化学社 1937 年版印行，原名《中华民国名人传》，分革命先烈、政治、军事、外交、前清遗老等十二门，编者亦是把劳乃宣归入"前清遗老之门"。

　⑤ 赵尔巽等《清史稿》，北京：中华书局 1977 年，第 12823—12825 页。另 12836 页有论："论曰：辛壬之际，世变推移，莫之为而为，其中盖有天焉。润庠、世续诸人非济变才，而鞠躬尽瘁，始终如一，亦为人所难者也。乃宣、曾植皆硕学有远识，惓惓不忘，卒忧伤憔悴以死。呜呼，岂非天哉！"按：关内本把劳乃宣、沈曾植移入下卷，独为一卷。'论'中'鞠躬尽瘁'以下改为'不忘故君，靖国尔位，始终如一，亦为人所难者也。乌乎仅矣！'

　⑥ 蔡冠洛：《清七百名人传》，上海：世界书局 1937 年，第 569—570 页。

例证。

1935年，陈训慈有感于劳乃宣"訾讥民国，讴歌前朝"，"论者遂有所戒忌，稀复颂述其言行；遂使去先生之亡才十余年，而后进之士已罕能举其名，可慨也"，于是著成《桐乡劳玉初先生小传》，发表于《文澜学报》创刊号，劳乃宣是作为浙江的五位乡贤①来加以研究的。陈氏参考、运用了较多的史料，对劳乃宣的研究有较大推进，堪称一份力作，其立场、观点与《清史稿》已有较大不同，有不少值得借鉴之处，但个别论述有不确之处，如称"其（劳氏）在吴桥，重兴莲池书院，聘贵筑（今贵州省贵阳市）黄子寿彭年主讲，严立学规人才蔚起"②，可能是对史料的误读所致，对此劳乃宣的子女等人亦有所认识③。

1961年，张舜徽把阅读过的六百余种清人文集做成札记，曾著成《清人文集别录》，其中亦包括《桐乡劳先生遗稿》。张氏对劳乃宣有一些总体评价，多有肯定，如称劳氏曰："博通经史，而议论多新异"，"（《主静辨》）斯论至为透辟"，"至于提倡简字，欲用为普及文字之具，用心良苦，运思甚周。简字，拼音字也。……此实为今日国语注音推行简字之先驱，而乃宣实大力唱导开风气人也。其时乃宣年已六十余，竟能于举世不为之日，不顾众谤群疑，毅

---

① 这五人是钱武肃王、黄梨洲先生、孙仲容先生、姚海槎先生、劳玉初先生。见浙江省立图书馆：《文澜学报》第1集，1935年第1期。

② 陈训慈：《桐乡劳玉初先生小传》，浙江省立图书馆：《文澜学报》第一集，1935年第1期。后被收录于台湾艺文印书馆1964年出版《桐乡劳先生遗稿》附录及北京图书馆出版社2006年《陈训慈百年诞辰纪念文集》中（第126—134页）。陈训慈（1901—1991），字叔谅，浙江省姚人，陈布雷之弟，1924年毕业于国立东南大学，历任上海商务印书馆编译所编译、中央大学史学系讲师、浙江大学史地系教授。1932年任浙江省立图书馆长，10年任职中，推行普及社会教育与提高学术研究相兼顾的办馆方针，实行通年全日开放制度，又先后创办《文澜学报》、《浙江图书馆馆刊》、《图书展望》、《读书周报》等。他致力于近代文史的研究和文献的保护，为此做出了重要贡献。

③ 傅任敢辑：《提倡简字以谋教育的劳乃宣先生——近代中国教育人物像传之一》，《中华教育界》第24卷第7期，1937年1月。传记内容录自陈训慈的《劳乃宣传略》，由劳乃宣的后人提供。具体过程如下：傅任敢通过浙江教育厅征集近代中国教育先进人物传，浙江教育厅向劳乃宣的家属致函征集"所列遗像、遗墨、详传三种，迅行搜集径寄北平清华大学傅任敢先生收为荷"。此信藏于中国社会科学院近代史研究所图书馆《劳乃宣存札》，甲57，未刊稿，其中所存浙江教育厅公笺。之后傅任敢收到劳家寄来的"遗照、遗集各一份，承缴，遗墨一册"，并回信曰："再，又于《文澜学报》陈叔谅先生所为尊大人传记中错误之处详切指示。……遗墨并已摄毕，敬谨缴还，至祈查收。浙江省立图书馆搜刊先哲遗著不遗余力，尊大人遗文似可交其刊布，藉惠士林。陈君传记错误之处并以函告之矣。专肃布谢。"此封傅任敢致劳健章（字笃文）的信见于《劳乃宣文稿》甲57－1中，未刊稿，藏于中国社会科学院近代史研究所图书馆。由此可知，劳健章等人已注意到了陈氏文中的此一失误。

然行之而不沮，可谓有勇有识矣"。① 张氏的说法言简意赅，对劳乃宣的学术成就持肯定态度。

20 世纪 80 年代初，朱宗震在《中华民国人物传》第 3 卷中为劳乃宣作传，记述简明扼要。其评价劳氏"这种以镇压人民来讨好帝国主义的卑劣伎俩，充分暴露了这个儒学卫道士的卖国贼嘴脸"②。这就带有时代的烙印，过于脸谱化、简单化了。但他引用了以往研究中所不曾使用的关于劳乃宣存札未刊稿，在资料使用上有新的突破。

约在 20 世纪 90 年代，章开沅在《实斋笔记》中曾有一则《劳乃宣同情农家疾苦》。作者认为："劳乃宣因镇压义和团与参与民初帝制复辟活动，颇为后世史家疵议，但他早年确曾同情农家疾苦。……《桐乡劳先生遗稿》可看作其一生发展轨迹之实录，但不能以人废言，其《东厂歌》惜不为当今史家所注意。"③ 这则笔记实际为劳乃宣一生及其《桐乡劳先生遗稿》的精要评介，既有批评，也不乏赞成之处。

1993 年，王世维以《官吏、学者劳乃宣》为题④，对劳乃宣的一生做了大致的勾勒，下了一定的功夫，对劳乃宣的政治与学术上的认知总体上是到位的，不足之处是该文缺乏注释，有的观点尚需斟酌，如文中提出："1899 年底和 1900 年初袁世凯在山东镇压义和团的行动，使劳乃宣对他十分信赖。十多年后在袁世凯称帝活动中又得到了劳乃宣的支持"，此一说法可能与史实有一定的差距。

2002 年，孔令仁曾撰写《我的太外公劳乃宣和祖母劳绒》⑤ 一文，重点对劳乃宣一生的学术成就给予了评述，其对劳乃宣的评价总体而言是实事求是的，可资借鉴。该篇的特点在于，它作为一篇后人的回忆性文章，是难得的口述史料。

---

① 张舜徽：《清人文集别录》，收录于《张舜徽集·清人文集别录》，武汉：华中师范大学图书馆 2004 年，第 534—535 页。又据其自序，该书最初的稿子完成于 1961 年。

② 朱宗震：《劳乃宣》，宗志文、朱信泉主编，李新校阅：《民国人物传》（第 3 卷），北京：中华书局 1981 年，第 391—394 页。此后不久，林敦奎：《劳乃宣》，林增平、郭汉民主编：《清代人物传稿》下编第 6 卷，沈阳：辽宁人民出版社 1990 年，第 206—210 页。该文总体上未能超越前面几篇文章。

③ 章开沅：《实斋笔记》，北京：东方出版社 1998 年，第 295 页。

④ 王世维：《官吏、学者劳乃宣》，《青岛师专学报》1993 年第 2 期。

⑤ 孔令仁：《我的太外祖劳乃宣和祖母劳绒》，《春秋》2002 年第 2 期，内部资料。

美国哥伦比亚大学出版了由包华德（Howard L. Boorman）主编的《民国名人传记辞典》，"收入我国辛亥革命以后各方面的有名人物的传记共595篇，约140万字"①。其中有劳乃宣传，是目前所见国外第一篇较为系统介绍劳乃宣的传记，该文是在参阅了《桐乡劳先生遗稿》的基础上写成的，对劳氏一生的主要事迹均有所涉猎，并有其特色，如评价劳乃宣为"政府官吏、理学家、史学家，以对义和团运动起源的学术论述而闻名"②。但总体而言，仍然较为简略。中国社会科学院近代史研究所将其翻译过来③，个别地方有不确之处，如"1887年"应为"1877年"，"1983年"应为"1883年"，"陆学普（音译）"应为"卢学溥"④（译者如果参阅《桐乡劳先生遗稿》就会避免这样的失误）等，因此翻译和原文之间可能会产生一定的差距。

美籍华人学者周明之在《近代中国的文化危机：清遗老的精神世界》一书中，主要以梁济、王国维、罗振玉、郑孝胥为例，"环绕着'忠'和'现代化'这两个问题"，对清遗老的精神世界进行了细致的勾勒，其中"在全书多处论及沈曾植、劳乃宣、陈宝琛等人的看法"。⑤周氏之理论方法对于研究劳乃宣在民国后的遗民心态不无借鉴意义。但是他在文中还曾曰："清朝遗老开明的态度和改变的热情，因为辛亥革命而熄灭。""可是为什么辛亥革命对他们会有如此巨大的冲击力呢？他们从此坚决反对民国，反对现代化，终其身而无憾。这是因为在遗老的心中，是一个根深蒂固的道德观。辛亥革命唤起了他们对亡清的忠的情感，并使他们怀疑现代化的方向和正确性。西化的结果，引起了民国革命，造成了种种破坏和动荡。他们决定在政治上恢复清朝，在文化上回到孔孟儒家的道德理想世界。"⑥此处以辛亥革命为界分析遗老的思想变化有一定道理，但作者似乎过分强调了辛亥革命对上述遗老的影响，而忽视了这些遗老自身思想变化的复杂性，尤其是他们中间的某些人在清末就表现出保

---

① 彭明：《评价民国历史人物的几点意见》，《人民日报》1984年6月25日。
② ［美］包华德主编，沈自敏译，赵杰等校：《中华民国史资料丛刊》译稿，《民国名人传记辞典》第6、7、8分册（上），北京：中华书局1986年，第137页。
③ 同上书，第137—140页。
④ 同上书，第138、140页。
⑤ ［美］周明之：《近代中国的文化危机：清遗老的精神世界》，济南：山东大学出版社2009年，绪言。
⑥ 同上书，第38、39页。

守性。

　　另，民国的一些县志①对于劳乃宣任知县的宦绩多有记载，可供参考。中华人民共和国建立后所修的省志、县志及相关省、县、市的文史资料中也曾记述有劳乃宣的一些事迹②，虽各有其特点，有少许资料的补充，但总体无大的推进。这些可作为关于劳乃宣的通论研究。

（二）专题研究

　　下面按时间顺序分三个阶段对劳乃宣在各专题方面的研究进行一下梳理。

1. 20 世纪 20 年代初至 40 年代末（1921—1949）

　　20 世纪 20 年代至 40 年代末，学术界对劳乃宣的研究成果不多。主要集中在语言文字学领域，如黎锦熙在《国语运动史纲》及其他人的一些专题论文③中多次提及劳乃宣的简字改革和音韵学成就④。黎氏在考察从清末到民国 20 年代近 40 年的国语运动时，特别是在批评民国 20 年代国语工作者时，说他们"实际的工作还远不如清末王（照）、劳（乃宣）二家"，说劳乃宣"是一位讲等韵学的专家（他的《等韵一得》可以说是讲等韵学最清楚最后出的书）"⑤。许世瑛的总体评价曰："关于劳氏之音理，上文已尽量解释，吾人知彼具有高深之语音学知识，为清末独一无二之等韵学家，唯因拘泥于一般等韵学家之旧习，必使其母韵表成一整齐之图形，不免牵强附会，为白圭之玷耳。"⑥ 王力在其《中国音韵学》中也提及了劳乃宣的成就，给予了充分肯定⑦。

　　1937 年 1 月，傅任敢辑《提倡简字以谋教育普及的劳乃宣先生——近代中国教育人物像传之一》，发表于《中华教育界》第 24 卷第 7 期。传记内容

---

　　① 如民国《临榆县志》、民国《南皮县志》、民国《完县新志》、民国《清苑县志》等。

　　② 如《浙江人物简志》、《浙江省人物志》、《浙江省文史资料》第 48 辑、《桐乡县文史料》第 4 辑和第 24 辑、《阳信县文史资料》第 1 辑、《山海关文史资料》第 4 辑等。

　　③ 许世瑛：《〈等韵一得〉研究》，《许世瑛先生论文集》，台北：弘道文化事业公司 1974 年。按，许世瑛的文章原载于《燕京大学学报》1939 年第 5 期。

　　④ 黎锦熙：《国语运动史纲》，上海：上海书店出版社 1990 年影印（据上海商务印书馆 1934 年），其中序第 6 页、卷 1 第 17、28—33 页等多处对劳乃宣的语言文字成就有论述。

　　⑤ 同上书，序第 6 页、卷 1 第 29 页。

　　⑥ 许世瑛：《〈等韵一得〉研究》，《许世瑛先生论文集》，台北：弘道文化事业公司 1974 年，第 184 页。

　　⑦ 王力：《中国音韵学》，上海：上海书店 1990 年影印（据上海商务印书馆 1937 年），第 161—165 页。

录自陈训慈的《劳乃宣传略》，由劳乃宣的后人提供①，说明了劳氏的教育成就在民国时期仍受到一些人的关注。1948 年，程俊英编《中国大教育家》一书，把劳乃宣列入其中，但对劳氏的叙述较为简略，只记述其提倡简字的贡献，并曰"现在全国所通行之注音符号，是由劳氏简字演变出来的，国语统一的成功，是由先生首先尽瘁提倡得来的结果"②。劳乃宣是否是大教育家当然需要斟酌，但全书共举出 21 位大教育家③，反映出编者对劳乃宣的教育贡献给予了足够的重视。

2.20 世纪 40 年代末至 70 年代末

1949 年，中华人民共和国建立后，为了对语言文字进行改革，推出了简化字方案，文字改革出版社编纂了《清末文字改革文集》④ 等书。该书收录了清末汉字改革和汉语拼音的著作、序跋、论文、奏折、说帖（会议提案）、书信、演说等约 68 篇，其中劳乃宣所著的序言、书信等约 12 篇，从一定程度上反映出劳乃宣在清末文字改革中占有重要的地位。此外，未见研究劳乃宣的专题论文。由于时代环境的变化，此一时期，研究劳乃宣的文章很少。

港台地区有专门研究劳乃宣的等韵学的论文发表，如未迟著《劳乃宣的〈等韵一得〉》⑤，但具体内容，笔者尚未得见。戴玄之在《义和团研究》中对义和团源流的考释⑥，涉及到对劳乃宣著《义和拳教门源流考》的评介。戴玄之认为：劳乃宣"义和拳乃白莲教之支流"说不足信，"义和团由梅花拳而来，梅花拳由义和拳而来。至于义和拳，则源于咸、同年间的乡团"、"义和团与白莲教无关"。⑦ 但戴氏认为"中国史学家几乎一致视同信史"，大概指他

---

① 傅任敢所用劳乃宣像传的资料来源详见第 4 页注释 8。

② 程俊英编：《中国大教育家》，北京：教育科学出版社 2008 年，第 154 页。该书最早的版本为上海中华书局 1948 年版。

③ 这 21 人为孔子、孟子、荀况、董仲舒、马融、郑玄、韩愈、胡瑗、周敦颐、程颢、程颐、朱熹、陆九渊、王守仁、颜元、王筠、劳乃宣、张之洞、孙家鼐、张百熙、蔡元培。见程俊英编：《中国大教育家》目录。

④ 本社编：《清末文字改革文集》，北京：语言文字出版社 1958 年。

⑤ 未迟：《劳乃宣的〈等韵一得〉》，《语言学论丛》第 1 辑，1957 年。

⑥ 戴玄之：《义和团与白莲教无关考》，《大陆杂志》第 25 卷第 3 期，1962 年 8 月。戴玄之：《义和团的本质》，《大陆杂志》第 24 卷第 1 期，1962 年 1 月。戴玄之《义和团的变质》（上、下），《大陆杂志》第 26 卷第 11、12 期，1963 年 6 月 15、30 日；后结集出版为专著《义和团研究》，台北：文海出版社 1963 年初版，1967 年再版。

⑦ 戴玄之：《义和团研究》，台北：文海出版社 1963 年，第 10、34—40 页给予了具体论证。

对当时台湾近代史研究中的一种看法。笔者对此不敢苟同。

3. 20 世纪 70 年代末至今

20 世纪 70 年代末，中国进入了改革开放的新时期，学术研究的环境发生了较大的变化，尤其是 20 世纪 90 年代以来，大陆学界的文化热研究出现了新的特点，一些过去长期受到人们忽视的学术人物受到重视。在此情境之下，研究劳乃宣的专题论文日渐增多，据初步统计，约有十余篇。另外，语言文字学（尤其是等韵学）著作中也一些关于劳乃宣的记述。兹就其论述的典型问题分析如下：

（1）关于古筹算学方面

吕淑红认为中国古筹算从先秦至宋元有着悠久的历史，自明代起渐被珠算所取代，而晚清劳乃宣等人从事的古筹算学研究，是一种复古的表现，与社会发展格格不入。吕对于劳乃宣的古筹算学评价较低，提出应该弘扬优秀的传统文化，而不是简单复古。①

（2）关于"礼法之争"及其法律思想的研究

郭婕重点对劳乃宣法律思想的积极性进行了论述，认为劳乃宣是清末修律中礼教派的主要代表人物，由于他长期在基层做官，更能注意到传统礼教在国人法律心理中的广泛性和持久性。所以在改革法律的重心和程度上，他认为各国法律的起源和分类不同，其变法也不能趋同，应该立足本国国情，因俗制宜，保持各自的特色。劳乃宣关于法律特殊性的认识和主张，如果在清末修律中运用得当，就可以相应地减少清末修律中的盲目性，使新法在吸收旧有法律的基础上更具有可操作性和权威性。这与超前立法相比，更能保持社会的稳定性，也更符合法律持续性发展的规律。② 该文对劳乃宣的法律思想有较深入的分析，对劳乃宣的法律思想研究有一定的推进。

于建胜对劳乃宣的法律思想评价进一步提高。他认为劳乃宣是晚清时期的著名学者之一，虽然在地方为官二十余年无显赫政绩，但在清末却参与了新政的修律改革。在修律的过程中，劳乃宣积极参言，提出了自己的修律见解和主张，并对中国的法律改革与发展提出了极富远见的建议。虽然身处社会转型时期，其思想不无矛盾之处，但其法律思想至今仍有借鉴意义。③

① 吕淑红：《论劳乃宣现象》，《内蒙古师大学报》（哲学社会科学版）1991 年第 2 期。
② 郭婕：《劳乃宣法律思想略论》，《史学月刊》2000 年第 2 期。
③ 于建胜：《劳乃宣与清末修律述论》，《历史教学问题》2007 年第 5 期。

周旋则认为，在礼法之争中为人所知的劳乃宣此前乃一合乎传统理想的醇儒、循吏。在礼法之争中，劳乃宣坚持的都是关涉到礼教纲常的大问题，其论理不仅严密，亦颇现代。从政治立场来看，劳乃宣不仅支持君主立宪，亦对之颇为期待。可以说，劳乃宣并不是人们通常想象的迂腐遗老。我们对他也许应当给予更多的同情。① 周氏侧重于从传统文化的视角来认识劳乃宣，对礼法之争中劳氏的主张评价过高，其部分结论值得商榷。

（3）关于劳乃宣的教育实践及其思想研究

于建胜、高建华认为，劳乃宣在新旧杂陈的多元文化影响下长大，形成了独具特色的教育思想，表现出传统礼学和新兴西学并存的思想基调。他提出了蒙学教育及推广简字的若干教育主张，并亲身付诸实践。虽然其主观目的是为了维护清朝统治，但在一定程度上促进了中国近代教育的发展。② 该文对劳乃宣的教育主张论述较为全面，但某些地方还不够深入，还有可以挖掘之处。

李美惠对劳乃宣教育主张与实践作了认真的梳理，对其成就与不足也给予了评价，但有些地方尚需斟酌和进一步完善。③

（4）关于语言文字学方面的成就

音韵学是劳乃宣的主要学术成就之一，尚未发现对此专门研究的论文，但耿振生、陈复华等音韵学著作中有多处论及劳乃宣的等韵学成就。④

史革新在《中国文化通史》晚清卷中设计并撰写了第五章语言文字的改革。他结合倪海曙的研究成果，列表归纳了清末拼音的 28 种方案，并分成四类进行了分析。其中曰："劳乃宣在政治上虽然保守，但却长于音韵学和算学，是当时的知名学者。……劳乃宣着重强调了两个问题：一是方言拼音与语

---

① 周旋：《清末礼法之争中的劳乃宣》，《华东政法大学学报》2009 年第 4 期。周在该文中还借用王尔敏的说法，称劳乃宣为"经世小儒"。

② 于建胜、高建华：《试论劳乃宣的教育思想及实践》，《青岛大学师范学院学报》2005 年第 4 期。

③ 李美惠：《劳乃宣教育主张与教育实践探析》，北京师范大学硕士学位论文 2009 年。李美惠的论文对劳氏的教育主张和教育实践进行了一定的归纳总结，但称劳乃宣为"杰出的教育家"，似需斟酌，且在思路上仍未摆脱于、高所撰论文的束缚，个别错误仍然予以沿袭，如第 25 页："劳乃宣在任江宁提学使期间，为了更好地推广简字，在地方大吏周馥的支持下，曾在南京设立了'简字半日学堂'……"劳任江宁提学使是在 1911 年，周馥任两江总督时为 1905—1906 年，两者相差约五年，这是于、高论文首先提出的，李美惠不察，仍沿用其说。另在附录《劳乃宣年谱简编》中有不确之处。

④ 耿振生：《明清等韵学通论》，北京：语文出版社 1992 年，第 1—2 页、第 57 页、第 84 页等；陈复华编：《汉语音韵学基础》，北京：中国人民大学出版社 2002 年，第 4 页、第 12 页等。

言统一的关系，一是切音字与反切的关系。他认为，学了方言拼音再学官话就比较容易，……这种看法颇具见地，道出了今天通过方言语音与普通话语音的对应规律来学习普通话的方法。这种观点的提出有助于正确处理方言拼音与共同语之间的关系问题。在拼音文字与反切法的关系上，劳乃宣主张'简字即反切之捷法'，强调二者的一致性。……拼音改革不是完全用外国的办法取代中国传统旧法，而是对古代拼音方法的继承和发展。劳乃宣的观点是正确的。"① 他对劳乃宣的方案持赞成态度。

　　汪林茂近来对清末文字改革运动进行了专题研究，他认为文字改革不单单是语言文字问题，当时是以振兴中华为趋向的工具理性来推进文字改革，忽视了汉字本身的人文理性价值；在20多种切音方案中，他提到了劳乃宣的《增订合声简字谱》（宁音谱）、《重订合声简字谱》（吴音谱）等方案②，对今后研究劳乃宣的语言改革成就颇具启发意义。

　　王东杰认为：长期以来，中国现代语言文字改革主要是语言学家关注的课题，历史学家注意较少。然而，作为文化的基本载体，语言文字在近代中西学战中，深切反映了整个文化的深层脉动，意义不容小视。"在清季中西学战导致的整体社会生活变迁压力下，一批学者目睹西方和日本的'富强'之效，同时受到进化论等西来观念的影响，认为西人富强的秘密在切音为字，简便易学；汉字繁复，又与语言分离，不便普及，乃是中国贫弱的根源，为此，不少人投入到以'言文合一'为目标的制造汉语切音字运动中。这一运动的榜样是泰西和日本，也从中国学术传统里汲取了思想资源。其提出的一些基本问题，在此后国语运动中一直存在。"③ 其中涉及到劳乃宣，其研究思路对研究劳乃宣的语言文字改革不无启发意义。

　　（5）其他

　　2010年，于建胜撰写《一个知县眼中的义和团——以劳乃宣的〈义和拳教门源流考〉为中心的探析》一文。他提出：从劳乃宣这个当时在任的县官

　　① 郑师渠总主编，分册主编史革新：《中国文化通史》晚清卷，北京：北京师范大学出版社2009年，第140页。该书最早为中共中央党校出版社2000年出版。
　　② 汪林茂：《清末文字改革：民族主义与文化运动》（上）（下），《学术月刊》2007年第10、11期；《工具理性思路下的清末文字改革运动》，《浙江大学学报》（人文社会科学版）2008年第5期，都有所论述。
　　③ 王东杰：《从文字变起：中西学战中的清季切音字运动》，《中山大学学报》（社会科学版）2009年第1期。

角度来探析义和团问题，或许能对义和团及劳乃宣的深入研究有所裨益。一方面，他提出要彻底弄清义和拳到底是什么、源自何处、如何发展演变等问题，恐怕是一个难以在短时间内解决的问题；另一方面他肯定了劳乃宣的作为，对于地方官来说其实就是维护一方平安，这一点劳乃宣做到了。①

李明、刘永祥对劳乃宣的重民（即民本）思想的缘起和表现进行了论述，并认为劳乃宣的重民思想中"重民"、"爱民"与"镇压党团民乱"的因子并存，而维护清王朝的封建统治、争取民众素质的提高以取得社会稳定持续的发展，则是他思想的最终目标所在，在当今社会仍有可资借鉴的价值。②

李明还概述了劳乃宣的思想历程，他认为劳乃宣的思想历程共分为四阶段："第一阶段（1843—1871），他积累了深厚的传统文化根基，思想处于形成时期；第二阶段（1871—1900），他的各种思想都有所发展并逐渐成熟起来；第三阶段（1901—1911），'中体西用'论是其思想的核心；第四阶段（1911—1921），他沦为'遗老'，大搞尊孔复辟。劳乃宣的思想发展历程充分体现出了近代大背景下知识分子艰苦矛盾的心路转变，极具代表性。"③ 此最后结论及个别论述是否准确似需斟酌。

闫翠翠简要论述了劳乃宣的"变"与"不变"。面对国家的内忧外患，劳乃宣极力主张变法以应对世界形势。但是封建士子的地位，决定了他所提倡的变法仍然是站在统治者的立场上为维护清政府统治而进行的垂死挣扎，主张中国无论如何变都要遵循千百年来的"道"，即中国的封建秩序。④

关于义和团的源流问题往往涉及劳乃宣的《义和拳教门源流考》，戴玄之的乡团说（即义和团与白莲教无关说），在"大陆学者的回应冷淡"，"存在某种绝对化和简单化的倾向"⑤，受后来一些专家学者的质疑。

李福友则对劳乃宣的籍贯进行了考证，提出劳乃宣祖籍是山东阳信西门里（今西北村），并对劳乃宣一生的事迹进行了详细论述。⑥

---

① 于建胜：《一个知县眼中的义和团——以劳乃宣的〈义和拳教门源流考〉为中心的探析》，《山东师范大学学报》（哲学社会科学版）2010 年第 1 期。

② 李明、刘永祥：《试论劳乃宣的重民思想及实践》，《山东教育学院学报》2008 年第 1 期。

③ 李明：《论劳乃宣的思想历程》，《今日科苑》2008 年第 22 期。

④ 闫翠翠：《劳乃宣的"变"与"不变"》，《山东省农业管理干部学院学报》2008 年第 4 期。

⑤ 程歔：《义和团起源研究的回顾和展望》，《清史研究》2000 年第 2 期。

⑥ 李福友：《阳信名人劳乃宣》，《春秋》2003 年第 3 期，内部资料。

此外，某些人名大辞典及教育、法学、语言学等专业词典中也收录有"劳乃宣"的辞条①，在此不再赘述。

以上研究成果表明大陆史学界对劳乃宣的研究已日益关注，对劳氏的教育思想、法律思想的研究水平相对较高，为我们进一步研究打下了基础；但总体上看，略显粗疏，不够深入，尚有研究的余地。

港台学者对劳乃宣的系统而专门研究的著作和论文亦不多。台湾出版的一些资料性书籍中对劳乃宣有所涉及，如周邦道著《近代教育先进传略·初集》②，大陆杂志社编《中国近代学人像传·初辑》③ 等。这两本书中的传记借鉴的都是陈训慈的《桐乡劳玉初先生小传》，在研究上没有新的推进，但从两书的出版编辑过程中，可以看出台湾地区的一些学者对劳乃宣在学术和教育方面的认可。关于劳氏语言文字学方面，目前只查到有两篇硕士论文，即朴允河撰《劳乃宣〈等韵一得〉研究》④，系台湾师范大学国学研究所1992年硕士学位论文，对劳乃宣的《等韵一得》分六章进行了专题研究，对劳氏等韵学的优缺点给予了评价。总体而言，他是肯定了劳乃宣的音韵学成就。笔者限于自己学养不足，对此难以作出评判。郑绍基撰《劳乃宣汉字改革理论研究》⑤，是香港大学1999年硕士论文，由于时空的限制，具体内容还不得而知。

国外学者对劳乃宣进行专门研究的著作和论文也不多。英国李约瑟在

① 譬如陈旭麓等编：《中国近代史词典》上海：上海辞书出版社1982年；南京大学历史系《中国历代名人辞典》编写组：《中国历代名人辞典》，南昌：江西人民出版社1984年；王继祥主编：《中国近现代人物传记资料索引》，东北师大图书馆1988年；李盛平主编《中国近现代人名大辞典》，北京：中国国际广播出版社1989年；复旦大学历史系资料室编：《辛亥以来人物传记资料索引》，上海：上海辞书出版社1990年；张岱年主编：《中华思想大辞典》，长春：吉林人民出版社1991年；马勇主编：《中华文化名人录》，北京：中国青年出版社1993年；黄秀文主编：《中国年谱辞典》，上海：百家出版社1997年；顾明远主编：《中国教育大系·历代教育名人志》，武汉：湖北教育出版社1999年；唐荣智主编：《世界法学名人辞典》，上海：立信会计出版社2002年；陈玉棠编著：《中国近现代人物名号大辞典》（全编增订本），杭州：浙江古籍出版社2005年；等等。

② 周邦道：《近代教育先进传略·初集》，台北：中国文化大学出版社1981年，第77—79页。

③ 大陆杂志社：《中国近代学人像传·初辑》，《近代中国史料丛刊》第一辑（9），台北：文海出版社1985年，第247—248页。

④ 朴允河：《劳乃宣〈等韵一得〉研究》，台湾师范大学国语研究所硕士论文1992年。其参考书目中列有研究劳乃宣音韵学的论文三篇：其导师姚荣松：《劳乃宣的审音论》，第二届国际暨第十届全国声韵学学术研讨会抽印本，1992年；禾迟：《劳乃宣的〈等韵一得〉》，《语言学论丛》第一辑，1957年；许世瑛：《〈等韵一得〉研究》，《许世瑛先生论文集》。

⑤ 郑绍基：《劳乃宣汉字改革理论研究》，香港大学硕士学位论文1999年。

《中国科学技术史》数学卷中之"自然数的逻辑演算"部分也曾提及劳乃宣的"算筹"成绩，同时也指出了其不足："在 19 世纪，劳乃宣写了很多关于内皮尔算筹和早期算筹的著作，例如《古筹算考释》及其补编《古筹算考释续编》等。如果对数计算尺和加法器这两种工具不是如此迅速地按照内皮尔的方法发明出来，那末，这种算筹系统的用途可能会更大一些。"① 日本的森纪子在《德租时期青岛的教育事业》中，以日军占领后的报告为线索，概述了德国在青岛的教育事业，其中对劳乃宣及其和卫礼贤的关系有所涉及，其在第三节"礼贤书院的文化教育活动"中称："礼贤书院更大的特色，是其丰富的藏书，以及聚集了一大批对中国古典造诣高深的学者。礼贤书院职员录②所载 52 名中国人中，有 16 人是举人、贡生等旧知识分子，地位最高的是劳乃宣。礼贤书院能够罗致这些人才，与当时中国的政治变化密切相关。……礼贤书院于 1913 年建了藏书楼，藏书达 3 万册。同年还成立了旨在推行尊孔运动的'尊孔文社（即孔子学会，Kongfuziusgeseellschaft）。受这些人影响，尉礼贤（原文此处排序有误，现予以更改，引者加）加深了对古典的理解，在他们的帮助下，翻译了《易经》等中国古典。其中，对尉礼贤帮助最大的是，当属劳乃宣。"③ 作者还对《金华的秘密》翻译中对劳乃宣不实之处提出了批评："有人从心理学以及比较文学角度研究尉礼贤，其余荣格（Carl Gustav，1875—1961）合著《金华的秘密》（Das Gesheimnis goldenen Blyute，ein chinesische Lebensbuch，1929 年）也已被译成日语（汤浅泰雄、定方昭夫译，人文书院，1980 年）。该书译者解说称尉礼贤曾师从劳乃宣，但对劳乃宣的介绍并不准确，竟将其当成了道士。相比之下，新田义之著尉礼贤传，④ 对尉礼贤与劳乃宣的关系介绍得非常详细。"⑤

---

① ［英］李约瑟：《中国科学技术史》（第 3 卷《数学》），《中国科学技术史》翻译小组译，北京：科学出版社 1978 年，第 160 页。

② 前引《礼贤中学校二十五周年纪念册》所附《前任教职员录》，原注第 17。

③ 林志宏《民国乃敌国也》，台北：联经出版事业股份有限公司 2009 年，第 45—46 页，原注第 19。

④ 即前引新田义之《理查德·威廉传》，筑摩书房 1994 年。卫礼贤的传记，以其妻美懿所著有名；但据此所作传记，多将卫礼贤描绘成脱俗超凡的天才，使人如读圣徒传。对于新田氏此传，也有人批评其不该以此为据。吴素乐（Ursula Ballin）：《尉礼贤》，《德国汉学》，大象出版社 2005 年，第 463 页，原注第 22。

⑤ ［日］森纪子：《德租时期青岛的教育事业》，见《第三届近代中国与世界暨近代史所成立六〇周年国际学术研讨会论文集》卷 4，第四会场，2010 年 5 月，未刊，第 205—206 页。

　　总之，综观国内外有关劳乃宣的研究，尽管出现了一些成果，为今后深入研究劳乃宣打下了一定的基础，但总体上仍属粗略地论述，尚不够深入，许多问题和薄弱环节有待于解决和完善，尤其是对其政治活动及政治思想、学术贡献及遗民心态以及其与时代之关系等研究不够。历史是复杂的，中国近代史上既有康有为、梁启超、孙中山等政治与思想领域叱咤风云的人物，也有像劳乃宣这类士绅，政治上处惊不变，以保守倾向为主，文化学术上颇有心得之人，这类人同样是值得研究的①，只有如此，才能更全面地推进和丰富历史的研究。这也正是本选题的价值所在。

三、写作思路与方法

（一）思路、重点与难点

　　首先，立足于《桐乡劳先生（乃宣）遗稿》、《劳乃宣公牍手稿》、《劳乃宣存札》等基本史料，并广泛搜集与之交往的亲朋好友的书信、文集和相关的报刊杂志等资料，加以整理和归纳，在《韧叟自订年谱》的基础上，梳理劳乃宣的生平大事，加以补遗，并将劳氏与其同时代乃至前后相关的士人加以比较。

　　其次，在研究中，坚持以用马克思主义为指导，将辩证唯物主义和历史唯物主义贯彻到整个研究之中，力求实事求是地对人物进行评价。

　　再次，学习借鉴社会心理学的理论和方法，尝试从社会心理的角度对劳乃宣的一些言行和社会交往，尤其是对其遗民活动和遗民心理进行尝试性的研究和阐释。

　　最后，在结构上，笔者力图总体上以专题式的横面与以时间为序的纵面结

---

　　①　正如陈胜粦所言："学术界以往的研究比较注重代表主流与进步的社会思潮与人物，而对非主流的、保守的社会思潮与人物则关注不够。从林则徐到孙中山，这些'向西方学习'的进步思潮的代表人物，向来得到学者们的重视，研究成果累累；而那些不同程度地反对'向西方学习'的保守派人物，则往往难以进入理性的历史研究领域，人们常常情绪化地把他们斥之为'顽固派'、'反动派'，简单地否定了之，似乎没有深究的必要。殊不知长此以往，势必难以再现复杂多样的历史进程，而有损于我们对历史的全面认识，甚至严重影响我们对进步思潮及其代表人物的深入研究。"见陈胜粦：《晚清保守思想的原型——倭仁研究》序，李细珠：《晚清保守思想的原型——倭仁研究》，北京：社会科学文献出版社2000年，第3页。

合来系统考察劳乃宣,其中有些问题较难处理,尚有不妥之处,望请各位专家和读者谅解。

本书的重点在于以清末民初的政治和学术互动为视角,探讨劳乃宣的政治和学术活动。语曰"知人论世",这是进行人物研究力求达到的一条基本原则。笔者力求弄清劳乃宣一生的主要活动,知其人;也力求进一步深入挖掘劳氏的所思所想,"知其心";进而希望能将其政治活动、文教成就等放到中西文化碰撞和中国社会出现剧烈转型的背景下,统一起来认知和考量,以全面系统地研究劳乃宣。

其难点有三:首先在于劳乃宣的有些学术成就比如音韵学、古筹算和礼学方面的知识掌握起来有很大的难度,尽管下功夫学习了一段时间,乃至向一些专家请教,但因无基础,仍然对此知之甚少;其次劳乃宣不是一个"大人物",为了能充分认识和分析劳乃宣及其时代,除《桐乡劳先生遗稿》、《劳乃宣公牍手稿》外,还要下力气搜集与之交往和相关的历史人物的资料,所需功夫着实不小;再次,劳乃宣任职县令及幕府(范梁、李鸿章、曾国荃、周馥、盛宣怀、李兴锐、端方等幕府)时期的资料还较为缺乏,尽管设法搜集,但所获仍然不多,尤其是许多涉及劳乃宣的相关幕主的档案由于各种条件所限,不易查阅。

(二) 方 法

本书将充分吸收前人的研究成果,以历史学方法为主,适当运用比较法,多角度地将劳乃宣与同时代乃至前后时代的人物进行比较,并辅以社会心理学的方法。本书将着力研究上述重点、突破难点,从历史实际出发,尽可能做到具体问题具体分析,对上述问题给予客观、公正的阐释,为推进中国近代人物研究做一点有益的工作。

第一章　家世、受教与交游

第一节　家世和受教

一、官宦世家、书香门第

清道光二十三年九月二十三日（1843 年 11 月 14 日）劳乃宣生于直隶广平府（治所在今河北省邯郸市永年县）①，民国十年六月十七日（1921 年 7 月 21日）卒于青岛寓所，享年 79 岁②。劳氏原祖籍山东阳信县，至其祖父寓居苏州时，已入籍浙江桐乡，所以到劳乃宣时，他已为浙江桐乡人。③ 劳氏生活在中西文化剧烈碰撞的近代中国，中国近代史上的许多大事对他产生了重要的影响。

劳氏的曾祖父劳树堂和祖父劳长龄都曾在江苏做官。劳树堂曾官江苏督粮巡道④，曾祖母为李氏。祖父劳长龄曾任候选郎中、诰授中议大夫等，是一位

---

① 劳乃宣：《桐乡劳先生遗稿·韧叟自订年谱》，丁卯（1927）冬日桐乡卢氏校刊，第 1 页。关于劳乃宣《桐乡劳先生遗稿》的版本，有若干种，笔者在附录三给予了以简析。需要说明的是，笔者所用《桐乡劳先生遗稿》即是桐乡卢学溥校刊本（1927）。但其文稿部分比开雕本（各是 5 卷）少 5 篇，不足部分则采用开雕本。

② 陶葆廉：《韧叟自订年谱》跋，《桐乡劳先生遗稿·韧叟自订年谱》，第 1 页。

③ 李福友：《阳信名人劳乃宣》，发表于《春秋》2003 年第 3 期。该文采用一些劳氏族谱的史料，详加论证，但结论有点似是而非。作者选择了于己有利的史料，证据其一：在光绪十九年重修阳信《劳氏族谱》中，劳乃宣为其作序，写道："光绪十九年岁次癸巳仲秋十五世孙乃宣谨序"；证据其二：在光绪十五年重修阳信《劳氏族谱》世系图中，劳乃宣及其先世排序明确，一目了然；证据其三：民国十五年所修阳信县志第一册中新修县志姓氏一览中写道："纂修清学务部副大臣江宁提学司寄籍浙江省邑人劳乃宣玉初甫"，并留小照在阳信。而劳乃宣本人的年谱、文稿中的内容已言明自己是浙江桐乡人，李氏在文中没有引用《桐乡劳先生遗稿》中的史料，或没有见到，或故意避开；所以曰其为祖籍阳信可，且其为阳信人似有些牵强。当然籍贯问题直到现在，也是一个让今人费解的问题。

④ 秦国经主编：《清代官员履历档案全编》第 2 册，上海：华东师范大学出版社 1997 年，第 468 页。

书画收藏家，祖母为韦氏和陈氏①。

劳乃宣出生后就过继给叔父劳绩成，其婶母即嗣母为李氏；而其嗣父之事迹已无可考证。劳乃宣在《自订年谱》中也几乎未记述过其嗣父母②的有关情况，可见与之关系并不密切。

劳氏本生父为劳勋成，本生母沈蕊。劳勋成曾任江宁布政司仓大使，后追赠州判衔，诰赠奉政大夫③。其母沈蕊知书达理，出生书香门第。沈氏之父即劳乃宣之外祖父为沈涛。沈涛④（178？—1861），浙江嘉兴人，曾从段玉裁游治经学，《晚晴簃诗汇》选其诗11首，其中简介评价曰："沈涛，原名尔政，字西雍，一字季寿，号匏庐，浙江嘉兴人。嘉庆庚午（1810）举人，历官福建兴泉永道。有《柴辟亭集》。……诗话：西雍年十四，受知于阮文达公，刻其文入《诂经精舍集》中"；"其诗少作幽奇哀艳，中年后多咏古之作，才锋骏发，跌宕波澜，不落考据诗窠臼。所著《常山贞石志》及文集、笔记、诗话诸书，并称赅洽"。⑤

清代谢章铤《赌棋山庄词话》之《洺州唱和词》（1卷）是沈涛"守洺州

① 柯劭忞：《诰授光禄大夫劳公墓志铭》，闵尔昌纂录：《碑传集补》卷6之部院大臣四，页26；沈云龙主编：《近代中国史料丛刊》（100），台北：文海出版社1973年，第425—426页。

② 劳乃宣：《桐乡劳先生遗稿·韧叟自订年谱》中有"七叔父自南来署"、"七叔殁于署中"、"在曲阜。率儿女至济宁扫墓。为七叔立墓碑……"，第9、11、20页等，疑为其嗣父，但在其七叔殁于署中后，劳乃宣并未丁忧，据此又似乎可以排除。因此劳乃宣和其七叔的关系仍存疑。此外，也未见劳氏为嗣父嗣母丁忧的记述。

③ 见《劳氏族谱》，转引自李福友专门撰文考证成文《阳信名人劳乃宣》，发表于《春秋》2003年第3期。

④ "沈涛（约1792—1855）……任如皋知县、正定府知府等职，转任江西道员，署盐法、钱粮道。咸丰三年（1853）初，太平军包围南昌，沈涛随江西巡抚张芾固守49天，围解后，授福建兴泉永道员。未到任，改发江苏，病殁于泰州。沈涛幼有神童之称，曾从文学家段玉裁游，生平尚考订，兼嗜金石，著述精湛。与归安吴云最相契。赏鉴所获，辄绘图征诗唱和成帙。著作有《十经斋文集》4卷、《柴辟亭诗集》4卷、《匏庐诗话》3卷、《交翠轩笔谈》4卷、《铜熨斗斋随笔》8卷、《诗文古本传》4卷、《常山贞石志》24卷、《论语孔注辨讹》2卷，并传于世。"见魏桥主编：《浙江省人物志》，杭州：浙江人民出版社2005年，第228页。按照《桐乡劳先生遗稿·韧叟自订年谱》中记载：咸丰十一年辛酉十九岁，在泰州，外祖卒。沈涛去世的时间应为1861年。《浙江省人物志》中沈涛的生卒年月为约1792—1855年，不确。再，国家图书馆藏，沈涛撰：《常山贞石志》（影印本），台北：艺文印书馆1976年，所注作者沈涛（178？—1861）。可供参考。

⑤ 徐世昌辑：《晚晴簃诗汇》（三）（卷121），北京：中国书店1988年影印本，第348页。又见徐世昌著，傅卜堂编校：《晚晴簃诗话》（下册），上海：华东师范大学出版社2009年，第873页。又，李慈铭著，由云龙辑：《越缦堂读书记》（上海书店出版社2000年）有多处关于李慈铭点评沈涛著述的记载，如第172、723—724、724—725页等。

时幕中唱酬之作"。其中记曰："《题瘦吟楼砚序》云：'随园诗弟子陈竹士，苏州人，元配金纤纤，亦随园女弟子，著瘦吟楼诗稿。'纤纤体羸善病，卒年二十五，是砚乃其手制，背有自写小影。介甫（劳勋成）填清平乐云：'绣襦甲帐，写韵供清赏。仿佛叶家眉子样。多个熏香小像。蛛尘重拂瑶奁，墨花和泪犹黏。肠断瘦吟楼畔，一钩新月初三。'……女史沈芷芗蘂则匏庐之女，桐乡劳介甫勋成之室也……芷芗虞美人云：'玉台人去瑶天远，宝匣蛛尘冒。画楼空锁旧时春，惟有一钩残月吊诗魂。蟾蜍露滴香犹腻，密字真珠细。三生石上识芳容，想见绣帘开处不胜风。'"其中还"附桐乡劳介甫勋成词"①　又可见劳氏父母之才华。

　　劳乃宣 4 岁（按当时虚岁计，下同）时，随其外祖父和母亲旅居苏州、南京一带。劳氏出生于北方，但他的童年和少年主要在南方（无锡、南京、苏州一带）度过。太平军进军江南一带后，其父劳勋成于咸丰六年（1856）在镇江投入清军刘存厚营。是年六月，劳勋成因清军溃败，投水自杀获救，但不久即因此患病死去。按例可以荫恤后人，已经出嗣的劳乃宣因此得以承荫监生，正如劳乃宣所说："议恤荫一子入监读书，因吾兄已入学，予承荫监生"②。其得以"承荫监生"固然是一件好事，但是他父亲是因为和太平军作战时投水而患病去世的，这对劳乃宣的少年心灵及日后生活产生了重要的影响。咸丰三年（1853），太平军攻占了南京，而且此后陆续向东占领了杭州、苏州等地。劳乃宣在书塾平静的吟哦生活被打破，其少年和青年的生活开始动荡不安，因此劳乃宣不得不随家人辗转迁徙，从江宁而至苏州、泰州等地。这些自然在劳氏早年的生活里留下了深刻的印象，在其《自订年谱》中也有鲜明的体现。特别是由于处于战乱，劳乃宣的婚期也不得不被推迟。"咸丰十一年辛酉（1861）在泰州。外祖卒。缔姻于孔家。奉先太夫人从外舅悦庭公乘舟北行，将就姻于曲阜。行至宿迁，闻捻逆之警，折回泰州，赁房而居。"③这些少年和青年的经历势必在劳乃宣身上留下了阴影，使其对农民起义产生了敌视心理。

---

① 谢章铤撰：《赌气山庄词话》，见《续修四库全书》编纂委员会编，顾廷龙主编：《续修四库全书·一七三五·集部·词类》，上海：上海古籍出版社 2002 年，第 161 页。
② 劳乃宣：《桐乡劳先生遗稿·韧叟自订年谱》，第 2 页。
③ 同上。

二、良 好 的 教 育

尽管遇到了太平天国运动的冲击，劳乃宣随家人屡次迁移，所受教育受到一定的影响，但总体而言，其仍然接受了良好的教育，正如陈训慈所言："幼沐家教，好学如出天性"①。现据其《自订年谱》的相关记载可以看出，劳乃宣所接受的教育有以下几个特点：第一，发蒙时间比较早，教育条件优越。其4岁"母舅父调任震泽，从往县署。震泽与吴江同城，是年入塾从邵叶辰先生学习"②，就已在江苏震泽入私塾发蒙，这不是一般百姓家的子弟能够得到的权利，当然这与其家父母皆为官宦家庭和家庭比较富裕有着密切的关系，最主要的是其舅父为震泽县知县，供应其入塾就读自然不成问题。劳氏4岁入私塾读书，还与其本人的兴趣有关，以及母亲和外祖父的大力支持分不开。是年其外祖父已经解官，就养于其舅父家中。按《自订年谱》："道光二十六年丙午（1846）四岁，母舅花溆公，官江苏丹徒县知县。外祖解官就养于南。吾母挈随南行。"③其后他和母亲、外祖父，大都随着其二个舅父（"花溆公"和"鉴亭公"）一起生活，辗转迁徙于江苏各地。20岁时，为了专心读书，劳乃宣有了自己专门的书斋——"矩斋"④。

第二，游历地区比较广。劳氏出生地为直隶广平府，孩提时代在北方度过。而其接受教育的童年和少年时期大部分生活在江苏震泽、无锡、金坛、江宁（今南京）、苏州、泰州、上海等南方地区。此外，结婚后至成进士前后，屡次去曲阜乃至居住于曲阜。此间为了养家糊口，劳乃宣在其兄乃宽的岳父范梁府中授读。范梁的官职不断变换，劳乃宣不得不跟随其辗转于保定、济南等地，为了会考还需要去京师等地，又在北方生活多年。这就使得劳乃宣的阅历和知识面非常宽广，这些为劳乃宣日后在语言音韵学等方面取得重要的成就创造了条件。如劳氏在《等韵一得序》中所说："乃宣七八岁时，习为射字之戏，即明母韵之理。长而好之弥笃，涉猎群籍，凡论韵之书，无不探讨玩索，以穷其端委。往来四方，凡遇方音殊别者，无不访问印证，以究其异同，核其

① 陈训慈：《桐乡劳玉初先生小传》，浙江省立图书馆：《文澜学报》第1集，1935年第1期。又见浙江图书馆编：《陈训慈百年诞辰纪念文集》，北京图书馆出版社2006年，第126页。
② 劳乃宣：《桐乡劳先生遗稿·韧叟自订年谱》，第1页。
③ 同上。
④ 同上书，第3页。

通变。虽国书梵经、俗曲稗官之言，穷乡僻壤殊方异域之语，苟有涉于音韵者，皆所不遗，博考周谘，冥心孤诣，积之三十余年。窃谓于此事源流颇有心得。"①

第三，教授的塾师比较多。从 4 岁至 21 岁，据劳乃宣《韧叟自订年谱》的记载，先后有 15 位塾师②为劳乃宣授读。劳氏所受教育基本得益于众多塾师。这些教师，多为一些名不见经传的乡儒，但也不乏小有名气者，如劳氏的启蒙老师邵叶辰，就在诗词方面有一定影响，清代谢章铤《赌棋山庄词话》曾有记曰："邵叶辰建诗亦嘉兴人，有听春阁词。……叶辰《临江仙》云：'一叶银蕉含露白，玉台曾结芳邻。画楼吹断凤箫声。碧天云远，留影认真真。写出吟腰秋样瘦，数行珠字清新。墨池波冷荡愁痕。半弯眉月，空自照黄昏。'"③。一般而言，劳乃宣从他们身上学习的主要是"修身齐家治国平天下"之类的传统知识，以及习"制举文"，来应付科举考试；另一方面，由于塾师较多，使劳氏知识构成具有多而杂的特点。

第四，其学问受劳家家学影响小，受母亲沈家影响更大些。

劳乃宣虽然出身仕宦家族，但其祖父、父亲品秩都不高；另一方面虽出身书香门第，祖父嗜好书画收藏，父亲在诗词方面也有些名气（在其 14 岁时就已去世），但劳氏家族到他父亲这代为止尚无在学术界有大影响的学者。再加之，劳乃宣大部分时间随其母在其舅父的府署中生活，受其舅父家照顾颇多，故得益于劳家家学渊源相对较少。

据劳氏《自订年谱》可知，在劳乃宣 5 岁至 19 岁其外祖父去世这 15 年期间，除去其 9 岁至 11 岁大约三年，生活在江宁父亲处，以及在 12、14 岁至 16 岁共约四年可能不和外祖生父活在一起外，其余至少有八年时间和外祖父共同

① 劳乃宣：《等韵一得序》，《桐乡劳先生遗稿》卷 2，第 15 页。
② 劳乃宣在会试时记述自己的业师为 15 人，即邵叶辰夫子名建诗、沈开之夫子名对薇、李兰申夫子名德辰、宗少云夫子名金枚、高翼哉夫子名鸿猷、赵斗南夫子名德魁、程亦秋夫子名有年、余晓云夫子名承普、施云门夫子名傅镳、李夫子名启、袁石斋夫子名保楠、堂兄云溪夫子名承庆、伯岳孔辅廷夫子名宪勋、姻伯范楣孙夫子名梁、沈辛楣夫子名丙墀。见上海图书馆珍藏，顾廷龙主编：《清代硃卷集成》(33)，台北：成文出版社 1992 年，第 259—261 页。这比其自定年谱多出该处记述的最后四人，比其乡试时的记述多出宗少云及该处记述的最后三人。又见上海图书馆珍藏，顾廷龙主编：《清代硃卷集成》(251)，台北：成文出版社 1992 年，第 219—220 页。
③ 谢章铤撰：《赌棋山庄词话》，见《续修四库全书》编纂委员会编，顾廷龙主编：《续修四库全书·一七三五·集部·词类》，上海：上海古籍出版社 2002 年，第 161 页。

居住在一起过，受其影响自然较大。受环境熏陶，劳乃宣逐渐致力于程朱理学。《韧叟自订年谱》咸丰十年（1861）记曰："家有十三经，刊本卷帙散乱，欲整理之而不知其次第，于友人彭燮堂处，借《十三经策案》一书，以资检核，阅书中有《小学》、《近思录》为求学阶梯之说，求之书肆，有其书而无力购买，乃以家藏诗文数种易之而归。日夕玩诵，始知学问之道，为之憬然汗下。从此，始志于义理之学。"①

鸦片战争后，西学在中国传播渐广，在东西文化相互冲突、相互融合的大潮中诞生的文化人，不可避免地烙上了时代的印记。原本劳乃宣的治学，也是沿着"其数则始乎诵经，终乎读礼；其义则始乎为士，终乎为圣人"② 之路走的，致力于"君子之学"。"学优登仕"，达到"三不朽"是其追求的最高境界，这是传统士大夫的最终理想，是其修身养性之追求所在。同时，在成长过程中，这些人大都难以避免西学的浸染，接受了一些西学知识。生活在这种新旧杂陈、中西融合环境中的劳乃宣，所受的教育主要以传统文化为主，但也深深地打上了时代的烙印。日后劳氏办理洋务文案及编纂《各国约章纂要》便是明显的例证。

同治二年（1863），21 岁的劳乃宣到曲阜与孔宪诒③之女完婚。对于劳乃宣而言，娶了"千古圣人"、"天下第一家"孔氏的后人为妻，是劳氏本人的荣幸，更对其日后的思想等各方面产生了重要的影响。

同治十年（1871），劳氏入都会试，成进士，"列三甲第一百九十一名，朝考二等第十四名"④。这成为他今后为官、入幕和从事学术研究的基础和新起点。

第二节　交　　游

劳乃宣是清末民初有一定影响的人物，平生交游较广。与其往来者众多，

---

① 劳乃宣：《桐乡劳先生遗稿·韧叟自订年谱》，第 3 页。

② 荀况著，杨倞注：《荀子·劝学篇》，上海：上海古籍出版社 1989 年，第 8 页。

③ 孔宪诒，字融斋，号悦庭。同知衔，江苏候补知县。孔子第 72 代孙，为孔子第 68 代孙、袭封衍圣公孔传铎之玄孙。有五子：庆霖、庆霄（出嗣）、庆雯、庆霱、庆霭。孔德懋主编，李景明著：《孔子家世全书·家族世系》，沈阳：辽海出版社 1999 年，第 287—306 页；又参见孔德成总裁，孔庆塈、孔令熙监修：《孔子世家谱》，济南：山东友谊书社 1990 年影印（该家谱修纂于 1937 年），第 136 页。

④ 劳乃宣：《桐乡劳先生遗稿·韧叟自订年谱》，第 5 页。另据其《韧叟自订年谱》（第 4 页），劳乃宣中举为同治四年（1865），"中式第六十三名"。

类型不一。今只就笔者目前所见史料，举其要者 28 人，首分国内与国外两类，而国内又分为幕主、友朋、同年、后学等，略考劳氏与他们交往之事迹，以窥知当时的政风与学风，以助于理解劳乃宣政治和学术思想的发展历程。

一、与国内人士

（一）幕　主

从少年起，劳乃宣游历南北，如直隶、江苏、浙江、山东等地。但其游幕地点主要有两个，一为直隶，一为南京。劳乃宣出生于直隶广平府，结婚后生活的中心逐渐转移到了直隶。从同治六年至光绪五年（1867—1879），劳乃宣主要在直隶保定授读及编纂《畿辅通志》，此后入曾国荃、周馥及盛宣怀幕府也都在直隶境内。劳氏在南京两江总督幕府时间从光绪三十年至宣统元年（1904—1909）春，约四年多的时间，相对较短，但对其日后仕途的发展却十分关键。从广义而言，劳乃宣入幕时间并不短，约有十余年，对劳氏有重要影响的幕主有范梁、李鸿章、周馥、盛宣怀、端方等①。劳氏游幕的时间及活动，详见"游幕活动"一节，此处主要记述其与幕主之间的交谊及相互的影响。

范　梁（1808—1883）

又作范樑，字昂生，又字楣孙，浙江钱塘人。道光二十年（1840）成进士。先后曾任直隶威县知县、永平府知府、保定知府、大名道、山东盐运使、山西按察使（1870，未到任）、直隶按察使（1870—1877）、广西布政使（1877—1881）等。光绪七年（1881）闰七月，奉召入京，遂乞疾归。光绪九年（1883）十一月卒于家，终年 76 岁②。

范梁的二女儿嫁于劳乃宣之兄乃宽③，与之为姻亲关系。劳乃宣与范梁的交往始于同治七年（1868）。是年约至同治十二年（1873），劳乃宣曾在范梁的署中授读④。这期间，范梁先后任大名道、山东盐运使、山西按察使、直隶

---

① 此外还有恭甄甫、李少石、谭子韩、曾国荃、李兴锐等，或交往少或入幕时间短暂，缺乏资料，难以展开，故没有记述。
② 闵尔昌纂录：《碑传集补》卷 17 监司一，沈云龙主编：《近代中国史料丛刊》（100），台北：文海出版社 1973 年，第 1009—1013 页。
③ 咸丰六年（1856），劳乃宽"就姻于范氏"。劳乃宣：《桐乡劳先生遗稿·韧叟自订年谱》，第 2 页。
④ 同上书，第 5 页。

按察使等，劳乃宣也跟随辗转于保定、济南等地。

范梁"性精勤，在官不言劳，事无洪琐，剧易必躬。阅而目营之，不自人手，官益高则自厉愈甚"①。"为守令久，人辄称举其事以方古循吏。吾（指贺涛）观公为司道时，闳达刚毅，有大臣体，其视古所称循吏，意量远矣。公在大名道时，泰西人尝一谒见，称道治威（县）之政不置，时去威且三十年矣。"② 贺涛虽然对范氏难免赞誉之词，但也反映了范梁在任内有一定作为，以长期掌典狱著名。在范梁七十大寿之际，劳乃宣还代为撰写了《范楣孙先生七十寿序》，其中称赞曰："……其以温厚之心，行严凝之政者乎。先生以名进士起家县令，历跻监司，官畿辅者垂四十年，中间惟一任山东运使，不典刑狱，若自下邑擢京县，擢北路同知，而府而道而按察使，无不主刑名者。……先生初试为令，治狱为畿辅最，所居之民，到今思之；佐保定府谳，屡平反大狱。……而先生坐堂，皇披案牍，摘词中一二语诘之，冤者立白，狡者立服，诚有所谓不待其辞之毕者。盖熟于狱情之变幻，略一訾省，已洞见症结。所摘一二语者，非其要害即其闲隙也。"③ 范梁的为官之道和作风，劳乃宣虽没有直接记述，但耳濡目染，对其后来在直隶任知县之生涯是有影响的。

李鸿章（1823—1901）

同治十年（1871），李鸿章主持编纂《畿辅通志》，聘黄彭年（字子寿）任总纂，于省城保定古莲花池书院开局修志。同治十二年（1873）冬，在保定授读为业的劳氏被延请入局，聘为襄纂，后迁为分纂；一直到光绪五年（1879）劳氏赴任临榆知县。劳氏与身为《畿辅通志》总裁的直隶总督李鸿章是否有密切的联系，囿于材料所限，不得而知。这六年间，处于"而立"至"不惑"之年的劳乃宣虽未必受李鸿章耳提面命，但对李在直隶总督任上办理洋务、外交的"大事"，也会有所耳闻，乃至触动自己的心怀，如日本入侵台湾前后及《中日专条》签订后不久，劳乃宣就曾撰写过《谈瀛漫录》；还曾撰写《变法论》等文。这就使得好学的劳乃宣对于洋务有了初步的学习机会，为后来入津海关道周馥和盛宣怀幕府办理洋务文案打下了基础。

---

① 闵尔昌纂录：《碑传集补》卷17监司一，沈云龙主编：《近代中国史料丛刊》（100），台北：文海出版社1973年，第1011页。
② 同上书，第1013页。
③ 劳乃宣：《范楣孙先生七十寿序（代）》，《桐乡劳先生遗稿》卷5，第28页。

周　馥（1837—1921）

劳乃宣与周馥的交往始于光绪八年（1882）丁母忧之际，时任津海关道的周馥于是年秋，邀请劳乃宣入幕做洋务文案。[①] 次年"（劳氏）复到省移本房眷口于天津。全眷仍在省，以随办洋务。保加同知衔"。从劳氏自己的记述来看，他和幕主周馥相处甚好：一是他把自己的家眷移居天津，可见周馥给予的薪水较为优厚；二是随周氏办洋务，又使劳氏的"洋务本领"得到进一步历练；三是"保加同知衔"，体现了周馥在政治上对劳乃宣的关照。因此两人成为"故交"。故而在日后端方护理江督离职后，凭借着自己与周馥的私谊，劳乃宣得以留幕即第二次入江督周馥幕府。[②] 此次入周馥幕府，为时约两年，二人仍然相处甚得。在周馥的大力支持下，劳乃宣于南京、苏州等地设立了"简字学堂"[③] 多处，将自己多年的梦想变成了现实。

民国元年（1912），周馥在青岛做寓公。时德人卫礼贤设立尊孔文社，主持乏人。对劳乃宣知之甚深的周氏邀请劳乃宣来岛主持尊孔文社[④]。劳乃宣才得以从僻静的涞水县郭下村来到青岛，帮助卫礼贤将《易经》等翻译成德文。

青岛是民初逊清遗老的一个重要聚集地，劳乃宣于此可以与情投意合的故交耆旧，共话"遗臣"、"流恨"[⑤]。民国三年（1914），周馥和劳乃宣还曾组织过"十老会"。[⑥] 劳乃宣诗曰："雪鬓霜髯孰主宾，依稀履道宅中春。何期辽海逃名客，又作香山入会人（寓岛同人周玉山、陆凤石[⑦]、吕镜宇、刘云樵、王石坞、赵次珊、童次山、李惺园、张安圃相约为十老会，饮于玉老斋中）。"[⑧]

对此，周馥在民国八年（1919）曾有详细记述："甲寅（即民国三年，1914 年）春，吕镜宇尚书协议约寓胶澳避兵。遗老十人为真率会，以年逾七

① 劳乃宣：《桐乡劳先生遗稿·韧叟自订年谱》，第 9 页。
② 同上书，第 16 页。
③ 同上书，第 16—17 页。
④ 同上书，第 19 页。
⑤ 劳乃宣：《劳山草·东归剩咏》，《桐乡劳先生遗稿》卷 6，第 29 页。其中两首诗曰："征尘才拂又星驱，千里攀髯拜鼎湖。重咏昭陵工部句，空余流恨满山隅。""卖卜遗臣海角来，采薇故老出林限。齐挥顾叟昌平泪，风泻松涛万壑哀（下有小注：京外各处旧臣自来陵次行礼者，一百三十余人）。"
⑥ 劳乃宣：《桐乡劳先生遗稿·韧叟自订年谱》，第 20 页。
⑦ 即陆润庠，1841—1915，字凤石，江苏元和（今苏州）人，同治十三年（1874）状元。
⑧ 劳乃宣：《近圣草》，《桐乡劳先生遗稿》卷 7，第 2 页。

十为度，乃遍求之，仅得九人。时张安圃尚书六十九，因请入会，以足其数焉。馥为置觞欢饮竟日，且摄影留图。诸人赋诗以张其事，无何德日战事起，青岛日夕数警，诸人遂各逃散，此事遂无人问及矣。"① 可以说劳乃宣与周馥之交谊持续二十余年，既曾是幕中主宾关系，又是"故交"（此在后面"亲朋"中不再赘述）。

"欧战"爆发后，周馥到天津避居；而劳乃宣到济南、曲阜等地躲避，不久又返回青岛。其间他曾致书周馥，在诉说了离别后的情怀及自己与赵尔巽最近之往来后，就向故友宣传自己政治见解即"民主之制，必不适用于中国"之复辟主张，并希望其劝说袁世凯接受：

> 辛亥在都，革命变起，曾作《共和正解》一篇，言古之共和与今人所谓共和不同，民主之制，必不适用于中国。当时见者不尽谓然，今则不幸而言中矣。稍有识者，莫不知今日欲救中国，非复帝制不可。我辈殷遗，自无不作取日虞渊之想。而默窥项城用心，似亦尚不忘故主，特势成骑虎，难自转圜，果使有术，能令当前之权利此时无所失，而先朝之旧物将来得复。初未始不可望其见从。因思古者周召共和行之于先朝失国、嗣主幼冲之际者，十余年仍归于嗣主，与今日情事颇为相近，若依仿行之，实属两全之道。于是本此意见，复作《续共和正解》一篇，冀或得被刍荛之采。……伏思我公，历事累朝，恩深位重，孤忠耿耿，至今梦寐不忘。于项城有父执之谊，识拔之雅。近又缔结丝萝，亲同肺腑。若出一言，定必信若丹青，重如九鼎。可否将狂瞽之论转达聪听，倘荷采择，见诸实行，非特有造于先朝，所以为项城者，亦不啻出之九渊，升之九天也。……我公其有意乎！附呈三种印件十分，以备转呈项城，并付缉之、立之、实之、叔弢各一分，余者听候转赠知交。②

劳氏附呈周馥《正续共和正解》及《君主民主平议》十份，除让周氏转赠袁世凯外，还让其广为散发，可见劳氏对周馥的信任。此后因二人年老体

① 周馥：《十老图照像记》（民国八年），《秋浦周尚书（玉山）全集·文集二》，沈云龙主编：《近代中国史料丛刊》（82），台北：文海出版社1967年，第1017—1018页。
② 劳乃宣：《致周玉山书》，《桐乡劳先生遗稿》卷4，第57—58页。

衰，又在异地，交往才逐渐中断。总之，劳乃宣和周馥由于有共同的志趣，故而交往时间较长。周馥对劳乃宣帮助较大，如在劳氏在涞水县郭下村生活困窘之际，对劳乃宣知之甚深的周馥把他推荐给了卫礼贤，才使劳乃宣基本上摆脱了困境，并成就了劳氏与卫礼贤的交谊。

盛宣怀（1844—1916）

劳乃宣与盛宣怀的最早交往，是在光绪十年（1884）盛宣怀代替周馥任津海关道时。[1] 盛宣怀从事洋务较早，这时正逢中法战争爆发前后，对外交涉任务甚重。入盛宣怀幕府，是劳乃宣洋务本领进一步提升的极好机缘。但盛宣怀署理津海关道时间较短，仅仅四个月，就因故被免职（李鸿章深以为憾），同时劳乃宣也被补授完县知县，他和盛宣怀的主宾关系经历了四个月就结束了，其中交往详情不得而知。但此事奠定了后来盛宣怀聘请劳乃宣主持南洋公学的机缘。光绪二十七年（1901），盛宣怀创办的南洋公学总理人选乏人，就决定聘请劳乃宣担任该职。"盛公宣怀以南洋公学总理相属，谓地偏事简，风景清旷，藉可养疴，勉应其命。居两月，病如故，复辞。"[2]该年十二月，劳乃宣到上海会晤沈曾植时，曾欲拜会盛宣怀。据沈曾植《与盛宣怀书》："玉初昨晚来，有三五日小住，公能一见否？此请宫保大人台安。植。初五日。"[3] 但盛宣怀是否与劳乃宣见面，不得而知。此后再未见到劳乃宣与盛氏交往之记载。总体而言，在所有幕主中，盛宣怀与劳乃宣接触最短，影响相对也较小。

端　方（1861—1911）

劳乃宣自述入端方幕府的时间为："端忠敏公，两为江督，皆招予入幕。初甫一月，后则年余。"[4] 第一次是在光绪三十年（1904）端方以江苏巡抚护理两江总督时期，不及一月，无可记述。而劳氏所说的"后则年余"，实际上要超过"年余"。自光绪三十二年（1906）至宣统元年（1909），劳乃宣在端

---

[1]　劳乃宣：《桐乡劳先生遗稿·韧叟自订年谱》，第9页。

[2]　同上书，第15页。

[3]　王尔敏、陈善伟编：香港中文大学中国文化研究所史料丛刊（三）《近代名人手札真迹——盛宣怀珍藏书牍初编》（第6册），香港：中文大学出版社1987年，第2660页。按，此时间为光绪二十七年十二月初五日（1902年1月14日）。

[4]　劳乃宣：《端忠敏公奏稿序》，《桐乡劳先生遗稿》卷2，第12页。又见《端忠敏公奏稿》，沈云龙主编：《近代中国史料丛刊》第10辑（94），台北：文海出版社1967年。

方幕府约两年多的时间，只是并不完整，可分为五个阶段（对此的论证见下章）。劳乃宣第二次入端方幕府时为光绪三十二年（1906）秋，正是端方作为出洋考察五大臣之一考察归国后不久①。出国考察对端方产生了一定的影响，使他成为一位力主实行君主立宪的宪政改革者。

端方对劳乃宣的重要影响，首先在于端方的鼎力举荐使劳氏由幕而官。借此，劳乃宣得以受到慈禧太后和光绪帝的召见，再次出仕，晋升为四品京堂，最后升至江宁提学使、学部副大臣等职。这固然说明劳乃宣自身具有一定的条件，但如果没有端方的推荐，劳乃宣就可能没有复出做官的机会，只能是"息影林泉"了。

其次端方的一系列主张，尤其是其君主立宪的主张对劳乃宣也不无影响，并逐渐深得劳乃宣的赞赏。在此期间，劳氏为端方撰写了许多重要文件，基本上也秉承着端方的这一思想而为，深得端方的欣赏。可以说，在与所有幕主中，端方是与劳乃宣联系最密切的一个。其中劳氏和端方关系在《劳织文女士诗文集跋》中有所体现："秀水陶拙存徵君，出示其前配织文夫人遗集。夫人为吾师劳玉初京卿次女。读其集，不能无辞。"② 劳氏在端方幕府，既是幕僚，也是师长③，可见二人关系之密切。

劳乃宣到北京受到慈禧太后和光绪帝的接见后，曾与在京权贵有所交往，如袁世凯、醇亲王和庆亲王等，劳氏向他们积极表达了自己支持君主立宪的主张，实际上一定程度上也代表了端方的观点。正如他在致端方的信中所说："宣之所谓民权乃云之权，非行之权；前奉上谕大权必操于朝廷，庶政公诸舆论等等，即云之也。各国皆有上下议院，议亦云也。中国自古有明目达聪，询于庶人之说，无不求民之者，断不虑有损上权；但须出之以慎耳。醇邸深

---

① 张海林：《端方与清末新政》，南京：南京大学出版社2007年，第116页、118—119页。端方曾和戴鸿慈领导的第一路考察团，考察了美国和欧洲诸国，"（端、戴使团，）随团正式成员33人，各省选派随同考察人员4人，赴美留学生11人，听差杂役7人，合计55人。……考察团在美国一共逗留了一个月零三天。……在欧洲一共逗留了44天，考察的路线是英国、法国、德国、丹麦、瑞典、挪威、奥地利、俄国、荷兰、比利时、瑞士、意大利等，其中考察德国时间最长，计44天，……考察其他国家的时间分别为：法国7天，英国5天，俄国8天，奥地利6天，瑞士4天，意大利10天。"

② 劳乃宣：《劳织文女士诗文遗集跋（光绪戊申六月十二日拟）》（第140号），《北京大学图书馆馆藏稿本丛书》（9）《劳乃宣公牍手稿》，天津：天津古籍出版社1987年，第158页。

③ 按，端方生于1861年，劳乃宣为1843年生人，长端方17岁。

以为然"①。主宾二人的契合最主要的是劳、端二人政治主张之一致，因此二人的关系愈走愈近。尤其是在端方任直隶总督兼北洋大臣时期，劳乃宣虽已经在北京为官，仍然为端方办理了不少的文案，乃至起草了两个重要的奏折即《奏请设禁中顾问摺》、《奏请速设禁中顾问摺》。通过分析这两道奏折，我们可以看出这已不是一般意义上的"议事"，而是关系今后政局走向的大事。

《奏请设禁中顾问摺》首先指出："而皇上冲龄践祚，未能亲理万机，宗社安危之责，悉集于监国摄政王一人之身。仰维我监国摄政王忧勤惕厉，昕夕焦劳，不敢稍自暇逸，于用人、行政、理财、经武诸大端，莫不精心擘画，不遗余力，而宪政进行尤为注意，至诚格被，固已薄海同钦矣。然而天下至大也，万事至赜也，一人之心思耳目至有限也。"② 即直白地指出监国摄政王载沣一人之精力是有限的。因此选择顾问官是十分必要的：

> 盖帝王之治，必本于帝王之学，明乎诚正修齐之理，而后出治有大原；通乎古今治乱之故，而后应变有特识；洞察乎列邦之情势，而后外交无失误；熟谙乎宪法之要领，而后新政有准绳。以学问为之本，则凡所设施，皆举而措之，沛然莫之能御，是执简御繁之要道也。虽然帝王之学与儒生异，不在寻章摘句，徒事占毕也。惟于宵旰之余，燕间之际，常与魁儒硕士，时时接见，商榷古今，讲求治理，熏陶渐染，其进德之速，有不期然而然者。③

接着指出，此非其独创，是仿照日本宪政之做法：

> 日本于宪政未行之前，先设宫中顾问官，选元勋练达之人，以备咨访宪政，实行时即改为枢密院。是为君主最高咨询之府，专资讨论而不干行政之权，皆所以为启沃君心、弼成主德之用也。……惟日本于枢密院未设以前，先设宫中顾问官，以为枢密院之预备。而我于议院未设以前，亦先

---

① 劳乃宣：《劳京堂致端午帅书摘录》，北京大学图书馆藏稿本丛书编委会编：《北京大学图书馆馆藏稿本丛书》(9)《劳乃宣公牍手稿》(9)，影印本，天津：天津古籍出版社 1987 年，第 146 页。

② 劳乃宣：《奏请设禁中顾问官摺（代）》，《桐乡劳先生遗稿》卷 4，第 13 页。又参见端方：《请选硕德通才以备顾问》（宣统元年六月），《端忠敏公奏稿》卷 16。文字稍有改动。

③ 劳乃宣：《奏请设禁中顾问官摺（代）》，《桐乡劳先生遗稿》卷 4，第 13 页。

设资政院以为议院之预备，则弼德院未设以前，亦当仿照资政院宫中顾问官之例，先设禁中顾问以为弼德院之预备。①

进而，摺中竟然指出了载沣延请顾问官的地方和方式："伏闻监国摄政王以东华门内三所地方为退朝休息之处，拟请监国摄政王每日退朝之后，至三所留驻数时，延揽硕德通材为禁中顾问官，与之从容坐论、虚心延芳，凡道德之精微，政事之体要，经史之蕴奥，国家之掌故，以及中国各处之民情风俗、闾阎疾苦，外国各邦之政教、工艺、商战、兵谋势力之盛衰，国情之向背，随事诹询，不拘一格，各令扫除忌讳，畅所欲言"。"至选择顾问官之道，专取其德高望重、通达古今，不必拘其官职。如在位大臣齿德兼隆者，自应派为领袖，即业经致仕及职位较卑、年齿较少者，苟学识明通，堪选取迪，即可入选。其大臣请由特简，小臣则令廷臣保荐。监国摄政王延揽之时，不论官职尊卑一律赐坐，一切体制量予从优，比照南书房、上书房人员办理，惟不准干预行政之权。此项人员，其学派无论新旧，但以察其心术纯正、操履不苟为重，如有持论奇袤居心躁妄之辈，立予斥退，不可姑容。仍请将三所附近闲房量加修葺，作为顾问官值班之所，令其轮班入直，以均劳逸而示体恤。此为预备立宪期内暂行办法，俟宣统八年设弼德院之时，再酌照日本枢密院官制，另行更定。"② 这时端方虽位居直隶总督兼北洋大臣，但毕竟属于外官，其指陈禁内大事，不能不引起监国摄政王载沣及实权派或（军机处）的忌讳。劳乃宣竟然为国家之"长远大计"和缘于对端方之忠信，甘于草拟这种犯"忌讳"之奏折，可见劳乃宣对端方支持之坚决。

该摺上奏数月后，优柔寡断的载沣没有任何反应。在端方的授意下，劳乃宣又起草了《奏请速设禁中顾问摺》③。该奏折开始竟对监国摄政王载沣不接受其主张表示不理解，暗含指责："……窃臣于六月十八日奏请设禁中顾问官为弼德院之预备，以备顾问而救艰危一摺，并于监国摄政王前面陈悃款。蒙监国摄政王谕，俟斟酌施行。仰见监国摄政王慎重周详之至意，今已数月矣，尚

---

① 劳乃宣：《奏请设禁中顾问官摺（代）》，《桐乡劳先生遗稿》卷4，第13—14页。
② 同上书，第14—15页。
③ 同上书，第16—17页。又参见端方：《请速设禁中顾问折》（宣统元年十月），《端忠敏公奏稿》卷16。文字稍有改动。

未奉有明旨议者，或以此为迂阔不急之务，可以置为缓图。又虑其或有流弊，且遴选未易得人。窃谓天下事有似迂而实切、似缓而实急者。"①

在重申设立禁中顾问官的注意事项及重要意义后，该折仍断然主张："近者禁卫军军咨处筹办海军，均以懿亲管理，草茅私议，颇有偏任亲贵之疑。今若特设禁中顾问，优视儒贤，置诸左右，则亲贤并进，大公无私，足以消释群疑，昭示海内，尤于大局所裨匪鲜。臣愚昧之见，拟请俯照前摺所请，即日明降谕旨，设立禁中顾问官，以重根本而维大局"②。此次所触载沣及朝廷"枢垣"之忌更加明显，端方在直隶总督任上，只担任了数月，就因故被免职；李国杰之参奏端方令人"携带照相器具，沿途拍照"、"在陵寝内外任意拍照"及"（臣等方随同行礼），该督安然乘舆，横冲神路"③等，只是表象，而清廷统治集团内部的权力之争恐怕是更重要的原因，"速请设立禁中顾问官"，干涉宫政，导致权力之争激化④，端方之反对派借此大肆攻击，朝廷最终将端方撤职。劳乃宣敢于一再为端方拟写此类奏折，也是需要勇气的，其"韧叟"之性格再次展现，即认准了的事，即使有风险，也坚持到底。

另一方面，劳乃宣除了为端方办理文案外，还为端方出谋划策，并将自己在北京所了解的情况及时向端方汇报，这也是两人关系一直保持密切的原因之一。像设"禁中顾问官"这样的重要奏折，肯定是端方的授意，但具体内容和建议也在一定程度上体现了劳乃宣的思想。其中按照"选择顾问官之道，专取其德高望重、通达古今，不必拘其官职（第一摺中语，引者加）""特设禁中顾问官，优视儒贤（第二摺中语，引者加）"，一旦载沣同意其主张，劳乃宣被选中是有可能的。他是完全具备"德高望重、通达古今"等各种条件的，因为在光绪三十四年（1908），他就曾"轮班撰拟"，"任宪法一门，轮日撰拟进呈。有时宣召面讲"。⑤另外，早在光绪三十四年十二月十三日，端方欲设立王顾问时曾提出升允和郑孝胥二人，而郑氏不欲入都，提出由劳乃宣代

---

①　劳乃宣：《奏请速设禁中顾问官摺（代）》，《桐乡劳先生遗稿》卷4，第16页。
②　同上书，第17页。
③　《宣统元年十月大事记》，《东方杂志》宣统元年（1909年），第六年，第12期。
④　张海林：《端方与清末新政》，南京：南京大学出版社2007年，第502—504页。文中认为清廷罢免端方是由于端方与铁良权力之争及与李国杰的个人私怨等原因造成的，可供参考。
⑤　劳乃宣：《桐乡劳先生遗稿·韧叟自订年谱》，第17—18页。

替自己，端方基本同意①。劳氏此举既表现了他对端方的忠心，也体现了其效忠清廷的良苦用心。

宣统二年至三年（1910—1911），端方在京赋闲期间，劳乃宣是否与之联系，囿于史料所限，不得而知。

宣统三年十月初七（1911 年 11 月 27 日）②，端方在四川资州被杀死。此后劳乃宣仍时时想起自己这位"幕主"，有诗纪念之，如民国二年（1913）的《东归别咏》中曰：

> 江表回车日未昏，凄凉丰润有新门。
>
> 经过莫止西州泪，碧血难招蜀道魂。
>
> 金陵丰润门，为端忠敏公修铁路时所辟③。

劳氏路过南京，睹物思人，不由得热泪盈眶，可见，二人感情之深。

劳氏还有《题重建松廖阁记石刻》，其题首曰："焦山松廖阁，为端忠敏公所修建，忠敏与弟忠惠共殉国。住持僧祀两公木主于阁中。杨子勤为作记，郑苏堪书之泐石。潘季孺以拓本见示，感赋一律。"其诗曰：

> 高阁亭亭片石幽，贞岷堪与鹤铭俦。
>
> 苍茫山色清风在，寥落松声雅韵留。
>
> 碧血一时偕蜀道，丹心千古并江流。
>
> 何当同尽西台痛，堕泪碑前共拭眸。④

劳氏再次睹物思人，堕泪碑前，痛心不已。此诗充分表现了劳氏与端方交往之深及对其评价之高。

综上所述，劳乃宣结交的这些幕主中，大都是当时致力于改革和洋务事业的开明之士，对劳乃宣的影响较大。能加入这些人的幕府，本身需要一定的才

---

① 中国国家博物馆编，劳祖得整理：《郑孝胥日记》，北京：中华书局 1993 年，第 1171—1172 页。

② 郭廷以编著：《近代中国史事日志》（下），北京：中华书局 1987 年，第 1434 页。

③ 劳乃宣：《近圣草·东归别咏》，《桐乡劳先生遗稿》卷7，第 15 页。

④ 劳乃宣：《劳山后草》，《桐乡劳先生遗稿》卷8，第 18 页。

干，而在这些幕府中从事文案等活动，使劳氏的才干得到进一步锻炼，对劳乃宣的仕宦生涯及知识结构等有着重要的影响。

（二）亲　朋

黄彭年（1824—1890）

字子寿，号陶楼，晚号更生，贵州贵筑县（今贵阳市）人。道光二十七年（1847）进士，改翰林院庶吉士，散馆授编修。咸丰初年，随父在籍办团练，参加镇压农民起义。同治初年，入川督骆秉章幕，又参加镇压太平天国石达开部，因"有功"得保荐。后由陕西巡抚刘蓉聘其主讲关中书院，久之，李鸿章聘其主持纂修《畿辅通志》，并主讲莲池书院。光绪八年（1882）升按察使。年余，结案四十余起，平反冤案十数起。十一年（1885），调陕西按察使、署布政使。又迁江苏布政使，疏浚吴淞江等。十六年（1890）调湖北布政使，总督张之洞倚重之，病逝于湖北任上。他为官清廉，拒绝馈赠，严禁胥吏勒索，惩办贪官污吏，减轻百姓负担，赈济灾荒，兴修水利，发展教育事业，为群众办一些实事。黄氏著述较多，除编纂《畿辅通志》，还著有《东三省边防考略》、《金沙江考略》、《历代关隘津梁考存》、《铜运考略》等。

劳乃宣与黄彭年的交往，始于他襄助黄氏编纂《畿辅通志》。黄彭年以《畿辅通志》"事有来源，语有出处"而自矜，在近代通志中颇有影响，尽管有桐城派学者批评其"篇无成文，无异档册"[1]，但后世大多给予良好的评价。直隶总督陈夔龙在宣统二年（1910）《重印畿辅通志后序》中曾曰："合肥李文忠公督直隶之次，奏请重修《畿辅通志》，设局省城莲花（即莲池）书院，延贵筑黄子寿方伯主其事。一时襄校诸员多当时名宿，如袁爽秋太常，潘云门、王晋卿两方伯，劳裕（玉）初学使，其尤也。肇始同治辛未，迄光绪丙戌，凡十有六年，而后全书告成，为纪十五、表三十、略一百三十七、录十、列传九十四、杂传十一、附录二、叙传一，凡三百卷，辉辉皇皇，极志乘之大观也。"[2]

民国二十三年（1934），于学忠在《重印畿辅通志序》中写道："同光之际，李文忠督直最久，特延黄子寿先生总其成，复罗当时名宿，重事修辑，十年成书，艺林称盛。刊行之后，颇负时望，为畿辅有志以来，之所仅见，即在

---

① 于学忠：《重印畿辅通志序》，见《畿辅通志》（第1册），上海：商务印书馆1934年影印本。

② 陈夔龙：《重印畿辅通志后序》，见李鸿章修，黄彭年等纂：《畿辅通志》，宣统二年北洋官报兼印刷局石印。

各省通志中亦且推为擘也。"①

同治十二年至光绪四年（1873—1878）间，劳氏任畿辅通志局襄纂和分纂约五年，与总纂黄彭年可谓朝夕相处，深受黄氏的影响。他曾这样描述黄氏对自己的教益："究心于义理之学有年，见举世胥尚通脱，以道学为诟病，意谓古道不能行于今世，内颇自馁。及见黄先生言行一出于正，毅然无所挠。始知今日之世犹有不随流俗者，气为之壮，益用自厉焉。后之所就得力于此者，为不少矣。"②《曾国藩家书》也曾谈到黄彭年："现在朋友愈多，讲躬行心得者，则有镜海先生、艮峰前辈、吴竹如、窦兰泉、冯树堂；穷经知道者，则有吴子序、邵蕙西；讲诗、文、字而艺通于道者，则有何子贞；才气奔放则汤海秋；英气逼人、志大神静，则有黄子寿……黄子寿近作《选将论》一篇，共六千余字，其奇才也。子寿戊戌年始作破题，而六年之中遂成大学问，此天分独绝，万不可学而至。"③ 从曾氏之口，可见黄彭年之才华及人格魅力，这对于"究心于义理之学"的劳乃宣影响几乎是终生的。

劳乃宣离开畿辅志局后，与黄彭年保持着书信往还。在黄彭年《答劳玉瑳书》中，黄氏称赞劳乃宣所著《劝富民出贷贫民议》："诚为救荒上策。国帑既无可请，官力不能偏给，非由民间酌盈剂虚，惟有仰屋束手，坐视嗷鸿饥鹄之待毙而已。"④ 同时黄氏还提出了四条斟酌意见，即应该考虑到"贫户之等差既殊，富户之大小亦异"，"一收一放，经理稍不得宜，百弊丛生"，"能救力能偿债之次贫，而不能救无力偿债之极贫"，"此议但可由首郡县函商，不可形诸公牍，列之示谕"。⑤ 黄彭年最后则曰："鄙人本不在官，阁下虽在官而不在事，但使于事有济，则越俎言之，未始非仁人君子之用心。惟立法必期尽善，而虑患不可不周。尚乞再四筹维，千妥万当，然后告之当事，劝其施行。愚虑尚恐未尽，惟详究是幸。"⑥ 从"鄙人本不在官"可以判断，黄彭年仍在畿辅通志局，而黄氏称其为"阁下虽在官而不在事"说明劳乃宣已经离

---

① 于学忠：《重印畿辅通志序》，见《畿辅通志》（第1册），上海：商务印书馆1934年影印本。

② 劳乃宣：《桐乡劳先生遗稿·韧叟自订年谱》，第5页。

③ 曾国藩：《致澄弟温弟沅弟季弟》（道光二十二年十一月），《曾国藩全集》（家书一），长沙：岳麓书社1985年，第47页。

④ 黄彭年：《答劳玉瑳书》，章钰等编：《陶楼文钞》卷13，1923年刻本。

⑤ 同上。

⑥ 同上。

开畿辅通志局，而出任知县即临榆知县，他还牵挂着保定的救荒事宜①。临榆属于永平府，劳氏在知县任上还为保定府的灾情出谋划策，所以黄氏称其"虽在官而不在事"，因此劝其"再四筹维，千妥万当，然后告之当事，劝其施行"。

劳乃宣精于古筹算，黄彭年也有记述，其在《常州二子传》曰："君既肆力，性又精敏。初不解算术，见劳君玉初笔筹算略，数夕即能通其法。"②

劳乃宣通礼学，对于婚仪、丧仪等深有研究。他曾致书黄彭年，讨论太庙增室事宜，首先他不同意吴刺史（吴汝纶）及王大臣的意见，曰："其立论之创，出人意表，诚有如伯相所谓'尽翻数千百年之案，嫌太新奇者'。私心窃不能无所疑焉。并龛之制，从古所无，是以王大臣之议，但援成案，不徵典籍。今乃博引经史，以实其说。"他从"祧"的本义及礼法之源流的角度，论证了"太庙增室"的合"礼"性，并且认为"增室之制，与并龛之用意相同，而不失于简陋。异议诸臣，又未言及，且有增展前殿之例可援，不同创论。今若以此为言，似不得谓之立异，而同室异龛之陋，可以挽回，似亦纳约自牖之一道也"。如此，才"上遂宫廷之孝思，下不悖朝堂之议"。其中劳氏还郑重指出："儒生立论，各抒胸臆，或有激而谈，或有为而发。虽时涉偏矫，无害其为一家之言。若大臣入告之体，上达九重，下士四海，必当博考礼文，折衷一是，略有不经之语，私曲之词，必为天下所指摘，不可不慎也。"③ 因此其"太庙增室"的主张得到黄氏的认可。

黄彭年在《上李中堂书（其四）》中曰："接奉二十五日钧答，并示挚甫刺史《祔祧议》。……并龛之议，简陋背古，祖孙、男女逼处之嫌，如诸公另奏所指摘，及彭年前书所陈，诚不能免天下后世之疵议。不过因现在时势，既不可议迁祧世室，则只好暂时权宜。又，中堂所处分际，既不便立异廷臣，则亦只好约略其词，言外见意。彭年筹及增室两楹，非谓礼之必当如是，谓较之

---

① 按，《韧叟自订年谱》记述："光绪四年戊寅（1878），三十六岁，在志局。岁亢旱，近畿荒歉，饥民麇集省会，与朱亮生（采）、吴甸侯（建勋）创设平粜会。集资屑高粱煮粥，贱价卖与贫民，立厂于四关。执事者，皆城绅。每日来食者数千人。旋官设粥厂于各关。乡办未尽善。督帅李文忠公在天津闻有弊端。檄委董亦三大令（汝缄）与予为总查，逐日分赴各厂稽查，有委员刘某运米一囊于家，误置于车中，旋觉悟取去，使闻勿罪之。是冬，厕事全活甚多。"次年劳氏便被委署临榆县知县。劳乃宣：《桐乡劳先生遗稿·韧叟自订年谱》，第6—7页。

② 黄彭年：《常州二子传》，章钰等编：《陶楼文钞》卷4，1923年刻本。常州二子指在畿辅通志局的二人：蒋豫（字侑石）、方恮（字子谨）。文中之"君"是指向劳氏学筹算的蒋豫。

③ 劳乃宣：《上黄子寿先生论太庙增室书》，《桐乡劳先生遗稿》卷4，第39—40页。

并龛，犹为彼善于此耳。此论本发于玉初，今证成其说，复为私议。其中惟此附世室昭穆，似可不必，余或有可采也。《祔祧议》文笔奇宕，洵属擅长，而大旨近谀，未敢附会。"① 在致李鸿章的信中，黄彭年基本同意了劳乃宣的意见，而不同意吴汝纶的《祔祧议》。

柯劭忞（1850—1933）

字凤孙，号蓼园，山东胶州（今胶县）人。光绪十二年（1886）进士，选庶吉士，授编修。光绪三十二年（1906），柯氏曾受命赴日本考察教育，回国后出任贵州提学使。光绪三十四年（1908）调回京城，在学部先后任丞参、度署右参议、京师大学堂经科监督。宣统二年（1910）清政府成立资政院，选为议员兼任典礼院学士，其主要职责是教4岁的末代皇帝溥仪读书。中华民国成立和溥仪的退位使柯劭忞十分悲痛，"隐居不仕，以著述自娱"②。

劳乃宣与柯劭忞的早年交往几无记载，但柯氏在《诰授光禄大夫劳公墓志铭》中称其为"执友"，③ 即晚年曾同在京任职，有所交往。观柯氏所撰铭文，他对劳乃宣的思想颇为赞同，称赞劳氏为"以卫正屏邪为己任"④，表明了两人思想的诸多暗合之处。光绪三十四年（1908）后，劳乃宣和柯氏同在京任官。宣统二年（1910）劳氏"钦选资政院硕学通儒议员"，该年资政院开会，讨论新刑律的条款。"法律馆奏进新刑律，先下馆议，后交院议。予以中有数条于父子之伦、长幼之序、男女之别有所妨，在馆具说帖修正，见采一二，未克全从。在院又提倡修正案，署名者百余人，会议时否决一条可决一条，可决者为移改'和奸无夫妇女罪'。用记名投票法表决，同意者七十七人，投白票；不同意者四十二人，投蓝票。时有劳党及白票党、蓝票党之称。余者未暇议及而已闭会，留待来年开会再议。因有《新刑律修正案汇录》之辑。"⑤ 劳乃宣为倡议"议员"，同意者七十余人中就有柯劭忞⑥。又，柯氏所

① 黄彭年：《上李中堂书（其四）》，章钰等编：《陶楼文钞》卷12，1923年刻本。
② 张尔田：《清故学部左丞柯君墓志铭》，王兆镛辑：《碑传集三编》，沈云龙主编：《近代中国史料丛刊续编》第73辑，台北：文海出版社1974年，第447页。王森然著：《近代名家评传》，北京：三联书店1998年，第51页。
③ "纲章兄弟致公之丧，于苏州卜葬有期，来请铭。劭忞忝公执友，不敢辞铭。"见柯劭忞：《诰授光禄大夫劳公墓志铭》页1，《桐乡劳先生遗稿·韧叟自订年谱》附。
④ 柯劭忞：《诰授光禄大夫劳公墓志铭》页2，《桐乡劳先生遗稿·韧叟自订年谱》附。
⑤ 劳乃宣：《桐乡劳先生遗稿·韧叟自订年谱》，第18页。
⑥ 劳乃宣辑：《倡议修正新刑律案说帖》，《桐乡劳先生遗稿·新刑律修正案汇录》，第75页。

撰《诰授光禄大夫劳公墓志铭》中开首则曰："宣统改元，执政大臣持新法而用夷变夏，以新刑律为尤甚。时则有守正不阿之君子，曰桐乡劳公，独侃侃力争，与法律馆诸臣相驳难。公之言曰：'新刑律有妨于父子之伦、长幼之序、男女之别者，吾不敢曲徇也。'公为宪政编查馆参议兼资政院硕学通儒议员，争其事于编查馆。不听则建议于资政院，以得票多，议得伸。"① 这表达了柯氏对劳乃宣主张的鼎力支持。

民国以后，二人都以"遗老"自居，效忠清室。劳乃宣曾致函柯劭忞支持复辟活动："我辈于是年之事（指丁巳复辟事件，引者加），当视为天经地义之举"②。可见二人心理之相通。

沈曾植（1850—1922）③

字子培，号乙庵，晚号寐叟，别号甚多，浙江嘉兴人。光绪六年（1880）进士。历任刑部主事、总理衙门章京、南阳公学总理、安徽提学使、署布政使、护理巡抚等职，著述丰硕。④

劳乃宣与沈曾植是浙江同乡，又是姻亲。《韧叟自订年谱》曰："庚申（1920）七十八岁……女綝适嘉兴沈氏，婿颎⑤，子培尚书子也。八月，来岛借屋迎娶，偕归上海。婚礼时，绌、绚皆来一行。"⑥ 劳乃宣的女儿劳綝嫁给了沈曾植的儿子，沈曾植又小劳氏七岁，所以沈曾植在《韧庵尚书像赞》落款为"姻愚弟沈曾植"。

沈曾植在北京长大，光绪六年（1880）成进士后也长期为京官，戊戌变法失败后曾入张之洞幕府，于武昌主讲两湖书院史学。光绪二十七年

---

① 柯劭忞：《诰授光禄大夫劳公墓志铭》第 1 页，《桐乡劳先生遗稿·韧叟自订年谱》附。

② 劳乃宣：《致柯凤苏、沈子封函》，未刊手稿。甲 57：第三函，《劳乃宣存札》之《劳乃宣函稿》，中国社会科学院近代史研究所图书馆藏。

③ 又见南京大学历史系《中国历代名人辞典》编写组：《中国历代名人辞典》，南昌：江西人民出版社 1984 年，第 562 页：沈曾植（1850—1922）近代学者。字子培，浙江嘉兴人。光绪进士，任刑部主事。熟悉历朝典章制度，于律令钻研尤深。追随翁同龢，主张开学堂、办银行，支持维新运动，后在外务部任职，又调任江西广信知府、安徽提学使。曾赴日本考察教育制度。有《海日楼诗文集》。

④ 钱钟联曾对沈曾植一生的学术贡献有很高的评价。其中钱钟联对沈曾植简介为："沈曾植（公元一八五一至九二二）"钱钟联校注：《沈曾植集校注·前言》，北京：中华书局 2001 年，第 1—2 页。沈曾植生于公元 1851 年，可能不确。许全胜认为沈氏生卒为 1850 年 4 月 11 日至 1922 年 11 月 21 日去世，见许全胜撰：《沈曾植年谱长编》，北京：中华书局 2007 年，第 19、516 页。

⑤ 沈颎（1898—1963），号慈护，沈增植嗣子。

⑥ 劳乃宣：《桐乡劳先生遗稿·韧叟自订年谱》，第 22 页。

（1901），沈氏应盛宣怀之邀，来到上海办理译书院事宜，适逢劳乃宣旧病复发，盛宣怀便任命沈曾植为代总理，沈氏与劳乃宣开始有所接触。见沈氏《与盛宣怀书》："玉初述病有精神，谈事即擎促，病诚不浅，非善调心气不为功，不能乞灵金石草木矣。植请其稍安数日，先定特班功课，而后徐及其他，琐屑繁重，当与菊生相助，渠亦首肯。顾屡言病甚，将不能自主，语意开合，仍与告公之言无异也。公夜间公余有暇，示之可趋谈。……"① 因此说大体在光绪二十七年七月中旬，沈氏与劳乃宣有过面谈。该年十月初，劳乃宣至上海，曾会晤过沈氏，见《沈曾植年谱长编》：

十二月四日（1月13日），劳乃宣至上海访公。缪荃孙致函与公……

十二月五日（1月14日）致函盛宣怀。……《与盛宣怀书》十二月五日（1月14日）：前晚奉一笺，谅经垂览。拟题希发下。玉初昨晚来，有三五日小住，公能一见否？此请宫保大人台安。植。初五日。②

但二人会谈内容不得而知。此后，劳乃宣在杭州任教；而沈曾植任南洋公学总理约半年后，于次年春回京任职，此后十余年不见二人直接交往之记录。

辛亥革命后，二人都以遗民自居，但劳氏主要居于涞水、青岛等地，沈曾植主要生活于上海。二人曾有书信和诗词往还。如劳氏所作《和沈盦守岁感赋用元遗山甲午除夕诗韵（壬子）》：

发愤谁能识史迁，无言我欲效焦然。

浮云身世离群雁，逝水光阴下濑船。

旧岁几人思汉腊，寒宵有鹤画尧年。

山中甲子今何日，醉把离骚独问天。

沈盦属题《上元夜饮图》未及报，世易时移，复用遗山韵守岁诗见示。既依韵属和。适值上元，不胜感触，再叠前韵题句却寄。

---

① 王尔敏、陈善伟编：香港中文大学中国文化研究所史料丛刊（三）《近代名人手札真迹——盛宣怀珍藏书牍初编》（第6册），香港：中文大学出版社1987年，第2588页。大体时间为光绪二十七年七月十三沈曾植到南洋公学以前，但落款无时间，因而具体时间待考。

② 许全胜撰：《沈曾植年谱长编》，北京：中华书局2007年，第267页。

春回幽谷早莺牵，月满星桥火树然。
烧烛检书左氏座，衔杯读画米家船。
承平方夷开元日，甲子俄更典午年。
九陌香尘成往事，题诗忍寄落灯天。①

　　劳氏借除夕、上元等节日，向沈曾植抒发了"世易时移"的感慨。

　　劳乃宣与章棪②是好友，而沈曾植在上海时也与章氏诗酒往还颇多。沈在《和一山雁诗并呈诒重（指陈毅）》中，曾抒发共同的"孤臣"之情，曰："一卷书应到上林，孤臣海上不眠心。"③ 他还有《送章一山编修移居青岛》："征路遂烟雾，孤恒怛远期。游当从若士，仙或觐安期。海作王官谷，潮生日主祠。经行过齐鲁，倘有《尚书》师。"④ 章棪多次往来于上海与青岛之间，也能对二人交往起到间接的沟通作用。沈曾植曾有词述及劳乃宣："釜山青，初阳村舍，桐乡昔意滋厚。沧桑朝市都千变，尺步依然周亩。葵麦茂。伴台笠行归，薹发都人妇。杜门窥牖，问天道如何？遗民犹在，太息使君寿。人间世，那得丹砂句漏，萧然环堵五柳。安期仙跻今何在？缥缈晨霞海右。芝三秀。料一发千钧，荷担心如旧，石头炼否？撑西北龙吟，东南虫化。天地共搔首。"⑤ 借以抒发"沧桑千变"、"遗民犹在"之情怀。民国四年（1915），劳氏曾到上海，逗留十余天，但未见劳氏与沈曾植会面的记录。

　　劳乃宣《致刘潜楼书》中曾曰："拙作书后，已将后幅改作录呈指教，仍乞录寄乙盦（沈曾植）与同人共是政之。乙盦倘能以此意因，对山以动伯鸾，亦一妙用也。一山（章棪）度辽，想有所经营，有无机会？如其返岛，此函请同阅之。若已回沪，祈再寄往一阅为幸。"⑥ 这说明劳氏是通过刘廷琛将自己的《正续共和正解》等论著寄给沈曾植和章棪。民国七年（1918），劳氏在

---

　　① 劳乃宣：《釜麓草》，《桐乡劳先生遗稿》卷6，第18页。此处壬子即民国元年（1912）。
　　② 详见下面章棪之简介。
　　③ 沈曾植：《海日楼诗注》卷7，钱钟联校注：《沈曾植集校注》，北京：中华书局2001年，第956页。（注省略，下同）
　　④ 沈曾植：《海日楼诗注》卷6，钱钟联校注：《沈曾植集校注》，北京：中华书局2001年，第801—802页。
　　⑤ 沈曾植：《摸鱼子题劳玉初〈釜山隐居图〉》，钱钟联校注：《沈曾植集校注》，北京：中华书局2001年，第1531—1532页。
　　⑥ 劳乃宣：《致刘潜楼书》，《桐乡劳先生遗稿》卷4，第62页。

致罗振玉函中曾提及此事，曰："沈盦侍郎向来尺素常通，自前岁弟以《共和正解》发布时，寄书不复，恐涉嫌疑，遂亦不便再寄。乃彼无书来，非我无书去也。兹承传语，深觉慊然，日内宣即作书致之。吾兄如与通函时，望代达鄙意为荷。"① 可见，此前劳、沈之间一直保持着密切的书信往还。

民国六年（1917）7 月 1 日，丁巳复辟时，沈、劳二人的名字赫然载入其职官中："学部尚书沈曾植，左侍郎李瑞清，右侍郎陈曾寿，海军部尚书萨镇冰，法部尚书劳乃宣，左侍郎江庸，右侍郎王乃徵。"② 二人列入其中并非偶然，因为此前他们都曾参与了丁巳复辟的筹划。沈曾植曾提前代拟《复位奏稿》、《第一月行政大略》、《第一诏书》等文件，还和康有为、王乃徵等共赴北京，身与其事③。甘孺（罗继祖）在《永丰乡人行年录》中也曾说："七月一日，张、康拥逊帝在京复辟，称宣统九年。此事酝酿久，与闻其事者半为青（岛）、沪寓公，若刘（廷琛），若劳（乃宣），若沈（曾植），若章（梫）。乡人（指罗振玉）初未参预，静安寓沪，耳目差近，时与乡人书道及（按五月八日沈子培应诏北上，行踪甚秘，静安往访，家人尚诡云赴苏，此静安来书语）。"④

丁巳复辟失败后，二人多间接地了解彼此之音讯，也有些许通信。如劳氏在致函罗振玉中曾称："乙老（指沈曾植）月饩之议洵属美意，一山（章梫）顷有来，未提及此节，但云遗民无不窘者，则此节恐未易就绪，比于素公（升允）细谈。梁家在此每月约需用二百余元，都门有出租房产，月可得百元，加以吾兄所赠五十余元，所少不过七八十元，若能为其长君图得一事，可入此数，即足敷衍矣。来函所言日报馆事，素公谓乃郎英文程度不足，难于胜任。弟意馆设粤省，其地为新党窟穴，地方风气专意反对旧人，厕身其地殊不相宜，只可作罢。吾兄谓沪上有力而尚有心者为刘翰怡（指刘承幹），已作函与商月饩事，并属静庵与之接洽，当可不虚。窃思刘君即属有心有力之人，必有援手，与其求其助资，不如求其图事。刘君今正刊刻丛书，所延校雠之友不一，叔秉精细沉静，行事认真不苟，于校书极为相宜。鄙意拟乞吾兄函商刘

① 韩行方、房学惠：《劳乃宣致罗振玉书札十六通》（12），《文献》季刊 1999 年第 4 期，第 274 页。
② 《丁巳复辟记》，转引自许全胜撰：《沈曾植年谱长编》，北京：中华书局 2007 年，第 451 页。
③ 许全胜撰：《沈曾植年谱长编》，北京：中华书局 2007 年，第 449—451 页。
④ 甘孺（罗继祖）辑述：《永丰乡人行年录》，南京：江苏人民出版社 1980 年，第 66 页。

君，如校书之友有缺，则以叔秉补之，无缺则为之特增一额，月薪酌量从丰，俾得足资事蓄，半为用人，半为助友，则素公既受之心安，刘君亦不为徒费，似属两全之道。管见如是，卓见以为何如？如以为然，即祈函达并托静庵从中熟商，乙老（沈曾植）处似亦可恳其为力，一山处弟亦当与函商之。"① 这是劳氏与罗振玉、沈曾植和章梫等共同商议如何帮助升允的家人度过经济困难之事。

民国八年（1919）4 月 29 日《罗振玉与沈曾植书》曰："前奉教，致谢。承借雨靴，敬完。外奉呈扇一纸，求书赐作。玉初二发沪，一月后再来。"② 而民国九年 9 月（农历八月）沈曾植之子沈颎迎娶劳乃宣女儿劳紩。此事反映了"遗老儿女的婚姻，（大）都是遗老亲自安排"③ 的特点。沈氏曾作诗与劳乃宣，其诗曰："劳成山人写诗句，孔明庙柏坚风霜。故人晚喜茑萝施，硕女来教蘋蘩长。王气灵威在长白，雅致愚公移太行。相见相期醉燕市，山东父老共徜徉"④。沈曾植在诗中既记述了儿女娶嫁之事，又抒发了遗老之情怀。尤其是"王气灵威在长白，雅致愚公移太行"，是沈氏对劳乃宣长期的复辟清室思想的认同和支持。"长白"是指长白山，是满清的发祥地，此处还指劳乃宣在民国后曾撰写的《书陈东塾先生说长白山篇后》，借以宣传复辟主张。沈曾植借重"愚公移山"之精神互相鼓励，坚信自己的所谓"复辟"事业持之以恒，定能成功。

劳氏去世后，沈曾植与章梫等参与了上海公祭劳乃宣的活动，据许全胜撰《沈曾植年谱长编》记曰：

> 民国十年辛酉（1921）八月一日（9 月 2 日）公祭劳乃宣。
>
> 《求恕斋日记》略云：公祭劳玉初乃宣。阴。上午，九时起身。阅

---

① 韩行方、房学惠：《劳乃宣致罗振玉书札十六通》（13），《文献》季刊 1999 年第 4 期，第 275 页。

② 《罗振玉与沈曾植书》，转引自许全胜撰：《沈曾植年谱长编》，北京：中华书局 2007 年，第 479 页。其原注释略去。

③ ［美］周明之：《近代中国的文化危机：清遗老的精神世界》，济南：山东大学出版社 2009 年，第 57 页。在此处，周还分析曰："遗老促成这些婚姻，不仅仅是因为他们之间的社交关系。更有决定性的是他们志同道合的心情和观点。"

④ 沈曾植：《寄和韧庵诗韵》，钱钟联校注：《沈曾植集校注》卷 11，北京：中华书局 2001 年，第 1357—1358 页。

报。属醉愚先至报本堂布置一切。十一时，余与益庵通往，所到之人已不少。十二时，分班行礼，以十人为一班，礼毕散去。是日之公祭，虽知单上八人具名：邹嘉来、沈子培、徐积余、杨芷清、章一山、陶拙存、本生父亲及予，而一切事均由我来承办，共费用四十二元，亦由予付讫。

《遗庵日记》：昨今日皆两公祭劳玉初于报本堂。①

沈曾植与劳乃宣直接交往的记载虽不多，但从两家结亲及沈曾植参加劳氏公祭的情况来看，二人还有惺惺相惜的地方。劳乃宣去世后，其弟子夏邦桢曾绘一幅画像，沈曾植还特意写了《韧庵尚书像赞》，曰：

> 泰山自称高，不如东海劳。万讽齐谣，思心切切。为以是诗于图，为君千里一笑。矧而未遂也。顾今对遗像而称豪，霜野萧条，谡若松涛，啁寒风乎？独立寒台，笠以逍遥，长无绝于终古，以礼魂前昌，报后于鬲郊。姻愚弟沈曾植祥题②。

罗振玉（1866—1940）

字叔言、叔蕴（又作韫、酝），号雪堂，江苏淮安人（祖籍浙江上虞）。曾任清朝学部参事，兼京师大学堂农科监督。辛亥革命爆发后东渡日本。国民八年（1919）春回国，住天津。民国十三年（1924）奉清废帝溥仪召，入直南书房。十七年（1928）冬移居辽宁旅顺。"九·一八"事变后，积极参与制造"满洲国"活动，任伪满监察院院长。民国二十六年六月退休，二十九年（1940）病逝于旅顺。著有《殷墟书契》、《三代吉金文存》等书，于考古、文献学颇有建树。③

---

① 许全胜撰：《沈曾植年谱长编》，北京：中华书局 2007 年，第 504 页。《求恕斋日记》作者为刘承干（1881—1936），署名求恕居士，嗜好藏书，其书室曰嘉业堂、求恕斋等。其父刘锦藻，著有《皇朝续文献通考》，曾请劳乃宣订正。《遗庵日记》作者为邹嘉来（1853—1921），字孟方，号紫东，又自号遗庵，江苏吴县人。翰林，累官至外务部尚书兼会办大臣。民元后，袁世凯聘其为外交高等顾问，不受。避居青岛以遗老自命。张勋复辟，授弼德院顾问大臣。事败，再度遁走。1935 年卒，年 69 岁（该引文公祭后原有一逗号，今删去）。

② 劳乃宣：《桐乡劳先生遗稿·韧叟自订年谱》附像赞。

③ 韩行方、房学惠整理：《劳乃宣致罗振玉书札十六通》，《文献》季刊 1999 年第 4 期，第 265 页。

罗振玉自述其与劳乃宣的交往曰:"韧叟尚书,先府君订昆季之交,尚书之甥又玉(指罗振玉)之从姊夫也,故两家为世好。同治丙寅(五年,1866)玉生于淮安寓所,公适游淮安,与于汤饼之会。嗣后公作宰近畿,光绪庚子始南归。玉年三十又五矣,始于沪江脩谒,嗣是常得侍杖履又十年。宣统元祀(1909),公以四品京堂留京,玉亦备官学部,侍从尤密。辛亥冬,公任大学堂总监督,玉督农科。国变既作,玉避地海东,公则隐遁涞水,又移居曲阜,移青岛。迹日疏而神愈亲。书简往还,殆无虚月。又八年,己未,玉归自海东,寓居津沽,岁或一再脩谒,则公年将大耋,玉亦垂垂老矣。"①

正如罗振玉所述劳、罗"两家为世好",罗振玉小劳乃宣 17 岁,他刚刚出生时,劳氏适游淮安,曾"与于汤饼之会"②。他们真正的交往是在上海,罗振玉 35 岁以后,"始于沪江脩谒"③,为日后的交往打下了基础。他们的密切交往是两人同在北京居官之时,宣统元年劳氏"以四品京堂留京",而罗振玉"亦备官学部,侍从尤密",两人才接触频繁,成为忘年之交。

民国以后,形势巨变,劳乃宣与罗振玉为情势所迫,各奔东西,罗振玉去了日本,而劳乃宣隐遁于涞水、青岛等地,两人见面很少,只是在民国四年(1915),罗振玉曾到曲阜拜访过劳乃宣,二人还曾共同拜谒孔庙④。另一方面,民国以后,二人书信往来渐多,乃至罗氏有"书简往还,殆无虚月"之说。现存于"旅顺博物馆所藏劳乃宣致罗振玉的信札计 16 通(其中信札一至十三寄往日本西京(京都),末三通寄往天津)。这些信札写于 1914(应为1913 年)至 1919 年间。从中可以看出清朝遗老们在辛亥革命之后的失落心态以及他们从事复辟活动的若干细节"⑤。

劳氏把反映自己政治见解的《正续共和正解》、《君主民主平议》寄给罗振玉,咨询其意见。在民国三年(1914)10 月 23 日,劳氏致函罗振玉曰:"吾国自变乱以来,神州陆沉,无计挽救。近日盱衡时局,忽想入非非,发一

---

① 罗振玉:《韧叟自订年谱序》,第 1 页,《桐乡劳先生遗稿·韧叟自订年谱》。
② 见甘孺辑述:《永丰乡人年录(罗振玉年谱)》,南京:江苏人民出版社 1980 年,第 1 页。文中曰:"乡人生,桐乡劳玉初乃宣与尧钦公(罗振玉之父)有昆弟之盟。适游淮安,预于汤饼之会。"
③ 同上书,第 54 页。其中曰:"辛丑,乡人始与相见于沪上。"
④ 甘孺辑述:《永丰乡人年录(罗振玉年谱)》,南京:江苏人民出版社 1980 年,第 54 页。
⑤ 韩行方、房学惠整理:《劳乃宣致罗振玉书札十六通》(1),《文献》季刊 1999 年第 4 期,第265—266 页。

妄论，虽容有异恒蹊，而卑之无甚高论，实为今日所能行，同人见者多以为然，已印行问世，分布中外，觊收万一之效。兹寄呈一份，计《正续共和正解》一本，《君主民主平议》一书，致赵次帅、徐菊相、周玉帅三公函稿各一件，另交邮局，到乞查阅。卓见以为如何，尚祈示及。"① 他把这些"得意"之作、肺腑之言，除赠给赵尔巽、徐世昌、周馥外，还寄给远在日本的罗振玉，可见其和罗振玉友谊之深，正如罗振玉所说"迹日疏而神愈亲"。

两人还不时交换自己的诗书之作，借以深入交流思想。该年11月3日，罗振玉寄给在曲阜的劳乃宣《西夏国书略说》等，而劳乃宣辄把自己近来的《东归别咏》寄去作答。"七月奉手教并《西夏国书略说》等三种，领悉壹是，久未裁盒，良以为歉，迩维起居多胜为颂。弟衰躯尚粗适，于八月中迁居孔氏后圃。拟于十月中挈健儿南归一行，小作盘桓，仍行北上，不遂作归计也。国中近事想见诸报章，浩叹而已，无可言也。近又得诗十六绝，为《东归别咏》之二（与拓片等同另寄），附呈指正。"②

民国四年（1916）2月23日，在曲阜的劳乃宣再次致函罗振玉："十月奉手书，诵悉一一。承示《韩太尉墓表》印本，表忠阐幽，不磨之举，佩甚。弟十月南行，十一月杪返曲，故乡淹留两旬，往来于沪、杭、苏、宁等处，风景不殊，举目有山河之异，感喟深深。敝邑僻陋，风气较通都大邑为朴，而总不如北方之笃实。且身为土著，分居搢绅，势不能萧然事外，承示不可久羁，甚是，甚是。此行往返，得诗三十绝，目之《曰归暂咏》，附呈一份，祈指正。"③ 劳氏把自己最近的行程及对上海遗民的观感告诉罗振玉；而对罗振玉寄来的《韩太尉墓表》中"表忠阐幽，不磨之举"表示"佩甚"；同时表达了"国变"后"山河之异"的感慨，并寄复《曰归暂咏》抒发自己的此种心情。此外，还有不少的书信往来，不再赘述。

民国十年（1921）劳乃宣去世后，罗振玉曾校理了劳氏《韧叟自订年谱》，并在序中极力赞扬劳氏"为醇儒，为循吏"，"古人所谓'不惑、不忧、不惧'，惟公当之无愧色"④，足见两人遗老思想之相通。

---

① 韩行方、房学惠整理：《劳乃宣致罗振玉书札十六通》（1），《文献》季刊1999年第4期，第266页。该函落款为九月初五。又可参见与赵尔巽、徐世昌及周馥交往中的相关内容。

② 同上书，第266页。标点略有更动。

③ 同上书，第267页。标点有改动，将"目之曰《归暂咏》"改为"目之《曰归暂咏》"。

④ 罗振玉：《韧叟自订年谱序》，第1页，《桐乡劳先生遗稿·韧叟自订年谱》。

陶葆廉①（1862—1938）

字拙存，别署淡庵居士，陶模之子，浙江秀水（今嘉兴）人。陶葆廉一生淡于名利，在戊戌变法期间倾向维新。光绪末年，曾因大臣屡荐，为硕学通儒，记名提学使。光绪二十八年（1902），代理浙江大学堂监督。三十三年（1907），又被召入对内廷，授陆军部军机司郎中。辛亥革命后寓居上海，对嘉兴地方公益事业颇多关注。民国八年（1919）11 月，曾奉命会办苏浙太湖水利工程。十年（1921）10 月 19 日，在上海致电北洋政府内务部、财政部，汇报嘉兴、平湖、海盐、嘉善、桐乡、海宁各县迭遭飓风和水灾的情形，要求救济灾民。二十六年（1937），抗日战争爆发后，避居桐乡。次年秋，因愤疾交加去世。

陶葆廉娶了劳乃宣次女劳纺（织文），劳乃宣和陶氏是翁婿关系。陶葆廉为劳氏《韧叟自订年谱》作跋时，曾因岳父去世而怀念自己妻子："公负重望，中外仰若灵光，精神强固，宜跻上寿而竟止于斯，何天之不慭遗耶？葆廉受知最深，乃因养病海隅，未及诀别，痛哉！还忆光绪己丑（应为辛丑 1901年），悼亡前室。"②"受知最深"，表明了陶葆廉曾受到劳乃宣的知遇与提携。接着，陶深情地叙述和劳家的关系及所受的影响：

> 先勤肃公闻公次女贤，属世丈何退庵茂才、丁季莘孝廉为冰上人，得谐秦晋。辛卯（光绪十七年，1891）夏，诣吴桥县署成婚，于是有挂冠接邻之约。不意，劳恭人来归甫十年而没。葆廉寻失怙，奔走于外。奉教时少，惟癸卯（光绪二十九年，1903）于浙校，丁未（光绪三十三年，1907）于金陵督幕，庚戌（宣统二年，1910）、辛亥（宣统三年，1911

---

① "陶葆廉少年入学，为优贡生，秉性俭约，好学不倦，博览群书，专心撰著，对史地考证、医学、算术，都颇有研究。清光绪十七年（1891），陶模任新疆巡抚，葆廉随父赴新疆。沿途逾长城、渡瀚海，经古代蒲类（今巴里坤）、车师（今吐鲁番）等地，行程11200 余里抵乌鲁木齐。葆廉以日记方式记述途中所见所闻，著成《辛卯侍行记》。该书除记日月程途、酬应往来之外，详述各地地理形态、户口变迁、人心风俗物产的异同，并对某些民间流传的古代传说，或加考证，或加澄清；对上古尧舜禹关系的考据推理，对回、蒙古、吐蕃、维吾尔等少数民族的渊源变化，均有提纲挈领的综述，使该书成为晚清西北史地学的一部力作，也是今天研究西北地理不可多得的参考书。还著有《求己录》2卷、《测地肤言》1 卷、《舌鉴辨证》2 卷、《医学答问》4 卷等。1914 年，浙江通志局成立，被聘为分纂，对整理地方史料颇多贡献。还校阅了《闻川志稿》、《盛湖志》、《竹林八圩志》等志书，并为之作序跋"。见魏桥主编：《浙江省人物志》，杭州：浙江人民出版社 2005 年，第 262—263 页。

② 陶葆廉：《桐乡劳先生遗稿·韧叟自订年谱·跋》，第 1 页。

于京师资政院追随较久。见公诵服儒先，跬步不苟，于古今政法、四裔情势，靡弗研求，和平通达，明决几先，故遇事从容展布，毅然不挠。自辛丑（光绪二十七年，1901）以来，异说喧豗，诬称民意，且美其名曰顺潮流。拔本决防，用夷变夏，斥人以顽旧，则老成皆仇雠，处己以维新，则狂且皆神圣。朝野耆宿，亦或怵于众口，阿世取容。公则不然，遇有悖论伤俗，与夫政体之徇虚名而贻实祸者，往往法语异言，多方匡救。于是议会诋诽，报纸嘲谐，权贵嗔怒，几濒于危。而公持正独立，不惧不悔，盖灼见夫下流所趋，必至率人为兽，殄邦湛族，所以断断然师子舆氏，不得已之辩，而冀当世之人，万有一悟也。[①]

尽管光绪二十七年（1901）劳纺（织文）去世，但二者关系并未因此而断绝。从陶氏对劳乃宣的评价来看，二人的学问志趣相同，陶氏对其学术人品颇为熟悉和赞同。

具体而言，光绪二十六年（1900），陶葆廉曾受湖广总督张之洞之托邀请劳乃宣入幕[②]，这也体现了翁婿二人良好的关系。

陶氏所说"惟癸卯于浙，丁未于金陵督幕，庚戌、辛亥于京师资政院追随较久"，即指如下三件事：一是光绪二十九年（1903），劳乃宣与陶葆廉同在杭州的浙江高等学堂任教："夏，心疾复发。秋，以陶婿兼代。乞假归桐乡养病。"[③] 二是光绪三十二至三十三年（1906—1907）陶葆廉与劳乃宣同在端方幕府，得以继续问学于劳乃宣。三是宣统二年至三年（1910—1911 即农历庚戌、辛亥），两人同在北京为资政院硕学通儒议员，都参加了当时的"新刑律修正案"的辩论，劳乃宣作为倡议议员提出修正案，正如柯氏所言："时则有守正不阿之君子，曰桐乡劳公，独侃侃力争，与法律馆诸臣相驳难。"[④] 陶葆廉也是坚决支持劳氏议案的七十多个议员之一。[⑤] 民国十年（1921），劳乃宣在青岛去世后，上海曾举行公祭，陶葆廉也是公祭人员之一。[⑥]

---

① 陶葆廉：《桐乡劳先生遗稿·韧叟自订年谱·跋》，第1—2页。
② 劳乃宣：《桐乡劳先生遗稿·韧叟自订年谱》，第14页。
③ 同上书，第16页。
④ 柯劭忞：《诰授光禄大夫劳公墓志铭》，第1页，《桐乡劳先生遗稿·韧叟自订年谱》附。
⑤ 劳乃宣辑：《倡议修正新刑律案说帖》，《桐乡劳先生遗稿·新刑律修正案汇录》，第75页。
⑥ 许全胜撰：《沈曾植年谱长编》，北京：中华书局2007年，第504页。

卢学溥曾曰："丙寅（1926）春，阆文（劳绅章）、笃文（劳健章）两世兄以陶拙存先生所编尚书遗稿，寄京属付剞劂。同乡金君镱孙、刘君伯农复加审订，溥乃捐资以付手民，朱君仲璋亦与校雠之役。"① 由此可知，劳乃宣遗稿最初主要是由陶葆廉编辑整理的。陶葆廉在《韧叟自订年谱·跋》中曾曰："公所著多散佚，其存者《遗安录》一卷，《古筹算考释》六卷，《续编》八卷，《筹算浅释》、《垛积筹法》、《衍元小草》各两卷，《筹算蒙课》、《分法浅释》各一卷，《约章纂要》八卷，《义和拳教门源流考》一卷，《等韵一得》三卷，《归来吟》二卷，《简字谱录》五种五卷，《读音简字通录》一卷，诗文若干卷。今将年谱校竟，悲公之遇，推论公之心事，附赘数语于后。壬戌（1922）闰五月五日，子婿陶葆廉谨跋。"② 综上可知，一方面陶葆廉受劳乃宣影响较著，另一方面陶氏为保存、整理劳乃宣的文稿和传承劳乃宣的政治思想与学术成就也起到了十分重要的作用。

章　梫（1861—1949）

名正辉，字立光，号一山，浙江省三门县海游镇人。③ 光绪二十八年（1902）举人，光绪三十年（1904）进士，授编修、学部左丞等。辛亥后，寓上海、青岛等地，图谋复辟。

章梫和劳乃宣最早交往起于何时，不得而知。但二人是故交，思想情趣一致。民国建立后，章梫以遗民自居，辑成《德宗实录》，"纂《明遗民传》数十卷，以见志其师友"④。章氏撰文往往用干支纪年，乃至用宣统纪年，以示

---

① 卢学溥：《桐乡劳先生遗稿·跋》，第3页。

② 陶葆廉：《桐乡劳先生遗稿·韧叟自订年谱·跋》，第2页。

③ "18岁应试入学，为秀才，赴杭州诂经精舍深造，蒙名师俞樾面授文史。母病逝后，至四川、湖南、山西、江苏诸省谋事。清光绪二十五年（1899），丁父忧。……二十八年，受聘为上海澄衷学校校长。同年中举人。三十年登进士，殿试选授翰林院检讨。历任京师大学堂译学馆提调、监督，国史馆协修、纂修，功臣馆总纂，德宗实录馆纂修，邮传部丞参上行走，京师大学堂经科、文科提调，邮传部、交通部传习所监督，北京女子师范学校校长等职。1914年辑成《德宗实录》后，回上海。后受聘为青岛孔德大学教师。不久受聘为商务印书馆编辑。参与续修《浙江通志》。后至仓圣明智大学，主授文史。1929年，台州灾荒严重，与台籍旅沪人士成立台灾急赈会，募款急赈，总计6万余元。七七事变，京津沦陷，居上海租界，以吟诗、作书自洁。解放战争时期居杭州。工草书，学晋人，雍容浑厚，造诣高深，笔墨传世甚多。著有《康熙政要》24卷、《旅纶金鉴》6卷、《一山文存》12卷、《一山息吟诗集》、《王（舟瑶）章（一山）诗存合刻》17卷，译日文《教授学管理法纲要》，校订辑刊《逊志斋集》等。"魏桥主编：《浙江省人物志》，杭州：浙江人民出版社2005年，第1033页。

④ 王舟瑶：《一山文存》序，第1页，章梫：《一山文存》，上海：刘承幹嘉业堂，民国七年（1918）刻本。

其忠于故国的态度。

离开京师后，章梫先居于上海，后往来于上海、青岛等地，为图谋复辟起了穿针引线之作用。民国三年（1914），章氏由上海移居青岛，就任尊孔文社编辑①，与劳乃宣接触渐多。是年劳乃宣撰写了《续共和正解》，合刊为《正续共和正解》，章梫曾为之作跋。该跋是对劳氏还政于清室，鼓吹帝制的唱和，其中曰："君主民主，近今西语译成中语之名词，其为长于一国之意则同，异在一世及一选举耳。中国之君，自古无出于选举者。尧舜禹禅让及身而止，其余皆世及也。欧洲各邦之君，古多世及，今乃有选举者。权其始终，选举之害重于世及。世及法守不变，可相安于十世、数十世之久；选举任短期迫，事事可虞，尤不宜于四万万人之大国。……辛亥之变，遂改为共和，其于共和二字之名义，固未尝深考也。行之三年，变故迭出，民不聊生，上自士大夫，下至乡曲之妇孺，心目之中，皆知如此必不能立国。然喟喟注视，莫敢发言，即有言者，仍无能就并诊治予以适宜之方药也。劳山人于辛亥发病时，进《共和正解》之剂而不用。三年以来，病日以剧，乃为制《续共和正解》，海内外之亲爱吾国者，以为就病下药，诚无如此方之良者。……今诚宣布周召共和之事，则亦周召而已矣。名分既定，君子亲之，小人复谁敢侮之，而犹谓劳山人之阿私所好乎？大凡定天下之纷者，仍不外示天下以至公。权谋智计，可以饰一时之耳目，而不能靖人心百年之乱。中外故事，历历可稽，愿附质诸当代之实心救国者。甲寅（1914）夏六月。"②

在二人的密切交往中，章梫可能提出邀请劳乃宣去上海的建议，故才有此后劳氏的上海之行。《韧叟自订年谱》记曰："乙卯（1915）七十三岁，在曲阜……十月，挈潘妾及健还家省视。由兖州登火车至浦口渡江，易夜车至上海，居章一山家勾留旬余，晤旧交多人。附火车至嘉兴，易小舟到桐乡。又挈健赴杭州一行。在家居旬余，至苏州扫墓，复附火车至金陵小住两

---

① 沈曾植：《海日楼诗注》卷 6，钱钟联校注：《沈曾植集校注》，北京：中华书局 2001 年，第 801—802 页。钱钟联按：瞿鸿禨、吴庆坻、吴士鉴、缪荃孙、戴启文、沈煴、周庆云、喻长霖、潘飞声、李祥、吴俊卿、刘承干、杨钟羲，并送一山往青岛，时在立夏前二日。一山应青岛尊孔文社编辑之聘也。

② 章梫：《劳山人正续共和正解跋》（甲寅），《一山文存》，上海：刘承幹嘉业堂，民国七年（1918）刻本，卷 10，第 7—8 页。

日，仍由浦口至兖州而返曲阜。"① 劳乃宣到上海时，章棁在劳氏到来时亲自到火车站迎接②，并安排在自己家中居住十余天，可为二人交情的写照。此后二人分处异地，仍保持着书信往来，这在劳乃宣致罗振玉的信函中可以见证。③

孔庆霄（1843—?）、孔庆霁（1856—?）兄弟

孔庆霄，是孔氏第73代孙，"字云甫，号筱庭，曾任长芦盐运使司库、大使，有子三人：孔繁治、孔繁淦、孔繁敏"④。

劳乃宣和孔家有密切的关系。孔庆霄（劳氏岳父孔宪诒之次子）是其内弟。劳乃宣将长女劳绌嫁于孔繁淦，孙女劳萃嫁于外孙孔祥勉，所谓亲上加亲。此外，劳氏还与当时之衍圣公孔令贻交往较多。

劳氏与孔庆霄为同龄人，二人交往始于16岁。民国元年（1912），其《寄孔云甫内弟七十生日》中曰：

> 与君同作古稀翁，陵谷沧桑万事空。
> 陡忆少年相见日，纪元犹自说咸丰。
>
> 　　　　　　[与君初见于咸丰戊午（八年，1858）]
>
> 五十四年弹指过，故人无复在君先。
>
> 　　　（初见时同年十六岁，今皆七十矣。
>
> 　　　屈计平生亲友存于今世者，相交莫先于君）
>
> 相思但加祝加餐饭，甲子何须再问年。⑤

这首诗显示，劳氏与孔庆霄相识于咸丰八年（1858），至此已有54年的交往。

---

　① 劳乃宣：《桐乡劳先生遗稿·韧叟自订年谱》，第20页。

　② 劳乃宣：《日归暂咏》诗中曰："半夕飞辀电影驰，晓来已到沪江湄。故人道左方延伫，夙约差欣未爽期（下有注：章一山先相约，如期迂于车次）。"《桐乡劳先生遗稿》卷7，第13页。

　③ 韩行方、房学惠：《劳乃宣致罗振玉书札十六通》（13），《文献》季刊1999年第4期，第275页。

　④ 孔德懋主编，李景明著：《孔子家族全书·家族世系》，沈阳：辽海出版社1999年，第307页；孔德成总裁，孔庆塈、孔令熙监修：《孔子世家谱》，济南：山东友谊书社1990年影印，第148页。

　⑤ 劳乃宣：《釜麓草》，《桐乡劳先生遗稿》卷6，第6—7页。

劳氏与其另一内弟孔庆霁①，关系更为密切。民国四年（1915），劳氏《赠孔晴甫内弟即祝其六十岁生日八十韵》中称："晴甫少予十三岁，以至戚为至交。识自孩提，今成白首。予宦游畿辅，相从者二十年，迨予归田，君客山左幕友又十年。独立变作，拂衣而归。余奉召复出，回翔中外，值国变，退耕涞野，橐笔胶滨，海上兵兴又相见于阙里。余年七十二，君五十九矣。回首旧游，恍如梦寐。开岁乙卯正月下旬二日，为君六十生辰，抚今追昔，属慨抒情，有不能已于言者，成长律八十韵，以写我怀，且为君寿。"② 从劳氏的诗中可知，孔"相从者二十年"，主要担任劳乃宣知县衙门内的幕友，因此二人日常接触非常频繁，关系密切。劳乃宣在吴桥官廨编有《各国约章纂要》一书，孔庆霁是主要参编者之一。③ 孔氏60岁生辰，使劳氏抚今追昔，竟然作成八十韵长律，记述了二人五十余年的交谊及时代之变迁，如"缅昔咸丰岁，初逢茂苑边。兰芽方在抱，葛藟记新联。""年年资佐助，处处共回旋。鼓听黄袖被，琴鸣绿绮弦。政疑赖商榷，句险待推延。对弈旁观静，挥毫逸兴骞。持筹考古算，辨韵订新编。""我种篱根菊，君吟幕府莲。席珍身比玉，草奏笔如椽。累牍恒辞荐，诸公雅好贤。不求金作带，但以砚为田。小丑公称乱，高牙遽失权。""未见驿烽逼，无端洛鼎迁。锄携涞浸侧，冠挂国门前。……辍耕心耿耿，闻笛泪涟涟。身世离群雁，情怀望帝鹃。""愿将无尽意，染翰付华笺。"④

物以类聚，人以群分。劳乃宣与这些亲朋好友的交往，有的是凭借着亲缘，更多是有着共同的志趣，以达到彼此互助、心理安慰之作用。

（三）同 年

劳乃宣的同年既包括举人也包括进士。他是同治四年（1865）中浙江省补行咸丰辛酉（1861）并同治壬戌（1862）恩科举人，该榜约为230人⑤。同治十

---

① 孔德成总裁，孔庆垼、孔令煦监修：《孔子世家谱》，济南：山东友谊书社1990年影印，第148页。孔庆霁为孔宪治之第五子，字孙昉，号晴甫，候补直隶州知州。

② 劳乃宣：《近圣草》，《桐乡劳先生遗稿》卷7，第4页。

③ 劳乃宣：《各国约章纂要》凡例，沈云龙主编：《近代中国史料丛刊续编》第99辑，台北：文海出版社1974年，第6页。

④ 劳乃宣：《近圣草》，《桐乡劳先生遗稿》卷7，第4—5页。

⑤ 同治四年（1865）浙江中举人约为230人，见浙江省通志馆，余绍宋等纂修：《重修浙江通志稿·考选志》（第110册），影印本，浙江图书馆1984年，一一〇考选，第1—3页。

年（1871）辛未科（称梁耀枢榜）进士有 323 人①，同年中以梁耀枢（状元）、张佩纶、丁振铎、唐景崇、瞿鸿禨、廖寿丰等人等第居前。同年在清代科举时代，是一种特殊的交往，有的乃至成为故交，但从劳氏与其同年的交往来看，成为故交者不多，据现在所搜集的资料，只有在某一特殊时期有与之交往者。

杨　晨（1845—1922）

字蓉初，一字定孚，或作定敷、定夫、定甫，晚号定叟，浙江黄岩人（今属台州市黄岩区）。同治四年（1865）中恩科举人，光绪三年（1877）成进士，授编修。曾任顺天乡试、会试同考官。有《诗考订补》、《三国会要》、《敦书咫闻》、《崇雅堂诗文稿》等。②

二人为同治四年（1865）乡试同年，但早期交往并无记载。晚年才见有二人交往的记述，主要为诗歌互答。民国七年（1918），劳氏诗作如下：

> 黄岩杨定敷给谏（晨），辛酉、壬戌乡榜同年也。作生辰自述诗，叙及同榜，今惟存渠与余二人。并以辛酉（1921）重复鹿鸣之岁将届，国变不复能膺盛典，有句致慨，赋此寄之。
>
> 鹿鸣群侣赋嘉宾，寰宇茫茫剩两人。
>
> 遥望天台云万丈，蒙魂飞越海东滨。
>
> 太息同臻杖国年，穷岩薇蕨各凄然。
>
> 空余宝祐登科录，谢陆文山或并传。
>
> 慕君犹食故乡鲈，贺监年年卧鉴湖。
>
> 差剩天涯萍泛梗，田横导畔客星孤。

---

①　浙江省通志馆余绍宋等纂修：《重修浙江通志稿·考选志》（第 107 册）记载同治十年辛未榜浙江共有 25 人成进士，其中一甲 2 人，二甲 15 人，三甲 8 人。《重修浙江通志稿》影印本，浙江图书馆 1984 年，第 64 页。刘海峰、李兵著《中国科举史》，上海：东方出版中心 2006 年第 2 版，第 478 页。其附录一之清代进士登科表，统计清代进士登科人数为 26888 人，梁耀枢榜亦为 323 人。梁耀枢（1832—1888），字冠祺，号斗南，晚号叔简。顺德人。清同治辛未（1871）科进士，钦点状元，授翰林院修撰。累官至侍读学士、詹事府詹事。善书法，能作蚊足小字，其行书有王羲之、赵孟頫笔意。但未见到劳氏与梁耀枢交往之记载。榜眼为高岳崧，探花为郁昆。

②　许全胜撰：《沈曾植年谱长编》附录，北京：中华书局 2007 年，第 587 页。又见魏桥主编：《浙江省人物志》，杭州：浙江人民出版社 2005 年，第 1022—1023 页。

　　　　虞渊一旅尚依然，义驭焉知不著鞭。

　　　　共作霓裳重咏客，与君忍死待三年。①

　　三年后，即民国十年（1921），清废帝溥仪曾赐给他们二人"丹心黄发"匾额，以示慰问，劳氏又赋诗如下：

　　　戊午岁（1918），杨定敷同年，以辛酉（1921）重赋鹿鸣之岁将届，同榜惟存与余二人，国变不复能膺盛典，有句致慨。余曾赋寄四绝。今年辛酉，同拜御笔之赐，再赋四章寄之。

　　　　　相期曾忆待三年，今日天章降日边。

　　　　　太岁重光佳朕遇，会看羲驭著先鞭。

　　　　　君蒙仙桂遇重芳，我愧丹心奖发黄。

　　　　　二百卅人存硕果，海滨二老远相望。

　　　　　梁公嘉庆灯华宴，汤相咸丰预锦筵。

　　　　　先辈乡邦佳话在，且休宾祐仰前辈。

　　　　　　　　　　　（下注：梁山舟学士于嘉庆丁卯、

　　　　　　　　　　　汤文端公于咸丰乙卯皆重宴鹿鸣。）

　　　　　鹿鸣应共咏呦呦，惜莫开尊对白头。

　　　　　好待重阳消息到，一杯遥举海天秋。②

　　劳乃宣和杨晨是浙江同治四年举人中硕果仅存的"二老"，二人通信及诗歌互答，心情相通之处较多。

　　张佩纶（1848—1903）

　　字幼樵，一字绳庵，又字篑斋，直隶丰润人。同治九年（1870）举人，十年（1871）进士，授编修。光绪元年大考二等，擢侍讲，寻充日讲起居注官等。丁母忧服阕，升庶子，署都察院左副都御使，光绪九年（1883），晋侍讲学士，在总理各国事务衙门行走等。早年与张之洞等同为"清流要角"，以弹劾大臣闻名。光绪十年（1884），张氏以左都御史外放福建军务督办，因兵

————————————

① 劳乃宣：《劳山后草》，《桐乡劳先生遗稿》卷8，第7页。

② 同上书，第21页。

败逃跑被革职，充军东北。期满回京，复入李鸿章幕。光绪二十九年（1903）病逝于南京。致力于研究《管子》，著有《洇于集》、《洇于日记》等。

劳乃宣虽与张佩纶是同治十年会试同年，但记述二人交往的资料不多。同治十三年（1874），他们曾一起为被贬官的吴可读饯行。劳乃宣在《题吴柳堂侍御围炉话别图》题解中曰："同治甲戌（1874），柳堂（吴可读）侍御以言事贬官，归皋兰。主讲张幼樵、吴子儁（吴观礼）两同年，吴望云太史，设饯赋诗，以赠其行。何诗孙（何维朴）舍人为绘《围炉话别图》。幼樵之室朱夫人亦有题句。光绪己卯（1879），侍御殉命惠陵，图归幼樵。是岁，朱夫人以坐蓐中强起，治君姑之丧，劳毁而卒。幼樵复以直言著声，遭忌屏外，获咎谴谪。庚子起用，不就遄归，旋即世。未几，国变作矣。金陵之乱，藏书皆散佚，而此图独存。戊午（1918）之春，哲嗣何仲炤属题赋此。"[①] 由此可知，劳氏与张佩纶有一定的交谊。劳氏诗中曰："生辟龙鳞死攀髯，二百年一谏官一解。孤忠峨峨，孰与侍玉堂，二三子臭味芝兰投二解。……忠魂陟帝乡，遗卷归故人，作者精神，万古长存。……有友殉忠，有妇殉孝，此卷什袭藏日星，共焜燿。……我披图兮动哀吟，远感旧兮近伤今，山阳涕泗兮沾盈襟。"[②] 借此，劳氏既表达了对故友的怀念，也抒发了对"故国"的哀吟。

能够体现二者关系的还是劳氏为佩纶所撰的墓表。劳氏在《有清通议大夫四五品京堂前翰林院侍讲学士张君墓表》中曾记述自己与张氏的交往："余辑《各国约章纂要》一书，于附录《立约缘起》篇内，述法据越南与我失和开战事，有法人毁我福建船厂之语，即缘当时传言船厂被毁之说也，君见之，语余曰：吾守厂而战败，从不敢以无罪自明。然君之著述，信史也。船厂固至今岿然在也。谓之为毁，讵曰非诬，不得不请君更正。因备述当日情事，余亟改为攻我福建船厂，故知其始末甚详。"[③] 张佩纶对于马尾之役的失败难辞其咎，但对于不实之记载，还是要辩解的。此也可以作为帮助劳乃宣纠错，因此劳乃宣才将"毁"字改为"攻"字。

劳乃宣在《墓表》中总评张氏曰："君独能一词臣转移风会，作朝士敢言

① 劳乃宣：《劳山后草·题吴柳堂侍御围炉话别图》，《桐乡劳先生遗稿》卷8，第4页。

② 同上。

③ 劳乃宣：《有清通议大夫四五品京堂前翰林院侍讲学士张君墓表》，《桐乡劳先生遗稿》卷5，第22页。

之气。光绪之初，词曹谏院，摩厉竞进，公论大伸，宵小蛰伏，朝野喁喁，想望治平。使长此不变，上下交儆，力求补救，安见不能祈天永命，扶危定倾。惜乎为忌者阴事挤排，一时名流相继摧折，举世正气，为之消沮，天下因以沦胥。是非特君之不幸也，亦国家之不幸也。或有议君建言应务，每涉机巧者；夫君固警敏多智，而中有至诚以贯之，非徒为机巧者比也。"① 劳氏对张佩纶一生的不平遭遇是颇为同情的。

瞿鸿禨（1850—1918）

字子玖，号止庵，晚号西岩老人，湖南善化（今长沙）人。同治九年（1870）中举人，十年（1871）进士，授编修。光绪初年，大考名列第一，擢为侍讲学士。光绪二十三年（1897），升为内阁学士。先后出任福建、广西乡试考官及河南、浙江、四川、江苏四省学政。光绪二十六年（1900），义和团运动兴起时，瞿鸿禨上奏说"拳乱不可纵"，主张严厉镇压。及八国联军进犯北京，慈禧太后、光绪帝逃往西安，他随行。后任外务部尚书、内阁协办大臣等职。光绪三十三年（1907），由于与奕劻等有矛盾，忤慈禧太后旨意，被劾罢职回籍。与王闿运等吟咏结社，逍遥度日。辛亥革命爆发后，迁居上海。袁世凯复辟帝制时，聘其为参政员，坚拒不就。民国七年（1918）病逝于上海。有《止庵诗文集》、《汉书笺识》、《止庵年谱》等行世。

据劳乃宣《韧叟自订年谱》及瞿鸿禨《止庵年谱》，未见二人日常交往的记载。劳、瞿为进士同年，劳乃宣位列三甲第 191 名，朝考二等第 14 名，铨选待任时，他没有留京，而是回到保定授读为业。而时年 22 岁的瞿鸿禨（比劳氏小 7 岁）则幸运得多，乡试翌年会试及第，殿试，名列二甲第 54 名，朝考名列二等第三②，得以留京。光绪三十四年（1908），劳乃宣进京居四品京堂后，而此时瞿鸿禨却受到奕劻、袁世凯等排击，开缺回籍。

晚年瞿鸿禨移居上海时，劳氏与其有一面之交，并在瞿氏去世（1918）

① 劳乃宣：《有清通议大夫四五品京堂前翰林院侍讲学士张君墓表》，《桐乡劳先生遗稿》卷5，第 22 页。

② 瞿鸿禨：《止庵年谱》，陈祖德先生选：《晚清名儒年谱》（14），北京：北京图书馆出版社 2006 年，第 753 页。"中式二百三十六名贡士。……总裁为萧山朱文端公（凤标）、武陟毛文达公（昶熙）、蒙古荫方师（阜保）、八旗润伯师（常恩）……殿试名列二甲第五十四名，朝考名列二等第三。题为大禹勤求贤士论，赋得细雨荷锄立，得锄字。引见改庶吉士，大教习为宗室鹤峰师（载龄）、高阳李文正公（鸿藻），分教为……"可知劳乃宣的座师、房师和试题等概况。

后，作《挽瞿子玖相国同年》纪念之：

> 同咏霓裳最少年，相逢桑海各华颠。
> 何期后死山阳泪，独向空林哭杜鹃。
> 罢相归来梦九天，琼楼回首忽成烟。
> 长沙赋鹏惟伤命，忍道虞亡不用贤。
> 昨岁华胥现刹那，天涯同恸旧山河。
> 君今霄汉攀髯去，剩此余生可奈何。
> 放翁不忘九州同，耿耿精诚在昊穹。
> 果得鲁戈重返日，定先絮酒报我公。①

　　劳氏既慨叹"相逢桑海各华颠"，又希望像陆游那样，"收复失地"，期盼清室"复辟"。

　　劳乃宣与同年的交往中也多为心理相契合者，尤其在其晚年（进入民国后），起到了心理相通、互相慰藉之作用。

（四）弟子后学

　　劳乃宣从事过私塾、书院及学堂等各种类型的教育多年，培养的学生不少，但较为著名且与之关系密切者，囿于资料，尚不多见，谨举刘富槐与卢学溥二者为例，加以叙述。

　　刘富槐（1869—1927）

　　字农伯，浙江桐乡人。光绪二十八年（1902，壬寅补行庚子辛丑科）举人，官内阁中书②。有《璁园诗录》等。

　　在劳乃宣的桐溪书院弟子中，刘富槐与劳氏交往最为频繁。刘富槐曾自述曰："予初见玉初先生于苏州，气性方整，有坊表坛宇之风。厥后供职薇垣，先生奉召来京。予往谒，以行将大用贺先生。喟然曰：'老矣，无能为矣。'予曰：'用其智，不用其力。老何伤？'先生为鞠然。是时，予方寓梁家园，先生寓西城。予入宣武门，时往谒。既接见，则谈道讲艺，所以订顽释弊、牖

---

① 劳乃宣：《劳山后草》，《桐乡劳先生遗稿》卷8，第5页。
② 浙江省通志馆，余绍宋等纂修：《重修浙江通志稿·考选志》（第110册），第25页。

启而匡弼之之者意。余于辞肭然粹然也。"① 民国建立后，劳乃宣出都隐居涞水，刘富槐曾送别，后曾几次到涞水访晤。其事见于刘氏《璪园诗录》，如：

> 劳玉初先生出都迁居涞水，有诗留别，敬和原韵。
>
> 燕山愁黛失青苍，去国情怀泪数行。
>
> 此日王官犹有谷，他年畏罍自成乡。
>
> 篮舆浑欲随陶令，柱石终须问伯阳。
>
> 弭策城西劳怅望，宵来有梦绕沧浪。②

再如"玉初先生隐居涞水，槐晋谒寓庐。适张筱帆先生过谈一宿而别，归后寄呈一律"。其中有二句曰"初春景物如愁梦，二老风流自往还"。"官居何似田园乐，且共忘怀魏晋间"。③ 劳乃宣于此事也曾作诗答和，其引言曰："刘农伯过访郭下，静公适至，谈论甚快，别后有诗见寄，依韵答和。"诗曰："晓月犹悬玉一弯，蓬门无客昼常关。故人方喜骑驴到，临叟俄逢弭策还。世事共悲渊底日，乡心对话梦中山。何时双桑丧阴下，与子追随十亩间。"④

此后也是往来频繁，诗词唱和。如：

> 韧叟得文孙（劳）元裳书云：家中梅已盛开，种竹将生笋，杨柳已长大，触动乡思，赋诗相示，感和一首。
>
> 湖山石畔红梅树，每到花时苦忆家。
>
> 乱世文章足羁旅，故园节物自繁华。
>
> 知公惆怅渊明径，泥我淹留博望槎。
>
> 雁后花前无限思，越吟等是怨天涯。⑤

刘氏还作诗《送劳玉初先生移家青岛》一首：

---

① 刘富槐：《桐乡劳先生遗稿》跋，第1页。
② 刘富槐：《璪园诗录》卷2，第16—17页。
③ 同上书，第17页。
④ 劳乃宣：《釜麓草》，《桐乡劳先生遗稿》卷6，第20页。
⑤ 刘富槐：《璪园诗录》卷3，第6页。

欲从龟策问行藏，方丈蓬壶未渺茫。

丹漆随行曾有梦，海山归处当还乡。

燕山木落龙初蛰，青野风高雁独翔。

旧礼淹中应好在，未须田横独彷徨。

乱离经岁得从游，拒马河宽一径秋。

短策招寻成往事，高桥羁旅入穷愁。

定知白社添新义，回向青陵忆故侯。

避地即今多邢管，从教咒虎笑东邱。①

劳乃宣曾作诗记载刘富槐等人的送别，诗曰："故人中道单鸡招，话到家山梦共遥。入耳乡音口乡味，恍摇双桨过双桥。同乡刘农伯、沈宜孙诸君留餐宿于长辛店，双桥吾乡孔道也"②

此外，刘富槐还曾作《模（摸）鱼子〈题劳韧叟〈劳山归去来图〉》：

望东华，软红千点，新添尘土多少。天东别有家山在，作计不如归好。花径扫。问何以梁生赁庑金阊道？齐青未了。看鸥没沧波，鸿冥碣石，同证此情抱。

荆驼恨，弓剑桥陵茂草，铜仙铁泪。都槁舻。棱梦里犹回首苦，被松风警觉？勘送老，须胜是，英雄归骨田横岛。商量画稿。把海思云愁，苍茫写入，留待醉髡笑。③

刘富槐对劳乃宣的为学为人推崇备至，称其为"一代之纯儒也"④。"若其掸索义理，躬行有得，先生与杨园（张履祥）殆同途合辙，此足为我邑桑梓光已。"⑤ 还曰："余自幼溺于古籍，私窃怪叹流俗所志所行，何无一人有似于古。所云云者。及承先生教，始则信其易于流俗，继则悟先生之所志所行，有似于圣贤之徒，与向所读书确然，有当于心而瞀然无以质诸世者。及见先生而

① 刘富槐：《璩园诗录》卷3，第8页。

② 劳乃宣：《劳山草》，《桐乡劳先生遗稿》卷6，第28页。

③ 刘富槐：《璩园诗录》卷4，第14页。

④ 刘富槐：《新刑律修正案汇录跋》，第1页，《桐乡劳先生遗稿》，1927年桐乡卢氏开雕本。

⑤ 刘富槐：《桐乡劳乃宣遗稿》跋，第2页。

大惑乃解已。"① 南皮张氏二烈女事发生后，遗老们广为宣传，刘富槐奉劳乃宣之命也曾作诗、作传②，可见其思想与劳氏之相通。

为继承和发扬劳氏的学术，刘富槐还参与校刊《桐乡劳先生遗稿》，并认为："先生诗文杂稿数积十万言，鉴泉同年（指卢学溥）虑其散失，汇而刻之。于是先生之人品学术，揭诸群众之耳目，令晓然于儒者之自有真。炳烛龙于昏衢，晃照乘于浊浪，以有所不为，为一己树立之准。然后析理精微，以应万有，令学术不惑于歧，而群才不躁于治，以是始者不必以是终，而天下固已治矣。是则先生空言垂世之意也"。③ 他还提出："涧泉同年（即鉴泉，卢学溥）校刻劳先生诗文稿既竣，以先生编订各书尚有《拳案三种》、《新刑律修正案汇录》，为先生政治法律切实有用之诣，气节学问卓荦表著之端。二书虽有铅印，然流传未广，虞其散佚，因锓版而附于后。"④ 此建议被卢学溥采纳。

卢学溥（1877—1956）

字鉴泉，又字涧泉。浙江桐乡乌镇人。祖籍东阳县，清康熙年间迁乌镇经商，家道殷富，为当地望族。光绪二十八年（1902）举人；次年，赴京会试落第。三十四年（1908），去南京任职于财政金融界。民国元年（1912），出任奉天教育厅和北洋政府财政部秘书。后历任财政部制用局机要科长、公债司司长。民国十年（1922）任北洋政府财政部次长，兼北京新亨银行常务董事、中国银行监察人等职。十六年（1927）以后，历任南京中国银行监察、交通银行董事长兼浙江实业银行常务董事。因不愿依附孔祥熙和宋子文，致力于主持浙江实业银行，使之成为实力雄厚的私人银行，为"南四行"之一，蜚声于中国银行界。曾继承祖父遗志续修《乌青镇志》。⑤

卢学溥与劳乃宣的交往始于劳氏主讲于桐乡桐溪书院⑥。辛亥革命后，劳乃宣居涞水，卢学溥曾往拜谒。卢氏言劳氏必曰"尚书"（或韧庵尚书），系丁巳复辟时劳乃宣所封的伪"法部尚书"，表明了卢氏虽身在民国政府，但思

① 刘富槐：《桐乡劳乃宣遗稿》跋，第 1 页。
② 刘富槐：《张氏二烈女诗（玉初先生命作）》《瑗园诗录》卷 3，第 2—4 页。
③ 刘富槐：《桐乡劳乃宣遗稿》跋，第 1—2 页。
④ 刘富槐：《新刑律修正案汇录》跋，《桐乡劳先生遗稿》，1927 年桐乡卢氏开雕本。
⑤ 魏桥主编：《浙江省人物志》，杭州：浙江人民出版社 2005 年，第 295 页。
⑥ 卢学溥：《桐乡劳乃宣遗稿》跋。

想深处，仍有心系清朝之一面。这就使他同情和支持劳氏的为人为学，故而"乃捐资以付手民"，"是书出而尚书之学术行谊、立身大节，后世学者可于是觇之矣"。①

劳乃宣的弟子后学对传承劳乃宣的学术思想及其政治主张起到了重要作用，尤其卢学溥出资刊印《桐乡劳先生遗稿》为后留下了研究劳乃宣的基本资料，作用尤大。

（五）其 他

还有一些人，既非劳氏的幕主、亲朋，也非同年、后学，但在一段时期也与劳氏有交往或有一定关系，有时乃至对于劳氏较为重要。这些人思想主张与人生路向与劳氏差别较大，不易归类，故置于此处。

张之洞（1837—1909）

劳乃宣与张之洞似乎没有直接接触过，但两人在思想主张上有些相同的地方。劳乃宣在吴桥任上镇压义和团时，除撰写了《义和拳教门源流考》和广发禁谕告示外，还节选张之洞的《劝学篇·外篇·非攻第十五》② 广为宣传，作为支持自己主张的理论根据之一。

此后不久，即在光绪二十六（1900）、二十七年（1901）间，张氏曾两度邀请劳氏入幕③，还向清廷举荐过劳氏，乃至沃丘仲子认为："后以张之洞荐，擢吏部主事"④。张之洞两度邀请劳氏入幕，可谓盛情，在张之洞幕府的郑孝胥曾记载过此事⑤，但劳乃宣因故未能成行。对此，张之洞不但没有责怪，而且还向清廷大力推荐。张氏在光绪二十七年三月二十五日《保荐人才摺》中共保荐凡九人，并在所附清单内称劳氏曰："守洁学优，才力干练。前在直隶州县多年，所至循声卓著，上年在吴桥任内，时值拳匪初起，即通禀上官，著为论说，历引嘉庆间谕旨成案，指其邪教惑人之根据，力禁拳匪纠众传习，是以该县境内，未被匪徒之害，亦免受洋兵之扰，足征卓识过人，明烛先几，保

---

① 卢学溥：《桐乡劳乃宣遗稿》跋。

② 劳乃宣辑：《桐乡劳先生遗稿·奉禁义和拳汇录》，第11—12页。

③ 劳乃宣：《桐乡劳先生遗稿·韧叟自订年谱》，第14—15页。

④ 沃丘仲子：《近现代名人小传》下册，北京图书馆出版社2003年，第324页。笔者从时间分析由张之洞推荐劳乃宣为吏部主事认为可能不确，待考。

⑤ 中国国家博物馆编，劳祖得整理：《郑孝胥日记》，北京：中华书局1993年，第791、792页。

全地方。"①《郑孝胥日记》（光绪二十七年四月廿一日即 1901 年 6 月 7 日）记曰："……又，二十日奉上谕：张之洞奏'保荐人才'一摺，翰林院编修衔梁鼎芬，翰林院编修徐世昌、王同愈，吏部主事劳乃宣，记名道郑孝胥，直隶候补知府吴永，前安徽青阳知县汤寿潜，均著吏部带领引见。钦此。"② 由此可以看出，张之洞对劳氏之欣赏。此时，劳乃宣正在上海养病，不久担任了南洋公学总理，故而未能北上"觐见"。光绪三十三年（1907），张之洞调京，任军机大臣，充体仁阁大学士，且兼管学部，次年，劳乃宣被慈禧太后、光绪帝召见后，授为四品京堂，张、劳二人同在北京任职，可能有所接触，限于史料，详情不知，但二人在清末"礼法之争"中的立场是一致的，都对沈家本修订的《大清新刑律》提出强烈批评，被人称为"礼教派"的主要代表③，反映出二人思想之相通。

赵尔巽（1844—1927）

字次珊，号无补④。汉军正蓝旗，祖籍奉天铁岭，世居莱州。同治十三年（1874）进士，授翰林院编修，历官安徽、陕西等省布政使，署理山西巡抚。光绪二十九年（1903）署湖南巡抚，曾抵制外国侵略者攫取湖南的矿权，倡导教育改革，将长沙所有书院改为新式学堂。后历任户部尚书、盛京将军、湖广总督、四川总督及东三省总督。武昌起义后曾避居青岛，民国三年（1914），北京政府委为清史馆馆长，主编《清史稿》。

在清末，赵氏长期担任封疆大吏，未见其与劳乃宣交往的记载。进入民国，两人有共同的忠清情怀，交往渐多。民国二年（1913），劳、赵二人共同隐居于青岛作寓公。次年组织的"十老会"，两人都曾与会，每人赋诗一首，并合影留念。赵尔巽因负责编纂清史，打算邀请劳乃宣加入或求教一些相关事

---

① 张之洞：《保荐人才摺并清单（光绪二十七年三月二十五日）》，苑书义等主编：《张之洞全集》第 2 册（卷 52），石家庄：河北人民出版社 1998 年，第 1389 页。

② 中国国家博物馆编，劳祖德整理：《郑孝胥日记》，北京：中华书局 1993 年，第 798 页。

③ 张晋藩：《中国近代社会与法治文明》，北京：中国政法大学出版社 2003 年，第 311—322 页。

④ "赵尔巽（1844—1927）清末民初官僚。字次珊，号无补，奉天铁岭（今属辽宁）汉军正蓝旗人。同治进士，入选翰林院。任监察御史时，以直言极谏著称。以后调任地方官，从知府、道台、按察使、布政使升任湖南巡抚。1903 年调京署理户部尚书。次年任盛京将军。1911 年第三次出任东三省总督时，爆发辛亥革命，因善随机应变，被拥为奉天都督。1914 年袁世凯设立清史馆，任总裁，遂成《清史稿》。"见南京大学历史系《中国历代名人辞典》编写组：《中国历代名人辞典》，南昌：江西人民出版社 1984 年，第 562 页。

宜，曾致书劳氏，劳氏辞未就。

劳氏还曾托付赵尔巽将自己的《正续共和正解》转交给袁世凯①，并继续宣传自己的复辟主张，提出："故拟议预定十年还政之期，昭示天下，俾众释然，而仍以欧美总统之名，行周召共和之事。福威玉食，一无所损而名正言顺……且总统无传家之例，而王爵有罔替之荣，后世子孙，胜于总统，何啻倍蓰。则转祸为福之道，实无以逾此矣。如是则项城安而皇室亦安，天下因之以举安。吾侪小人，亦得有所托庇。是以深冀我公之上陈项城之见听也。"②劳氏将自己的政治主张向赵尔巽和盘托出，即让赵氏劝说袁世凯接受自己的主张，在一定程度上表明了其对赵氏的信任。

进而，劳乃宣又在民国三年（1914）将新作《君主民主平议》呈给赵尔巽，请其广为宣传："近思当此趋重民权之时，以造成舆论为要，故《正续两解》印行于世，分布京外，以供众览。复恐语焉未详，作《君主民主平议》一篇，以阐其义，寄呈两本，伏乞察政。又附上两本，敢请俯赐代呈项城，以备采择。……公谓成先朝之史，即以报先朝之恩。窃谓若能使此说得行，其所以报先朝之恩者，尤胜于修史万万也。"③劳氏为宣传自己的"正解共和"、"还政于清室"的主张不遗余力，认为此"报先朝之恩者，尤胜于修史万万也"。

林　纾（1852—1924）

原名群玉，字琴南，号畏庐。福建闽县（今福州）人。光绪举人。自称"清处士"，矢忠于光绪帝。喜《史记》，用力颇勤。文章崇尚韩、柳，擅叙事抒情，婉媚动人。④林纾在为劳氏《拳案三种》写跋语时，曾记述过与劳氏的交往，曰："仆初不识公，乃从方雨亭处，得晤公于烟雨楼下，快聆名论，心为廓然。敬识数语，且以订交。辛丑（1901）四月闽县林纾拜志。"⑤

进入民国后，劳乃宣与林纾都具有忠清的思想，劳乃宣在《毓清臣拜菊

---

① 劳乃宣：《致赵次珊书》，《桐乡劳先生遗稿》卷4，第55页。
② 同上。
③ 同上书，第55—56页。
④ "林纾（1852—1924）翻译西方文学，皆由人口译，再以古文义译。与王寿昌合译法国大仲马《茶花女》，自译莎士比亚等名人著作。善画山水。好讲学，不分门户，主张义理考据，合二为一。有《畏庐文集》、《诗集》及《论文》、《论画》等。"见南京大学历史系《中国历代名人辞典》编写组：《中国历代名人辞典》，南昌：江西人民出版社1984年，第563页。
⑤ 林纾：《拳案三种·跋》，《桐乡劳先生遗稿·拳案三种》。

山馆诗钞序》中曰："昔顾亭林先生当沧桑之际，七谒孝陵，六谒天寿山攒宫，耿耿孤忠，千秋共仰。比者梁君节庵（梁鼎芬）崇陵种树，独居三年然后归；犹复每年值有事之辰，必往展礼。今之亭林何多让焉。亭林之谒攒宫也，时则有李天生、王山史与偕，节庵之拜崇陵也，亦每有林君琴南、毓君清臣与偕，是二君亦今之天生、山史也。然天生卒就鸿博之试，山史则始终不赴。今林、毓二君嚼然不染，固山史之俦，尤非天生所能及矣。"① 劳乃宣极力称道林纾"拜崇陵"及"嚼然不染"的精神。劳氏还在诗中记述与林纾的交往：

乞林琴南绘《劳山归去来第二图》（君曾为刘幼云作《潜楼读书第二图，因援例以请）

> 记得劳山归去来，曾将松菊画中栽。
> 无端大海群龙战，一纸差欣免劫灰。
> 殷遗逋播又天涯，何处堪餐太白霞。
> 认取先畴溟渤近，白云堆里再还家。
> 展卷微题翰墨香，新吟络绎发奇光。
> 珠玑已满无余幅，剩得缣绸什袭藏。
> 重上潜楼景不殊，丹青喜见续操斛。
> 愿君援取良朋例，为我挥毫第二图。②

此诗既表达了遗民情怀，又可以看出劳氏与林纾一定的交谊。

徐世昌（1855—1939）

字匍（卜）五，号菊存，又号菊人，晚号弢斋、水竹邨人、石门山人、退耕老人、弢斋主人、东海居士，籍贯天津。祖籍浙江宁波鄞县。河南卫辉出生③。

民国之前，未见二人交往之记载。只是在宣统二年（1909）以后，劳、

---

① 劳乃宣：《毓清臣拜菊山馆诗钞序》，《桐乡劳先生遗稿》卷2，第3页。
② 劳乃宣：《劳山后草》，《桐乡劳先生遗稿》卷8，第7—8页。
③ 张达骧撰：《我所知道的徐世昌》，《文史资料选辑》（第48辑），文史资料出版社1964年和南京大学历史系《中国历代名人辞典》编写组：《中国历代名人辞典》，南昌：江西人民出版社1984年，第564页。

徐二人同在北京为官。该年三月，徐世昌由东三省总督入京任邮传部尚书；而劳乃宣进京为候补四品京堂、资政院硕学通儒议员等职。宣统三年（1911），首届"责任内阁"成立，庆亲王奕劻为内阁总理大臣，大学士那桐、徐世昌为协理大臣，唐景崇为学务大臣。九月，袁世凯重组内阁，唐景崇为学务大臣，不久因病请辞。十一月，劳乃宣署理学部副大臣。

民国以后，才渐有二人交往之记述。民国元年（1912），劳乃宣隐居涞水郭下村，次年居于青岛。而徐世昌也曾避居青岛，与居青寓公多有往来游历。劳乃宣曾与之会面，有诗《题徐菊人相国〈双隐楼读书图〉》可证：

> 百尺高楼拥百城，海风吹送读书声。
> 羡君真践联床约，雅胜苏家句里庾。
> 鸿翩冥冥与世遗，高情孤识更谁知。
> 机云长往三间屋，焉有华亭鹤唳悲。①

表达了国变之后"鹤唳悲"似的心情。

但徐氏与劳氏并非同一路人。徐世昌的思想更为复杂，可谓半个"遗老"，其间他频繁往来于青岛与北京之间，多次与袁世凯会晤、邀谈②，并于民国三年（1914）四月起出任袁世凯政府的国务卿③。此时的徐世昌恰好处于袁世凯与青岛等诸遗老之间联络人之地位，因此劳乃宣才"因事"多次致书徐氏。

劳乃宣在报上见到自己被袁世凯任命为参政后，首先想到的就是找"中间人"婉辞，便致函徐世昌："昨日见报载，中央令见任以参政院参政。有奉专电敦促，无任惶悚。某久已老病乞休，今逾七十旬，益复衰颓无用，尚乞我

---

① 劳乃宣：《劳山草》，《桐乡劳先生遗稿》卷6，第29—30页。

② 贺培新辑：《徐世昌年谱》（卷下），《近代史资料》第70号，第15—16、18页，曾记曰：（民国元年）八月三日（应为六月六日）游崂山极顶之柳树台……晚寓。时遗逸流寓者多，周玉山（馥）、张安圃、吴蔚若（吴郁生）、李仲仙（李经羲）、季皋（李经迈）、吕镜宇、邹紫东、李柳溪、柳纯斋皆晤。……九月三日（因为七月五日）起行，至天津剪发。……十月十九日抵京，晤世伯轩、袁慰庭诸人。……民国二年（1913）十月二日，携夫人起行。四日抵京寓。次日晤袁总统、徐伯轩。民国三年（1914）……二月二十七日偕席夫人携二女启行，翌日抵京，袁总统约谈。次日世伯轩、徐梧生来久谈"。这说明徐世昌对民国的态度是复杂的。

③ 同上书，第20页。

公俯鉴下情，代为辞退。仰承挚谊，感不可言。"① 在得知被袁世凯政府任命为参政的消息后，劳乃宣就以年老体弱为由，请徐氏代为婉辞，至少说明了劳、徐二人是熟识的，否则不会贸然致函，拜托此事。

当正式任命书及专使来到后，劳氏在亲自致书袁世凯婉辞的同时，再次致函徐世昌，以"笃老"、"曾患心疾"②为由，委托其代为辞谢。民国三年（1914），劳乃宣又致函徐世昌，赠《正续共和解》，并请其代为转送袁世凯，以劝说袁氏接受复辟清室的主张。③

郑孝胥（1860—1938）

字苏戡（亦作苏勘、苏堪、苏龛、苏盦），号太夷④，福建省闽县（今福州市）人。光绪八年（1882），郑孝胥以乡试第一名中举。后曾入李鸿章、张之洞、端方幕府，担任过驻日使馆书记官、总理各国事务衙门章京、京汉铁路南段总办兼汉口铁路学堂校长，广西边防大臣，安徽、广东按察使。宣统三年（1911），任湖南布政使。辛亥革命后，以遗老自居，在上海作寓公，曾一度闭门谢客，以示与世相遗。⑤民国十二年（1923），赴北京见溥仪，受任总理内务府大臣。后又任伪满洲国总理大臣等职。因此被评价曰："平素自许过当，好为严刻之论，于所游处，或时加微词，或凶终隙末。先后规画甚多，成就殊鲜。终则以贞事一人为节操，以逆时代潮流而动为卓特，由遗老沦为国贼，助桀为暴，身败名裂。"⑥

郑孝胥与劳乃宣之交往始于光绪二十七年正月。据《郑孝胥日记》记载：

（光绪二十七年正月）廿三日（1901年3月13日）……夜赴盛督办

---

① 劳乃宣：《致徐菊人请代辞参政书》，《桐乡劳先生遗稿》卷4，第50页。

② 同上书，第51页。

③ 同上书，第53—54页。

④ 南京大学历史系《中国历代名人辞典》编写组：《中国历代名人辞典》，南昌：江西人民出版社1984年，第566页。

⑤ "而实则盱衡中外，广通声气，多与日本朝野结纳，指使其子郑垂奔走南北，静观待变。既与若干遗老为'读经会'，每周一集，以诵习儒家经典为事，又与壬午乡试同年为'一元会'，酾饮酒家，经月一聚，共抒恋旧怀故之情。排诋时政，敌视民国，悬笔单卖字，凡书件之有民国字样者皆置不应。"其生平详见中国国家博物馆编、劳祖德整理的《郑孝胥日记》整理说明的郑氏简介，北京：中华书局1993年，第1—4页。

⑥ 同上书，第4页。

召饭，晤劳玉初乃宣，以吴桥县推升吏部主事，浙人。

廿五日（3月15日）劳玉初来，同诣赵仲宣、张菊生，菊生未归，晤其兄。

廿六日（3月16）沈藕生来。过劳玉初，同车往南洋公学，晤福开森。至二点，盛督办偕费屺怀、庄仲咸并携其二子同来。饭讫，督办先去，菊生邀观上院、中院。①

在正月期间，郑孝胥记述与劳氏曾有三次会晤，这时二人都在上海。此后数月间，郑孝胥在《日记》中记有与劳氏交往及相关之事，如书信往来等：

（二月）廿七日（4月15日）得柽弟书。得劳玉初书及所著《拳教源流考》、《禁拳匪汇录》二种。……

廿九日（4月17日）风雨。……复劳玉初书。……②

三月，郑孝胥通过岑尧阶向山西巡抚岑春煊推荐劳乃宣赴晋，关注岑春煊奏调劳乃宣等赴晋事宜：

三月朔（4月19日）……晋抚电奏，调魏瀚、劳乃宣、吕增祥，奉旨皆准，皆子益及余所荐也。是夜为拟代晋抚致合肥，求遣秋樵。余与李一琴亦同以电劝吕赴晋，度劳、魏皆不能往耳。……

初七日（4月25日）阴。……劳乃宣来电，以"晋抚奏调，已辞病，亦难赴鄂，请代禀帅"。即将原电送去。……

十三日（5月1日）……夜，月明。得劳玉初复电，称病不来。……

十八日（5月6日）得高啸桐书，云劳玉初患怔忡，寄其复余信稿来。……

廿五日（5月13日）魏季渚来。得劳玉初书。……③

---

① 中国国家博物馆编，劳祖得整理：《郑孝胥日记》，北京：中华书局1993年，第787页。
② 同上书，第791页。
③ 同上书，第791—793页。

据上可知，这段时期，郑孝胥与劳氏交往频繁，并向岑春煊推荐办理山西教案善后事宜，而劳乃宣已答应入张之洞幕府。这使劳氏事处两难。

四月，郑孝胥在张之洞幕府，为张之洞拟"保荐人才"摺，其中包括劳乃宣。此后数年间，两人的交往没有出现在郑氏的日记中。

郑孝胥和劳乃宣的第二个时期的交往是在端方幕府中。当时劳乃宣在两江总督端方幕府做文案，主要负责南洋的交涉及其相关事宜，而郑孝胥则作为一位不常居于幕府的幕宾，不时地从上海来到南京为端方处理各种重要的事宜。郑孝胥来南京后，除谒见端方外，还会见很多友人，其中包括劳乃宣。郑、劳二人有时还共同商议和处理对外交涉事宜，其记述如下：

> 光绪三十三年二月十六日（1907年3月29日）……过劳玉初谈。……
>
> 十九日（4月1日）与劳玉初商复德领事索赔租界滋事受害德人照会。……
>
> 廿一日（4月3日）劳玉初与上海道电，酌易数语。余谓劳曰："瑞莘儒自度不能抗英臬司，则益反对以保其名。如此电往而彼坚辞病，事不能中止也。宜筹代人以结此案，且以全瑞之名。仆意，莫若电奏梁松生暂署沪道，俟案结而后归之。公试告午帅（端方）何如？"劳以告，午帅深然之。……
>
> 廿六日（4月8日）……劳玉初来商致外部、北洋调梁敦彦署沪道及致外部陈上海罢市案应查各节。①

这次郑孝胥来南京居住两周多，其中与劳乃宣会谈和商讨问题四次，多为处理南洋交涉事宜，共同商议，起草文稿等。

三月的记述如下：

---

① 中国国家博物馆编，劳祖得整理：《郑孝胥日记》，北京：中华书局1993年，第1082—1084页。

十六日（4 月 28 日）杨惺吾守敬来谈，甚誉湖北学务。过劳玉初谈……①

这次郑孝胥来南京，约住 18 天，两人只会晤一次。而四月郑氏来南京住了 19 天，没有记述二人的交往。

五月郑孝胥没有来南京，六月有二人交往的记述：

六月朔（7 月 10 日）六点抵下关，……入署，谒午帅，谢保奏。午帅坚邀移入署，居园东小楼中，前于晦若（于式枚）所居也。与劳玉初谈公堂案。……②

这次郑孝胥在南京约 40 天，接触也只有一次。

郑孝胥在上海居住近半年后，于光绪三十三年十二月廿四日（1908 年 1 月 27 日）再次返回南京，在南京一周，曾与劳乃宣会晤交谈：

廿四日（1908 年 1 月 27 日）昧爽，至下关，……入署，晤午帅。复移入小楼，晤潘季儒、罗估之、金文珊、蒋石生、劳玉初等。……夜，召饮，座有劳玉初、杨子勤。食毕，出观王齐翰《挑耳图》、蔡君谟《进御诗》、米元章书疾二种。③

光绪三十四年（1908 年）三月和十二月，郑氏曾有两处记述与劳乃宣有关：

一是，"三月廿一日（4 月 21 日）……夜，谒午帅，即移入署。是日，劳玉初、田伏侯皆入都。奉上谕：'候选郎中杨度，著以四品京堂候补，并在资政编查馆行走。钦此。'"④ 郑氏把劳乃宣动身赴京的情况记入日记，可见，郑孝胥对劳氏之关注。

---

① 中国国家博物馆编，劳祖得整理：《郑孝胥日记》，北京：中华书局 1993 年，第 1087 页。
② 同上书，第 1099 页。
③ 同上书，第 1125—1126 页。
④ 同上书，第 1138 页。

二是，"光绪三十四年十二月十三日（1909年1月4日）晴。……傍晚，入督署，晤汪荃台、潘季儒、劳绍莲。午帅邀共饭……帅言，'摄政王年少，学识未定，所共处唯张燕谋，诚可虑也。吾意欲荐举贤士大夫为王顾问，意中唯有升允、郑孝胥二人耳。君有所知，可试举之。'余逊谢，曰：'孝胥未有入都之志。今劳玉初贤者，公宜举之。'午帅然之。饭罢，辞出。夜，雨。……"① 此处反映出端方和郑孝胥对劳乃宣才德之共同认可。

溥　伟（1880—1936）

号锡晋斋主人。载滢长子，载澂嗣子。光绪二十二年（1896）封贝勒，二十四年（1898）袭恭亲王。历任官房大臣、正红旗满洲都统、禁烟事务大臣等职。辛亥革命时期，拒绝在清帝"退位诏书"上签字，主张整兵一战，后与肃亲王善耆等人组织"宗社党"，妄图复辟清室，是清皇族中的复辟派。民国元年（1912）2月，溥伟避居德国侵占的青岛。第一次世界大战爆发，日军占领青岛，他妄图借用日本势力复辟清室，狂称："有我溥伟在，大清帝国就不会灭亡"。在日军的支持下，他和善耆搞起"满蒙独立运动"，重建已被解散的宗社党，还在辽东一带召纳土匪，秘密组织"勤王军"，为复辟清室枉费心机，苟延残喘。民国五年（1916）2月，溥伟在青岛期间曾收到前陕甘总督升允自东京送来的密函，信中叙述升允在日本联络上层力量支持复辟活动。见此信，溥伟遂和善耆加快了复辟步伐，并预谋6月中旬在辽南一带举事。不料6月6日袁世凯突然病死后，日本政府随之改变了对华政策，将宗社党军队和蒙古骑兵解散，辽南举事落空。民国十一年（1922）2月，善耆死去，溥伟复辟清室企图成为泡影。

劳乃宣和溥伟在北京就已相识。辛亥革命后，二人都曾长期在青岛隐居，交往日多。劳乃宣曾去溥伟的住处欣赏书画，饮酒赋诗②。

溥伟四十寿辰，劳乃宣还曾作长诗一首，以表祝贺。其中曰：

"惜哉陵谷变，避世东海滨。行吟继麦秀，问膳供菜根。""不惑逢悬弧，北堂舞莱服。……但征朋好诗，聊以代琴筑。""济济百僚集，瑞霭盈

---

① 中国国家博物馆编，劳祖得整理：《郑孝胥日记》，北京：中华书局1993年，第1171—1172页。

② 劳乃宣：《劳山后草》，《桐乡劳先生遗稿》卷8，第8页。

画堂。我当曳崐至，快举流霞觞。"①

"一战"爆发后，日本以对德宣战的名义，侵占青岛。劳乃宣等避居济南、曲阜等地，而溥伟仍坚留青岛，劳乃宣有诗记之：

> 艰难西汉亲王子，憔悴成都老客星。
> 相见重吟杜陵句，回头一别五秋萤。
>
> （恭邸居岛上，战时坚守未去，重来复相见）
>
> 淮南好学献王贤，典册高文则古先。
> 谢以仙源鸿宾笈，助成昭代汗青编。
>
> （恭邸以所藏谱牒诸书相助，考订《续通考》)。②

劳乃宣还作有《跋锡晋斋诗稿》："癸丑（1913）之冬，遁迹青岛。一日，有客款门见访，颀然玉立而不言姓名，延而见之，则锡晋斋主人也。相与倾谈，如旧相识。谈次惟以勿为陶渊明相勖。知主人能诗，偶读所作，多心警之语。未几战事作，仓卒而行，主人则坚居岛中不去，飞弹落所居，诵咏自若也。丁巳之夏，时局大变，复来岛上，相见惘然，忧愤之余，惟谈吟咏，出历年所作，相示而读之，气清而不寒，思巧而不纤。早年多歌咏升平、优游泉石之作；国变以后，忧时伤怀，穷而益工，然激扬抑塞之中，终不失雍容揄扬之度，以此卜之，其尚有和声鸣盛之一日乎？愿与主人共待之，当不必如陶诗之永以甲子纪年也。"③ 该跋中记述了劳氏与溥伟的交往，从中可以窥知二人眷恋和复辟"清室"的情愫："惟以勿为陶渊明相勖"，表明了他们仍心怀复辟之希望。"丁巳之夏，时局大变"，是指民国六年（1917）夏张勋拥戴溥仪的复辟，很快失败，结果只得"复来岛上，相见惘然，忧愤之余，惟谈吟咏"而已。

劳氏与这些人的交往，目的不一，但有的出于偶然，所谓道不同不相谋，交往时间较短，有的则心理相通，如和张之洞、林纾等，由于客观原因交往也无多，但无论交往长短，这些人对劳乃宣的生活均产生了一定的影响。

---

① 劳乃宣：《劳山后草》，《桐乡劳先生遗稿》卷8，第9—10页。
② 同上书，第16页。
③ 劳乃宣：《跋锡晋斋诗稿》，《桐乡劳先生遗稿》卷3，第22页。

二、与外籍人士

卫礼贤（1873—1930）

另有人写作"尉礼贤"或"魏礼贤"①，原名理查德·威廉。"Wilhelm Richard，威廉·里夏德。德国同善会传教士，汉学家。1897 年青岛被德国强占后来华传教，办礼贤书院。辛亥革命后在青岛组织尊孔文社，推前清遗老复辟派劳乃宣主其事。1922 年任德国驻华使馆文学顾问。著有《中国文明简史》（A Short History of Chinese Civilization）（1929），《实用中国常识》（Chinesische Lebensweisheit）（1922），《中国精神》（Die Seele Chinas）（1926；1928 年英译本名〈The Soul of China〉），《中国的经济心理》（Chinesische Wietschaftpsychologie）（1930；1947 年英译本〈Chinese Economic Psychology〉）等书。"② 他学习汉语和中国文化，深深为中国博大精深的传统文化所折服，"自取中文名卫礼贤，字希圣"③。

卫礼贤"在中国度过了二十五年的光阴"④。他与劳乃宣的交往始于民国二年（1913），其缘起于卫礼贤组织尊孔文社，主持者乏人，劳氏被推荐来主持社事。劳氏致罗振玉函（民国二年，1913）曾详述自己来青岛的缘由："友人周玉老（周馥）及刘幼云（刘廷琛）诸君来函，言德国尉礼贤君久居中国，于学术流别研究最深，周秦诸子皆有译本，而独推尊孔子，如昔所称服孔子教者。近闻京师人言议废孔教，以为大戚，约中西学者为'尊孔文社'著书论

---

① 孙立新、孙锐主编：《东西方之间——中外学者论卫礼贤》序，济南：山东大学出版社 2004 年。

② 中国社会科学院近代史研究所翻译室：《近代来华外国人名辞典》，北京：中国社会科学出版社 1981 年，第 509 页。该传对卫礼贤在中国活动的记述不足，可参考许全胜撰：《沈曾植年谱长编》，北京：中华书局 2007 年，附录人物小传，第 580—581 页。其中曰："（德）卫礼贤。德国汉学家。字希圣。光绪二十五年（1899），至青岛传教。民国元年（1912），参加孔教会。十一年（1922），在北京大学教授德国文学。十三年（1924），回国。明年（1925），创立中国学社于法兰克福（China Institute in Frankfurt）。将《论语》、《老子》、《列子》、《庄子》、《孟子》、《周易》、《礼记》、《吕氏春秋》等先后译为德文。著有《中国文化史》。"

③ 张国刚：《德国的汉语研究》，北京：中华书局 1994 年，第 40 页。鲁海：《卫礼贤在青岛》，孙立新、孙锐主编：《东西方之间——中外学者论卫礼贤》，济南：山东大学出版社 2004 年，第 66 页。文中曰"自称山东人，信儒教"。

④ 卫礼贤著，王宇洁等译：《中国心灵》，北京：国际文化出版公司 1998 年，卫礼贤在 1926 年所作前言，第 1 页。

学，以昌明正学为宗，并登报传布，暨译西文，流传西国。社中须延执笔之人，欲约弟承乏是席，代备居室一所，月赠笔资数十元，周、刘两君均极力怂恿。弟寄居此间，本有难于久长之势，虽地偏俗朴胜于南方，而今年入夏以来，附近村镇时有盗警，亦复不免戒心，而故乡又不敢冒昧遄归。当此时局，中国区域法律礼数日遂败坏，芸芸民生虽不足以托命，惟各国租借在外人势力范围，于避乱最宜。青岛山川清淑，不当孔道，有津沪之稳固，而无津沪之喧嚣，尤胜于彼。惟闻屋租奇昂，非寠人所能处。今既不可自出房租，又略有津贴，于弟颇属相宜，因即复函允之。连日往返函商，现拟十月中旬由此取程携家前往。知关垂注，特以缕陈，一俟到彼后，情形如何，当再详晰奉闻，并将居址奉告也。"① 这些因素促成了劳氏之移家青岛。

在青岛，劳氏对卫礼贤的印象和评价见于其致罗振玉的信中："尉礼贤君乃牧师出身，而不问传教之事，专办学堂。""尉君以弟子自居，执礼甚恭，其人恂恂有儒者气象，殊难得也。弟所居屋宇为尉君代租，有屋十间，月租价洋六十元，无庸自出。又月赠束修五十元。此间食用较居乡为昂，每月约需八、九十元，不敷者三、四十元，以里中庄产所出接济，足以自给。"② 卫礼贤在内心对劳乃宣也是以师相待的，见于氏著《中国心灵》："在此期间，一直和我保持友好关系的前巡抚周馥给我提了一个建议。他说：'你们欧洲人只了解中国文化的浅层和表面，没有一个人明白它的真正含义和真实深刻之处。原因在于你们从未接触过真正的中国学者。你曾拜作老师的乡村教师，他们也只了解些表面东西。因此毫不奇怪，欧洲人有关中国的知识只是一大堆垃圾。如果我给你引见一位老师，他的思想真正根植于中国精神之中，他会引导你探讨中国精神的深刻之处。你觉得怎么样？你就能翻译各种各样的东西，自己也写一写，中国也就不会总在世界面前蒙羞了。'当然，没有人会比我更高兴了。于是，一封信就发到了那个老师那里。我为他准备了一套合适的住处，几周后他携全家人到来。"③ 瑞士心理学家荣格就称"卫礼贤是中国一位旧学大

---

① 韩行方、房学惠：《劳乃宣致罗振玉书札十六通》（5），《文献》季刊1999年第4期，第268页。该函落款为"九月二十五日"，编者断定的时间为"1915年11月3日"。据《韧叟自订年谱》等劳乃宣去青岛为民国二年十月，因此该函时间为1913年10月24日。引文标点略有改动。

② 韩行方、房学惠：《劳乃宣致罗振玉书札十六通》（7），《文献》季刊1999年第4期，第270页。

③ 卫礼贤著，王宇洁等译：《中国心灵》，北京：国际文化出版公司1998年，第144—145页。

师（指劳乃宣）的门徒"①。张国刚引用卫礼贤夫人的话曰："劳乃宣是晚清名儒，卫礼贤在青岛时就认识他，二人志趣相投。卫礼贤师从他学习儒家经典。""卫礼贤研读《易经》的入门老师是劳乃宣。"② 再从劳氏与卫礼贤二人的著述中可以看出二人相处甚得，卫礼贤还与劳乃宣比邻而居，以便于随时请教。"劳乃宣还陪同卫礼贤去曲阜拜孔庙、谒孔墓。"③

在青岛的遗老们企图复辟清室时，卫礼贤也曾参与了这类活动（其中有德国官方的支持因素），如溥仪在《我的前半生》中写道："劳乃宣悄悄地从青岛带来了一封信。发信者的名字记不清了，只知道是一个德国人，代表德国皇室表示愿意支持清室复辟。"④"这个德国人就是卫礼贤，他曾建议溥仪娶一名德国皇室公主为'后'，这样德国就有理由公开支持宣统复位。但由于溥仪的老师陈宝琛等人的竭力反对，这一主张未能实施。"⑤

关于劳乃宣帮助卫礼贤翻译《易经》的全过程，在卫礼贤著的《中国心灵》一书中作了详细叙述："我们立刻着手开始工作。我们翻译了一些东西，进行了大量的阅读。日常的交谈使我逐渐进入中国文化的精深之处。老（即劳）大师建议我翻译《易经》。这肯定不容易。但他说，此书并不像通常所认为的那么难以领悟。他声称《易经》中最关键的传统已经频于消亡。不过，好在他过去的一个老师仍深受古老传统的影响。他的家族和孔子的后代关系密切。他有一束采自孔子墓的神圣的耆（应为"蓍"，引者加）草杆，他通晓如何借助他们作出神谕的艺术，这在中国几近失传。于是我们开始攻克这本书。我们工作得非常认真。他用中文翻译内容，我作下笔记，然后我把它们翻译成德文。因此，我没有借助中文原文就译出了德文文本。他则进行对比，检查我

---

① 荣格：《纪念卫礼贤》，［德］卫礼贤、［瑞士］荣格著，通山译：《金华养生秘旨与心理分析学》，北京：东方出版社1993年，第142页。

② 张国刚：《德国的汉学研究》，北京：中华书局1994年，第41、46页。

③ 鲁海：《卫礼贤在青岛》，孙立新、孙锐主编：《东西方之间——中外学者论卫礼贤》，济南：山东大学出版社2004年，第71页。鲁海在日后《青岛的故人们》中仍坚持此一观点，参见卫礼贤著，鲁海注，王宇洁等译：《青岛的故人们》中注第44，青岛：青岛出版社2007年，第120页。但据卫礼贤在《中国心灵》中的记述："我曾在几个中国学生的陪同下，游历了'旧日的中国'。"并游孔庙孔府、谒孔墓，参加了衍圣公的婚礼。此处并没有劳氏陪同的记述。见卫礼贤著，王宇洁等译：《中国心灵》，北京：国际文化出版公司1998年，第71、79～84页。此处存疑。

④ 爱新觉罗·溥仪：《我的前半生》，北京：东方出版社2007年，第78页。

⑤ 鲁海：《卫礼贤在青岛》，孙立新、孙锐主编：《东西方之间——中外学者论卫礼贤》，济南：山东大学出版社2004年，第76页。此说劳乃宣曾有辩驳，是否准确，待考。

的翻译是否在所有细节上都准确无误。而后，再审查德语文本①，对文字进行修改和完善，同时作详细的讨论。我再写出三到四份译本，并补充上最重要的注释。工作还没做完，战争就爆发了。我尊敬的师长老（劳）先生和其他学者一齐退回内地。翻译没做完就放在那儿。我想它恐怕永远无法完工了吧。这时，我出乎意料地收到了他的一封来信，说他想返回青岛，完成《易经》的翻译，问我是否能够提供膳宿。当他真正到来时，可以想象我心中的高兴。于是工作终于完成了。此后，我动身去了德国。在他把遗嘱放在我手中后不久，大师于我不在期间去世了。"②

　　孙保锋在《卫礼贤的〈易经〉翻译》中将二人翻译《易经》的过程说得更为清楚："《易经》如此古奥，翻译也就相当艰繁。六十四卦的每一个卦辞都要分作几步完成。先由劳乃宣将卦辞译成浅近文言，卫礼贤笔录；然后卫礼贤把笔记内容译成德语；再由卫礼贤在不参考原文的情况下，把德语回译成中文；接着由劳乃宣进行对比，看中文回译是否理解了各个卦辞的要点，细节是否准确无误。最后由卫礼贤参照劳氏的意见，修改润色德语译本（一般要经过三四次），并加以必要的注释。这样一步步下来才算完成一卦的翻译。"③

　　由劳氏《自订年谱》有关此事的记载④可知，民国二年（1913），劳乃宣举家移居青岛后，主要的任务是主持尊孔文社事宜，另外就是帮助卫礼贤翻译《易经》（此前已翻译了《孟子》）。但时隔一年左右欧战爆发，波及中国，劳乃宣逃到了济南和曲阜等地躲避战火。尽管二人暂时分离各处，但时有书信往来，关系仍十分密切，民国六年（1917）劳氏返回青岛后，继续与卫礼贤合译《易经》，一直到民国十年（1921）间去世，主要生活在青岛，大体上已完成《易经》的翻译。

　　民国九年（1920）夏，卫礼贤回国，上文所提到的"去了德国"应指此次，而到此时《易经》的翻译工作已经大体完成了，并于 1924 年在德国出

---

　　①　此处翻译可能有误。见下引孙保锋：《卫礼贤的〈易经〉翻译》，孙立新、蒋锐主编：《东西方之间——中外学者论卫礼贤》，济南：山东大学出版社 2004 年，第 81 页。

　　②　卫礼贤著，王宇洁等译：《中国心灵》，北京：国际文化出版公司 1998 年，第 145 页。

　　③　孙保锋：《卫礼贤的〈易经〉翻译》，孙立新、蒋锐主编：《东西方之间——中外学者论卫礼贤》，济南：山东大学出版社 2004 年，第 81 页。

　　④　劳乃宣：《桐乡劳先生遗稿·韧叟自订年谱》，第 21—22 页。具体内容见附录一，1913—1920年的记述。

版。这项工作，历时近十载，是卫礼贤所有译著中最享盛誉的一部。"瑞士著名心理学家荣格（Carl Gustav Jung，1875—1961）和德国作家、诺贝尔文学奖获得者赫塞（Hermann Hesse，1877—1962）也为这部书所吸引。荣格曾经在《易经》英译本前言中盛赞卫礼贤的德文译本'在西方，它是无与伦比的版本'。"① 荣格在《纪念卫礼贤》中评价道："他在东西方之间架设了一座桥梁，并把一种有数千年历史的古老文化的宝贵遗产介绍给西方。……"荣格还说："在我看来，他最大的成就就是对《易经》的翻译和评述了。在我知道卫礼贤的译本之前，多年来我一直使用的是莱格翻译的不够完备的译本，所以我十分清楚这两者之间的巨大差异。卫礼贤成功地赋予这部古老的著作以一种崭新的、富有活力的形式，使之获得了新的生命。"② "西方心理学大师荣格说，这部《易经》（此前已有六种译本）的翻译完全可以和法国的 Anquetil du Perron 将古印度典籍《奥义书》引进欧洲相提并论，是卫礼贤'一生最伟大的贡献'。"③ 正是在劳乃宣的帮助下，卫礼贤才得以把《易经》等儒家经典成功地翻译到西方，其中劳乃宣的功劳不可忽视。

朗亚文

朗亚文与劳乃宣的交往主要是为其画像。劳乃宣《韧叟自订年谱》曾有记述④，在《劳山后草》中也有详细记述：

> 朗亚文氏，奥国名画师也。以战事陷于俄，脱身来游华。尉君介画余像，两旬而成，神情毕肖，赋此纪之。
>
> 画师郎氏笔有神，丹青誉满欧罗滨。
> 干戈漂泊客东亚，身世不异曹将军。
> 平生绝艺岂轻用，惟求佳士为写真。
> 愿将诸夏知名客，传士乡邦具眼人。
> 卓哉尉君我良友，介我图形忘老丑。

① 张国刚：《德国的汉学研究》，北京：中华书局 1994 年，第 46 页。
② 荣格：《纪念卫礼贤》，［德］卫礼贤、［瑞士］荣格著，通山译：《金华养生秘旨与心理分析学》，北京：东方出版社 1993 年，第 141、142 页。
③ 孙保锋：《卫礼贤的〈易经〉翻译》按语，孙立新、蒋锐主编：《东西方之间——中外学者论卫礼贤》，济南：山东大学出版社 2004 年，第 78 页。
④ 劳乃宣：《桐乡劳先生遗稿·韧叟自订年谱》，第 22 页。

自笑卑栖伏草莱，何堪高举称山斗。

拂拭捐素调朱铅，默然坐对都忘言。

奚止五日与十日，兼旬神遇虚窗前。

一朝忽现庐山面，频上毫添目生电。

乍觐方警别化身，熟识还疑镜中见。

尉君好学频切磋，传经远渡西海波。

圣道尊亲遍覆载，日月霜露无偏颇。

愧辞区区衰朽态，亦随同过跋提河。

（《通志·七音略》谓瞿昙之书能入诸
夏，而宣尼之书不能至跋提河，为后
学之罪。曹君直寄赠余诗有云："可
惜无缘奉夹漈，孔书道过跋提河"，
以余与尉君讨论经籍，译传欧西也）①

"欧滨画手笔如仙，写得衰容海外传。自笑放翁团扇影，化身今竟到西天
（奥国画师朗亚文氏绘余像传于欧洲）。"② 可见劳氏为自己的画像能够传到欧
洲而自得。

内藤湖南（1866—1934）

"Natio Konan，内藤湖南，日本学者，本名虎次郎。1899 年来华游历，著
《燕山楚水》等游记，嗣后多次来华活动。日俄战争前后积极鼓吹对外侵略，
曾到北京驻华公使小村寿太郎建议侵略中国的大陆政策。1907 年以后任东京
帝国大学东洋史教授，以研究清史知名。1912 年到奉天窃取故宫崇谟阁中保
存的史料文献。著有《清代衰亡论》（1912），《支那论》（1914），《新支那
论》（1924），《东洋文化史》（1936），《支那古代史》（1952），《支那史学
史》（1952）等书。"③

---

① 劳乃宣：《劳山后草》，《桐乡劳先生遗稿》卷 8，第 11 页。

② 同上书，第 16 页。

③ 中国社会科学院近代史研究所翻译室：《近代来华外国人名辞典》，北京：中国社会科学出版
社 1981 年，第 350 页。又参见李盛平主编：《中国近现代人名大辞典》附外国来华人物，北京：中国国
际广播出版社 1989 年，第 702 页。钱钟联校注：《沈曾植集校注》，北京：中华书局 2001 年，第 1109—
1110 页，钱氏引用了日方的《支那学内藤湖南先生略传》与中国学者所作简传的角度不同，可供参考。

民国六年九月六日（1917 年 10 月 21 日），内藤湖南再次启程来中国。许全胜在《沈曾植年谱长编》中分析曰："内藤受日本首相寺内正义派遣，为来华密使，借访学为名，刺探政治。罗振玉欲公（沈曾植）与复辟遗老与之接洽，俾得日本政府平日主张。"① 而罗振玉致函王国维曰："渠（指内藤）此行，弟为介绍伯潜、节庵两傅，韧、潜、乙三君。彼诚能多见诸君，亦佳事也。"② 可见，内藤会晤劳乃宣，是罗振玉推荐的重点人物之一。同时，罗振玉还致函劳乃宣说明此事。

劳乃宣在《致罗振玉书》中曾谈起内藤湖南来访："前月由曲阜转来手函，乃介绍日本内藤湖南博士来青岛过访者，而内藤君经青岛时未来，迨至曲阜始投函于弟故居，而弟久已行矣。细察函面书明：请湖南先生携交。背面书有'小豹岛上海町礼贤书院'地址，而无'青岛'二字，或者内藤君误谓弟尚在曲阜，函封所书为曲阜地名乎？交臂而失，惜哉！……内藤君归国晤面时，祈代达相慕之忱、致惜之意为幸。"③ 或许是阴差阳错，或许是劳氏故意躲避，内藤湖南没有会晤到劳乃宣。此事之佐证见于王国维致函罗振玉的信："今日湖南博士来此（上海）。渠等自青岛来，登泰山，谒孔林，济南、金陵又复小住，故至今日始到。在青晤素、潜二公并严先生，惟韧老在青时言反曲

---

① 许全胜撰：《沈曾植年谱长编》，北京：中华书局2007年，第456页。1917年10月12日，罗振玉在致王国维函中曰："此间寺内仍不改助段策。昨招湖南博士往东京，闻将至我国一行，匝月而返，又一密使也（请守秘密），不知湖南所蓄何政策。……乙老久不答弟书，弟亦不欲多费笔墨，请便以此告之，并述勿泄可也（因湖南系密使）。"见王庆祥、萧立文校注，罗继祖审订：《罗振玉王国维往来书信》，北京：东方出版社2000年，第299页。

② 《罗振玉致王国维札》，转引自许全胜撰：《沈曾植年谱长编》，北京：中华书局2007年，第456页。原文又见王庆祥、萧立文校注，罗继祖审订：《罗振玉王国维往来书信》，北京：东方出版社2000年，第305页。

③ 韩行方、房学惠整理：《劳乃宣致罗振玉书札十六通》（6），《文献》季刊1999年第4期，第269页。据许全胜所撰《沈曾植年谱长编》记"一九一七年九月六日（10月21日），内藤湖南自日本起程来中国。……九月二十四日（11月8日），内藤湖南至上海，王国维陪同访公。《王国维致罗振玉札》：今日湖南博士来此（上海）。渠等自青岛来，登泰山，谒孔林，济南、金陵又复小住，故至今日始到。在青晤素、潜二公并严先生，惟韧老在青时言反曲阜，至曲阜又云在青，故未及见。"许全胜撰：《沈曾植年谱长编》，北京：中华书局2007年，第456—457页。再据"弟重来岛上倏已数月，日于山光海色之间与尉君（尉礼贤）商量旧学播越，得此殊为幸事。惟有浙风气倾向新党，大儿居于故里，自逮复占后屡受恫喝，三函不敢安处，举室北来，寄居曲阜"和《韧叟自订年谱》（第21页）"丁巳（1917）七十五岁，子纲章在家，屡得新党恫吓之函，携家迁居曲阜"。应为1917年11月20日，而不是1915年11月12日。又根据"承惠王静翁《壬癸集》两册，谢谢"。恰好与上函1917年10月2日中的"静翁有《壬癸集》刊本，想代乞一本，寄下为叩"相衔接，故此，此函为1917年无疑。

阜，至曲阜又云在青，故未及见。又至潍县观陈氏物，则铜器玺印已辇至京师求售矣。今日同访逊老，但谈学问，不及其他。明日往刘翰怡观书，后日逊约晚餐，当可畅谈。"①

劳氏后来在诗中还曾提及此事："东瀛有客报琼琚，枉趾还携一纸书。更喜三山贤博士，惠贻新著富经畬（日本湖南博士携罗叔蕴书过访，又林泰辅博士以所著书见增，皆东国知名士也）。"②

一宫房次郎

一宫房次郎，生卒年等不详。劳氏曾作《寄赠日本一宫君》诗，序曰："一宫房次郎为日本大阪朝日新闻社社员，笃志孔孟，讲求经学，吾国革命事起，屡持正论，国变后来游京师，访求志节士，将传述故国，以维持纲常。有《清末遗老》、《清末高士》诸篇，陋劣如余，亦蒙齿及。壬子（1912）四月，浼陈弢老介绍，不辞僻远，造访涞乡，余及张静老③与之谈论，粹然一出于正。经宿而别，赋此寄赠。"④ 诗中曰："……卓哉一宫子，来自沧溟东。杖策叩蓬荜，睟然儒者容。群经澜在口，大义星罗胸。自述凤昔抱，服膺邹鲁风。禹域骇奇变，遥忧吾道穷。不谓雪霜沍，犹有凌寒松。曾将后凋节，载笔传邮筒。"⑤ 劳氏另作诗记曰："有客来从渤澥滨，远寻禹域避秦人。空山莫怨孤芳冷，缥缈瀛洲有德邻（日本一宫房次郎以访求中国遗老，特来见顾）。"⑥ 次年冬，劳乃宣应卫礼贤之邀移家青岛，自涞水乘火车，经长辛店、天津、济南至青岛，一宫房次郎等还至长辛店为之送行，劳氏诗曰："玉京旧侣下蓬莱，瀛岛新知涉海来。未餍班荆通夕语，临歧犹自首重回（陈弢庵、徐楼樵、宝沈庵及日本一宫房次郎诸君，皆自都中至长辛店相见，陈、徐二公则毓庆宫下直

---

① 《王国维致罗振玉札》，转引自许全胜撰：《沈曾植年谱长编》，北京：中华书局2007年，第456页。

② 劳乃宣：《劳山后草》，《桐乡劳先生遗稿》卷8，第16页。

③ 按前面刘富槐的记述，前清浙江巡抚张曾敭曾去涞水会晤劳乃宣。张曾敭（1852—1920），河北南皮人，字润生，抑仲，又字小帆、筱帆，号静渊，同治十年进士。曾任浙江巡抚。进入民国后，以遗老自居，与劳乃宣有一段交往。由此称张静老就是张曾敭。关于张曾敭号"静渊"等的简介，详见王庆祥、萧立文校注，罗继祖审订：《罗振玉王国维往来书信》，北京：东方出版社2000年，第224页。

④ 劳乃宣：《釜麓草》，《桐乡劳先生遗稿》卷6，第20页。

⑤ 同上。

⑥ 同上书，第24页。

来也）。"① 劳乃宣还将与一宫房次郎的交往记入《韧叟自订年谱》②，可见劳氏对一宫房次郎交往之重视。

鬼头玉汝

劳乃宣与一些遗老曾受其热情的招待。劳氏在《和鬼头玉汝八剩楼八人会歌》诗中有所记载：

> 庚申（1920）中秋之夕，东友鬼头君招饮于庐田弥三郎新筑三层楼上。同座者为我国升吉甫、高孟贤、吴君廉三君，东国鹤渊仙助、浅井新太郎及鬼芦田四君，鬼头目之为八仙。作记记之，并附此诗，依韵和之。
>
> > 重楼新百尺，朗月射华宴。
> > 嘉宾忘远近，群仰主人贤。
> > 酒罢登高台，皓魄当空圆。
> > 剩景数八区，一览万象全。
> > 海色如镜平，灏气涵大千。
> > 岚光乍明灭，倏忽屡变迁。
> > 恍若徒太虚，缥渺凌秋烟。
> > 人生惬怀耳，奚必求神仙。
> > 今夕超然游，适以完吾天。③

另有一诗以记此事："海东诗客集名流，八咏吟成八剩楼。百尺层台明月里，今宵端不负中秋（中秋之夕，东友鬼头玉汝招饮于芦田氏新筑八剩楼，多中外知名客，芦田有青岛八景之咏楼，名所由题也）"④

林泰辅（HAYASHI Taisuke，1854—1922）

字浩卿。幼年精通朱子学。东京大学古典讲习科毕业。日本著名汉学家，对中国甲骨文及先秦史有专门研究。"相对于同时代的其他东瀛少年俊杰们，林泰辅则沉默寡言，低调得多，'讲习之外，终日对几读书'（泷川龟太郎

---

① 劳乃宣：《釜麓草》，《桐乡劳先生遗稿》卷6，第28页。
② 劳乃宣：《桐乡劳先生遗稿·韧叟自订年谱》，第19页。
③ 劳乃宣：《劳山后草》，《桐乡劳先生遗稿》卷8，第14页。
④ 同上书，第17页。

《支那上代之研究序》）。以至今日，其学说竟然鲜有人问津。可是在清末民初，当时中国第一流的学者对林泰辅大都赞赏有加。对于林泰辅获得'帝国学士院恩赐赏'的名著《周公と其时代》，不轻许人的王国维说道：'大著《周公及其时代》一书，深佩研钻之博与论断之精。于考订《周官》及《礼经》二书编撰时代，尤征卓识。诚不朽之盛事也。'①……林泰辅一生敬仰无比的人物除了周公之外，还有孔子。1915 年，林泰辅游学中国山东，参拜孔庙。并在孔庙墓地前拾得一粒楷树种子（《说文》：'楷，木也。孔子冢盖树之者。'），小心翼翼地带回日本，种在自己书房前的庭院中。故而日本学者一致认为他'真挚笃学'（《东洋学の系谱》）。"不同于日本国内那些剖析及抛弃汉文明的学者，"林泰辅却一如既往，以传统儒家思想为准绳，理解、认同中国及中国古代的先哲"②。

劳氏在《韧叟自订年谱》中曾记述林泰辅的访问："（1918）四月，日本文学博士林泰辅字浩卿持罗叔醖（即罗振玉）介绍名刺来见，并赠所著。"③劳氏对林留下了较好的印象，又在致罗振玉函中曰："前月东邦林浩卿博士（林泰辅，日本学者）持尊刺见访，晤谈至久，温温儒者，可佩之至，惜不能久留，即日别去。今想已返国，如晤时乞代陈拳拳为幸。"④

劳乃宣与外籍人士的交往多为被动的。往往因劳氏是著名的遗老，外国的学者慕名而来。他与之交往多为有着共同的旨趣，意在维护和传播周公、孔子等为代表的儒家之道。

---

① 原注：《观堂集林·与林浩卿博士论洛诰书》，中华书局 1959 年。又见《致林泰辅书》（1915年 11 月），刘寅生、袁英光编：《王国维全集·书信》，北京：中华书局 1984 年，第 41 页。

② 童岭：《那柯氏通、林泰辅与清末民初的中国学界》，《文史知识》2009 年第 5 期。

③ 劳乃宣：《桐乡劳先生遗稿·韧叟自订年谱》，第 21 页。

④ 韩行方、房学惠：《劳乃宣致罗振玉书札十六通》（12），《文献》季刊 1999 年第 4 期，第 274 页。

第二章 仕宦与幕僚生涯

第一节 知 县 生 涯

一、近 20 年知县生涯

光绪五年至二十六年（1879—1900）间，劳乃宣先后任河北临榆、南皮、完县、蠡县、清苑、吴桥等县知县（其中临榆、蠡县、清苑为署理）。他在任内致力于维护清朝的统治秩序，恪尽职守，因业绩卓著，曾三次考绩被上司评为"卓异"，颇有政声。

光绪五年至六年（1879—1880），劳氏署理临榆知县。该县隶属永平府（今秦皇岛市全境及鹿山部分地区），并以山海关城为县城。他在《自订年谱》则重点记述了永平府知府游智开对自己的影响："太守游公智开，循吏也。述其为州县时，终日坐于二堂，重门洞开，旁无吏役。读书治事如在书室。民有呼吁者，唤入问之，应鞫讯乃召吏役。以故，官民无阻阂。予服其得居敬行简之道，欲效之而惧不能。因略师其意，变通为堂规。每日晨起，阅公牍毕，升坐二堂，开启重门，吏役毕集，面授稿牍于吏，牌票于役，吏所拟缮皆面呈役所，传到皆面报，事毕而退，民有呼吁者，随时出，坐亲问，故阍人不能隔吏役，吏役不能隔民人，自此为始，作令二十余年，咸率行之。"[1] 游智开（1816—1899）字子代，湖南新化人。咸丰元年（1851）举人，晚清有名的官吏，《清史稿》有其传，其中有"曾国藩称其治行为江南第一"、"李鸿章疏陈

---

① 劳乃宣：《桐乡劳先生遗稿·韧叟自订年谱》，第 7 页。

智开清勤端严，足励末俗"等语。① 可以说，游智开是劳乃宣官宦生涯的启蒙老师，劳氏"作令二十余年，咸率行之"，不乏自诩，但可见游智开太守对劳氏影响之深。

因为临榆县北依山，南滨海，东界奉天，北界热河，位于交通要道和军事重地，所以同城还有山海关副都统、驻防旗营山海关通判。劳乃宣在此期间还要处理与当地驻军的关系。副都统祥亨又帮他处理犯有窝窃罪的族人哈春泰。② 劳氏通过与山海关副都统祥亨交往"甚相得"，为当地军民相安创造了条件，一定程度上也反映了其为政之道。

劳乃宣任职临榆知县虽只有年余，但在县志上留下了一段栩栩如生的记载："劳乃宣，字玉初，浙江进士，光绪五年任县事，劝农课士教养，兼施听讼，极明民无冤抑。时严禁巫祝，有巫者被控传，使降神允之，神弗降，笞二十，如是者三，乃笑曰：此必神忙也，可以入夜再请。巫者叩不止。劝令改而释之。城东北隅有静修庵。庵蓄尼皆不法，事犯勒令择配，遂毁庵为义塾。今之县议会即其地也。"③ 而在光绪七年三月二十七日（1881 年 4 月 25 日）时任军机大臣的王文韶在其日记中曾记有劳的条目："晴。……励轩之侄张既耕（书田）来见，述及直隶知县劳乃宣，嘉兴人，留心洋务，任临榆时政声卓著，人才难得，附志之。"④ 可见，劳氏在临榆县任上为时虽短，但确实有些影响。其在临榆一年多的宦绩也得到直接上司知府游智开的肯定，游氏曾曰："……阁下宰临年余，乾沟一役，剪除大憝，边外数十年疯悍之风，为之一变。若植桑柘毁尼庵，设义学，扶世翼教，数十年后，实嘉赖之。"⑤

光绪六年（1880）六月，因为天气炎热，其母中暑，劳乃宣交卸临榆县知县职位。九月，入曾国荃幕府，直到翌年三月曾国荃撤防去职。此间劳氏被序补为南皮县知县，他便于年底赴任南皮县。

光绪七年十二月至八年二月（1881—1882）间，劳乃宣任南皮知县。《韧叟自订年谱》记述过主要的事迹为剿杀"黑团"："南皮南境与宁津交界，宁

① 赵尔巽等纂：《清史稿》卷451，列传238，北京：中华书局1977年，第12563—12565页。
② 劳乃宣：《桐乡劳先生遗稿·韧叟自订年谱》，第7—8页。详文又见附录一。
③ 仵庸修、高凌霨等纂：民国《林榆县志》（1929年）之卷18《事实编宦迹》第16页b。
④ 袁英光、胡逢祥整理：《王文韶日记》，北京：中华书局1989年，第558页。
⑤ 《游智开致劳乃宣函》，见甲57：《劳乃宣存札》之《劳乃宣（存）文稿》，第三函。中国社会科学院近代史研究所图书馆藏。

津素有贼党，纠合多人，往来行劫于天津山东一带，土人称为黑团，声势甚炽，其首陈二居于宁津之李庄。正月，获贼徐花、张木起，为黑团之党。捕役张永顺乡居，陈二率众执械入其家，并其妾刘氏劫去，俱杀之。予白上官，会同乐字营管带李总镇（金堂）亲率兵役，夜至李庄掩捕，陈二逸去，获其党人数人而归。是役也，予未及卒事，奉讳去。后任获陈二与其党，咸诛之。黑团遂绝迹。"[1] 该事也载于民国《南皮县志》。[2] 奉讳是指其母在保定病逝，劳氏不得不按例丁忧离任。

在此后丁母忧近三年的时间里，劳氏入周馥和盛宣怀幕府，详见下节。

光绪十年（1884）五月，劳乃宣补完县知县，九月到任，在此任职一直到光绪十三年（1887）底。劳氏在《自订年谱》中对这四年的任职情况语焉不详。民国《完县新志》中对劳氏的宦绩有记载，其中曰："学识宏通，廉明公正，宽以待民，严以驭下。"他驭下的方法为："每出一票，必先计其道路之远近，志其时日，届时有延不送案者，即诘责承差，不稍宽，故胥役无勒索之弊，而人民无留难之苦"；并且"延名儒长燕平书院，勤校士，厚膏火。未几，文风大振。"[3] 劳氏每到一地，往往注重发展当地教育，逐渐成为其担任知县的一个显著特点。

光绪十四年（1888）正月，劳乃宣调署蠡县知县，直到光绪十七年（1891）正月卸任，任职大约三年。在此期间，劳主要处理的是旗地和道差之役及其争讼问题。"先是户部以顺、直两属荒地并旗产地亩，议租议赋，酌拟章程奏颁遵行，督帅饬司选派牧令中熟悉利病情形之员筹议。予在完县任内，酌拟查办荒地章程八条，详咨立案。是岁（1889）省城设清赋局，两司主之，督饬各州县遵办，简易便民，呈报踊跃。升科地亩数月已得三千余顷，惜为言路妄陈，次年即撤局，竟未全功。"[4] 处理旗地问题半途而废。而处理蠡县的道差之役及其争讼问题则相对成功。"畿辅州县有道差之役。遇驾谒两陵各属，或出夫修道，或出费支应，或出马应用，皆科之民间，相沿称为大差。蠡

---

① 劳乃宣：《桐乡劳先生遗稿·韧叟自订年谱》，第8页。王德乾等总修，刘树鑫等总纂：民国《南皮县志》（1933年）之卷13《故实志中大事记》，第44页a。

② 王德乾等总修，刘树鑫等总纂：民国《南皮县志》（1933年）之卷13《故实志中大事记》，第44页a。

③ 彭作桢修，刘玉田等纂：民国《完县新志》（1934年）卷3，《行政第二》（上），第17页a。

④ 劳乃宣：《桐乡劳先生遗稿·韧叟自订年谱》，第9—10页。

邑历派支应与马匹二者，科之于民，旧有定额，用有所赢，官多入己。莠民有所挟，每以上控抗官敛资自肥。是岁，恭遇谒陵，蠹又二者兼派，予张示告谕，专令民间出支应一款，以为二事之用，免出马差。如有所余，存库已备公用，并陈明上官立案，事毕，余钱千余缗，皆存公中，计民间少出者一千余缗，官少入己者三千余缗。而历藉上控大差肥己之徒，仍控诸府司，府司以予陈明在先，知其不实，驳之，乃控之都察院。奉文提郡审讯。予痛陈其弊，请严惩。卒坐诬科以徒罪。蠹邑好讼之风为之一戢。"① 在这件事上，劳氏对上对下处理得都较为妥当。光绪十六年（1890），他"补行十五年大计，保荐卓异，补调吴桥县知县"②。

光绪十七年（1891），劳乃宣任吴桥县知县（共两次，这是第一次担任该职），任职时间达五年多，一直到光绪二十二年（1896）八月。

据《韧叟自订年谱》记载，他在吴桥任内主要的作为是教化民众和为甲午战争作后援。

因为兼任教谕训导，教育士人、教化民众也是劳乃宣职责所在。其教化民众主要表现在两个方面。首先是劝士子读书，捐资助学，其次是劝设里塾，以化民成俗。③

光绪二十年（1894），中日战争爆发，劳乃宣因疲于应付繁重的过往军队供应等事，身体虚弱。④ 次年，仍不能理事，"乃请给假，省司即委熊君代理，仍令在署养病。交卸后，乃渐向愈。"⑤

光绪二十二年（1896）八月至光绪二十四年（1898）闰三月，劳氏调署清苑县知县。他与当地求雨的民众发生过冲突，并对百姓有同情之心。其《自订年谱》记曰："予始终与之相持，良久乃去。禀明上官，批令严究，予悯其无知，薄惩之而罢。"⑥

另，民国《清苑县志》记有劳任知县的宦绩。其中记载曰："为治本经术，以维持风化为先务，下车即毁五仙淫祠。执法峻，不畏强御。藩属、舆夫

---

① 劳乃宣：《桐乡劳先生遗稿·韧叟自订年谱》，第10页。
② 同上。
③ 同上书，第11页。具体内容详见第五章劳乃宣的教育活动。
④ 同上书，第12页。
⑤ 同上。
⑥ 同上书，第12—13页。

及他役，恃有庇覆，设博局，无所忌。公督役捕之，置于法。驭隶严，有所逮捕，准道里远迩量予资，限期覆命，戒违限滋扰，隶咸畏惧。创办畿辅大学堂，学校之兴，自公始。当其需次，曾上书大府，运售各属书局官刻书籍，善本书始易购置，士林受惠良多，至今颂之。"①

　　光绪二十五年（1899）五月，劳乃宣回任吴桥知县。正逢义和团运动兴起，他迅速编写了《义和拳教门源流考》一文，宣称"义和拳一门，乃白莲教之支流，其教以练习拳棒为由，托言神灵附体，讲道拳教；诡称念诵咒语，能御枪炮，有祖师及大师兄二师兄等名目，其为邪教，形迹显然。……余已出示晓谕，将其实系邪教，久奉明禁缘由，显为揭破，严切禁止"②。劳深感义和团对清朝统治秩序的严重威胁，因而大声疾呼，要求清朝当局把义和团扼杀在萌芽阶段。是年底，袁世凯在调署山东巡抚的途中，召见了他，对他提出的镇压义和团运动的办法十分欣赏。光绪二十五年十二月五日（1900年1月5日），义和团在吴桥县辛集店活动。劳氏闻讯立即派兵镇压，"击杀九人，生擒十余人"③，逮捕了义和团骨干节小亭。节被严刑拷打后处死。八国联军入侵后，劳在给袁世凯的禀文中，公然为西方列强辩护，说八国联军侵华为"各国干预迫于不得不然，初未必有协而谋我之心也。使我实力以剿拳自任，彼兵虽来，亦可善辞遣罢"，"是欲以一国而敌全球也"，因此提出"剿拳和洋"④之主张。清廷发布宣战上谕后，劳又向袁建议，"封疆诸帅似宜于将顺之中，隐寓匡救之意，在在预留转圜地步。庶一旦天心悔祸，得以措手挽回"⑤。这种以镇压义和团来讨好帝国主义的伎俩，和刘坤一、张之洞等人倡导的"东南互保"手法如出一辙。

　　光绪二十六年（1900），清廷按常例调劳乃宣进京引见。他看到自己的主张没有得到朝廷采纳，清廷内部矛盾纷争加剧，因而乘机辞卸了吴桥县知县职

　　①　金良骥修，姚寿昌总纂：民国《清苑县志》（1934年）卷4，《人物上·名宦》，第63页a。
　　②　劳乃宣：《义和拳教门源流考》，《桐乡劳先生遗稿·拳案三种》，第6、7页。《义和拳教门源流考》、《拳案杂存》、《庚子奉禁义和拳汇录》等又见中国史学会主编：中国近代史料丛刊《义和团》（四），上海：上海人民出版社2000年，第438、439页等（其最早版本为神州国光社1951年出版。以下相同，不再详说）。
　　③　劳乃宣：《桐乡劳先生遗稿·韧叟自订年谱》，第14页。
　　④　劳乃宣：《禀山东抚宪袁》，《桐乡劳先生遗稿·拳案三种》，《拳案杂存》卷下，第10、14页。
　　⑤　同上书，第15页。

务，到曲阜省亲。接着他又以请假修墓为名，没有进京赴任吏部主事，而是于该年秋离开吴桥，回到浙江一带①，准备告老还乡。

民国时期的人们对这位吴桥知县的评价在《吴桥志料》中有所体现。其《大事记》中记载了劳乃宣知县任上的三件事：

> 光绪十九年（1893）知县劳乃宣重修县城。
>
> 光绪二十一年（1895）知县劳乃宣征调车辆，知弊窦丛生，规定车轮表以均担负，购置书籍二百余种，存文庙尊经阁，全境士子借览。
>
> 光绪二十五年（1899）畿南拳匪蜂起，知县劳乃宣禁止人民学习，著《义和拳源流考》，刷印成册，遍谕士民。②

二、劳氏县令生涯的特点及其评价

综上所述，劳乃宣担任县令前后长达22年（其中除去请假和丁母忧，入曾国荃、周馥和盛宣怀幕府等，共约三年半，实际为十八年半）之久，在基层得到了历练。劳乃宣所担任的县份虽繁简不一③，但他都能尽职尽责。下面以劳乃宣在完县期间所记《矩斋日记》[第二册，自光绪十三年（1887）二月至十四年（1888）二月]及《公牍录存》为例，总括劳乃宣担任县令活动的一些特点，管中窥豹，可见一斑。

第一，恪尽职守，勤勉为政；注重规章制度建设。这是每一位县令理所当然之事，然而，时至清末，吏治较为腐败，许多县令往往不易做到。正如瞿同祖所说："当然，并非所有州县官都同样勤勉地遵守这些规则。有些勤勉的州

---

① 劳乃宣：《桐乡劳先生遗稿·韧叟自订年谱》，第14页。

② 民国《吴桥志料》（缮录本）卷16，故事志之史略（大事记），民国二十年（1931），清华大学图书馆古籍室。《吴桥志料》中无序言，题有"河北通志局据吴桥县志局呈报本"字样。此三件事在《人物志·名宦》之"劳乃宣"中也都有记述，并曰："庚子之役，拳匪起，畿辅全省糜烂，吴桥独免。"

③ 《清史稿》曰："（永平府）临榆，冲，繁，难。府东北七十里。奉天奉锦道寄此。乾隆二年，以明山海关置山海关。今东门古榆关。顺治时置副将，后改游击，道光末，与永平副将互徙。北有角山，长城枕其上。……（天津府）南皮，繁，难。府西南二百七十里。……完，简。府西少南七十里。……蠡，繁，难。府南少东九十里。……（河间府）吴桥，繁，难。府东南二百四十里。西：南运河自山东德州缘界入。东：宣惠河。又东：沙河，古黄河鬲津亦曰四女寺减河，……"赵尔巽等：《清史稿》卷45，中华书局1977年，第1918、1907、1900、1900、1907—1909页。

县官每天亲理所有公务、阅读所有官牍和诉讼案卷，从不拖延……然而，也有些州县官自己并不阅读案卷，而是留给书吏或幕友们去处理。曾任总督的田文镜（1662—1732）告诉我们，虽然州县官们都不能躲避主持'午堂'和'晚堂'，但许多懒惰不愿早起的州县官并不遵守开'早堂'的规例。他们只有十分之一的州县官开了早堂，并且每十天中只开一两次"①。从《矩斋日记》中可以看出，劳乃宣属于勤勉的县官。审理案件亦是每一位知县的重要职责所在，劳任知县的一个特点，凡重大的案件，尤其是命案，他都亲临现场勘验，不假手于僚属或"刑、钱师爷"等人。日记中这方面的记载不少。譬如光绪十三年七月下旬，劳氏曾两次外出调查案件，"二十日，乙亥，早大雾午后晴，赴常泉，赴峰泉村勘虫灾"。由于此地离县城较远，晚上"西行二十里宿清醒村海明寺内"。其后二十一、二日，分别在南神南、北村等地调查荒地的成因，对当地农民生活的贫困颇为同情，这次外出共花费了三天时间；而"二十七日，壬午，晴，至孟家蒲村相验死者许河，为王明善以铁锹殴伤，越二十九日死"②。类似的记述还有很多，不再赘述。

　　劳乃宣还注重规章制度建设。从保留下来的《公牍录存》③ 来看，他担任县令的一个特点是重视规章制度建设，以此来约束僚属，提高效率，其中以其所订《堂规》、《内署办事规条》、《出票牌示》较为显著。如《堂规》12 条具体规定了书吏、差役集合、办公的时间，办事的注意事项和奖惩等，以及知县升堂收公文、批示公文及退大堂、做二堂等的时间，审判案件的流程等。劳氏认为："以上各条整齐划一，易守易行，既无隔阂之虞，亦无烦苛之弊"④，这

---

　　① 瞿同祖著，范忠信、晏锋译，何鹏校：《清代地方政府》，北京：法律出版社 2003 年，第 33—34 页。其中有两处注释，今略去。

　　② 劳乃宣：《矩斋日记》（全一函，二册），第 2 册，甲 57－7，未刊稿，中国社会科学院近代史研究所图书馆藏。

　　③ 《公牍录存》共分上下两卷，上卷 8 篇，下卷 13 篇，共 21 篇。甲 57－12，未刊稿，中国社会科学院近代史研究所图书馆藏。上卷篇目如下：1. 查办涞水县车厂村礼王府圈地案会禀；2. 堂规；3. 内署办事规条；4. 出票牌示；5. 寄庄考；6. 屯旗买租碍难升科请饬议禀；7. 酌拟弭盗章程禀；8. 议复旗民交涉例文奏请饬部核示详。下卷篇目如下：1. 清理积案榜示；2. 清理积案谕各房；3. 京旗王国治拦控详；4. 京旗杨景胜部控闫洛斯等霸地案查出伪造关防禀；5. 永府地租案详；6. 永府地租禀；7. 永府地租案禀藩宪；8. 禁止求雨抬神挟制示；9. 大差京控禀；10. 禁止藉灾滋事示；11. 禁止送扁示；12. 请奏咨将强盗案内军流徒犯酌量监禁禀；13. 天主教民入学不拜文庙请示斥革详。

　　④ 劳乃宣：《堂规》，《公牍录存》，甲 57－12，未刊稿，中国社会科学院近代史研究所图书馆藏。

对于明确各自的职责及注意事项，提高办事效果，确有益处。《内署办事规条》15 条是对《堂规》的进一步细化，是案件完成时间的进一步补充和完善，故不再详细展开。《出票牌示》类似于今日的"行政公开"，按照上级各部门的要求，"除应行慎密之件不在此例外，所有传讯各案，金差出票月日、限期一律列于后，俾众周知，倘差役等传到人证，延不禀闻，任意捺搁，准案内人证随时喊告，本县查明属实，立将该役严行惩办，决不姑宽。在案人证等亦宜尊票，依限到案听审，不得违延干咎"①。这就有利于尽快处理案件，以减少积案，提高工作效率。

第二，高度重视文教事业；注重教化，坚持不懈。每到一地，劳乃宣重视科举及县学考试，以选拔"人才"。如在完县，他记有县学考试的人数、试题等。"（光绪十三年二月）二十五日，癸未，晴。是日县试，考一百八十人。已冠题……（三月）初四日，壬辰，晴冷，次复试，到者七十一人，文题曰……初七日，乙未，早阴暮雨，三复试，到者四十七八人，文题……初九日，丁酉，晴，四复试，到者三十六人，……"② 前面已经提及，劳氏每当任职一地，大都重视当地书院的发展，曾有捐资购书等措施。他在完县任内，还不时到书院课生，一有时间便到书院"小坐"，与书院山长往来较多，如"（光绪十三年四月）初九日，丙寅，书院日课生，题幼吾幼及人之幼，……；十三日，辛丑，晴，书院山长孙瑞田孝廉玉铭来，……；十七日，甲戌，微雨，午后晴，以天津运到书籍送存书院，至书院小坐；闰四月初九日，丙申，晴，书院月课生，题夫仁者一节，……；五月初九日，乙丑，晴，书院日课生，题君创业垂绝，……"③ 这也从一个侧面反映出劳氏对教育的重视。

清朝统治者极力将程朱理学的思想推行于城乡。如同治帝于元年颁布的谕旨中，即饬令"各教官分日于该处城乡市镇，设立公所，宣讲《圣谕》，务使愚顽感化，经正民兴，正学昌明，人才蔚起"④。这种谕旨及各种则例在各地的实际贯彻往往取决于当地的执政者。由前面瞿同祖的研究也可推知晚清州县

---

① 劳乃宣：《出票牌示》，《公牍录存》，甲 57－12，未刊稿，中国社会科学院近代史研究所图书馆藏。

② 劳乃宣：《矩斋日记》（全一函，二册），第 2 册，甲 57－7，未刊稿，中国社会科学院近代史研究所图书馆藏。

③ 同上。

④ 《穆宗毅皇帝实录》卷 52，《清实录》第 45 册，北京：中华书局 1986 年，第 1423 页。

官对于"宣讲圣谕"的态度，即并非每个州县官都能认真对待。从《矩斋日记》中可以看出，作为一名勤勉的县官，劳氏对于"宣讲圣谕"颇为用心。在此大约一年期间，他几乎是每逢上半月的"初八"，下半月的"二十三日"，大都有"宣讲圣谕"的记载。劳氏将其记入日记，既表明他维护清廷统治之坚定决心，也可说明他对此事的重视及其坚持不懈的精神。

第三，寄情于学术研究和学术交流，倾向于从"学术"的角度解决棘手的政务。劳乃宣和某些县令的显著不同之处在于他在处理政务之余，徜徉于政治与学术活动之间，寄情于学术研究和学术交流。在他担任县令的约 20 年间，他撰写和主编《古筹算考释》、《等韵一得》等著作七种。每当一种著作刊印后，他往往寄给亲朋好友，以期批评和交流心得。如在光绪十三年二月，劳氏将自己的《古筹算考释》寄给刘启彤、熊芙清、袁敬孙"刺史"、陈忠伟、潘笏南等五人，三月份又寄给高骈麟、罗丰禄、邵作舟等各一部①，此后仍是陆陆续续地送给不少友人。甚至可以说，他将此当做一项"情趣"之事去做。此外，劳氏的学术研究还出于处理政务的需要，如为了办理完县境内的"寄庄"征粮征税等问题，劳氏考察了寄庄的来源及全国多处的寄庄的类型，撰写成《寄庄考》，力图从"学术"上解决完县和满城县之间的"寄庄"征粮征税问题。正如前面提及，为了镇压义和团，劳乃宣竟撰成《义和拳教门源流考》，亦是他从"学术"上解决问题的典型。这些都反映了劳乃宣处理政务的一个突出特点。

第四，为官清廉。劳乃宣不以廉吏闻名，但其 20 年的县令生涯并未积累下巨额财富。在清代，作为一个知县，正常的收入并不太高，而支出却十分浩繁。瞿同祖曾记述曰："知州每年名义薪俸是 80 两银子。知县在首府者年俸 60 两，在外地者年俸 45 两。……知县的养廉银在各省也高低有差，从 400 两到 2259 两不等。……这些薪水能满足州县官的私人及公务费用吗？除了养家，他还需要支付其岗位所需的繁重费用。他要给他的幕友、长随支付报酬。而幕友的报酬，正如我们将要看到的，是非常高的。周镐曾指出，一个州县官的全部薪水几乎不够给幕友付酬。"② 于是，有了两种可能，一方面对于部分知县

---

① 劳乃宣：《矩斋日记》（全一函，二册），第 2 册，甲 57 - 7，未刊稿，中国社会科学院近代史研究所图书馆藏。

② 瞿同祖著，范忠信、宴锋译，何鹏校：《清代地方政府》，北京：法律出版社 2003 年，第 41—42 页。

而言，他有可能超额收取陋规，任意而为。"政府陋规收费的容忍及制度上缺乏控制，意味着整个收费之事几乎都有州县官们自己安排。人们只能寄望他合理地、有节制地收取。"① 另一方面对于大部分知县而言，他们受制于习惯，一般不能任意收取陋规，正如瞿同祖所言："显然，习惯是使陋规费保持在某一限度之内的制约力量；聪明的州县官只简单地依既定惯例行事。"② 所以在担任知县期间，劳乃宣也只是按照既定惯例行事。光绪二十八年（1902），劳乃宣"回桐乡一行，买屋于南门内宏远桥，买田于石门湾"③。至于具体买房多少间，买地若干亩，他没有详细记载，囿于资料寻找的困难，现仍无线索可寻，想必可以安顿晚年了。随着其家族内部成员的日趋复杂，两年后他将这份田产进行了分割，"十一月，回桐乡至杭州一行，复归度岁。酌分田产与侄辈，使之各爨"④。多年的知县生涯，并未使他积累起很多的财富，这可以从劳氏多次入幕作为一个旁证，因为在很多情况下，入幕毕竟是一种"寄人篱下"的生活，大部分士人入幕大都"以幕救贫"，养家糊口。

劳氏任知县期间，曾于光绪十六年（1890）、二十一年（1895）、二十五年（1899）三次被保荐卓异。从当时的情况分析，清朝基本继承了明代的"大计制度"，"在所有省份，每三年进行一次'大计'，对所有地方官的政绩进行评估⑤。关于每一州县官的评估报告，均由其直接上司——知府、直隶厅州同知或分巡道写出，然后呈交给布政使和刑按使；藩臬二司再附上他们的评语（'考语'）并呈交给总督或巡抚。督抚复审报告、批准或修正评估意见，然后上交吏部。⑥ 在这种复审过程中，州县官们被分成三类"⑦。所谓三类即政绩显著者列为第一类，无能或腐败的官员列为第二类，第三类即那些既未列入推荐名单又未被纠劾的州县官则留任原职，并被督抚分别报告吏部。大多数官

---

① 瞿同祖著，范忠信、宴锋译，何鹏校：《清代地方政府》，北京：法律出版社2003年，第50页。

② 同上书，第50—51页。

③ 劳乃宣：《桐乡劳先生遗稿·韧叟自订年谱》，第15页。

④ 同上书，第16页。

⑤ "大计"通常逢寅、巳、申、亥年进行（《清会典》卷11，第8页a—b）。原注。

⑥ 同上书，卷11，第10页。根据黄六鸿的说法，尽管上报的考绩奏章是由总督、巡抚签定的，但是实际的考绩评语是由该地方的知府、分巡道拟定。知府、分巡道员将初拟的考语呈交布政使和提刑按察使，后两者共同作出正式"考语"推荐。（《福惠全书》卷24，第3页。原注。）

⑦ 瞿同祖著，范忠信、宴锋译，何鹏校：《清代地方政府》，北京：法律出版社2003年，第60页。

员归入此类。因此，获得第一类'卓异'的称号也非一件容易的事。瞿同祖曾在《清代地方政府》中曰："其政绩显著者列为第一类，评为'突出而特殊'（'卓异'）向吏部推荐。获此推荐的官员，有资格谒见皇帝（'引见'），通常也能被吏部加级。一个州县官，只要他没有加征赋税或滥加刑罚，只要在其辖区没有盗贼、没有赋税拖欠、没有官帑或仓库亏空，只要该地百姓生活安定且地方环境条件在其任期内有所改善，就能获此荣耀。……每一省都有确定的推荐名额，这依各省规模大小及职位数量多寡而定。各省地方官（从州县官到分巡道）可以被评荐为'卓异'的名额如下：贵州 5 名，安徽、福建、广西和甘肃 6 名，江苏、湖北、湖南、陕西和云南 7 名，江西、浙江、广东 8 名，山东、山西和河南 9 名，四川有 11 个名额。最多是直隶，有 13 个名额。由此可知，州县官们跻身此一类中的机会是很少的。"① 劳乃宣能够获得三次卓异的考绩，应当说是十分突出的②。据劳氏《韧叟自订年谱》和民国县志记载，劳乃宣每到一地，十分关注其教育事业，甚至不惜自己斥资捐献大量书籍，成为劳氏担任县令时的显著为政特点之一。这成为他日后在任职各县留有政声的重要原因。

另一方面，对于热衷于仕途之人而言，久任州县又是一种失败。按当时的惯例，大计中保荐"卓异"者，候补擢升。劳乃宣获得三次"卓异"却没有擢升，20 余年后最终只获得内转为吏部主事，相对而言可谓仕途不畅了。对此，他也偶有流露，如在给自己朋友的一封信中称自己的知县职位为"鸡肋一官"③。

劳乃宣仕途蹇滞，一方面是因为他没有遇上"伯乐"；另一方面与其性格

---

① 瞿同祖著，范忠信、宴锋译，何鹏校：《清代地方政府》，北京：法律出版社 2003 年，第 60—61 页。又，《王文韶日记》（1896 年 2 月 1 日）中曾记述了直隶光绪十一年底"计典"的情况"晴。本日办计典未见客。下午拜本后揭晓，举州县以上如额十三名：保定府陈启泰、永平府福谦、天津海关同知治善、景州王兆祺、清苑县徐铭勋、河间县张主敬、吴桥县劳乃宣、故城县沈政初、长垣县程熙、肥乡县张丙喜、武邑县张世麟、丰润县卢靖、固安县范恩本。……"可谓直隶 13 个名额之佐证。从记述语气来看，王文韶把它当做一件重要事情记录的。

② 张德泽据《光绪会典》等提出光绪年间全国知县共 1369 个，而郭润涛据《钦定大清会典》提出县级衙门共有 1448 个。参见张德泽著：《清代国家机关考略》，北京：学苑出版社 2001 年，第 223 页；郭润涛著：《官府、幕友与书生——"绍兴师爷"研究》，北京：中国社会科学出版社 1996 年，第 165 页。

③ 劳乃宣：《致胡绍箖书》，《桐乡劳先生遗稿·拳案三种》，《拳案杂存》卷上，第 11 页。

有一定关系。劳氏晚年自号"韧叟",但江山易改本性难移。担任知县时的劳乃宣性格执拗且不善于逢迎上司,这在义和团运动中表现得很明显。初始,直隶总督裕禄和臬司廷雍对义和拳态度还曾摇摆,最终慑于朝中守旧诸大臣之威,转向安抚和利用,而劳乃宣却一直主张镇压,丝毫不加改变,正如劳氏对刘富槐所言:"拳祸之始,官吏靡然景从,独余与景州王牧斥为邪教,捕诸首恶,大府嫉之,至有'景州荒唐、吴桥张皇'之谤;王牧一斥不复,而余乃得迁京秩,幸不幸固有命。彼止为身家计,而俛仰从之者,果有利乎。"① 窥一斑而见全豹,此事成为其20余年知县生涯虽屡评"卓异"但没有升迁的一个诠释。

其间,劳乃宣也曾有接近于擢升的机会,即劳氏所记:"光绪二十二年丙申(1896)五十四岁,冬,兼理保定府同知。……光绪二十三年丁酉(1897)督部王公(王文韶)明保传旨嘉奖。五十五岁,秋,又兼护保定府同知。"② 王文韶和劳是浙江嘉兴同乡,对他颇为赏识。早在光绪七年三月二十七日(1881年4月25日),王文韶在其日记中曾记曰:"直隶知县劳乃宣,嘉兴人,留心洋务,任临榆时政声卓著,人才难得,附志之。"③ 其政声那时虽然辗转传到了军机大臣、同乡王文韶的耳朵里,但因鞭长莫及,对于劳的仕途几乎没产生任何影响。而此时王文韶正是劳氏的直接上司,竟也没有破格擢提之举动。而在光绪二十四年(1898)王被调入京师任职,劳氏就失去了这一良机。

第二节　游幕生涯

幕府制度作为中国历史上一种具有深远影响的用人制度,大约肇端于战国时期,经战国后期至秦汉时期逐步确立。此后一千余年,幕府制度随着中央与地方权力关系的变化,亦历经盛衰。④ 而李志茗将中国幕府制度归结为三个阶

---

① 刘富槐:《新刑律修正案汇录》跋,《桐乡劳先生遗稿·新刑律修正案汇录》,民国十六年(1927)"桐乡卢氏开雕本",北师大历史学院资料室藏。

② 劳乃宣:《桐乡劳先生遗稿·韧叟自订年谱》,第12—13页。此前,在其41岁(1883年)曾被"保加同知衔"。

③ 袁英光、胡逢祥整理:《王文韶日记》,北京:中华书局1989年,第558页。

④ 关于清代幕府的研究概况,尚小明在《学人游幕与清代学术》(北京:社会科学文献出版社1999年)绪论中已有很好的分析(分为兴起、展开、进一步发展三个阶段)。

段，四种形态："它滥觞于周朝，历经宋元以前时期、明清时期和民国时期三个阶段，传统幕府、明清幕府、晚清幕府和民国幕府四种形态"。① 很明显，劳乃宣所入的幕府属于第三种——晚清幕府。

一、游幕经历及幕中活动

尚小明编著的《清代士人游幕表》中记述劳乃宣游幕经历和幕中活动：

1867 至 1868 年馆范楣孙（即范梁）保定府署。　　　教读

1869 年馆范楣孙山东盐运使署。　　　　　　　　　同上

1870 年至 1873 年秋馆范楣孙直隶按察使署。　　　同上②

1873 年至 1878 年在直隶总督李鸿章幕。　　　　　编纂《畿辅通志》

1880 年秋至 1881 年春曾国荃督师驻山海关，

　　调乃宣入幕。　　　　　　　　　　　　　　　　主文案

1881 年夏应（署理）保定知府谭子韩聘。　　　　　阅童试卷

1882 年秋至 1884 年春客津海关道周馥幕。　　　　洋务文案

1884 年夏在津海关道盛宣怀幕。　　　　　　　　　同上

1904 年冬至 1906 年秋在两江总督周馥幕。　　　　设简字学堂，

　　　　　　　　　　　　　　　　　　　　　　　　辑《简字丛录》

1906 年秋至 1907 年在端方幕。　　　　　　　　　作《简字全谱》，

　　　　　　　　　　　　　　　　　　　　　　　　刊《京音简字述略》③

---

① 李志茗：《晚清四大幕府》，上海：上海人民出版社 2002 年，第 17 页。

② 郭润涛曾指出："……清代，地方官员除学官之外例须'回避'，且一般携家眷随任。如果有读书子弟，所在署延师课读。在职官员，更确切地说聘有幕友的地方官员所聘之塾师，因其处在宾客之列，也与幕友混然不分，且有专门的幕席，名之曰'教读'"；"顺便提到，在清代后期，连官员请来课子读书的私塾先生也算到了幕友之列，叫做'教读'（周询：《蜀海丛谈》卷2，《幕友》）。这都说明一个情况，清代官员的幕府组织在扩大，不仅仅家人组织和书吏六房的一些职能归并到幕府，而且，只要是官员用'聘'的形式招来的人员，都归入幕友的行列。"参见郭润涛著：《官府、幕友与书生——"绍兴师爷"研究》，北京：中国社会科学出版社 1996 年，第 8、119 页。笔者也认同此一观点，认为劳乃宣馆范楣孙保定府署、山东盐运使署和直隶按察使署，虽以教读的"塾师"身份为主，但因与范楣孙有姻亲，可看作"幕友"看待（但不算做"幕僚"）。

③ 尚小明编著：《清代学人游幕表》，北京：中华书局 2005 年，第 250 页。其主要依据为劳氏《韧叟自订年谱》，但尚氏表中的统计尚不完全。

据上述游幕表可知，劳乃宣先后在范梁、李鸿章、曾国荃、谭子韩、周馥、盛宣怀、端方等人的幕府从事文案等事务。

此外，劳氏还曾入李少石易州太守署阅卷，（和入保定知府谭子韩署一样）都属于"阅卷"（"试毕解聘"，为时短暂），也应是入幕；周馥之前李兴锐任江督，虽为时较短，不及两月，但是李氏将劳乃宣招入两江总督幕府的，不应遗漏。劳氏的这几次入幕，为时都较为短暂，也难以查到与此有关的资料，故无法深入研究这几次入幕活动。只得略过不谈。

至于劳乃宣在范梁署中授读以及在通志局编纂《畿辅通志》是否入幕，有待进一步考察。

笔者认为，晚清时期的幕府有广义和狭义之分。广义的幕府包括官员用"聘"的形式招来的人员，有教读幕友、学校的教员，《通志局》纂修以及各"局"总办、会办等，不论官员自己出资聘请还是由朝廷支付，只要从广义上为该幕主服务的"聘"用人员，都可算作"幕友"或"幕僚"。狭义的幕府，只是与幕主联系较为密切，直接为幕主出谋划策或具体办事的"聘"用人员。据此，现将劳氏几次重要的入幕情况作如下介绍。

劳乃宣入范梁和李鸿章幕府是从广义的幕府而言的。范梁的生平前面已经介绍。同治七年（1868）至同治十二年（1873），劳乃宣在范梁署中教读，时间长达约五年，这从广义上可算作劳氏的首次较长时段入幕（而此前在恭甄甫署中有过短时的教读）。

同治十年（1871），李鸿章奏请编纂《畿辅通志》，聘黄彭年任总纂，于省城保定古莲花池书院开局修志。同治十二年（1873）冬季，延请劳乃宣入局，为襄纂；光绪元年（1875）"迁为分纂"①，一直到光绪五年（1879），劳乃宣署理临榆知县才离开畿辅通志局。

尚小明曾说："李鸿章幕府学人不多，文事活动不太兴盛，在清代学术文化史上的影响远不如曾国藩幕府，不过它仍有几点贡献颇可称道。一是《畿辅通志》的纂修。著名学者黄彭年应聘为总纂，劳乃宣、王树枏等分纂，历时十余年始成书。全书共300卷，分为帝制纪、表、略、宦绩录、列传、杂传等。文献资料收集完备，考核详实，体例完备，为清代名志。"② 由此他认定

---

① 劳乃宣：《桐乡劳先生遗稿·韧叟自订年谱》，第5—6页。
② 尚小明：《学人游幕与清代学术》，北京：社会科学文献出版社1999年，第160页。

黄彭年、劳乃宣与王树枏同为李鸿章幕府的人员。劳乃宣成进士至担任临榆县知县之前，最主要的活动就是参编《畿辅通志》，从同治十二年至光绪五年（1873—1879），共约六年，先后担任襄纂、分纂等职。《畿辅通志》的最后成书，凝聚着劳氏的一份功劳。同时在畿辅通志局，劳乃宣也得以结识众多才俊，使其增长了才干和学识，这在其日记中也有所记述。

劳氏第三次入幕为曾国荃幕府。光绪六年（1880）"九月，奉母挈眷返省城，行至中途，得檄曾忠襄公督师驻防山海关，调司文案到省，卜居扬淑胡同，仍返关城，入忠襄幕府中"①。关于劳得以入曾国荃幕府的机缘，王树枏的一段记述可供参考："是年俄人败盟，上命山西巡抚曾忠襄公国荃赴山海关防海，路经保定，聘余入幕。时余方回里，子寿师代为婉辞。忠襄公必欲余来保定面商，师云：'实告公，吾局一日不可少此人，虽面商吾亦绝不放手也。'乃荐劳玉初偕往。"②

光绪五年（1879）崇厚在沙俄的威逼利诱下，擅自签订了《里瓦基亚条约》，简称《崇约》，使中国损失了大量领土和主权，引起了清廷内诸大臣的严重不满。同年十二月，清政府将崇厚革职拿问，翌年正月廿三日（1880年3月3日）定为"斩监候"。沙俄因此予以抗议，两国关系一时紧张起来。清政府一方面改派曾纪泽兼任驻俄公使，谈判改订条约；一方面加强了战备：一是再次命左宗棠为钦差大臣，赴新疆统筹军务，一是命山西巡抚（卸任后）曾国荃赴山海关防海，加强北京东部的防务及海防。曾国荃幕府乏人，在保定两次欲召王树枏入幕，黄彭年都给予婉辞。在此种情景下，劳得以被推荐入幕，这可谓狭义上劳氏入幕的开始。

劳乃宣在曾国荃幕府半年左右的时间，《韧叟自订年谱》记曰："光绪七年（1881）春，序补南皮县知县。三月撤防，随忠襄公至天津，回保定。"③该年底劳氏赴南皮县知县任。

劳乃宣的第四次入幕是在津海关道周馥幕府及署津海关道盛宣怀幕府。光绪八年（1882）"二月，先太夫人殁于保定。闻讣丁忧，去任奔丧"。秋，受津海关道周馥之邀，再次入幕。津海关道是同治九年（1870）设立，主要办

---

① 劳乃宣：《桐乡劳先生遗稿·韧叟自订年谱》，第8页。
② 王树枏撰：《陶庐老人随年录》，北京：中华书局2007年，第24页。
③ 劳乃宣：《桐乡劳先生遗稿·韧叟自订年谱》，第8页。

理中外交涉事件。劳在李鸿章幕府的主要职责是帮助黄彭年编纂《畿辅通志》；而在周馥幕府，主要负责洋务文案，另外代拟书信等其他事宜，如曾代李鸿章起草过《致朝鲜国王书》①。又据劳氏《矩斋日记》草拟该稿的时间为光绪八年十二月初二（1883 年 1 月 10 日）②。

光绪十年（1884）夏（闰五月中旬，公历 7 月上旬），周馥患病，津海关道由李鸿章信任的盛宣怀署理，劳乃宣仍留幕。"李鸿章上奏由盛宣怀署理（并在奏片中称赞盛氏为'精明干练，讲求吏治，谙悉洋务，才长心细'）"，并在按语中指出"盛宣怀因'法事上书'，只署理四个月，即开去署任，李鸿章对此'时以为屈'"③。据此，劳乃宣在盛氏的津海关道幕府只有大约四个月（公历 7 月至 10 月）。当时正逢多事之秋，盛要负责战争时期电报输送运转任务；还要负责湖北开采煤铁总局的亏损案，遥控指挥轮船招商局等事宜（马建忠和盛合谋挤走总办唐廷枢，盛氏自己谋取督办职位）④；此外还要处理朝鲜问题。因此盛氏膺津海关道是处于外交活动第一线的重要位置，他在其幕府也就可能受到这些活动的熏陶。之后，周馥回任⑤，同时劳被任命为完县知县后，于九月赴完县任。其间，劳乃宣在津海关道周馥和盛宣怀的幕府约为两年。

在光绪二十六、二十七年之际（1900—1901），劳氏也有两次入幕的机会，最终都失之交臂。

光绪二十六年（1900），义和拳运动兴起，劳乃宣在吴桥任上的主张得不到朝廷的支持和认可，使其对自己的官宦生涯心灰意冷，本欲进浙抚恽祖翼幕府。但因恽氏不久因丁母忧离任（旋卒），未能成行。如劳氏所记："正月恽公奉讳去任。张文襄公复来电相约，允之。"⑥

---

① 劳乃宣：《致朝鲜国王书》（代北洋大臣李），《桐乡劳先生遗稿》卷 4，第 41—43 页。按，查安徽教育出版社 2008 年出版的《李鸿章全集》，不曾收录。

② "（光绪八年十二月）初二日，甲寅，晴。代傅相拟《致朝鲜国王书》稿。"劳乃宣：《矩斋日记》，一函二册，第 1 册，编号甲：57－7，未刊，中国社会科学院近代史研究所图书馆藏。

③ 夏东元编著：《盛宣怀年谱长编》（上册），上海：上海交通大学出版社 2004 年，第 192—193 页。

④ 同上书，第 207 页。按语部分。

⑤ "光绪十年（1884），甲申，四十八岁。五月初六日因病请开缺，相国未批准，饬在天津养病。五月十一日卸事，盛杏荪宣怀观察署。九月奉旨回津海关道。"王云五主编：《民国周玉山先生馥自定年谱》，台湾：商务印书馆 1978 年，第 41 页。

⑥ 劳乃宣：《桐乡劳先生遗稿·韧叟自订年谱》，第 15 页。

本来劳乃宣可以顺利地进入张之洞的幕府，没想到忽逢变故，山西巡抚岑春煊又奏调赴晋，朝廷谕旨已下，令劳左右为难："二月移家嘉兴，居徐家埭，将于三月赴鄂，晋抚岑公奏调赴晋，奉旨俞允电浙行府县敦促，鄂约在先，而晋奉朝旨，事处两难，徘徊不决，连夕不寐，疾复发，因两辞之。"① 之后劳氏出任南洋公学总理，最终也未能入张之洞幕府。

劳乃宣的第五次幕府生涯主要在光绪三十年至三十三年（1904—1907），但有资料显示，在光绪三十四年（1908）和宣统元年（1909）他依然为端方起草了一些文稿，亦可算端方幕府的成员，因此，此次入幕可以延续至宣统元年。详见下面的论述。

光绪三十年到光绪三十三年间，他连续充任两江总督（李兴锐、端方、周馥、端方）的幕僚。劳氏《自订年谱》光绪三十年（1904）记之曰："八月，浏阳李勤恪公自闽抚移督两江，来电相招到沪相见，偕赴金陵入幕府。九月，李公薨于位，端忠敏公以江苏巡抚摄篆，仍相留。继任者周玉山督部，本故交也，留幕中如故。"② 这一点也印证了郭润涛在《"搁笔穷"：师爷的游幕生活（上）》的一句话："觅馆或谋馆都不是轻而易举的事。除了接任的官员愿意延请前任的幕友，因而可使他在旧馆留用而无须觅馆外，一般都要另觅馆地。当然，这中间也有随任而幕无须觅馆的。接任官员愿意延请前任幕友的情况，多发生在督、抚、司署以及首府、首县等衙门。从幕友方面说，则一般是刑、钱师爷。"③ 劳乃宣虽不是"刑、钱师爷"，但他很幸运，继任者愿意留他，或者继任者是其"故交"。

端方是以江苏巡抚的身份护理两江总督，仍然留劳作幕宾。光绪三十年（1904）八九月间，是劳氏首次入端方幕府，因时间短暂，故无可记述。

光绪三十年（1904）九月二十四日，周馥奉电传旨署理两江总督④，十月

---

① 劳乃宣：《桐乡劳先生遗稿·韧叟自订年谱》，第 15 页。又见故宫博物院明清档案部编：《山西巡抚岑春煊摺》（光绪二十七年二月二十一日，朱批奏折），《义和团档案史料》（下册），北京：中华书局 1959 年，第 1021 页。

② 劳乃宣：《桐乡劳先生遗稿·韧叟自订年谱》，第 16 页。

③ 郭润涛：《官府、幕友与书生——"绍兴师爷"研究》，北京：中国社会科学出版社 1996 年，第 163 页。

④ 郭廷以著：《近代中国史事日志》，北京：中华书局 1987 年，第 1214 页，记曰：10，31（九，二三）以周馥署两江总督（李兴锐卒），胡廷幹署理山东巡抚。这比周馥《自订年谱》所记早一天，可能是谕旨发出的日期。

二十九日（1904 年 12 月 5 日）至金陵接印视事。① 光绪三十二年九月十二日
（1906 年 10 月 29 日）周馥交卸两江督篆②，离开江宁。劳氏在周馥幕府近两
年的时间，所做较有影响之事就是"请督部周公设简字学堂"③。

此后数年，劳乃宣在端方④幕府做文案。"端方幕府是清代最后一个重要
的幕府，也是清代唯一一个幕主为满族人的重要学人幕府"。"端方幕府的著
名诗人学者有杨守敬、劳乃宣、缪荃孙、邓嘉辑、樊增祥、屠寄、陈衍、李葆
恂、况周颐、李祥、陈庆年、曾朴、刘师培、陈三立、杨钟羲等。"⑤ 端方担
任职务有阶段性（其幕僚也会有变化），所以劳乃宣在端方幕府也具有阶段
性。下面结合《劳乃宣公牍书稿》以及端方任两江总督任和直隶总督上实际
任职的时间，考察劳氏于光绪三十二年至宣统元年（1906—1909）间在端方
幕府的几个阶段。

据《端忠敏公奏稿》、《政治官报》中端方的奏折及《郑孝胥日记》等资料⑥，
可知端方实任两江总督的时间为光绪三十二年九月十二日（1906 年 10 月 29
日）至约宣统元年六月初二（1909 年 7 月 18 日），而实任直隶总督的时间为
宣统元年六月二十四日至十月十五日（1909 年 8 月 13 日至 10 月 27 日）。

---

① 周馥：《民国周玉山先生馥自订年谱》，台北：台湾商务印书馆 1978 年，第 109 页。由此可知，
端方护理江督约一个多月，从九月二十三日至十月二十九日。

② 同上书，第 113—114 页。

③ 劳乃宣：《桐乡劳先生遗稿·韧叟自订年谱》，第 17 页。

④ 端方（1861—1911），字午桥，号匋斋，姓托和洛氏，满洲正白旗人。荫生用主事，迁工部员外郎
中。光绪八年（1882）举人。从光绪二十七年（1901）至三十一年（1905）相继担任过陕西按察使、湖北巡
抚、护理湖广总督、江苏巡抚、署两江总督、湖南巡抚等职。光绪三十二年（1906），奉旨赴欧美考察政治，
回国后编撰《欧美政治要义》和《列国政要》的考察报告，上奏强调在中国实行立宪政治的必要性。同年七
月十四日（9 月 2 日）奉旨被授为两江总督，宣统元年（1909）五月十一日（6 月 28 日），被调补直隶总督。
是年十月，因用照相机拍摄慈禧太后葬礼等原因，被视为大不敬，坐违制免。按，"光绪二十八年（1902）
10，7（九，六）以张之洞署两江总督，端方署湖广总督。"参见郭廷以编：《近代中国史事日志》，北京：
中华书局 1987 年，第 1169 页。另见"1902 年 10 月 8 日，闻广雅（即张之洞）调署两江，端方兼理湖广"，中
国国家博物馆编，劳祖得整理：《郑孝胥日记》（第 2 册），北京：中华书局 1993 年，第 846 页。

⑤ 尚小明：《学人游幕与清代学术》，北京：社会科学文献出版社 1999 年，第 165、167—168 页。
另参见尚氏所著附表 - 14：《端方幕府》，第 314—317 页，共有幕宾 28 人。

⑥ 端方：《端忠敏公奏稿》，沈云龙主编：《近代中国史料丛刊》第 10 辑（94），台北：文海出版社
1967 年，第 851、1848—1849 页。中国国家博物馆编，劳祖得整理：《郑孝胥日记》，北京：中华书局
1993 年，第 1198、1200 页。端方：《直隶总督端方奏接篆日期谢恩折》，《政治官报·折奏类》，宣统元年
七月初一日第六百四十七号，第 16 页；《政治官报》（谕旨），宣统元年十月十二日第 747 号，第 13 页；
《护理直隶总督布政使崔永安奏恭报到任日期谢恩折》，《政治官报》（折奏类），宣统元年十月二十一日
第 756 号，第 12 页。郭廷以：《近代中国史事日志》，北京：中华书局 1987 年，第 1258、1332 页等。

　　而劳乃宣于光绪三十二年至宣统元年间（1906—1909）入端方幕府①是时断时续的，大约可分为五个阶段。具体论证如下：

　　据《韧叟自订年谱》（1906—1909）② 可知，光绪三十二年秋以后和光绪三十三年全年，劳都在端方幕府，其家眷也在南京。这段时间是第一个阶段。

　　光绪三十四年（1908）三月至四月，劳乃宣离开南京，赴桐乡、杭州和京师一行，并于四月廿四日（5 月 23 日）受到慈禧太后和光绪帝的召见。次日，劳氏被授以四品京堂候补，在宪政编查馆行走。③ 可能因为和端方的密切关系，以及在南京有些善后问题需要处理、接家眷到京师等因，劳氏又返回了南京。其何时回到南京，在《韧叟自订年谱》中没有记述，但据《劳乃宣公牍手稿》中所拟的稿件有《照会候补四品京堂杨度》④ 一件，时间为光绪三十四年五月廿六日，因此说，不晚于五月廿六日他又返回南京，并继续在端方幕府处理文案。劳氏在秋季把家眷接到北京，而在此时劳的拟稿有《陈琪禀控梁钰堂吞没彩银叩求提讯由批》⑤，时间为光绪三十四年九月初五日；他有可能在此后不久返回北京。但是，劳氏还有《复上海蔡道台》等电报和《刘道更年禀在宿迁创永丰面粉有限公司请咨部立案由批》、《芜湖米董广帮汤钰泉等禀恳免路捐由批》等落款时间为十一月。一般而言，返回北京"遥"拟电报的可能性还存在，但后两件批示时间为光绪三十四年十一月初九送⑥，在何

---

　　① 劳氏在《端忠敏公奏稿序》曾曰："端忠敏公，两为江督，皆招予入幕。初甫一月，后则年余。"劳乃宣：《端忠敏公奏稿序》，《桐乡劳先生遗稿》卷 2，第 12 页。又见《端忠敏公奏稿》，沈云龙主编：《近代中国史料丛刊》第 10 辑（94），台北：文海出版社 1967 年。"初甫一月"指端由江苏巡抚署理江督一个月，是在 1904 年。"后则年余"指 1906 年秋至 1907 年底。此处我们考察劳乃宣在督抚担任两江总督和直隶总督期间的游幕时间，时间已超出这里所指的"年余"。如果加上 1904 年的那次入幕，从 1904 年至 1909 年，劳氏曾在端方幕府断断续续有六个阶段。

　　② 劳乃宣：《桐乡劳先生遗稿·韧叟自订年谱》，第 17—18 页。具体内容详见附录一。

　　③ 劳乃宣：《劳京堂乃宣召对笔记》和《谕旨一道》，《北京大学图书馆藏稿本丛书》（9）《劳乃宣公牍手稿》，天津：天津古籍出版社 1987 年，第 148 页、152 页。

　　④ 劳乃宣：《照会候补四品京堂杨度》，《北京大学图书馆藏稿本丛书》（9）《劳乃宣公牍手稿》，天津：天津古籍出版社 1987 年，第 125—132 页。

　　⑤ 劳乃宣：《陈琪禀控梁钰堂吞没彩银叩求提讯由批》，《北京大学图书馆藏稿本丛书》（9）《劳乃宣公牍手稿》，天津：天津古籍出版社 1987 年，第 203 页。

　　⑥ 《复上海蔡道台》（第 2 号）、《致北京外务部电》（第 3 号）、《致北京外务部电》（第 4 号）、《致镇江刘道台电》（第 5 号）、《复赵次帅电》（第 6 号）等都在光绪三十四年十一月；《刘道更年禀在宿迁创永丰面粉有限公司请咨部立案由批》（第 175 号）和《芜湖米董广帮汤钰泉等禀恳免路捐由批》（第 176 号）等批案，也在光绪三十四年十一月，《北京大学图书馆藏稿本丛书》（9）《劳乃宣公牍手稿》，天津：天津古籍出版社 1987 年，第 2—4 页；第 200—202 页。

时起草的，须待斟酌（或许文稿提前拟好，是在该日送交的，因为落款有"光绪三十四年十一月初九日送"等字样）。因此光绪三十四年（1908）五月底至九月初，劳又在端方幕府拟定了一批文稿，这可为劳氏在端方幕府的第二个阶段。

第三个阶段为宣统元年二至五月。劳乃宣在二月奉旨呈进经史、国朝掌故、各国历史讲义，和荣庆、陆润庠等轮班撰拟。此后除了上了两道奏折，劳在《自订年谱》中便未再记述其他活动。而《劳乃宣公牍手稿》中记有其在二月至五月的奏稿，可以确证的约有 18 件，最早的为《孙道多祺、郭道重光等查明浦军在芜湖滋斗会拟办结情形禀督批》，时间为宣统元年二月初七，最晚为《爪哇华侨商会禀为赖有仁受诬请雪督批》和《赖有仁禀批》，时间为宣统元年五月十九日。这时端方已接到调补直隶总督的谕旨，开始准备交卸，以北上进京陛见。此后不久劳氏就返回北京，或可能陪同端方一道回京。

以上三个阶段都为端方担任两江总督兼南洋大臣时期，可谓南洋时期。

据上，劳乃宣和端方抵达北京的时间大约相差无几，或有可能随端方一同回京（其随行里面包括刘师培，李帆教授在其著作已有考证①）。按，端方到京日期为宣统元年六月初八，一直到六月二十三日②才离开北京，共居京半月之久。在北京期间，劳乃宣和端方有过接触，畅谈时政，是可以想见的。在此前后，劳草拟三件奏折，即《请于简易识字学塾内附设简字一科，变通地方自治选民资格摺》、《奏请造就保姆辅养圣德摺》以及代拟《奏请设禁中顾问摺（六月十八日）》③ 等，而前两件是劳以自己的名义上奏的，后者是为端方代拟的，端方稍加修改，便以《请选硕德通才以备顾问摺》④ 上奏。由此可

---

① 李帆教授在《刘师培学谱简编》也曾记曰："6 月 28 日，清廷命两江总督端方为直隶总督兼北洋大臣。……8 月，（刘师培）以随员身份与出任直隶总督的端方一同北上。……"李帆：《刘师培与中西学术·附录：刘师培学谱简编》，北京：北京师范大学出版社 2003 年，第 248 页。

② "六月初八日，调补直隶总督端方到京请安并因弟以道员用谢恩。"《政治官报·宫门钞》，宣统元年六月初九日第 625 号，第 2 页。端方：《直隶总督端方奏接篆日期谢恩摺》，《政治官报·摺奏类》，宣统元年七月初一日第 647 号，第 16 页。

③ 劳乃宣：《桐乡劳先生遗稿》卷 4，第 11—12、13—15 页。关于《奏请设禁中顾问摺》，又见《端忠敏公奏稿》卷 16，第 3 页 a—5 页 b，沈云龙主编：《近代中国史料丛刊》第 10 辑（94），台北：文海出版社 1967 年，第 1861—1866 页。其中文字稍有不同。

④ 端方：《请选硕德通才以备顾问摺》（宣统元年六月），《端忠敏公奏稿》卷 16，第 3 页 a—5 页 b，沈云龙主编：《近代中国史料丛刊》第 10 辑（94），台北：文海出版社 1967 年，第 1861—1866 页，其中文字在劳乃宣底稿的基础上稍有改动。

见，端方在北京的半月，劳乃宣和他有接触，并为其代拟过重要奏折。这是第四个阶段，可谓居京时期。

第五个阶段大约在宣统元年七月至八月间。因为此时端方担任直隶总督兼北洋大臣，可谓北洋时期。前已提及，端方任直隶总督近四个月。这一时期劳则在京供职，有自己的差事，但《韧叟自订年谱》的记载语焉不详。而根据存留的《劳乃宣公牍手稿》可以确定为约宣统元年七月至八月间，其至少为端方拟写了大约 18 件文稿，以及重要奏折——《奏请速设禁中顾问摺》①；端方审订修改后，以《请速设禁中顾问摺》② 再次上奏。由此可见，劳乃宣追随端方于南北洋之间，约两年有余，五个阶段，两人政治见解基本一致，感情颇为融洽，关系非同一般。

综上所述，劳乃宣的幕府生涯从广义来说，有十几年的时间，包括在范梁府中教读约为五年，在直隶总督李鸿章所辖的畿辅通志局约六年，在易州太守李少石和保定知府谭子韩幕府两次阅童子试各约一个月，在曾国荃幕府约半年，在津海关道周馥和盛宣怀处约两年，在两江总督李兴锐、周馥、端方的幕府以及直隶总督端方幕府约三年（时断时续）。而从狭义上来说，劳氏只入过曾国荃幕府，津海关道周馥和盛宣怀幕府，两江总督李兴锐、周馥、端方幕府及直隶总督端方幕府，大约五年多的时间。受其幕主及幕府中同僚的熏陶，劳乃宣的办理能力得到进一步提升。其中他在端方幕府时间虽不太长，但对于劳氏仕途及晚年生活产生了重要影响。

二、屡次入幕的原因

传统社会士人的谋生一般为入仕做官、处馆教读和入幕作宾三种。周作人在其《回忆录》所说："前清时代士人所走的路，除了科举是正路外，还有几条叉路可以走得。其一是做塾师；其二是做医师，可以号称儒医，比普通的医生阔气些；其三是学幕即做幕友，给地方'佐治'，称作师爷，是绍兴人的一种专业；其四是学生意，但也就是钱业和典当两种职业，此外便不是穿长衫的

---

① 劳乃宣：《桐乡劳先生遗稿》卷 4，第 16—17 页。

② 端方：《请速设禁中顾问摺》（宣统元年十月），《端忠敏公奏稿》卷 16，第 35 页 a—37 页 b，沈云龙主编：《近代中国史料丛刊》第 10 辑（94），台北：文海出版社 1967 年，第 1924—1930 页。其中文字亦有所改动。

人所当做的了。另外是进学堂，实此乃是歪路，只有不得已，才往这条路走……"① 这里对清代士人人生去向之分析有一定的代表性。学幕大抵是指没有或不能中举的生员或监生这一群人说的。"正路"走不通，只好走"叉路"乃至"歪路"，所以学幕乃是传统社会读书人做官尚未成功时走的一条叉路②。另外，瞿同祖《清代地方政府》中关于州县幕友的"地位和招募"时指出："幕友主要从有文化的人中招募……但绝大部分是秀才。由于秀才尚不够资格担任官职，他们就不得不在准备更高一级考试期间获得一些生活的来源和应试的经费。他们或者当老师（私塾老师），或者当幕僚，或者从事其他行业；有些当了老师的，还会放弃教书去作幕友，因为当幕友的收入更好一些。"③ 这主要是指州县的幕府而言，而入督抚的"大幕"的收入可能会更高些。而对于已获得举人或进士的人而言，也存在着"治生"或"谋生"之问题，其入的往往是州县衙门以上所谓"大幕"。

正如有的学者所议论的：一般情况下，无功名即无富贵，但有功名亦未必有富贵。只有那些获得较高功名，并谋得一官半职的人，生活才有可能得到保障。④ 这也让人想到劳氏屡次入幕的选择首先在于"治生"，即谋求自己及其家人的生计。

由于清代官场中职少人多，成进士者未必立即获得职务。劳乃宣尽管于同治十一年（1871）成进士，但仍未获得任何职位；因此糊口养家依然是劳氏亟待解决的问题。由于受传统观念的束缚，农工商职业很少为士人所选择，教书和做幕客就成了士人的两种主要职业取向。劳乃宣的人生经历也印证了这一点。中举人后，他即开始以塾师为职业，以求生计；即使成进士后的几年内，亦是如此。但是"有名望有影响的学人，一般很少去做塾师，重要原因之一

---

① 周作人：《周作人回忆录》，长沙：湖南人民出版社1982年，第49页。

② 前此，吕留良比较"作宦"、"处馆"与"幕馆"，则说："此不必讲义理，只与论利害，则作宦之危，自不如处馆之安；宦资之不可必，自不如馆资之久而稳也。惟幕馆则必不可为；书馆犹不失故我，一为幕师，即于本根断绝。"见吕留良《与董方白书》，《吕晚村先生文集》卷4，转引自赵园著：《明清之际士大夫研究》之第六章《遗民生存方式》，北京：北京大学出版社1999年，第84页。这是对幕客持否定态度的一种认识，辩证地看，对幕宾或幕僚活动自然不可一概而论。

③ 瞿同祖著，范忠信、宴锋译，何鹏校：《清代地方政府》，北京：法律出版社2003年，第175—176页。其原注引用汪辉祖的说法，教师一年只有十两多一点白银的薪水，而幕友一年的收入可能是教师收入的十倍以上。参见该书第六章《幕友》注释第128。

④ 尚小明：《学人游幕与清代学术》，北京：社会科学文献出版社1999年，第42页。

即是塾师的收入比较低。汪祖辉说'吾辈从事于幕者，类皆章句之师，为童子师，岁修不过数十金；幕修所入，或数倍焉，或十数倍焉'。这里对塾师和一般幕友的收入作了比较，可见两者差距之大，对于高级幕宾而言，其收入可能还要高。如毕沅（1730—1797）聘著名诗人黄景仁入幕，光是由京城至西安的旅费就一次给了500两银子，并许诺还要给500两银子。在此情况下，有名望有影响的学人当然愿做幕宾，而不愿做塾师"①。这一事例表明了高级幕僚待遇之优厚。这应该是劳乃宣屡次入幕的重要原因之一。另外，晚清时期，督抚权重，入督抚幕，得其保荐者往往得到朝廷重用。因此由幕而仕，又成为其时入仕的一条捷径。劳乃宣最终也成为其中的受益者。

关于劳乃宣在幕府的收入，他自己从未记述过。想得知具体的收入，是一个难题。正如郭润涛所言："清代幕友的'脩金'情况，文献中记载不多。而用寥寥几条资料来概述它的整个状况，既不恰当，也无法做到。"② 其意是清代整个幕友的收入不易统计。但对个人而言，也存在这样的困难。因此只能就其他幕友或幕僚的收入情况，对劳氏的收入作一简要的估计。

汪辉祖《病榻梦痕录》记载："余出入幕时，岁脩之数，治刑名不过二百六十金，钱谷不过二百二十金，已为极丰；松江董君非三百金不就，号为'董三百'。壬午（乾隆二十七年，1762）以后，渐次加增。至甲辰（四十九年）、乙巳（五十年）有至八百金者。其实幕学幕品均非昔比矣。"③ 这是汪辉祖关于自己三十多年幕友的脩金情况的一段较为完整的记述。它也说明了乾隆年间幕脩随着整个社会经济的增长和物价的上扬而变化的情况。晚清时期也有此类似的情况，脩金也在不断上扬。同治十一年（1873），劳乃宣在畿辅通志局协助黄彭年纂修《畿辅通志》，其待遇没有记载。而当时同在志局的分纂王树枏记曰："月课所得奖赏银奉先太夫人，每岁约二三百金，先太夫人用度始

---

① 尚小明：《学人游幕与清代学术》，北京：社会科学文献出版社1999年，第42页。其引用乾嘉时期一个"名幕"汪辉祖的话，出自汪氏《佐治药言》之"自处宜洁"条，是指初学幕者，和童子师相差无几，岁脩数十金，而其学成后正式入幕的所获，则比之做塾师的要多数倍、十数倍，乃至数十倍；但是如果自己任意挥霍，新的生计问题仍然产生，因此还要节俭。

② 郭润涛：《官府、幕友与书生——"绍兴师爷"研究》，北京：中国社会科学出版社1996年，第217页。

③ 汪辉祖：《清汪辉祖先生自定年谱》（一名《病榻梦痕路》）卷上，王云五主编：《新编中国名人年谱集成》第8辑，台北：台湾商务印书馆1980年，第109—110页。

稍裕。"①，可知劳乃宣也与之相差无几。此后入津海关道的收入肯定比在畿辅通志局更加优厚些。另外一个参考数据是郑孝胥记载自己光绪十八年（1892）在李鸿章幕府的脩金情况：

> 九月初一日（10月21日）晴。入署。领薪水一百四十五元。……
>
> 十月初五日（11月23日）雨。入署。……领薪水一百三十元，扣捐项。
>
> 十一月初五日（12月23日）领薪水一百四十五元。即同一琴兄弟、建甫、燕伯下横滨，视杏南疾。换兑汇丰票八十元……②

此数直到光绪二十年（1894年）基本未变，"光绪二十年十一月廿七日（1894年12月23日）阴。步入署。邀临恭同至寓诊东七，叶云，似尚可为，亦拟一方而去。取十月及此月薪水百八十金（注：十月从廿三日开始，还曾入幕约一周，引者注）……"另，逢年过节等，还有收入，"十二月廿九日（1895年1月24日）……发杂项赏钱一千八百文，又一千三百文……"③ 可知当时郑孝胥的月"脩金"为一百四十五元，那么其年金大约在一千七百四十元左右（此外年终还有赏钱）。这可以作为劳氏在津海关道游幕时束脩的参考数据。

大约十年后，郑孝胥曾记载端方邀请其入幕的脩金为"月束四百金"④。郑孝胥此项记载，可以作为劳乃宣在两江总督幕府尤其是端方幕府收入之参考。为了养家糊口是劳乃宣屡次入幕的基本原因，进而施展政治抱负，由幕而仕，也是一个不可忽视的因素。

---

① 王树枏撰：《陶庐老人随想录》，北京：中华书局2007年，第21页。

② 中国国家博物馆编，劳祖得整理：《郑孝胥日记》，北京：中华书局1993年，第325、329、332页。

③ 同上书，第455、464页。

④ "光绪三十二年十二月十六日（1907年1月29日）……得鉴泉书，言午帅约余入幕，月束四百金"；另见光绪三十三年二月廿一日（1907年4月3日）条："……是日，财政局送来二月分薪水三百五十九两六千四分，因赈扣一成故也。"中国国家博物馆编，劳祖得整理：《郑孝胥日记》，北京：中华书局1993年，第1074、1083页。

第三节　所作文案举隅

劳乃宣游幕有年，所办文案较多。北京大学图书馆所存《劳乃宣公牍手稿》，是劳乃宣为端方处理文案的一部分，是游幕活动丰富性①的一个缩影。综览该手稿，共约177件②，涉事广泛，正如《劳乃宣公牍手稿》内容提要所讲："这部《公牍手稿》为未刊稿，记光、宣间事，多为任内往来公函。记事广涉中外商务、赋税、路矿工程、中外交涉、军火交易、团练、兵变、农田水利、民生实业、文化教育、土地买卖等问题，是研究晚清史的宝贵资料。"③

这里必须注意的是，劳乃宣所办《公牍手稿》大都是代端方所拟，有些主张可能是端方提出，交给劳乃宣去拟定；但有些也可能出自劳氏的建议，禀请端方同意后，由劳氏拟就。

---

① 士人游幕活动的内容是极其丰富的。尚小明将清朝统治260余年的游幕活动概括为政事、兵事、文事三大类或三种性质。具体如下：游幕士人的政事活动主要包括：（1）协助幕主办理与政务有关的文牍、章奏等；（2）为幕主处理政事出谋划策，提出建议或意见。（3）协助幕主具体办理河、漕、盐、赈诸大政；（4）协助幕主处理刑名、钱粮等事务；（5）协助幕主办理通商、外交事务；（6）其他活动，如协助幕主捕盗、缉私，等等。

游幕士人的兵事活动是指与对内、对外战争直接有关的活动，主要包括：（1）协助幕主草拟文檄、军书、战报等；（2）协助幕主筹划战守事宜；（3）筹措、转输粮饷、军械等；（4）协助幕主办理营务；（5）受命领军作战；（6）受命组织团练等非正规武装，协同作战，等等。

游幕士人的文事活动主要包括：（1）经史典籍的注释、校勘、疏解、编纂；（2）诗文集的编纂、戏曲、书画作品的创作；（3）地方志的纂修；（4）论学、讲学活动；（5）襄阅试卷。上述文事活动中，襄阅试卷与政事有些关系，但从根本上说仍属文事性质。见尚小明编著：《清代士人游幕表》，北京：中华书局2005年，第17页。

此外，郭润涛则提出两种分类方法：一是将入幕之士按才能分成如下类型：以军事才干参与"戎幕"；以水利才干参与河道总督和管河道等官员幕府以及一些地方官员的幕府；以艺文之才游幕；以方术游幕；教读等。二是将清代幕业按构成与分工分为如下类型：州县幕府的刑名与钱谷、书启、挂号、硃墨、征比、帐房、阅卷，以及督抚幕府的奏摺和发审局的发审等。见郭润涛著：《官府、幕友与书生——"绍兴师爷"研究》，北京：中国社会科学出版社1996年，第4—8、85—119页。

② 具体见附录《劳乃宣公牍手稿》一栏表。

③《北京大学图书馆馆藏稿本丛书》（9）《劳乃宣公牍手稿·内容提要》，天津：天津古籍出版社1987年。

现存的《劳乃宣公牍手稿》中有劳氏辑录的重要抄件 20 件①（包括摘抄或辑录呈文摘要、咨询文件、召对笔记等），另有存目 1 件（关于比利时赛会外部咨南洋，第 119 号）。这些抄件大部分为对外交涉的具体资料，可见他是一个有心人，把这些文件抄录下来，以便于日后办理对外交涉的文案时参考。而其中几件与自己有密切关系，譬如《劳京堂乃宣召对笔记》和抄录自己升任四品京堂的谕旨，实际上反映了劳乃宣受到召见和升职时的激动之情，也表现了劳氏对此事的高度重视。而《劳京堂致端午帅书摘录》，反映了劳氏和端方的密切关系，也表明了对端方的感激和忠诚；到北京后及时把自己在北京的境况和见闻告知端方，就是劳氏此种心境的反应。

其余约 156 件中，重复（同一事件前后易稿）者有 4 件（第 9 号与第 10 号，第 21 条与第 22 条，第 53 号与第 63 号，第 133 号与第 140 号②；重复者以后来修订者为准）。因此还有 152 件是留存下来的劳乃宣在端方幕府所作文案（代拟照会、电报、禀批、函札、奏折等）的具体表现。兹作如下分析（因为其所拟定北洋时期的文案约为 18 件③，相对较少，在此不再具体分为南洋和北洋两类介绍）：

一、与各国领事、过境外国军官招待事宜等涉外文案

劳乃宣办理的与各国领事、过境外国军官招待事宜等涉外文案，共 17

---

① 总税务司赫德呈南洋大臣摘要（第 109 号）1 件；奏折一道（为总理衙门咨南北洋大臣事宜，光绪廿二年（1896）六月刘坤一之奏折第 110 号）1 件；密函（为制定机器制造货物税则事宜，总署密函致南洋大臣刘坤一）1 件；金陵关道朱恩绂禀南洋大臣端文（美商在六合开设经理商办情形，第 112 号）1 件；美领事来函（附译函两件，第 113 号）1 件；关于外务部限制洋人到内地游历文件（第 115 号）1 件；关于邮传部雇佣洋员详情登记等事宜（第 116 号）1 件；陆军部关于陆军小学堂已聘之外国教员合同期满，即行辞退（第 117 号）1 件；驻奥使、驻法使、驻俄使馆薪金条目（第 118 号）1 件；关于在安班澜设立商会事宜（第 121 号）1 件；上海道蔡健浩为马安岛英人李德立私行占地建屋与之辩论书摘录备考（第 122 号）1 件；前江督魏光焘处理要事（第 123 号）1 件；度支部关于酌加盐价抵补药税事宜（第 124 号）1 件；沪、苏、镇、宁四关洋货给发免重征知照办法四条（第 125 号）1 件；关于钱恂请展缓和约画押事宜，咨南洋大臣文件（第 126 号）1 件；税务处改定军火进口新章九款（第 130 号）1 件；劳京堂致端午帅书摘录（第 134 号）1 件；汤蛰仙（即汤寿潜）挽杨斯盛君联（第 135 号）1 件；劳京堂乃宣召对笔记（第 136 号）1 件；谕旨一道（第 137 号）1 件。其编号顺序和条目见附录二。

② 这四件重复者条目，具体条目见附录二。

③ 其编号为第 46、52、53、54、55、56、57、58、59、60、61、62、63、64、65、83、84、85、108、131 号，具体条目见附录二。另有一些条目一时难以判别，暂不列入。

件①，约占总数的 11.18%。

光绪三十二年至宣统元年（1906—1909），端方相继任两江总督和直隶总督。两江总督兼南洋大臣或直隶总督兼北洋大臣，都负有对外交涉之职责，因此，拟定与外国领事等外籍人士的文稿，是幕中必不可少之事。能够担任此职者，必须为"知洋务者"。从这 17 件文稿来看，劳乃宣处理的对外公文包括英、日、美、德、和（即荷兰）等国。

首先，办理对外商务交涉事务。譬如，关于山东滕县花生捐筹捐事宜，在咨询山东巡抚袁树勋后，电告英国驻镇江总领事，文中曰："……现准袁抚台电问该处查处，据电禀洋票花生，每票收学堂费京钱贰仟，并未加增，而该洋商误会之由，则亦有故。缘滕境（即山东滕县）有英商亨得利洋行办事人邱逢坤与陈道源涉讼，因每票除学堂二仟外，另有行用薪水京银八千，系办事人所得，与洋票无涉，……所有该洋商误会，缘乞转覆等因前来，应请贵领事饬知为荷。"② 此是为了向英国驻镇江总领事把花生捐征捐事宜解释清楚。关于路权收回问题，回复日本国高桥领事，曰："此地既由路局出重价收回，则以得之事，须由路局主持，兹承电嘱本大臣二电，请赣抚转饬路局酌核办理矣。"③ 这又须向日本驻营口领事解释清楚。关于美商刘懋恩在六合开设美孚分公司经理一案，复美领事函，其中曰："查内港章程所载，洋商准在河道两岸妥租栈房码头，惟小轮商人，奏准设有码头之处，得以沾此利益，租栈既有定限。兹须完纳租捐，且只准用华人住栈贸易，并不准洋商自建栈屋，亦无建立分行之语。此项栈屋系堆储小轮装运之货。办事华人系专理小轮贸易，与洋商别种行栈，显分两事，不可相混。又金陵城内，洋商行店，历经商阻，必须令其迁移商埠。兹未准开，因柔大臣函内第三节有内地准开行栈之处，美商亦可仿形之语。合并声明"④。这就明确拒绝了美商和美国领事在内地开设分行

---

① 其编号为第 12、14、16、30、59、61、63、70、72、74、75、80、82、106、114、150、166号，具体见附录二。

② 劳乃宣：《复镇江英国总领事电》（第 14 号）、《复镇江英国总领事》（第 16 号），《北京大学图书馆馆藏稿本丛书》（9）《劳乃宣公牍手稿》，天津：天津古籍出版社 1987 年，第 10、11—12 页。

③ 劳乃宣：《复营口日本国高桥领事》（第 30 号），《北京大学图书馆馆藏稿本丛书》（9）《劳乃宣公牍手稿》，天津：天津古籍出版社 1987 年，第 26—27 页。

④ 劳乃宣：《复营口美领事函》（第 114 号），《北京大学图书馆馆藏稿本丛书》（9）《劳乃宣公牍手稿》，天津：天津古籍出版社 1987 年，第 111 页。

（合法化）的想法。此外，还有为芜湖租地安设趸船事，复日本驻宁领事井渚真澄；为日商呈农洋行采办棉花事宜，复日本驻沪总领事永泷久吉①等，这类商务交涉既牵涉到外商的利益，也事关中国的国家主权和地方政府的权益，劳乃宣在文稿中都给予了慎重的答复。

其次，办理军队间的礼尚往来以及有关军事等事宜。譬如，为德国兵队离开山海关致谢事宜，复德国某提督："兹已用毕交还，殷殷言谢，具见贵国提督与贵国兵队谦挹之怀，本大臣展阅之余，殊为欣慰，相应函复。"② 这只是礼貌性答复函件，无关具体事宜。而有些虽也属礼尚往来，但事关国体礼仪和地方安危，不可轻视。如为在督署招待大和（荷兰）国舰队官兵事宜，致秦皇岛大和（荷兰）国舰队司令："昨接贵国驻津领事来函，知贵国司令官于西历十月六号来津，将枉驾过谒，闻之忻慰。查已订期于八月廿四日即西历十月七号，在署拱（恭）候，并于是日备筵款接，俾可畅领雅教。届时务乞代恳诸位将佐一同惠照，不胜翘盼。除派参将林文彬接待外，合再电达，以表欢迎。"③ 招待外国军队将领，事关国体，当然需要认真接待。而有些则事关主权和地方安危，如为处置德商私运军火事宜，致驻宁德国领事信："查此案，该行系以经用过之旧照，私运无合同之军火，而报关时又捏称炮弹为硫磺，货箱内又有翻印芜前道文焕名片，其为蒙混影射，毫无疑义。冯前抚院，饬将此项私运炮弹充公，系属郑重军火，照章办理。一切详情，本大臣已于上年十二月间函达在案。乃贵领事一再来商，总谓该商未能输服，重以台嘱，是以本大臣特为转达。现接朱抚台来电，允将全案发交芜湖关道，饬令就近查明私运确情，与该商确实辨明，以昭折服。相应函布，即希贵领事转饬该商遵照也。"④ 对于德商私运军火之事，当然不能漠然置之，应严格照章办理。为汉口租界地界争执事宜，复德领事伦爱森："承示之事，本大臣极愿代为将意（意思不

---

① 劳乃宣：《复日本驻宁领事井渚真澄》（第150号）、《日本驻沪总领事永泷久吉》（第166号），《北京大学图书馆馆藏稿本丛书》（9）《劳乃宣公牍手稿》，天津：天津古籍出版社1987年，第175、192页。

② 劳乃宣：《复德国某提督》（第61号），《北京大学图书馆馆藏稿本丛书》（9）《劳乃宣公牍手稿》，天津：天津古籍出版社1987年，第46页。

③ 劳乃宣：《致秦王岛大和国舰队司令官迪大人》（第63号），《北京大学图书馆馆藏稿本丛书》（9）《劳乃宣公牍手稿》，天津：天津古籍出版社1987年，第47页。

④ 劳乃宣：《致驻宁德领事信》（第72号）、《又复日本领事井原》（第75号），《北京大学图书馆馆藏稿本丛书》（9）《劳乃宣公牍手稿》，天津：天津古籍出版社1987年，第56—57页。

通，但原文如此，可能指汉口租界地界争执事宜，引者注），惟不知其中底蕴，深恐措词未当，转不足以副尊嘱。现已函询陈制台，一俟得其复音，即当察酌情形，妥为解释也。"① 因为不是直接管辖范围内之事，且事关主权，两江总督只能咨询湖广总督再作答复，以昭慎重。为美国兵船来宁借小操场游息操演事宜，复美领事马纳利："查贵国兵舰远道来宁，自宜稍资游息。惟陆军小学堂对门之小营操场，坐落城内，居民闻见素陋，骤见贵国军容，不免有所警疑，深恐别滋议论，转多不便。本大臣现已饬派洋务局郑道会同金陵关王道，在城外下关一带，选择空旷合宜之地，暂借数日，以为贵国兵士游息之用。一俟勘定，即由郑道径告，以副台嘱。再，本大臣现适奉旨调补北洋大臣，清理各事，火忙万状，届时恐未克躬视其盛。殊深抱歉。"② 美国军队驻扎市内，可能对当地人的生活带来不便，此函表明中方考虑了双方各自的实际，否则，反而会招致双方发生不愉快之事件，有损两国邦交。

再次，是关于两国交涉事宜。主要为东三省交涉事宜，复驻宁日领井原（端督北洋任内）："此次东三省交涉，和平商结，诚两国人民之幸福，承示此后两国如有交涉事件，可以从中周旋。具见贵领事匡维全局，力敦睦谊，雅意至为纫佩。中日为唇齿之邦，而鄙人与贵领事又相交有素，苟能遇事开诚相见，互筹维持，虽彼此皆出个人私意，而裨益于东亚大局者非浅鲜也。"③ 此中虽具有外交辞令，但事关领土与主权交涉，不能有丝毫大意。

最后，是关于辖区内有外籍人士所办公益事业等事宜，据实际情况，给予支持或否决。如为助款扩充医院院舍事宜，复美医士："承示扩充病舍，请助款以资建筑。本大臣愿表同情，惟近来公款支绌，筹措为难，既承示雅嘱，勉效绵薄。兹捐助洋银〇〇〇元，随函送上。聊为土壤细流之助。"④ 该批示表明了对美医士及时的关心。而为向各省商会集捐由，对上海教士等禀督批曰："该教士等于上海崇明等处，创办广济同仁善局，劝集款项，以济灾黎，系善之怀，诚堪嘉纳。惟目前中国并无荒歉，预为集劝，应者必稀。且各省设立商会，以发达商业、研术商学为宗旨，与善堂性质微有不同，所请给发单照，碍

①　劳乃宣：《复德领事伦爱森》（第80号），《北京大学图书馆馆藏稿本丛书》（9）《劳乃宣公牍手稿》，天津：天津古籍出版社1987年，第63页。

②　同上书，第64—65页。

③　同上书，第45页。

④　同上书，第64—65页。

难照准，仰即知照，此批。"① 该批示以"与善堂性质微有不同"否决了传教士劝集款项的主张。这类事件以内政为主，但处理不当，也会演化成外交争端。

所谓外交无小事，办理对外交涉事宜，无论商务还是军事等，都必须慎之又慎，而且对外国相关事宜，必须有所了解。能处理这些文案，说明此前劳乃宣已具备相关的知识和经验；同时在处理这些文案的过程中，劳氏对外国的认识也会得到相应的加深。

二、与中国驻和（即荷兰）公使及华侨事务相关的文案

劳乃宣办理的与中国驻和（即荷兰）公使及华侨事务相关的文案，共约8件②，约占总数的 5.26%。

这类文案主要是为了保护荷属殖民地南洋华侨的利益。其中涉及到保护南洋商人赖有仁的文案就有 4 件③。在接到赖有仁的电报后，端方命劳乃宣先后起草了致中国驻荷公使陆徵祥和爪哇商会的函电咨询，督促他们帮助赖有仁设法伸冤。其中致陆徵祥的函电称："据爪哇商民赖有仁电称，有荷妇告留声曲盘，见该商店有相似者，即诬为窃，被警拘押。荷官偏听，不究赃证，判苦工三月，不准上控。请伸理等情，乞确查。"④ 同时还致函爪哇商会："据商民赖有仁称，以被（荷妇）人诬指为窃，荷官判苦工三月，电请伸理等情，已电请陆钦使确查，酌办，究系如何□（字迹模糊者以之代替，引者注）情，望查明电复。"⑤ 赖有仁虽只是一位普通商民，但文中对其表达了关切之情，这实际上代表了部分官绅对东南亚一带华侨商人观念之改变。后来，还专门作出批复两件。一是复爪哇商会："此案前据赖有仁电禀，当经本大臣电请陆钦使确查酌办。旋准复称，已向外部交涉。嗣据该商会查复，又经转电陆钦使设法

---

① 劳乃宣：《上海教士〇等禀请向各商会集捐由督批》（第 106 号），《北京大学图书馆馆藏稿本丛书》（9）《劳乃宣公牍手稿》，天津：天津古籍出版社 1987 年，第 91—92 页。

② 其编为第 35、36、60、78、85、96、97、141 号，具体见附录二。

③ 其编号为第 35、36、96、97 号，具体见附录二。

④ 劳乃宣：《致（驻荷）袖京清园陆钦使》（第 35 号），《北京大学图书馆馆藏稿本丛书》（9）《劳乃宣公牍手稿》，天津：天津古籍出版社 1987 年，第 29 页。

⑤ 劳乃宣：《致爪哇商会》（第 36 号），《北京大学图书馆馆藏稿本丛书》（9）《劳乃宣公牍手稿》，天津：天津古籍出版社 1987 年，第 29—30 页。

伸理在案，据禀前情，候再咨请陆钦使速与和外部切实交涉，并查照另单所禀各节，相机商办，以昭公允而免屈抑。"①强调其"相机商办"。一是回复赖有仁本人："此案已于爪哇商务总会禀内批示矣。仍仰该商务总会转饬知照，并候咨明陆钦使查照核办。"②把批复送到赖氏本人，表明了政府对赖氏本人的关心和慰问。处理赖有仁事件，虽只是个案，但反映出端方和劳氏对南洋华侨的关注和关心。

为保护华侨在南洋的利益，还需要有制度上的保障，为此，设立领事或增设商会，不失为保护和团结华侨以应对荷兰政府颁布属地民籍新律的可行举措。其一，是在爪哇设领事。为此，劳乃宣多次为端方拟稿，致函驻荷公使陆徵祥商讨在爪哇设立领事事宜："爪哇岛设领一事，昨接外部复函，以○号疏第一层办法为然，已允力为主持，兹将原函抄寄左右。窃谓此事，为今之计，舍催议设领，亦实无下手之方。百万侨民，待苏甚切，务希鼎力维持，设法商办，曷胜感幸。"③此函是在南洋期间，以江督的名义和陆徵祥一起"催议设领"。"然在我欲坚侨众之内向，必非文告空言所能为力；治标之计，似仍以设立领事为扼要办法。盖侨民为在彼族势力范围之下，我不设领事，则机关不灵，抚辑无术，虽欲维持调护，而势有不能也。且侨民具有自家，今既无依恃，则势涣气馁。荷人诱之以恩，协之以威，未有不俯首帖耳者，而入于彼者。反复筹维，旁皇无计，我公智珠在握，应变多寸，设领一事，画筹所及，还希随时见示。"④当端方已离开了南洋，就任于北洋时，按理不在其位，不谋其政；但是，劳氏仍为其拟就《复驻和钦使陆徵祥》，向其研讨保护华侨的事宜，文曰："爪岛设领一事，迄未就绪，而和政府拟颁属地民籍新律，收我侨民，隶彼属籍，将为一网打尽之计，意属狡毒。大疏及复和部文稿，剀切详明，苾筹至佩。就目前局势论，实以抵制新律，较催设领事，

———————

①　劳乃宣：《爪哇华侨商会禀为赖有仁受诬请雪督批》（第96号），《北京大学图书馆藏稿本丛书》（9）《劳乃宣公牍手稿》，天津：天津古籍出版社1987年，第82页。

②　劳乃宣：《赖有仁禀为赖有仁受诬请雪督批》（第97号），《北京大学图书馆藏稿本丛书》（9）《劳乃宣公牍手稿》，天津：天津古籍出版社1987年，第82—83页。

③　劳乃宣：《致驻和钦使陆》（第60号），《北京大学图书馆藏稿本丛书》（9）《劳乃宣公牍手稿》，天津：天津古籍出版社1987年，第45—46页。

④　劳乃宣：《致驻和钦使》（第78号），《北京大学图书馆藏稿本丛书》（9）《劳乃宣公牍手稿》，天津：天津古籍出版社1987年，第60—61页。

尤为重要。方昨又函致外部，请与驻京和使切实交涉，兹将函稿抄呈，台察。果能内外合筹抵制，似尚不致一无所补。"① 他还拟稿致外务部，建议"拟请大部迅赐主持，将中国现行国籍条例，检送驻京和使，告以彼国所订新律，与中国令律相背，决难承认。一面电催陆星使，向和政府提议速设领事，要求删除苛例，俾侨民享统一之律。如此内外坚持，庶可免列邦之耻笑，藉以系海外之侨情。"② 这说明劳乃宣和端方等部分官员对华侨的关怀之情确实是始终一致的。

其二，支持南洋华侨增设商务总会，增强华侨之团结。劳乃宣在《南洋龙目安班澜华商创设商务总会，请咨农工商部立案劄委禀批》中曰："据禀已悉，商业制胜，全在合群。该侨商等，海外经营，若不自固团体，更难立足于竞争之场。此次创设中华商务总会，深得合群之旨，尤征爱国之心。毅力热诚，殊堪嘉尚。所拟章程，组织尚密；惟总理之外，有副总理，协理又多至十员，所举会董，一体给予委劄，核与定章不符。据称系援照新加坡中华商务总会之例，部中必有成案可循。外洋与内地情形不同，风气初开，端资利导，事在因地制宜，本大臣无不系与维持，以资鼓舞。候将章程图表、履历、清册，咨送农工商部查照核办。兹请俟候核准后转咨外务部照会驻京和使，转达和外部饬属照约保护。"③ 禀批中虽对协理的人员提出了不同的意见，但总体表明了政府对南洋华侨设立中华商务总会的支持态度。

三、与北京各部及某些京官的文案

劳乃宣办理的与北京各部及某些京官的文案，共约 19 件④，约占总数的12.50%。为了办理对外交涉及内政，办理和北京各部及京官的文案，是非常重要的，它仅次于对属内人员的文案，数量居于《公牍手稿》的第二位。其

---

① 劳乃宣：《复驻和钦使陆微祥（宣统元年七月十日端督北洋任内）》（第85号），《北京大学图书馆馆藏稿本丛书》（9）《劳乃宣公牍手稿》，天津：天津古籍出版社1987年，第67—68页。
② 同上书，第69页。
③ 劳乃宣：《南洋龙目安班澜华商创设商务总会，请咨农工商部立案劄委禀批》（第141号），《北京大学图书馆馆藏稿本丛书》（9）《劳乃宣公牍手稿》，天津：天津古籍出版社1987年，第161—162页。
④ 其编号为第3、6、19、23、27、34、44、47、48、51、52、54、57、68、77、128、129、149、154号，具体条目见附录二。

中致电或致函的部门包括外务部、陆军部、农工商部、北京税务处、邮传部及并与外务部度支部等13件，致函或致电京官6件。

这13件与各部的文案中涉外的文案有3件。第一，为爪哇设立领事以免华籍入荷事宜，致北京外务部，其中曰："和（荷兰）人又订新律，拟将华侨收入殖民地籍，始必假以便宜，稍迟苛政久之，惟所欲为，纳诸陷阱，……若不设法防维、抵制，一旦荷律实行，是使百万华侨，缘化异族，既丧国体，尤失人心。上年杨侍郎①考察南洋商业，曾有设立爪哇领事之请，此举似不容缓，盖领事既设，不特我可相机保护，即侨民亦知有依恃，自不致以入籍为护符，壮我民气，杜彼狡谋，似亦治标之一策也。"② 建议外务部尽快在爪哇设立领事，以保护华侨。第二，为蒲拉他（士）岛（东沙群岛）事宜，和张人骏联名致函外务部："现人骏复查得该岛粤人呼为东沙，居汕头正南，距约一百五十英海里，确归粤辖。证以上年所据粤刻'中国江海险要图'"。而"日人百余于去年八月来蒲岛，盖房居往，升日商旗，并立木竿，曰：'明治四十年有八立'。彼处已设有铁路、德律风、小火轮码头，以备取运该处海产。该处旧有天后庙，已被毁灭迹"。"查蒲岛确系粤辖，有图志可据，现经派舰实地查勘，按其部位又距汕港甚近。今忽为该日商在该岛修盖房屋，并建设铁路、电话、码头等项，不设法争回，则各国总援均沾。应请钧部照上陈各节，迅与日使交涉，饬将该日商一律撤回，由我派员收管，另筹布置以保主权。"③ 这是事关东沙群岛主权的问题，建议外务部与日使交涉，以维护国家领土主权。第三，为南洋华侨归国商照由领事发照事宜，致农工商部，建议维持原来的办法："昨有南洋华侨留日学生邱心荣过津来谒。据称，此次过新加坡时，该处商会因本埠左领事照会，今将此后侨民归国商照，全归领事发给。侨商众情不服，极力反对，已由该商会径禀大部，立请仍遵部饬办理等语。查近年南洋各埠创设商会，原为维系侨情，保持商务，意在合华商。回国由会给照，既经禀明大部核准，咨行有案，似未便遽准改易。此次左领事所拟

---

① 即杨士琦（1862—1918）。"1907年10月26日（九月二十）考察商务大臣杨士琦乘'海圻'、'海容'兵舰自上海赴南洋（历经菲律宾、西贡、曼谷、爪马来）"。见郭廷以编著：《近代中国史事日志》（下册），北京：中华书局1987年，第1291页。

② 劳乃宣：《致北京外务部》（第19号），《北京大学图书馆馆藏稿本丛书》（9）《劳乃宣公牍手稿》，天津：天津古籍出版社1987年，第14—15页。

③ 同上书，第17—18页。

办法，虽为严稽杜冒滥起见，殊不知会董与侨商习处，知之尤悉，与其以此事责之领事，仍不若责之商会，稽察既周，招待亦易。且细绎迭次诏谕，其所以加意保护者，实隐鼓舞招徕之至意。今若限制过严，转恐窒其内向之机，大失朝廷德意，所关似亦匪细。今该商既已径禀钧处，应请察核情形，力赐维持，仍准商会循旧给照，一律保护，于南洋侨事不无裨益，尚希卓裁示复为幸。"① 其致农工商部否定左领事的理由，还是冠冕堂皇的。其实，此事背后是利益之争，在其《复江宁提学司陈（伯陶）》中才指出问题之实质："新加坡侨商回国给照一事，昨据邱生呈阅该商会上农工商部禀件，藉知此事梗概。盖华商归国，向有照费，该埠领事起而争者，恐失此利权耳。但此项商照，既据该会禀部立案，若再改之归官，似于侨情商务均有妨碍。既承尊嘱，业已函请农工商部察核情形，设法维持，想农部素以保商爱侨为宗旨，定能秉公办理，曲予成全也。"② 这是场合不同表述不同的鲜明体现，也是办理文案者所必需的素质之一。

其余 10 项文案是以内部事务为主，涉及电报代码、追剿皖省"叛兵"、为上海北市办理自来水公司借款五十万、为南洋劝业会事、为运输军火器械事、为南洋劝业会和出口协会成立事、为江北提督购置军用器械事、为保定警务兵有抵制日货通告事、为京张铁路竣工落成事③、为拟具转口免照办法四条等致电、致函各相关部门，兹不再展开论述。

劳乃宣办理的致京官之文案有 6 件④，大部分为公事。如致电北京池州试馆陈劼吾京卿，探听"矿案颠末"⑤；为华昌炼矿公司拨款四万两等事，照会

---

① 劳乃宣：《致北京农工商部》（第 57 号），《北京大学图书馆馆藏稿本丛书》（9）《劳乃宣公牍手稿》，天津：天津古籍出版社 1987 年，第 42—44 页。

② 劳乃宣：《复江宁提学使陈》（第 58 号），《北京大学图书馆馆藏稿本丛书》（9）《劳乃宣公牍手稿》，天津：天津古籍出版社 1987 年，第 44 页。

③ （1909）9，25（八，一二）邮传部奏，京张铁路告成，请优奖总办道员詹天佑，工程师颜德庆等。10，2（八，一九）京张铁路在南口行开车礼，由邮传部尚书徐世昌主之。见郭廷以编著：《近代中国史事日志》，北京：中华书局 1987 年，第 1338 页。

④ 其中一件《代洪先生拟致北京李仲帅》是一封客套的书信，是否为端方拟定的，尚待推敲，放在此处不一定合适，暂且归入此类。见劳乃宣：《代洪先生拟致北京李仲帅》（第 77 号），《北京大学图书馆馆藏稿本丛书》（9）《劳乃宣公牍手稿》，天津：天津古籍出版社 1987 年，第 59 页。

⑤ 劳乃宣：《北京池州试馆陈劼吾京卿电》（第 34 号），《北京大学图书馆馆藏稿本丛书》（9）《劳乃宣公牍手稿》，天津：天津古籍出版社 1987 年，第 29 页。

某京堂①；为参加第四次万国渔业大会，照会候补四品京堂杨度，涉及关于渔业 10 个方面的内容②；而为皖省兵变被革员求情等事宜，复苏省京官公信③；为金陵自来水公司会办舒道说项事，复皖省京官李灼华等信④。

四、与辖区外之督抚司道等的文案

劳乃宣办理的与辖区外之督抚司道等的文案，共约 18 件⑤，约占总数的 11.84%。端方身居直督和江督，一般兼任南洋大臣或北洋大臣。这两个职位特殊而重要，因为办理南、北洋事务既涉及外交，又涉及相关省份或人员，因此，还有与辖区外之督抚司道等公函往来，属平行文件，劳乃宣也为此办理了一些相关文案。

有的文案属商讨性质，如为查禁"逆报"，复赵次帅（尔巽）电："查禁逆报从邮局着手，固策极扼要，惟逐件查阅，……目前治标之计，仍惟有严禁书肆销售、士民传阅而已。尊意如何？"⑥ 再如为港建大学事宜，致广东张制台（人骏）电："港建大学，理宜资助（以表同情），但此校规模既大，粤与暨南、北洋协助，恐为数不多……且彼此数目所差，尤不足以昭画。鄙见拟联合沿江、海各督抚厘定助款数目为□。各自奏定，由各海关分筹来解，会衔入奏，为国家助款，既以聚而多见，且事经入奉，再电请外、学两部请示。尤形郑重，事意何如，乞酌复。"⑦ 此外，为蒲拉他岛（东沙群岛）联衔事宜，致广东张制台⑧等事，也

① 劳乃宣：《照会某京堂》（第 128 号），《北京大学图书馆馆藏稿本丛书》（9）《劳乃宣公牍手稿》，天津：天津古籍出版社 1987 年，第 125 页。

② 劳乃宣：《照会候补四品京堂杨度》（第 129 号），《北京大学图书馆馆藏稿本丛书》（9）《劳乃宣公牍手稿》，天津：天津古籍出版社 1987 年，第 126—132 页。具体内容则包括：渔界、渔船、帆船、捕法、制造、鱼油制造、养殖、渔具、渔业学校、杂件等各项。

③ 劳乃宣：《复苏省京官公信》（第 68 号），《北京大学图书馆馆藏稿本丛书》（9）《劳乃宣公牍手稿》，天津：天津古籍出版社 1987 年，第 53 页。

④ 劳乃宣：《复皖省京官李灼华等信》（第 149 号），《北京大学图书馆馆藏稿本丛书》（9）《劳乃宣公牍手稿》，天津：天津古籍出版社 1987 年，第 173—174 页。

⑤ 其编号为第 5、7、10、13、20、22、24、26、46、55、58、65、67、79、81、83、84、143 号，具体条目见附录二。

⑥ 劳乃宣：《复赵次帅电》（第 5 号），《北京大学图书馆馆藏稿本丛书》（9）《劳乃宣公牍手稿》，天津：天津古籍出版社 1987 年，第 4—5 页。

⑦ 劳乃宣：《致广东张制台》（第 20 号），《北京大学图书馆馆藏稿本丛书》（9）《劳乃宣公牍手稿》，天津：天津古籍出版社 1987 年，第 15 页。

⑧ 劳乃宣：《致广东张制台》（第 24 号），《北京大学图书馆馆藏稿本丛书》（9）《劳乃宣公牍手稿》，天津：天津古籍出版社 1987 年，第 20 页。

具有商讨的性质，不再详述。

有的文案具有通报性质，譬如致济南袁抚台（袁树勋）电曰："皖事迭据探报，匪势穷蹙四散，庐、凤一带，安谧如常，惟首要未获，防剿未敢稍松，知念奉开。"① 再如复武昌陈筱帅②电："武昌陈制台：辰、盐电悉。江提（行辕）僻驻太平，诚与现今地形不合，尊意令其移驻皖省或省之左近，扼要中权，画筹至佩。惟皖中多变，原因复杂，不谨地形一端，省会有巡抚驻节，似不应再有大员饬往。江提移驻省垣，固资震慑，但抚、提名位相埒，恐意见不一，或以牵掣误事，将转蹈旧时督抚同城之辙，似亦兵事上所应虑者。鄙见其距皖最近又最要者则莫如大通，该处为长江要埠，素为会匪出没之区，向无大员驻扎，距皖又近，倘若建闸于此，平时既资镇压，有事又便呼应，上下游防务均可兼顾，似较驻皖为得。然兹事体大，须与从（？疑为衍字）周军门从长计议，乃能决也。"③ 认为江北提督驻兵大通较为妥当。此外，为镇江油池报效章程事宜，致广东张制台④等事，也与之相似，在此不再赘述。

有的文案属于咨询性质，如致济南袁抚台电曰："顷接驻镇英总领事电称，前三年，山东滕县因抽洋票花生捐云云，望复，等因。此捐向抽若干，如果订有合同，定有准则，似未便骤改□□。望饬查明要办，迅速赐电，以便转告英领为盼。"⑤ 再如为汉口租界地界争执事宜，致湖北陈筱帅云："昨接驻汉德领事伦爱森函，以该领事前因汉口德租界西面地界一事，与执事偶有辩驳，致为德人所指摘，并谓执事与之不合，有不愿与该领事商办事件之言，嘱为解释等因。弟不知此中底蕴，未敢轻任解释，除先函复外，特为将来往函稿抄呈左右，即希查明原委。详赐兄教，俾便转复。"⑥ 等等，不再一一列举。

---

① 劳乃宣：《复济南袁抚台电》（第 7 号），《北京大学图书馆藏稿本丛书》（9）《劳乃宣公牍手稿》，天津：天津古籍出版社 1987 年，第 6 页。

② 即陈夔龙（1857—1948），引者加。

③ 劳乃宣：《复陈筱帅电》（第 10 号），《北京大学图书馆藏稿本丛书》（9）《劳乃宣公牍手稿》，天津：天津古籍出版社 1987 年，第 9 页。

④ 劳乃宣：《致广东张制台》（第 22 号），《北京大学图书馆藏稿本丛书》（9）《劳乃宣公牍手稿》，天津：天津古籍出版社 1987 年，第 16—17 页。

⑤ 劳乃宣：《致济南袁抚台电》（第 13 号），《北京大学图书馆藏稿本丛书》（9）《劳乃宣公牍手稿》，天津：天津古籍出版社 1987 年，第 10 页。

⑥ 劳乃宣：《致湖北陈筱帅》（第 81 号），《北京大学图书馆藏稿本丛书》（9）《劳乃宣公牍手稿》，天津：天津古籍出版社 1987 年，第 64 页。

有的则是答复处理意见。如为局内甄述保荐员匠人才事宜，复上海制造局总办张道曰："惟制造保案，甫于上年出奏，为时甚近，今若遽保，恐遭部诘，似不如稍缓时日，再行相机寻奖，既避冒滥之讥，又免向隅之感。质之高帅，谅亦谓然。"① 同时还为此事，致江督张安帅（人骏），曰："上海制造局，自经张道接办以来，竭力整顿，颇有进步。该局近年所制军械，各省络绎订购，成绩昭然。弟曩在南洋，曾将在事得力者酌保七人。惟该局员匠甚多，向隅者众。昨据该道来函，拟请择优甄叙，此举为鼓舞艺能起见，但上年甫经开保，阅时未久，似难渎请。鄙见似不若稍缓时日，再由尊处主持，相机酌保，既昭激励，尤形慎重。兹将张道原函录呈台察，尚希卓裁酌办为幸。"② 为南洋华商归国发照事宜，复江宁提学司陈（伯陶）③ 的文案（前曾提到，在此不再详述）等，也属此类性质。其余文案不再详述。

其中有一件需要稍作解释，即致南京张制台电："南京张制台鉴，申、寒电悉，余案赖公主持于上，不致有意外风潮，极佩画筹，弟虽去宁，闻之快然。删（指十五日）。"④ 按，"余案"是指端方调离两江总督前后被御史胡思敬所参之案。胡思敬参奏端方"本一狷邪小人"，犯有"十罪二十二款"⑤。朝廷命两江总督张人骏据实复奏，为此张人骏经调查后，上奏折曰："臣查端方被参各款，现今查明，尚无罔利私行实迹……现在端方已因另案奉旨革职，似应毋庸再议。"⑥ 因此，朝廷据此作出决定："已革直隶总督端方，前在两江总督任内被参各款，尚无罔利私行实迹。惟束身不检，用人太滥，难辞疏忽之咎。现已革职，即著毋庸置议。"⑦ 所以，端方才"闻之快然"。

---

① 劳乃宣：《复上海制造局总办张道（宣统元年七月十日，端督北洋任内）》（第83号），《北京大学图书馆馆藏稿本丛书》（9）《劳乃宣公牍手稿》，天津：天津古籍出版社1987年，第65—66页。
② 劳乃宣：《致江督张安帅（宣统元年七月十日，端督北洋任内）》（第84号），《北京大学图书馆馆藏稿本丛书》（9）《劳乃宣公牍手稿》，天津：天津古籍出版社1987年，第66—67页。
③ 劳乃宣：《复江宁提学使陈》（第58号），《北京大学图书馆馆藏稿本丛书》（9）《劳乃宣公牍手稿》，天津：天津古籍出版社1987年，第44页。
④ 劳乃宣：《致南京张制台电》（第46号），《北京大学图书馆馆藏稿本丛书》（9）《劳乃宣公牍手稿》，天津：天津古籍出版社1987年，第34页。
⑤ 《御史胡思敬奏参督臣罔利行私奸贪不法摺》（并单），《政治官报》（摺奏类），（宣统元年）十一月十二日第777号，第15—16页。（按，其参奏时间为宣统元年五月初。）
⑥ 《两江总督张人骏奏明大员被参各款据实覆陈摺》，《政治官报》（摺奏类），（宣统元年）十一月十二日第777号，第14页。
⑦ 《政治官报》（谕旨），（宣统元年）十一月初十日第775号，第2页。

五、办理属内抚、道及其他相关人员等的文案（禀批札委等）

劳乃宣办理的属内抚、道及其他相关人员等的文案（禀批札委等），共约77件①，约占总数的50.66%。外交与内政不可分割。办理对外交涉，往往涉及内政，两江和直隶地处办理外交的要冲，涉及属内的事务自然不少。因为端方在直隶任职时间只有三个多月，而劳乃宣在京又有职务，不可能专门为其办理文案，故此办理较少，留存的涉及属内的文案就更少些，这77件中只有4件②，其余73件都是属于在两江期间涉及属内的事务。首先分析其在南洋办理的属内73件文案。因为文案较多，不可能一一列举，兹就其典型的文案分析如下：

其一，是为答复外国领事或涉外事宜询问相关的抚、司、道等的函电。如为英商亚细亚被扣留事宜，致清江吴道台电曰："顷接驻镇英国总领事电称，英商亚细亚云云，望复等因，希即饬查此车货相符，饬令速放，并将此事实情迅速电复，以便转复英领事，至躬。"③再如为日舰到达接待事宜，复安庆朱抚台："日本水师寺垣提督率舰抵宁，敝处照章接待。现准日领函，该提督已率舰上驶，本月初九日约可抵皖，拟初十日拜谒台端"。④致电让其做好接待之准备。再如为日商星农洋行采办棉花屡被局卡索纳捐费事，致浙抚增固帅（增韫）信称："固帅仁兄大人阁下：敬启者，昨据驻沪日领事永泷久吉函开，日商星农洋行请领联单，赴浙省慈溪、余姚地方采买棉花，由宁报运出口。自上年十二月以来，屡被局卡索纳捐费，该卡并无收票。本年二月十九日余姚、竹山港首卡，起运棉花五十包。报经该卡分给捐票两章，每包廿五张，经过下城都分卡，货被该卡扣留。又日商三井洋行请领联单，采办棉

---

① 其编号为第1、2、4、8、11、15、17、18、25、28、29、31、32、33、37、38、40、42、45、49、50、56、62、64、73、76、86、87、88、89、90、91、92、93、94、95、98、99、100、101、102、103、104、107、108、139、142、144、145、146、147、148、151、152、153、155、156、157、158、159、160、161、162、163、164、165、167、168、169、170、171、172、173、174、175、176、177号（共77件），具体条目见附录二。

② 其中在直隶任内涉及属内的文案序号为第56、62、64、108号，只有4件，具体条目见附录二。

③ 劳乃宣：《致清江吴道台电》（第11号），《北京大学图书馆馆藏稿本丛书》（9）《劳乃宣公牍手稿》，天津：天津古籍出版社1987年，第10页。

④ 劳乃宣：《致安庆朱抚台》（第76号），《北京大学图书馆馆藏稿本丛书》（9）《劳乃宣公牍手稿》，天津：天津古籍出版社1987年，第59页。

花，多要一道厘捐等情。以上数端，皆指为有违商约。现由日领与宁绍台道直接交涉，并函致敝处，嘱为转达台端饬查前来。窃思洋商领单办货，免完内地厘金，定章已久，应为各卡员所深知，日领所陈，乃一面之词，该局卡之所以收捐扣货，其中或别有情节。惟慈溪、余姚所收棉花捐，究竟向章如何办理，下城都分卡所扣本年二月之货，既其词意，并非请领联单，大约在竹山港首卡，将起验捐数完清，沿途一律验放。如果照章办理，何至又被下卡扣留。种种情形，殊难悬揣，事关交涉，用将原信抄呈台阅。应请饬知厘饷局，会同宁绍台道，确查情形，迅速理结，免致外人藉口，枝节丛生。诸乞尊裁，并希示复为荷。"[1] 这两件都属于外商在华经营遇到了问题，外国领事提出咨询或质询。因为涉及地方官执法问题，不得不咨询后再作答复。再如《九江府德化县为西捕殴毙余发程事禀督批》称："据禀已悉。此案业已叠次电饬九江道与英领事切实驳辨，务将逞凶巡捕马仕按照西例惩办，以重民命。惟九江地方，华洋杂处，最易生事，该令务当会同营警妥为劝导、弹压，静候官为主持核办，勿任借端滋事，是为至要。仰九江道转饬遵照并候抚院批示，缴禀抄发。"[2] 此批既表示了要严惩凶手，又要预防九江地方因此"任借端滋事"，可谓防患于未然。

其二，是关于镇压皖省"兵变"的函、电。受反清革命团体光复会领导或影响，安徽接连发生反清武装行动。首先是徐锡麟刺杀安徽巡抚恩铭；接着受其影响，安庆新军军官熊成基趁载湉和那拉氏相继死去，人心惶惶之际，于光绪三十四年十月二十六日（1908 年 11 月 19 日）下午，率领马炮两营千余名新军起义，进攻安庆，奋战一昼夜，被端方派军队镇压，起义失败，熊成基离队逃走。这两件事在当时影响较大。劳氏也曾办理过几件与此相关文案。如为皖省马炮两营兵变事，复赣州俞道台："赣州俞道台，确密。东电悉。皖省马炮两营兵变，系下级官长煽惑谋叛，先将两管带戕伤，纵火攻城，幸城守严密，停泊江面各兵轮开炮轰击，水陆夹攻，叛众溃散，先后捕获匪党二十余人，据供革命排满不讳。时适操事甫毕，当经选派宁省及江

① 劳乃宣：《致浙抚增固帅信（光绪卅四年八月十六日送）》（第 165 号），《北京大学图书馆馆藏稿本丛书》（9）《劳乃宣公牍手稿》，天津：天津古籍出版社 1987 年，第 190—191 页。

② 劳乃宣：《九江府德化县禀为西捕殴毙余发程事督批》（第 90 号），《北京大学图书馆馆藏稿本丛书》（9）《劳乃宣公牍手稿》，天津：天津古籍出版社 1987 年，第 76—77 页。

北马操军队马步共七营，兹电商陈筱帅（夔龙）添派鄂军一标，同时开赴皖省，又调楚谦、建威两兵轮及鱼雷各船陆续到皖，兵威已壮。现在人心大定，地方安堵如常。其余党窜往皖北一带，已派驻扎浦口军队会合兜剿，不难悉数殄除。赣州界连闽粤，各防紧要，添派侦探，严防勾结，办理深合机宜。至侦获匪首两名，是何姓名、籍贯，望即讯取确供，禀候察办，仍通饬各属加意严防，毋稍疏忽为荷。"①该电将皖省马炮两营兵变及被镇压的详情通报给赣州俞道台，并提醒其"加意严防"。再如为皖省兵变善后事宜，致安庆朱抚台电云："皖经此变，善后事繁，在在需款，截留北洋练兵经费及鼓铸遗存铜饼，现已奉旨照准度支部存案，整顿军事，始有所措手，极佩画筹。龚军驻凤一带，已遵电徐州爽道，转饬遵照并饬其随时会同地方官收缴叛兵军械。希查照（后有两行小字为：江南军界，近极需员，拟请饬陈慰回宁籍差遣。如蒙俞允，望即饬知该员，并照前盼示后）。徐州爽道台瓒、龚游击马队，前经电饬进驻凤阳。顷得经帅电，深愿龚军驻凤，以资震慑，望即转饬遵照，再皖北一带叛兵枪械遗弃甚多，并饬该军会同地方官设法收缴为要。"②电中一方面给予安徽财力上的支持，另一方面也要求其整顿军事，收缴遗失的枪支等。

其三，是办理维护地方治安涉及查拿"匪党"、盗匪及办民团等事致、复相关属员的函、电。清朝末年，社会矛盾十分尖锐，民变、兵变此起彼伏，维护地方秩序任务繁重，劳乃宣办理此类文案也不少。如复清江王提帅曰："前奉盐电（十四日），以军界多谣，拟出示晓谕，俾免煽惑，画筹至佩。弟亦虑及此，是以操事毕后，即有训勉宁军将士通饬，大致以忠勇为体。现此闻军心尚定，故不再出示，以表镇静也。"③电文中表明对妥善处理军心问题的高度重视。再如为查拿"匪党"事宜，致江阴杜标统电称："密。顷据长江巡缉队统带萧道先报告，转据驻江阴探访员汪占林禀，探得小海沙大圩云云，免酿巨患等情。查匪党暗相勾结，无论虚实，亟应查缉，以防未然。

① 劳乃宣：《复赣州俞道台电》（第1号），《北京大学图书馆馆藏稿本丛书》（9）《劳乃宣公牍手稿》，天津：天津古籍出版社1987年，第1—2页。

② 劳乃宣：《复安庆朱抚台电》（第8号），《北京大学图书馆馆藏稿本丛书》（9）《劳乃宣公牍手稿》，天津：天津古籍出版社1987年，第7页。

③ 劳乃宣：《复清江王提帅》（第15号），《北京大学图书馆馆藏稿本丛书》（9）《劳乃宣公牍手稿》，天津：天津古籍出版社1987年，第11页。

希遂选派奇兵，严密查拿，勿稍大意，并盼电复。"[1] 有的则是建议和商讨缉拿盗匪事宜，如为皖北盗匪事宜，致安庆朱抚台，曰："宥电悉。皖北多盗，尊处酌派军队前往巡缉，建威销萌，苓筹极佩。惟盗踪飘忽，兵至则散，兵去则聚，往往如此。鄙见似直责成州县广购眼线，多派探捕侦缉，匪首渠擒则党易散耳。卓见如何？"[2] 有的是办理地方民团的禀批，如《芜湖道文焕禀请办团以辅兵力不足敬陈管见兹章程乞训示祇遵由批》中曰："乡团为安良戡盗之要着，与保甲相辅而行，迭经通饬举办，无如有司视为具文，成效未著，徒致慨于有治法无治人。核阅来禀，兹所拟章程，苦心擘画，注意地方，果能实力奉行，辅兵力之不足，振尚武之精神，于诘奸禁暴之道，未始无效。惟是府兵变为招募，兵民久分，轻武之风，成为习惯，国民不知当兵之义务。该道所陈编户抽丁各节，当此风气未开，倘有司不善奉行，恐愚民转生误会。故前此宁省举办征兵，尚顺民情自然，不敢丝毫强迫。余如经费抽及田租，分上、中、下户，抑勒扰累，不可不防。火器遍发民间，取缔不严，械斗藉寇，皆所当虑。凡此可商之处，仰再悉心妥议，力求美善。禀候察夺，仍候抚部院批示。缴。摺存。光绪戊申年六月两江端督任内代拟之件。"[3] 考虑现实问题，该批示建议芜湖道"再悉心妥议，力求美善"，实际上委婉地否决了其建议。

其四，是办理近代化事务如海关管理及征税、办矿建厂、筹备南洋劝业会、筹备自开商埠、修铁路、支持苏州商会等致、复相关属员的函、电（多为札、禀批或督批）。这类文案数量较多，有的是涉及海关所用电码及征税等事，如为镇江关请颁辰密电码事，致镇江刘道台曰："镇江刘道台，洪支电悉，辰密已电请外部速颁径寄尊处备用矣。"[4] 海关往来电报繁多，电码齐备，势所必备。再如为拟具转口免照办法事，致苏州陈抚台："苏州陈抚

---

① 劳乃宣：《致江阴杜标统电》（第18号），《北京大学图书馆馆藏稿本丛书》（9）《劳乃宣公牍手稿》，天津：天津古籍出版社1987年，第13页。

② 劳乃宣：《致安庆朱抚台》（第33号），《北京大学图书馆馆藏稿本丛书》（9）《劳乃宣公牍手稿》，天津：天津古籍出版社1987年，第28页。

③ 劳乃宣：《芜湖道文焕禀请办团以辅兵力不足敬陈管见兹章程乞训示祇遵由批》（第139号），《北京大学图书馆馆藏稿本丛书》（9）《劳乃宣公牍手稿》，天津：天津古籍出版社1987年，第156—157页。

④ 劳乃宣：《致镇江刘道台》（第4号），《北京大学图书馆馆藏稿本丛书》（9）《劳乃宣公牍手稿》，天津：天津古籍出版社1987年，第3页。

台，沪宁铁路通运洋货一案，前据沪关好税司拟具转口免照办法四条，由沪道转送前来，当饬苏、宁、沪三厘局会议。旋据苏厘局详复，正核办间，接税务处江电开，沪宁铁路运货发给免重征执照云云，转饬施行等情。事关厘税，希才（裁）夺，并速饬苏厘局会同宁、沪两局，妥速议复，以便核咨。"①

　　有的涉及举办铜矿、煤矿、自来水公司、电灯股份公司等事。如致南昌冯抚台电："上海《民呼报》载，池倅贞铨，虚縻公款十余万，所运铜矿，只炼出数百斤，终日赌麻雀，动以千元一底，又置妾某氏，被卷逃三万金（阅之深骇），当即电饬赣州俞道台确查。……查池倅承办赣矿，责任匪轻，乃举止轻妄如此，虑（屡）误矿务，且其任情挥霍，更难保无侵挪公项情弊，请我公就近严查，撤换以及如何整顿之处，并希荩筹，□办，示复为荷。"② 就是督促江西巡抚整顿铜矿办理不善之事。关于涉及煤矿事，如《皖南道郭重光禀泾县私挖煤矿勾串外人由督批》中指出皖南道等人应当采取的措施："应由该道查照定章，迅饬该县黄令，先将裕成煤矿及菜园坝地产，一律查出入官。勒提李鋆及张姓、王姓等到案，讯明确情，禀候察办。并责令裕成将前领开矿执照缴出，先行详情咨销，一面查明该西人等来历，有无护照，并按照约章，妥令迅速离泾，免生枝节。至该前县包令惠畴，身膺民社，乃于此事交涉要案漫不经心，实属颟预已极，业经抚部院奏参革职，应毋庸议。此外各属恐亦难保无此等情事，候札饬江南矿政局、安徽劝业道一体饬属严查，据实禀办。仰即遵照办理，仍候抚部院批示。缴。"③ 有涉及自来水事业的，如《上海巡警局汪上海道蔡会禀为闸北自来水借款开办事督批》中指出："据禀已悉。自来水为卫生要政，上海北市华界一带地方，既与租界紧连，若不从速筹办，匪独相形见绌，抑且界内居民不便汲水，未易招徕。该道等拟向大清银行开办，一面招集商股分期归还，自系为利便民生、保全主权起见。惟续据该道等电禀，以借款数巨，须先电请布示等语，应即照办。除先电商外、度两部外，兹将电

　　① 劳乃宣：《致苏州陈抚台》（第 155 号），《北京大学图书馆馆藏稿本丛书》（9）《劳乃宣公牍手稿》，天津：天津古籍出版社 1987 年，第 179—180 页。

　　② 劳乃宣：《致南昌冯抚台》（第 37 号），《北京大学图书馆馆藏稿本丛书》（9）《劳乃宣公牍手稿》，天津：天津古籍出版社 1987 年，第 30—31 页。

　　③ 劳乃宣：《皖南道郭重光禀泾县私挖煤矿勾串外人由督批》（第 102 号），《北京大学图书馆馆藏稿本丛书》（9）《劳乃宣公牍手稿》，天津：天津古籍出版社 1987 年，第 87—88 页。

稿随批抄发，仰即查照办理，仍俟接准部电再行饬遵可也。"① 该批示表达了对上海闸北自来水公司坚决支持的态度。举办近代实业，也不乏失败者，这自然会带来一些消极的作用，影响一部分相关人员的利益，甚至涉及社会的安定，如《孙高金、陆侍金禀为电灯股款无着叩请饬追事批》中提出："禀悉。亨耀电灯公司准农工商部咨复撤销所有股款及经手各事宜，前已批饬商务局责成舒道一手清理在案。据禀前情，候再饬商务局转移舒道凛遵前批，将股款及经手各事宜从速理结，勿再诿延，致干未便。仍将理结情形确查具报。切切。原禀抄发单据发还。"② 这就是要求相关人员尽快将电灯股款尽快退还给相关持股人，以免激化新的矛盾。其他关于建厂的禀批或督批文案还有不少，不再一一详述。

南洋劝业会虽于宣统二年四月二十八日（1910 年 6 月 5 日）在南京开幕③，但系光绪三十四年（1908）端方在江督时上奏并获得批准的，其间筹备工作已经积极进行。于此，劳乃宣也办理过相关文案。如为南洋劝业会事，致上海协赞会周金箴诸君曰："上海协赞会周金箴兄诸君全（同）鉴：劝业会事，钦奉十三日明谕奖进甚殷，谅已读悉。现又准农工商部通电内开，本部会奏议复南洋筹设劝业会云云，随时见复等因。诸君对于斯会，夙具热忱，今值朝廷竭力提倡于上，务望加意组织，进行无懈，上副圣明振兴实业之至意。（无任祷盼。此间出品协会已十六日成立，亲莅会群情踊跃。附开）"④。此函表现了对南洋劝业会的热情支持。为同一事，其还致南京陈商董⑤，旨在积极筹备，为正式召开南洋劝业会打下较好的基础。

清末的自开商埠，表现了一部分开明之士与外国列强争夺利权的自主性，但有时也会面临一系列新的问题。譬如，为自开商埠浦口及沿江租地事宜，札金

①　劳乃宣：《上海巡警局汪上海道蔡会禀为闸北自来水借款开办事督批》（第 103 号），《北京大学图书馆馆藏稿本丛书》（9）《劳乃宣公牍手稿》，天津：天津古籍出版社 1987 年，第 88—89 页。

②　劳乃宣：《孙高金、陆侍金禀为电灯股款无着叩请饬追事批》（第 163 号），《北京大学图书馆馆藏稿本丛书》（9）《劳乃宣公牍手稿》，天津：天津古籍出版社 1987 年，第 187 页。

③　南洋劝业会会期持续了六个月，开幕时间为 1910 年 6 月 5 日，于 1910 年 11 月 29 日闭幕。时任总督为张人骏。

④　劳乃宣：《致上海协赞会周金箴诸君》（第 49 号），《北京大学图书馆馆藏稿本丛书》（9）《劳乃宣公牍手稿》，天津：天津古籍出版社 1987 年，第 36—37 页。

⑤　劳乃宣：《致南京陈商董》（第 50 号），《北京大学图书馆馆藏稿本丛书》（9）《劳乃宣公牍手稿》，天津：天津古籍出版社 1987 年，第 37 页。

陵关、商务局、江宁府、江浦县曰:"为札饬事,照得浦口地方,前经本部堂拟仿吴淞、武昌、济南、常德等处成案,自开商埠。饬据商务局、金陵关会拟简要办法,业已批令确查,妥议在案。惟浦口适当下关对岸,津浦铁路业已兴工,地方既日就繁盛,而地价因之日益昂贵,难保无奸商地贩勾串外人,影射屯买,为将来垄断之计,若不先事预防,不独居奇把持,有妨埠务,且开埠之事,甫在提议,尚未具奏,埠界亦未勘定,仍系内地,更不能听外人任意租购,致启杂居之渐。应即责成江浦县严密查察,所有浦口暨沿江一带地方,未经奉准开埠以前,各项基地,均应查照约章,不准外人租购,其民间往来、典卖,亦应确切查明,有无勾串影射,凡投契印税,务令将买主卖主姓名、籍贯,均于契内开载清楚,责成董保,覆查无异,方准印税迁户,以免朦混。至该处开埠事宜,应俟勘定界址,奉奏议准后,再行体察情形,参酌各处租地章程,另饬遵办。"① 所谓未雨绸缪,防患未然,这样才会使浦口等自开商埠顺利进行。

到20世纪初,修建铁路已是中国大势所趋,较之以前,其反对势力已经大为减弱。津浦铁路这条南北大动脉于光绪三十四年五月开动,至宣统三年十月(1908年6月至1911年11月)便全线竣工②,便是例证。它有个特点就是分南北两端同时兴建,有利于形成竞争。端方任两江总督期间,正逢筹建津浦铁路南段的关键时刻,自然有许多实际问题需要地方政府的支持和配合。为此,劳氏办理了许多关于津浦铁路的文案。如,为津浦路南段渡淮修桥事,札何道、曾道、工程顾问洋员格林森及札津浦南段铁路局,曰:"为札委饬事,本年四月十三日,据皖绅湖南候补道周学铭等禀称,长淮一路,为南北往来孔道,今开津浦铁路,勘由凤阳府蚌浦地方渡淮,修造呆桥,取其节省工料。皖北巨流如淮河、沙河、涡河、山河,发源于河南,汇流于凤阳,淤塞不畅,崩溃可虞,全恃船只来往,借以疏沙,淮盐由此上运。今于半途修此呆桥,舟难行驶,自必改道他谋。无船则水利绝,水利绝则疏治无人,上流数十州县将为泽国,请

---

① 劳乃宣:《札金陵关、商务局、江宁府、江浦县》(第88号),《北京大学图书馆藏稿本丛书》(9)《劳乃宣公牍手稿》,天津:天津古籍出版社1987年,第73—74页。

② 按,津浦铁路因为是用英德两国的贷款修建,因此建设时分为南北两段同时进行。它以山东境内靠近江苏的韩庄为界,北段626公里用德国贷款,占总额的63%。南段383公里用英国贷款,占总额的37%。北段于1908年6月开工,到1911年2月,除济南以北黄河大桥尚未建成外基本完工。南段于1909年3月开工,1911年10月竣工,在黄河大桥完工前先实行分段通车。1912年11月黄河大桥建成后,津浦铁路全线贯通。

饬路工总局改修活桥，无碍行船，实与民生、路政两有裨益等情形。本大臣据此，查津浦铁路路线，淮为必经之道，自须建桥渡轨，以利交通。惟长淮千里，为皖、豫数十州县水利所关，帆樯如织。平时行旅之往来，土货之输出，引盐之上运，皆出其途。若建呆桥，果于行船有碍，是不独河身易致淤塞，且水陆不能衔接，路政亦不免暗受损害，应即饬派候补何道亮标、曾道〇〇、工程顾问洋员格林森会同前往该处，详加测勘，悉心研究该路究由何处渡淮最为合宜，桥工应如何建筑，可使路工行船两无妨碍。该员等审度形势，通盘筹划，绘图贴说，详细禀复，以凭核办。"① 选择修桥地点及方式事关日后的民生与路政，督批表达了务求稳妥的精神，为此不得不征求多方的意见，科学论证。此外，还办理了《皖绅周学铭等禀为津浦铁路渡淮修造呆桥有碍行船请改活桥督批》②、《津浦南段路局禀用药轰石恳饬出示晓谕由督批》③、《津浦铁路南端购地局禀洋员勘路请发枪枝子药以资保护批》④ 等多件，不再详列。

苏州商会的成立在近代商业发展中占有重要的地位，其于光绪三十一年九月八日（1905 年 10 月 6 日）⑤ 成立。劳氏曾拟有致苏州何太守电，曰："苏州何太守，东电悉。苏会成立，盛极一时。为各属树厥风声，开之殊慰，此后仍望始终赞襄办此盛举。"⑥，此电背景应是在苏州商会新一届大会召开之际，致函苏州知府的，表达了对苏州商会继续支持的鲜明态度。

其五，是关于兴学堂、派遣留学生的文案。对于兴办近代学堂，端方一般是积极支持和大力倡导的，但对条件不太具备的即令其暂缓举办，如《南洋

---

① 劳乃宣：《札何道、曾道、工程顾问洋员格林森及札津浦南段铁路局》（第 89 号），《北京大学图书馆馆藏稿本丛书》（9）《劳乃宣公牍手稿》，天津：天津古籍出版社 1987 年，第 74—76 页。

② 劳乃宣：《皖绅周学铭等禀为津浦铁路渡淮修造呆桥有碍行船请改活桥督批》（第 107 号），《北京大学图书馆馆藏稿本丛书》（9）《劳乃宣公牍手稿》，天津：天津古籍出版社 1987 年，第 92 页。

③ 劳乃宣：《津浦南段路局禀用药轰石恳饬出示晓谕由督批（宣统元年二月廿四日）》（第 98 号），《北京大学图书馆馆藏稿本丛书》（9）《劳乃宣公牍手稿》，天津：天津古籍出版社 1987 年，第 84 页。

④ 劳乃宣：《津浦铁路南端购地局禀洋员勘路请发枪枝子药以资保护批》（第 157 号），《北京大学图书馆馆藏稿本丛书》（9）《劳乃宣公牍手稿》，天津：天津古籍出版社 1987 年，第 181 页。

⑤ "光绪三十一年六月十五日（1905 年 7 月 17 日），清政府商部正式行文批准在苏州创设商务总会，于是苏州绅商开始拟议章程，酝酿人选。""章程和人选经清政府审订后，光绪三十一年九月八日（1905 年 10 月 6 日），苏州商务总会于赛儿巷七襄公所内召开了正式成立大会。"见马敏、朱英：《传统与近代的二重变奏——晚清苏州商会个案研究》，成都：巴蜀书社 1993 年，第 50—51 页。

⑥ 劳乃宣：《致苏州何太守电》（第 40 号），《北京大学图书馆馆藏稿本丛书》（9）《劳乃宣公牍手稿》，天津：天津古籍出版社 1987 年，第 32 页。该电大约在光绪三十四年十一月份。

泗水埠中华学堂堂长陈禀筹捐兴办商业学堂督批》称："据禀已悉，筹建商校，诚为急务。惟所陈抽取货捐及派令各学堂商会摊出费各节，虽系为众擎易举，力求其成，但南洋华侨风气初开，恐未尽明教育之利，若稍涉强迫，转恐误会宗旨，反多窒碍。总之，筹款兴学，无论抽捐摊捐，必须众谋金同，群情踊跃示输，乃可经久无弊。仰泗水埠学务总会会同商务总会暨各埠商董、学董，按照所陈各节，公同筹议，是否可行，据禀禀复，以凭察夺。至请拨开经费一节，现在库藏支绌万分，且当提议伊始，把握全无，未便率请。将来能否拨助，应俟议有头绪，再行察酌核办可也。"①

对于派遣留学，端方也很热心，其中关于吴振南等六名留英海军学生的费用问题（其中关键就是交费问题），劳氏所办文案，表现出对这六位学生继续学习的关注和大力支持。如为留英海军学生吴振南等六人，接习枪炮鱼雷等所需费用咨萨提督："为咨会事，照得留英海军学生吴振南等六人，接习枪炮鱼雷等学，所需月费等项，前准驻英李钦使电催，当即饬由财政局速将该生等六人一季学费，及全年军衣、书籍、杂费等项，共英金六百磅（现通行为"镑"，引者注），如数电汇英京济用，并咨达贵军门查照在案。"② 此外还对挑选陆师学堂十二名学生、陆军小学堂五名学生等入上海德文医学堂③等事，也给予了大力支持。此举虽然不是出国，但也在国内培养具有近代科学技术的人才。可见，端方对培养人才的重视，其中也可能包含着劳氏的一份贡献在其中。其他，还办理了不少绅商、民人牵涉自己的利益禀批等函、电，不再赘述。

接下来分析劳乃宣在北洋时期办理的与属内之文案。

劳乃宣在北洋办理的与属内文案虽少，但大都较为重要，涉及司法独立、了解外情和路矿等事务；尤其在清末实施宪政的背景下，有的还较为敏感。如《法政研究学员某条陈督批》云："禀摺均悉，察核该员所陈各节，如汰冗员以清吏治，查吸户以严烟禁，此皆一定不易之办法。该员有见及此，尚习惯徵留心时事。司法具独立性质，本与行政不容相混，惟中外习惯不同，行政司法

---

① 劳乃宣：《南洋泗水埠中华学堂堂长陈禀筹捐兴办商业学堂督批（宣统元年又二月）》（第104号），《北京大学图书馆馆藏稿本丛书》（9）《劳乃宣公牍手稿》，天津：天津古籍出版社1987年，第89—90页。

② 劳乃宣：《咨萨提督》（第153号），《北京大学图书馆馆藏稿本丛书》（9）《劳乃宣公牍手稿》，天津：天津古籍出版社1987年，第177—178页。

③ 劳乃宣：其文案为168—172号，共5件。《北京大学图书馆馆藏稿本丛书》（9）《劳乃宣公牍手稿》，天津：天津古籍出版社1987年，第194—198页。

只能以渐分之。审判厅之交涉股，系此创设，本部堂以其为定章所无，业经裁撤。至津埠租界，系为约所规定，所论办法，持义虽正，然尚格于时势，未克孟浪从事，仰布政司转饬知照。此缴禀摺均抄发。"① "行政司法只能以渐分之"，津埠租界事"未克孟浪从事"表现了督批中慎重的态度。再如为会见日本工学博士原口事，复津海关道云："敬复者：顷奉来函，以日本工学博士原口君于初九日下午始可抵津，请执事函复日领，转致原口君，俟抵津后随时来署接见，弟当拱候，不必拘定时刻也。"② 文中表达了作为封疆大吏会见一位日本工学博士竟"不必拘定时刻"的精神，这种不拘小节的做法，也从一个侧面表现了端方乐知外情的急切心理。

办理清末"新政"千头万绪，其中会涉及路矿等事宜。如为滦州矿务公司事宜，札刘道玉麟，曰："照得前因滦州官矿务有限公司已经出煤，其应完税厘，经那前部堂饬委刘道玉麟前往经征，准每月支给薪费等项银三百五十两，以资办公，业已分行知照在案。兹据刘道台以该矿出煤尚未大旺，税收无多，不敷开支，且该道在部供职，亦恐未能兼顾，禀请辞差等情，前禀应即照准，所遗之差查有堪以派委前往接办。即自到差之日起，改为每月支给薪水公费等银〇〇〇两，仍照案由税厘项下支给，俾免不敷用。除分行外，合行（札饬委）札到该局、道遵照、查照认真经理，仍将到差日期具报无违。"③ 该札提出了变通方案，是为了滦州矿务公司能够顺利发展。

六、其 他 文 案

劳乃宣办理的其他文案共约 13 件④，约占总数的 8.56%。这类文案情况各异。有的是与辖区外有关公司的文案，如《汉口燮昌火柴公司宋炜臣禀为官局迫用土磺事督批》⑤；有的属于对方身份一时难以判断，如关于为禁烟等

---

① 劳乃宣：《法政研究学员某条陈督批（宣统元年八月）》（第 56 号），《北京大学图书馆馆藏稿本丛书》（9）《劳乃宣公牍手稿》，天津：天津古籍出版社 1987 年，第 42 页。

② 劳乃宣：《复津海关道蔡》（第 62 号），《北京大学图书馆馆藏稿本丛书》（9）《劳乃宣公牍手稿》，天津：天津古籍出版社 1987 年，第 47 页。

③ 劳乃宣：《札津海关道、刘道玉麟等》（第 64 号），《北京大学图书馆馆藏稿本丛书》（9）《劳乃宣公牍手稿》，天津：天津古籍出版社 1987 年，第 49 页。

④ 其编号为第 39、41、43、66、69、71、105、120、127、131、132、138、140 号，具体条目见附录二。

⑤ 劳乃宣：《汉口燮昌火柴公司宋炜臣禀为官局迫用土磺事督批（宣统元年三月）》（第 105 号），《北京大学图书馆馆藏稿本丛书》（9）《劳乃宣公牍手稿》，天津：天津古籍出版社 1987 年，第 90—91 页。

事宜，复省吾仁兄阁下①；有的属于拟稿时间尚难判定者，如为辽边防务整顿事宜，致昌图王统领电②；为水灾捐济事宜，致盛京熊秉三京卿诸公③等；有的则是所拟不太完整，不知去向者，如为税务处咨广东增源纸厂等公司征税目等事宜。其他关于钧船运货停泊码头事宜，关于浙江田房税契新章实行事宜，税契收价均用银币照司库定价折算事宜等亦是如此，不再详举。

其中有两件文案较为特殊，一是代拟奏折，一是代拟书稿的序跋。前者如《代拟南京商业学堂摺》④，奏折中说明了兴办南京商业学堂的必要性、具体办法、经费的筹措和使用等，倾向于大力举办近代化商业学堂。从总体来说，劳乃宣一般不为端方拟定奏折（这类文案应该另有其人），因此这属于一种特殊情况。后者所拟为《劳织文女士诗文遗集跋》，⑤ 劳乃宣是以端方的名义为自己女儿的诗集作跋文。

前面曾经分析，从光绪三十二年至宣统元年（1906—1909）间，劳乃宣曾大约五个阶段为端方办理文案。端方在保奏劳乃宣的《及使用人片》中称其"近年办理南洋交涉事宜，赞画机要，动中肯綮。臣深资臂助"⑥。这是在光绪三十二年至三十三年间即劳氏第一个阶段所办理的文案而言的。而《劳乃宣公牍手稿》则主要反映的是他被授为四品京堂以后（即 1908 年后）第四、五个阶段所办理的文案。其中主要包括处理南洋交涉及其相关地方政务，涉及各国领事、两江辖区的巡抚、两司、各海关道、府州县官等官员以及洋商、华商等各色人等，涉及面很广，可以说是他在光绪三十二年至三十三年（1906—1907）后办理文案的继续。

据上可知，这些留存的《劳乃宣公牍手稿》并不是劳氏在晚清著名的大

① 劳乃宣：《致省吾仁兄大人阁下》（第 69 号），《北京大学图书馆馆藏稿本丛书》（9）《劳乃宣公牍手稿》，天津：天津古籍出版社 1987 年，第 53—55 页。

② 劳乃宣：《致昌图王统领电》（第 39 号），《北京大学图书馆馆藏稿本丛书》（9）《劳乃宣公牍手稿》，天津：天津古籍出版社 1987 年，第 32 页。

③ 劳乃宣：《致盛京熊秉三京卿诸公电》（第 41 号），《北京大学图书馆馆藏稿本丛书》（9）《劳乃宣公牍手稿》，天津：天津古籍出版社 1987 年，第 31—32 页。其余第 43、66、71 等的时间也不易判断。

④ 劳乃宣：《代拟南京商业学堂摺（光绪戊申六月两江端督任内）》（第 138 号），《北京大学图书馆馆藏稿本丛书》（9）《劳乃宣公牍手稿》，天津：天津古籍出版社 1987 年，第 152—156 页。

⑤ 劳乃宣：《劳织文女士诗文遗集跋（光绪戊申六月十二日拟）》（第 140 号），《北京大学图书馆馆藏稿本丛书》（9）《劳乃宣公牍手稿》，天津：天津古籍出版社 1987 年，第 158 页。

⑥ 端方：《及时用人片》（光绪三十四年三月），《端忠敏公奏稿》（卷 11，第 35 页 a），沈云龙主编：《近代中国史料丛刊》第 10 辑（94），台北：文海出版社 1967 年，第 1375 页。

幕——端方幕府所办文案的全部，主要是在光绪三十四年（1908）和宣统元年（1909）间的公牍文稿（且断断续续）。如果再加上他在曾国荃、周馥、盛宣怀、李兴锐等幕府的文案，应该远比这些要多。即便据此有限的史料也可看出，在端方担任两江总督兼南洋大臣、居京以及担任直隶总督兼北洋大臣时期，劳乃宣在有限的时间内（断断续续）为端方起草了许多文稿（后来包括较为重要的奏折），反映出其西学知识面较为宽广，对外交内政等事务一定的洞察力。同时，劳氏也颇得端方的信赖和欣赏，可以说宾主之间甚为相得，由此成为劳乃宣晚年由幕而仕的机缘。

第四节　由　幕　而　仕

从上述劳氏所办文案来看，劳乃宣是端方幕府中的一个重要幕僚。端方去世后，其奏稿被编为《端忠敏公奏稿》，劳乃宣为之作序曰："予与公初不相识，乃待以殊尤，特加优礼，至可感也。公昼则接宾客、见僚属，夕则治文书。其治事也，幕僚数人执案牍以次进，旋阅旋判，有疑义，随考核加谘诹焉。谋虑既得，当机立断，未尝见其有所濡滞，亦未闻其事之有遗误也。公事既毕，乃麇集朋侪，摩挲金石，评骘书画，考订碑版典籍，把酒咏歌，诙调谈笑；有时商略古今，纵论时事，俯仰百世，往往通夕忘倦[1]。予以衰老，相约不卜夜，亦偶一预焉，熙熙然几疑乾嘉盛世，置身于尹文端、毕镇洋所矣。予旋奉召入都，未几公移直督，又相见于都门，乃忽以微罪去官。"[2] 此序表达了劳氏对端方的熟稔和怀念。由幕而仕成为晚清时期士人升迁的一个捷径，劳乃宣幸运地成为其中的一个受益者。他花甲之年后再次入仕，正是由于端方的大力举荐。端方在《及时用人片》中称赞劳氏曰：

　　再，五品卿衔前吏部主事劳乃宣老成练达，体用兼赅，历官直隶州县，兴利除弊，卓著循声，通籍几四十年，资望甚深，学问则新旧交融，

---

① 另，可参见中国国家博物馆编，劳祖得整理：《郑孝胥日记》（第2册）光绪三十三年二月十八日，光绪三十三年二月二十九日等，北京：中华书局1993年，第1083、1084页。

② 劳乃宣：《端忠敏公奏稿序》，《桐乡劳先生遗稿》卷2，第12页。又见《端忠敏公奏稿》，沈云龙主编：《近代中国史料丛刊》第10辑（94），台北：文海出版社1967年。

办事则情形洞悉。近年办理南洋交涉事宜，赞画机要，动中肯綮。臣深资臂助。现已遵旨北上预备召见。其才识品望久在圣明洞见之中。查该员年逾六旬，精力尚健，宣琴效用，正在此时，如蒙天恩优予擢用，俾得独当一面，展其素蕴，庶几于时局有所裨益。臣为及时用人起见，敬献刍荛，谨附片具陈，伏乞圣鉴训示。谨奏。①

从此片中，可以看出端方对劳氏的才能极为赞赏，因此端方称劳氏能"独当一面，展其素蕴，庶几于时局有所裨益"，向朝廷鼎力推荐。

据此，劳乃宣终于得到了朝廷的赏识，并开始逐步得到擢用。于是 66 岁的劳乃宣才获得了"两宫"召对的机会。

此后，其仕途一路走顺，继光绪三十年（1908）被任命四品京堂候补在宪政编查馆行走。宣统元年（1909）二月，为朝廷轮班撰拟经史国朝掌故、各国历史讲义等，劳氏负责宪法一门。翌年，"钦选资政院硕学通儒议员，理藩部奏派谘议官。六月，简授江宁提学使②。宪政编查馆奏请缓赴新任。"③ 于是，劳乃宣在是年资政院开会时参与新刑律的争论，提出修正案，成为"礼教派"的主要代表之一。

宣统三年（1911）二月，劳氏赴任江宁提学使，视学江北，二月二十日到达江宁省埠，二十七日，接印视事。④ 八月，即因资政院即开在即，卸任回京。"九月，资政院开会。十月简授京师大学堂总监督，十一月，兼署学部副大臣。"⑤ 69 岁时，劳氏被授予京师大学堂总监督兼署学部副大臣（一说代理大臣），官居正二品，达到了其官宦生涯的一个高峰，虽然任职高官时间极为短暂，但对劳氏一生的影响很大。

---

① 端方：《及时用人片》（光绪三十四年三月），《端忠敏公奏稿》（卷11，第35页a），沈云龙主编：《近代中国史料丛刊》第10辑（94），台北：文海出版社1967年，第1375页。

② "提学使司提学使，每省一员（江宁、江苏各设一员，照布政使管辖地方之例管理学务，吉林、黑龙江、新疆均各添置，秩正三品，在布政使之次，列按察使之前，总理全省学务，考核所属职员。"见刘子扬编著：《清代地方官制考》，北京：紫禁城出版社1988年，第433页。

③ 劳乃宣：《桐乡劳先生遗稿·韧叟自订年谱》，第18页。

④ 《兹奏劳乃宣授印日期由》，军机处录副光绪宣统奏折，卷号03－7453，档号03－7453－021，微缩号553—3443。

⑤ 劳乃宣：《桐乡劳先生遗稿·韧叟自订年谱》，第19页。

第三章　政　治　思　想

第一节　以"中体西用"为
指导的变法主张

由于遭受列强侵略及西方文化的冲击，近代中国面临着空前的民族危机和文化挑战，为了救亡图存，谋求独立、民主和富强，志士仁人为此不断提出各自的解决方案，各种社会思潮不断涌现，诸如经世思潮、洋务思潮、早期维新思潮、维新变法思潮、君主立宪思潮、革命民主思潮等。

劳乃宣身处其中，难以置身事外，因此也曾提出过自己的变法主张，以应对当时的变局。劳氏的变法主张是以"中体西用"为指导原则，大体上可分为三个阶段：一是洋务运动时期，尤其是同治十二年（1873）在畿辅通志局至光绪十年（1884）前后在津海关道周馥及盛宣怀幕府期间，劳氏的变法主张为"变器不变道"，"师乎古之变而变"①，不可不变，亦不可妄变；二是清末新政时期，其变法主张转变为实行君主立宪；三是民国建立后，劳氏仍然坚持"中体西用"的主张，鼓吹"道则从古从旧，器则从今从新"②，实则主张"民主之制不适于中国"，还政于清室。

一、洋务运动时期

洋务运动时期，劳乃宣写下了《变法论》、《谈瀛漫录》、《致朝鲜国王书（代北洋大臣李）》③ 等几篇文章，宣传变法。而有人认为《变法论》和《谈

---

① 劳乃宣：《谈瀛漫录》，《桐乡劳先生遗稿》卷1，第13页。
② 同上书，第27页。
③ 劳乃宣：《桐乡劳先生遗稿》卷1，第6—13页；卷4，第41—43页。

瀛漫录》这两篇文章的写作时间为光绪五年（1879）后或光绪五年至二十六年（1879—1900）间，以"抵制资产阶级改良主义思潮"①，显然是不够准确而又过于宽泛。笔者认为劳氏的这几篇文章，可以结合其内容及与时代之关系，考证其写作时间。

《变法论》、《谈瀛漫录》两篇文章被编入《桐乡劳先生遗稿》卷1，一般而言，意味着反映了劳氏较为重要的或早期的政治见解。《变法论》排在《谈瀛漫录》之前，因为写作时间未有注明，故不易判断其必然著于《谈瀛漫录》之前②。而《谈瀛漫录》的写作时间则有线索可寻，劳氏曰：

> 甲戌（1874）之岁，日本构衅于台湾。事既定，朝廷惩毖深远，加意海防，诏疆吏建言。廷臣集议一时，名公巨卿各摅闳论，建白既多，不无异同。而士大夫之论说遂言人人殊。余庸人也，又贱士也，何敢与知大政，而一二同人相与讲习，偶及兹事，辄不能已。于言随笔录之，借以自考其识力之所至，非敢拟乡校之论执政。聊以比海客之谈瀛洲云尔。③

"甲戌之岁"的事件是指同治十三年三月二十二日（1874年5月7日），日本军队在台湾琅峤登岸，侵略台湾，战争持续数月，后经英国等调停，于九月二十二日（10月31日）中日双方签订《中日台湾专约》，中国承认日本行为正常，日军退出台湾，赔款75万元（50万两）④，这是所谓"事既定"。而"朝廷惩毖深远，加意海防，诏疆吏建言"，即在此后的九月二十七日（11月5日），"命李鸿章等于总理衙门条奏海防、练兵、简器、造船、筹饷、用人、持久诸事，详议以闻。"⑤此后丁日昌、李鸿章等大臣议论海防。因此可以推

---

① 魏桥主编：《浙江省人物志》，杭州：浙江人民出版社2005年，第242页；朱宗震：《劳乃宣》，宗志文、朱信泉主编：《民国人物传》（第3卷），北京：中华书局1981年，第391—394页；李福友：《阳信名人劳乃宣》，《春秋》2003年第3期。

② 劳乃宣：《变法论》，《桐乡劳先生遗稿》卷1，第6—8页。按照常规，《变法论》可能写于《谈瀛漫录》之前，但从内容上看，有可能在其后，具体到年份，则不易判断。

③ 劳乃宣：《谈瀛漫录》，《桐乡劳先生遗稿》卷1，第9页。

④ 郭廷以编著：《近代中国史事日志》，北京：中华书局1987年，第585—593页。

⑤ 同上书，第593页。

断《谈瀛漫录》的写作时间大约在 19 世纪 70 年代中期（1875 年前后）。

再从劳乃宣本身的情况分析，此时正逢劳乃宣被李鸿章聘入畿辅通志局的时期。同治十二年至光绪五年（1873—1879）劳氏入志局，襄助黄彭年纂修通志，得以结识众多才俊，议论时政，有感而发，诉诸笔端，故而有此篇文章的问世。在《谈瀛漫录》中劳氏对中外大势及中国周边环境有着清醒的认识，分析了"西洋之势变矣"、"东洋之势变矣"，并提出了"通商之国于中国如吴楚之于齐晋卫诸邦，有中外之殊而无君臣之分者也"[①] 的主张。但是劳氏不同意当时的"千古未有之创局"、"非一洗拘墟之疾，大变古法，改弦而更张之，不足以救时而济变"[②] 的说法，他认为"自有生民以来，无日非创局也。岂特今日而然哉！揖让易而为征诛，封建易而为郡县；创也；穴居易而为宫室，结绳易而为书契，亦创也。然自君子观之，则不以为创，而以为因。盖征诛者，因揖让之穷而变焉者也；郡县者因封建之弊而更焉者也；宫室书契者因穴居结绳质而精焉者也。创者其迹而因者其理，故圣王之治天下也，恒有不变之道，不震于创之迹而迁焉。今号于天下曰创，则拘者固执旧说而动色以争；其肆者，敢于非古变乱先王之道而无所惮，大惑之论也。今夫天下岂有所谓创哉？……风气之日开，若有所迫而不容已以为创，则古今皆创以为因，则古今皆因古有是创，则今之创亦因矣。知其非创则处之之道，自有古人之成法在，按用此纷纷为哉！"[③] 最终劳氏提出了其自强、变法的主张："自强尚可须臾缓乎"；"变法亦古之所有也。师乎古之变而变，则变不离其宗；不师古而妄变，将荡然不知其极矣"。[④] 这时尚在洋务运动前期，劳氏此时的"变法"无疑是一种进步的主张（可与李鸿章、薛福成、王韬的主张算作一类[⑤]），为引进西学打开了一个缺口，接近于"中体西用"的观点，尚谈不上"抵制改良主义思潮"。所以上述将劳乃宣的《谈瀛漫录》这篇文章完成于光绪五年（1879）以后之说法是不符合实际的，因而对其评价就会出现偏颇。

《致朝鲜国王书》（是劳乃宣代北洋大臣李鸿章所撰，标题有说明）开始

---

① 劳乃宣：《谈瀛漫录》，《桐乡劳先生遗稿》卷 1，第 10—11 页。
② 同上书，第 11—12 页。
③ 同上书，第 12 页。
④ 同上书，第 11、13 页。
⑤ 王尔敏：《十九世纪中国士大夫对中西关系之理解及衍生之新观念》，《中国近代思想史论》，北京：社会科学文献出版社 2003 年，第 18 页。

部分点明了该函写作的大致时间："朝鲜大王殿下，鸿章辜积厥躬，丁先妣大故，匍匐而归。旋以贵国六月之变，奉诏起复督师，朝命严迫，不敢坚辞。"这里涉及相关的两件事：一是李鸿章丁母忧归来。光绪壬午八年（1882）四月十四日，李鸿章丁母忧，由天津启程赴武昌。两广总督张树声暂署直隶总督。照例李氏应该丁忧三年，但"因李鸿章久任畿疆，事繁责重"，命其"穿孝百日后即回署任"。① 七月二十七日，李鸿章假满返津，署理通商大臣（北洋大臣），实际上已经开始执行公务②。二是"贵国六月之变"，指朝鲜"壬午兵变"。正如朝鲜国王自己所言："本年六月初十，本邦军卒之变，前已居咨转奏，而盖伊日事状变出不意，乱军一时赑变，直犯官掖之内，猝无堂陛之分，里外莫救，上下相失。"③ 正是因为六月朝鲜出现了"壬午兵变"，清廷才多次下旨，催促李鸿章百日假满后，即回津办理相关事宜。李鸿章"百日假满"回津的日期，大致可以判断由劳氏代为拟写的《致朝鲜国王书》之时间，即于李鸿章光绪八年（1882）七月二十七日回津后不久。而此时，劳乃宣正也因丁母忧，入津海关道幕④，津海关道是北洋属内一个重要部门，直接对北洋大臣负责，因此也就有了劳乃宣为李鸿章办理文案的可能，具体时间为光绪八年十二月初二（1883 年 1 月 10 日）。⑤

而劳氏代拟《致朝鲜国王书》主要是谈朝鲜治理的大政方针，提出"内政本也，外交末也"的主张及"任贤"、"理财"、"革弊"、"变法"四项举措，是一封较为重要的函稿。该函应是劳氏奉李鸿章之意起草的，但其中也反映了劳氏对中国和朝鲜政局的思考，故收录于《桐乡劳先生遗稿》中。从发信对象而言，劳乃宣提出变法是有针对性的，即是针对朝鲜来说的，实际上，也反映了劳氏对中国变法的思考。

如在谈到"变法"一项时，他提出："国家法制，传自先世，不可轻言变

---

① 顾廷龙、戴逸主编：《李鸿章全集》第 10 册（奏议十），附《光绪八年三月二十四日上谕》，合肥：安徽教育出版社 2008 年，第 69 页。

② 顾廷龙、戴逸主编：《李鸿章全集》第 10 册（奏议十），G8－07－003，《谢署通商大臣折》（光绪八年七月二十七日），合肥：安徽教育出版社 2008 年，第 76 页。又参见郭廷以编著：《近代中国史事日志》，北京：中华书局 1987 年，第 694、699、713—714、755 页。

③ 顾廷龙、戴逸主编：《李鸿章全集》第 10 册（奏议十），G8－08－011，附《朝鲜国王咨文二件》，合肥：安徽教育出版社 2008 年，第 92 页。

④ 劳乃宣：《桐乡劳先生遗稿·韧叟自订年谱》，第 9 页。

⑤ 详见第 98 页注释②。

也。然法久必弊，不变无以通其穷。贵邦尚门地（第）、重科目，法之传自先世者也。而至于今日，其流弊盖不可胜言。门地（第）之弊，贵胄虽无才识，亦可坐致通显；寒门纵负殊尤，终难冀望清要。朝有幸位，野有遗贤，人才颓废，国势从之。今秋有用人不限贵贱、惟才是举之谕，殿下已有意变通矣。然数百年之风气，积重难返，非一纸文告所能挽回，更望见诸实事，旁求侧陋，显于超擢，以示趋向。法律中分别门阀之条失之过当者，量更之。务人人有自靖自献之路，则贤才辈出，国势自振矣。科目之弊，所习非所用，空文无补，而风尚所在，人争趋之，一旦废罢，势必不能计。惟有仍其法而变其实，去其文藻之浮辞，易以经世之实学，则科目未尝不得人。"[1] 在四项措施中，前三项主要是针对朝鲜的具体问题的，而其第四项"变法"之措施则更具有长远的意义。"国家法制，传自先世，不可轻言变也。然法久必弊，不变无以通其穷"，以及改变"尚门地（第）、重科目"等弊端，既适用于朝鲜，也适用于中国；"此外当变之法尚多，在殿下因时制宜而已。以上所论皆内政也。或谓今日之势，外交为急，不知内政本也，外交末也。斥外交者，非也；专重外交而轻视内政者，亦非也。政事修明，人心固结，不为邻国所轻，外交乃能益固"。[2] 这些主张既适用于朝鲜，也基本上适用于中国。

在 19 世纪 70 年代开始出现的中国资产阶级早期维新思想，到 80 至 90 年代发展为一股有重大影响的社会思潮——早期维新思潮和维新变法思潮。劳乃宣的同乡汤震、宋恕、陈虬、汪康年[3]等都是著名的维新思想家。他们在 80 至 90 年代著书立说，指陈时弊，呼吁变法，提出了许多具体的变法主张。其中除了与国内其他维新思想家相同或相似的主张以外，还有不少独特的、有鲜明个性的变法思想和主张，大大丰富了早期维新思想的内涵。如汤震的《危言》是比较全面、系统论述各项变法思想和主张的重要著作。《危言》"初刊于 1890 年（光绪十六年），计 4 卷 40 篇，1895 年再刊时，去掉 1 篇，另增 11

---

① 劳乃宣：《致朝鲜国王书》，《桐乡劳先生遗稿》卷 4，第 42 页。

② 同上书，第 43 页。

③ 关于汤震、宋恕、陈虬、陈黻宸、汪康年等介绍可参见赵世培、郑云山著：《浙江通史》清代卷中，杭州：浙江人民出版社 2005 年，第 327—332 页。汤震（1856—1917），后改名寿潜，字蛰仙（一作蛰先），山阴县天乐乡（今杭州市萧山区进化镇）人。宋恕（1862—1910），原名存礼，字燕生，后改名恕，晚年又改名衡，号六斋，平阳人。陈虬（1851—1904），原名国珍，字志三，号蛰庐，瑞安人。陈黻宸（1859—1917），字介石，后改名芾，瑞安人。汪康年（1860—1911），字穰卿，杭州人。

篇，成为 50 篇，并对 1890 年刊本其他各篇有所修改……其最要者则有以下几点。第一，迁都长安（今西安），并借此刷新政治。第二，精简机构，裁汰冗员。第三，改科举，兴教育，育人才。第四，设议院，广言路。第五，改革现行厘金、盐捐、钱粮、关税等的征收办法。第六，发展经济，提倡商业。第七，移风易俗，改良社会。第八，强调独立自主，自振自强等。"① 可以说其关于变法的思想涉及改革的方方面面。

劳乃宣与上述浙籍维新思想家相比，年龄虽长他们 8 至 20 岁不等，但在维新变法思想方面的建树却逊色得多，甚至没有留下重要影响的系统论著②。

下面结合上述几篇文章，总结劳氏在"洋务运动"中的变法主张为：以中国古代历史上的儒家思想——"天不变，道亦不变"和"穷则变，变则通"为其变法的理论根据，提出了"有不可不变者"、"有不可妄变者"、"以道为本，以时为衡"③ 的观点，即初步提出了"中体西用"的变法主张。

首先，劳氏论证了变法的必要性，即"有不可不变者"。他认为："今天下事变亟矣！国家多故，风俗陵夷，官无善政，士无实学，刑不足以止奸，兵不足以御侮。而数万里十数国之强敌，环逼而虎视，创闻创见之事，月异而岁不同。当今之时，犹拘拘于成法，以治之鲜有不败矣。则法之不得不变者，势也。"④ 他还分析了清朝立国二百余年形成的积弊："当其初综核名实，条理秩然，原足以整齐一切。而行之既久，积弊日深，尚功之弊，论成败不论是非，但期事之有成，而不问义之和否？但计目前之利而不顾日后之害，于是天下之人相习而为苟。尚文之弊，务文貌而不务事实。虽忠信之人，一朝入官，亦不得不巧为避就，以文过而饰非，而朝野上下，皆视为固然而莫之怪。于是天下之人相习而为伪。苟与伪合，而人心风俗不可问矣。此而不为变计，其患将安穷哉？"⑤ 因此他主张必须进行变法。

其次，他提出具体的"变法"措施。在选官用人方面，他提出了"裁冗

---

① 赵世培、郑云山著：《浙江通史》清代卷中，杭州：浙江人民出版社 2005 年，第 332—341 页。
② 劳氏在清苑县署理知县，高效地完成了畿辅大学堂的创办任务，表明了他的实干精神，但仍无法总结其对戊戌维新的系统主张。此外，劳乃宣曾大力主张购买《时务报》，表明了其乐知"新学"的态度。具体内容见附录一896 年的补遗部分。
③ 劳乃宣：《变法论》，《桐乡劳先生遗稿》卷1，第 8 页。
④ 同上书，第 6 页。
⑤ 同上。

员，停捐纳，慎保举，京官与外官出入互用，满员与汉员进用同资"①的主张。在教育方面则"变取士之法则自翰苑至学校罢试帖小楷之陋，立经义治事之斋，讲求道德经济之大，兼习制器尚象之能。科目之外，别设特科以待奇士"②。在国防及经济等建设方面，针对"天下之势有日通，无日塞，彼足迹至中国矣，虽圣王复出而不能遏之使不至"③的局面，提出了在对外交往中要实行"和与防并行不悖"，"以攻为防之用，以防为和之辅"的海防观，批评了诸大臣"皆详于守而略于攻"、"守己不易，攻不更难乎"的观点。④还主张"并营讯、广屯田、习机器、制船械，立寓兵于商之制。使中国水师护华商于国外，观战阵于列邦。其他开铁路、设电线之类，则随时变更不拘一辙"。⑤他坚信只要本着"去伪而戒苟，持之以坚，需之以久"的方针，就会改变"偷薄因循"的社会恶习，从而达到"物耻足以振，国耻足以兴"的目的。

再次，为了保持社会的稳定和持续发展，劳乃宣提出"不可妄变"的变法主张，认为"国家法制，传自先世，不可轻言变也。然法久必弊，不变无以通其穷"⑥。一代政制"开创之变法易，中叶之变法难。汉高祖变秦法而天下悦，荆公变宋法而海内怨"，原因在于"道之不同亦所处之时然也"。⑦他明确指出清朝祖宗之法制定二百余年以来，随着社会形势的发展，尽管积弊丛生，但由于"大经大法昭垂百世"，所以在变法中，不能完全改变。他认为"欲举一世之法而悉变之"的主张，用意虽好，但过于偏激，造成的危害甚至会比保持原法更大。他批评这些人"其意未尝不善，而偏激不衷之害，有甚于不变者。今夫法之立也，本乎道而因乎时，非心通乎道之大原，胸罗乎时之全局者，不足以言变。不知道者，其虑浅；震乎时局之创，遂欲尽破古人之成规，善乎异国之政，遂予尽易中原之旧俗，而不知以旧防为无用而去之者，必有水患。强南人以乘马，北人以乘舟者，必有颠溺之虞。不知时者，其识偏，欲以一时之力尽矫天下之失，而不知风气当以渐开，欲以一己之见，尽废众人

---

① 劳乃宣：《变法论》，《桐乡劳先生遗稿》卷1，第7页。
② 同上书，第7页。
③ 劳乃宣：《谈瀛漫录》，《桐乡劳先生遗稿》卷1，第9页。
④ 同上书，第9、10页。
⑤ 劳乃宣：《变法论》，《桐乡劳先生遗稿》卷1，第7页。
⑥ 劳乃宣：《致朝鲜国王书》，《桐乡劳先生遗稿》卷4，第42页。
⑦ 劳乃宣：《变法论》，《桐乡劳先生遗稿》卷1，第7页。

之论，而不知人情之不能尽拂"①。最后，他郑重提出"变法必以道为本，以时为衡"，"新学在所必兴，而不可因而废儒术之旧"②，及"其变之也，必本之六经，稽之史册，依乎先王之道；而酌乎人情之宜行之，以渐范之，以中庶乎，可久可大，而不蹈日本之辙。若震乎创局之说，率意更张。吾恐拘墟之习虽除，其患将有出于拘墟之外者也"③。等等。

最后，在变法与用人的关系上，劳乃宣与中国传统的思想家见识相同，强调人是变法之本。认为"执不变之道，以驭乎万变之法者，人也。得其人则法变而道益昌，不得其人，虽尧舜之道、周公之法有不能以自行者矣。则用人，其又变法之本乎"④。有鉴于此，他主张在中国要中、西学结合以培养变法人才。

总之，此一时期，劳乃宣的变法是"变器不变道"，其"不可不变，不可妄变"等主张，尽管表述不同，却初步包含了"中体西用"的主张。劳氏循序渐进的变法观，相对于倭仁、徐桐等守旧派而言，还是有一定的进步性。

二、清末新政时期

在清末新政时期，劳氏仍以"中体西用"为指导，但具体的变法主张有所转变。他主张变革政体，实行君主立宪和地方自治，提高"乡民"的文化素质，以便使他们有效地参与地方选举活动。"庚子事件"之后，清廷面临严重的危机，不得不下谕旨⑤实行"新政"，由此"清末新政"得以广泛地展开。在社会各界的压力之下，光绪三十二年（1906），清廷不得不下发了"预备仿行宪政"的谕旨，其中宣布了君主立宪的原则是"大权统于朝廷，庶政公诸舆论，以立国家万年有道之基"⑥。劳氏坚定地支持这一主张，他进京受召见后，曾对醇亲王曰："所谓民权乃云之权，非行之权；前奉上谕大权必操于朝

---

① 劳乃宣：《变法论》，《桐乡劳先生遗稿》卷1，第7—8页。
② 同上书，第8页。
③ 劳乃宣：《谈瀛漫录》，《桐乡劳先生遗稿》卷1，第13页。
④ 劳乃宣：《变法论》，《桐乡劳先生遗稿》卷1，第8页。
⑤ 朱寿朋编：《光绪朝东华录》（四），北京：中华书局1958年，第4602页。
⑥ 《宣布预备立宪先行厘定官制谕》光绪三十二年七月十三日（1906年9月1日），故宫博物院明清档案部：《清末筹备立宪档案史料》上册，北京：中华书局1979年，第44页。又见朱寿朋编：《光绪朝东华录》（光绪三十二年七月），北京：中华书局1958年，总5563页。

廷，庶政公诸舆论等等，即云之也。各国皆有上下议院，议亦云也。中国自古有明目达聪，询于庶人之说，无不求民之者，断不虑有损上权；但须出之以慎耳。"①从中可以看出劳氏对清廷"预备立宪"的支持。

为了预备立宪，清廷提出"目前规制未备，民智未开"，"必从官制入手，亟应先将官制分别议定，次第更张，并将各项法律，详慎厘定，而又广兴教育，清理财政，整顿武备，普设巡警，使绅民明悉国政，以预备立宪基础"。②这固然是清政府借此巩固皇权和反对革命及拖延实行宪政的一种借口，但当时要实施君主立宪确实存在着公民素质低下等问题。为了尽早实现立宪，劳乃宣提出了推广简字、普及教育，以为实施君主立宪之始基。劳氏在《进呈简字谱录摺》中提出："立宪之国，必识字者乃得为公民。中国乡民有阖村无一人识字者，或有一二识字之人，适为其村败类，而良民转不识字。倘比里连乡无一人能及公民资格，何以为立宪之始基乎？"③在比较和分析了国内外识字难易的基础上，劳氏接着提出："是故今日欲救中国，非教育普及不可；欲教育普及，非有易识之字不可；欲为易识之字，非用拼音之法不可。"④宣统元年（1909），在《请于简易识字学塾内附设简字一科并变通地方自治选民资格摺》中，劳氏再次提出："此普及教育、地方自治所以为筹备立宪中至要之端也。"⑤他提出的具体办法就是："窃谓此项简字易识易解，允堪为汉文之补助，教育之阶梯。若于简易识字学塾内附此一科，并令能识此简字者一体准为自治选民，实足为变通补救之道。拟请敕下民政部、学部会同核议，比照简易识字课本，先在京师地方教授数月，办法将臣前奏所呈《简字谱录》，亦先在京师地方试行教授数月。如果易识易解，确有成效，即由学部复加考核，勒为定本进呈，恭候钦定，颁行天下，令各省凡设立简易识字学塾之处，皆附设简字一科。除能识汉字者，仍以学部所编三种课本，分别教授汉字外，其极贫无力入塾一年之幼童，及年已老大、从未识字、记性不足认千余汉字之人，皆令

①　劳乃宣：《劳京堂致端午帅书摘录（论国会事）》，《北京大学图书馆馆藏稿本丛书》（9）《劳乃宣公牍手稿》，天津古籍出版社1987年，第146页。
②　朱寿朋编：《光绪朝东华录》（光绪三十二年七月），北京：中华书局1958年，总5563—5564页。
③　劳乃宣：《进呈简字谱录摺》，《桐乡劳先生遗稿》卷4，第1页。
④　同上。
⑤　劳乃宣：《请于简易识字学塾内附设简字一科并变通地方自治选民资格摺》，《桐乡劳先生遗稿》卷4，第5页。

识此简字，每星期酌加简字功课一二小时，一年毕业已绰然有余。仍由民政部通行各省将地方自治选民资格，略加变通，凡不识汉字者而能识简字之人，一体得为选民。此字传习极易，毕业之后，即可传授于人。以一人授五十人计之，一传而五十人，再传而二千五百人，三传而十二万五千人，四传而六百二十五万人。一邑人口至多不过百万，不待四传即可遍及。若每一州县学塾内附入一班，毕业之后即令分赴各乡镇相传授，以强迫之力行之，不待两年，可使天下各州县阖境之人无不识字，而人生当明之伦理、应用之知识，亦皆无不通晓。其时地方自治选民资格到处皆易于得人，全国自治自可依限成立，不虑愆期。而民智之开，日有进步，九年期界宪政实行，亿兆同心，共图治道，有不蒸蒸日上，与东西立宪诸邦齐驱并驾者哉！"①此可见劳氏对于推广简字、普及教育及推行宪政之乐观态度，最后，劳氏曰："臣前于本月初四、十一等日进呈讲义，曾将文字简易为立宪要图敷陈梗概，复思现在情形，简易识字办法与自治选民资格办理尚有窒碍，辄敢不揣冒昧，遵照准其剀切胪陈妥筹善法之旨，酌拟就事变通、因时补救之法，勉摅芹曝之忠，藉效刍荛之献，仰祈圣明垂察，俯赐敕下民政部、学部会议复奏，请旨施行。国民幸甚，宪政幸甚。"②这又可知劳氏为切实预备立宪之殚精竭虑。

清廷在预备立宪的过程中，需要做的事情千头万绪，设立资政院（议院之前身）是其中一项重要的制度建设。劳氏于《奏请设禁中顾问官摺》中曰："我于议院未设以前，亦先设资政院以为议院之预备"③。这虽然是为端方所拟的奏折，也基本上反映劳氏的政见。宣统二年（1910），劳乃宣被钦选为"资政院硕学通儒议员"④。是年九月，资政院开会，表决新刑律的修正案时，劳乃宣极力维护礼教之传统，可谓在"议员"任上发挥了"不小"的作用。

总之，在清末新政时期，劳乃宣的变法主张有了较大的改变。他是一个较为坚定的君主立宪主张的践行者，提出一系列举措，以确保君主立宪主张最终得以实现，最终随着武昌起义及清王朝的覆亡，君主立宪的设想和初步实践被民主共和政体所取代。

---

① 劳乃宣：《请于简易识字学塾内附设简字一科并变通地方自治选民资格摺》，《桐乡劳先生遗稿》卷4，第8—9页。
② 同上书，第10页。
③ 劳乃宣：《奏请设禁中顾问官摺（代）》，《桐乡劳先生遗稿》卷4，第14页。
④ 劳乃宣：《桐乡劳先生遗稿·韧叟自订年谱》，第18页。

三、民国建立以后

民国建立以后，劳乃宣著有《论古今新旧》①，提出"道则从古从旧，器则从今从新"②的观点，进一步论证了其"中体西用"的变法观。他从"古今新旧"的角度，论述了自己的道、器观，"有古而后有今，今者古之嬗也。有今而后有古，古者今之积也。古胜于今乎？今胜于古乎？《易》曰：行而上者谓之道，形而下者谓之器。道则古胜于今，器则今胜于古。"③

为了论证"道则古胜于今"的观点，劳氏引经据典：

> 《传》曰：天命之谓性，率性之谓道，修道之谓教。人人受性道于天而有能尽乎其全？造乎其极者为圣人。天必命之以君师之位，以垂教于天下后世。伏羲、神农、黄帝、尧、舜、禹、汤、文、武、周公、孔子皆其选也。前圣既造其极，后圣即无以加之，故后圣必宗前圣之道，以孔子之至圣，而祖述尧舜，宪章文武，不能轶尧舜文武而上之。宰我曰：以予观于夫子，贤于尧舜远矣。先儒谓指事功而言，语圣则不异以道之有所极也。是以历代论道者，莫不以古人为师。所谓必则古昔称先王是也。孔子曰：殷因于夏礼，所损益可知也；周因于殷礼，所损益可知也；其或继周者，虽百世可知也。马氏曰：所因谓三纲五常，所损益谓文质三统，此指孔子时而言也。孔子之后，以迄于今又二千余年矣，其制度文为之损益，百变而不穷，更有出于文质三统之外者，而三纲五常则奕代率由，永行古道不得稍有变更。偶有违乎古，其祸立见。道之古胜于今，不确然有可凭哉。④

因此劳氏最后的结论为："是以历代论道者莫不以古人为师"。

关于"器则今胜于古"，劳氏从古今器物的变化加以论证：

---

① 劳乃宣：《论古今新旧》，《桐乡劳先生遗稿》卷1，第26—29页。其中第27页曰："不数年而三纲沦九法斁，纪纲法度荡然无存。一夫振臂，天下土崩而国竟亡矣。喜新之害，又如此。"可知，该文著于民国建立以后。
② 同上书，第27页。
③ 同上书，第26页。
④ 同上。

至于器则不然。饮血茹毛易之脍炙，穴居野处易之栋宇，污尊而抔饮、蒉桴而土鼓易之以笾豆鼎俎、钟磬笙簧，中古之胜于上古也。席地易之以几案，弓矢易之以火器，漆书竹简易之以纸墨卷轴又易之以刊板印本，近代胜于中古也。迨至今日，火轮舟车，机器纺织，无烟机关之枪，潜水飞空之艇，电机通万里之遥，远镜测九天之表，声光化电之学，日进而日精，以比前人直若五都之市鄙视乎穷乡，七尺之夫渺视乎稚子，其胜于近代也，又不可以道里计矣。诚以物质有形之文化，积时益久而经验益多，阅人益重而考察益邃，后之必愈于前，有不得不然之势。此器之今胜于古，所以为人所共见而无可疑也。①

因此劳氏认为："使孔子而生于今世时，其周游列国也，必乘轮船、火车，断不仍一车两马之逶迟；其删定六经也，必用笔砚纸墨，断不仍漆笔简编之笨重"，但"其讲道论德，祖述者必仍在尧、舜，宪章者必仍在文、武，断不以后世怪诞偏畸之新说，权谋术数之末流，少易其雅言之素"。② 这就是劳氏变器不变道的思想。

劳氏还论证了新、旧的适用范围："《书》曰：人惟求旧；器非求旧，惟新。人之贵乎旧者，以道以旧者为高也。器之贵乎新者，以器以新者为善也。乃偏于守旧者，惟旧之是尚。凡新者皆嫉之如虺蜴。偏于喜新者，惟新之是从，凡旧者皆轻之如弁髦，则惑之甚矣。"③

具体而言，劳乃宣还对晚清变法中"偏于旧者"和"偏于新者"提出了批评。他首先批评"偏于旧者"曰："同治初，总理衙门议设同文馆讲求新学，倭文端公极辞抗议，一时守旧之徒，群起附合，以新学为诟病。而有志之士，亦劫于众论，瞻顾而不敢涉足，故馆虽设而不能得人才。光绪间，朝廷议变新法，以宫廷变故而中辍。当时用事如徐、刚诸公，不求其端，不讯其末，苟涉乎新者，一切罢之。驯至酿成义和拳之大乱，国几于亡。偏于守旧之害，

---

① 劳乃宣：《论古今新旧》，《桐乡劳先生遗稿》卷1，第26—27页。
② 同上书，第28页。
③ 同上书，第27页。

既如彼矣。"① 劳氏对此的批评有一定道理。

针对"偏于新说"者，他指出："乃庚子之后，一变而群趋乎新。醉心欧化，貌袭文明，而千圣百王之大义，四子六经之微言，皆弃之如遗，不稍措意。练兵则有西人之利器，而无爱国之至意，有东邻之步伐，而无其武士之精神。而所谓壮者，以暇日修其孝悌忠信，入以事其父兄，出以事其长上，未有仁而遗其亲者，未有义而后其君者，非但毫不讲求，且与之相背而驰。修律而专主平等自由，尊卑之分、长幼之伦、男女之别一扫而空，不数年而三纲沦、九法斁，纲纪法度荡然无存。一夫振臂，天下土崩，而国竟亡矣。喜新之害，又如此。"② 由此，劳乃宣认为，新学是国家富强的动力，道德则又是新学的根本。"农之利出于地，有新学而后地之物产丰。工商之利出于人，有新学而后人之艺术精、运输捷，此富之有待于新学也；军械之制因格致之学而日精，战阵之法又因军械之精而日进，此强之所有待于新学也。然而无旧道以持之，则农之主与佃不能以恩义相结，工商之东与伙不能以诚相孚，将相欺相诈、相倾相夺，虽有至新之学，亦有害而无利也。""将帅无忠君爱国之志，士卒无亲上死长之心，纵甲兵坚利，训练精良，大敌猝临，非委而去之，则倒戈相向耳，国家又何此强兵乎？此吾国之近日曾见之事，非空言也"③。劳乃宣从现实的教训认识到变法必须以道即三纲五常为依托，在他看来，这才是国家富强的根本。

最后，劳氏又发挥博通中外历史的擅长，从中外对比的角度，进一步论证"道则从古从旧，器则从今从新"主张之正确："吾此说皆就吾国历史之所具、吾生身世之所经言之，固皆信而有征者也。若欧美诸邦，其情事何如则不敢妄断，然形而下之器，今固日新而月异矣。而窃见其语道德，必祖耶稣；语哲学，必本希腊；语法律，必溯罗马。是形而上之道，仍以古为重也。然则道之从古从旧，器之从今从新，固横览五洲所莫能外也，窃愿与世之博通今古者共证之。"④ 民国以后，劳氏以"古今新旧"为视角，提出"道则从古从新，器则从今从新"的主张，是清末劳氏"中体西用"变法论的继续发展，表现了

---

① 劳乃宣：《论古今新旧》，《桐乡劳先生遗稿》卷1，第27页。
② 同上书，第27页。
③ 同上书，第28—29页。
④ 同上书，第29页。

其保守性。其目的是为了维护纲常名教，为论证其"民主之制不适于中国"、"还政于清室"寻找理论根据。因此亦可说，劳乃宣是继曾国藩、张之洞等人之后坚持"中体西用"论的又一个主要代表人物之一。

第二节　鼓吹"义和拳乃白莲教之支流"说

义和团运动是中国近代史上一次伟大的反帝爱国运动，"1900 年的义和团运动正是中国人民顽强地反抗帝国主义侵略的表现。他们的英勇斗争是五十年后中国人民伟大胜利的奠基之一。"[①] 同时，由于自身的复杂性，义和拳（团）[②] 又是一个备受争议的事件，由于阶级、时代等视角的不同，对其褒贬一直没有停止过，对义和团源流的研究也有不同的说法[③]，但"义和团组织的'多源论'已经或正在被大多数研究者所认同"[④]。劳乃宣对义和团运动的态度是一贯而鲜明的，认为"义和拳乃白莲教之支流"、"其实为邪教、乱民"。[⑤]

清末义和团运动高涨，很快引起了吴桥县知县劳乃宣的高度关注。劳氏于光绪二十五年（1899）九月撰成《义和拳教门源流考》，十月刊发，力言义和拳"乃白莲教之支流"，并出示严加查禁。[⑥] 由此，劳氏成为最早研究义和拳源流的代表人物之一。

一、"义和拳乃白莲教之支流"说的提出及其论证

在《义和团教门源流考》一文中，劳氏明确提出："义和拳一门，乃

---

① 周恩来：《在北京各界欢迎德意志民主共和国政府代表团大会上的讲话》，《人民日报》1955年 12 月 12 日。

② 本文所用义和拳除另作说明外，即指 19 世纪末的义和团。

③ 如源起于白莲教、八卦教、祖师会、秘密宗教与秘密社会的结合、众拳会、结社的混合等，见路遥编：《义和团运动》，成都：巴蜀书社 1985 年，第 42—61 页。

④ 程歗：《义和团起源研究的回顾与随想》，中国义和团研究会编：《义和团研究一百年》，济南：齐鲁书社 2000 年，第 85 页。

⑤ 劳乃宣：《义和拳教门源流考》，《桐乡劳先生遗稿·拳案三种》，第 6 页。

⑥ 劳乃宣：《禀刊发义和拳教门源流考并刊印告示呈请立案由》，《拳案杂存》卷中，《桐乡劳先生遗稿·拳案三种》，第 4—5 页。又见中国史学会编：《义和团》（四），上海：上海人民出版社 2000 年，第 462—463 页；李文海等编著：《义和团运动史事要录》，济南：齐鲁书社 1986 年，第 56 页。

白莲教之支流。其教以练习拳棒为由，托言神灵附体，讲道拳棒；诡称念诵咒语，能御枪炮。有祖师、大师兄、二师兄等名目，其为邪教，形迹显然。那文毅公疏中考明其为离卦教之子孙徒党……此义和拳实为邪教之确切证据也。"① 之后劳氏在本县告示中反复申明："而义和拳一门，有降神念咒等情，实系邪教，与寻常练习武艺者，迥不不同。"（九月二十三日）"前来河郡查拿义和拳邪教匪类，严行惩办。"（十一月十一日）"义和拳本系白莲教遗孽……是义和拳之为邪教匪类，不容于尧舜之世。"（光绪二十六年二月二十五日）② 此外，他还在其他场合屡屡述说："义和拳之并非义民，实系邪教，乃大白于天下矣。"（光绪二十六年二月）③ "义和拳一教，为白莲教之支流，其源出于八卦教之离卦教。""刻《义和拳教门源流考》一编，证其为白莲教遗孽"④，等等，不一而足。

林华国提出："实际上，劳乃宣的《源流考》乃是政治宣传品，并不符合考证的要求。《源流考》所依据的史料不过两条，一为嘉庆十三年上谕，一为嘉庆二十年直隶总督那彦成奏疏。嘉庆上谕只是把义和拳与顺道会、虎尾鞭、八卦教等并称为'匪徒'，并未提及义和拳与白莲教有何关系。那彦成奏折提到'义和门教'、'义和拳棒'、'义和门离卦教'等就是义和拳，但却拿不出任何证据。至于嘉庆时的'义和门'与19世纪末的'义和拳'是否有组织上的渊源关系，劳乃宣也未作任何考证。《源流考》当时之所以得到裕禄、袁世凯等一大批人的认可，并不是因为它言之有据，而是因为它符合严禁派的需要。及至这种说法广泛流行之后，很多人也就采取人云亦云的态度，而不去追究其是否确有根据。"⑤ 林氏的论断和分析有一定道理，但有的论断还需要进一步分析。笔者认为有两点需要进一步论证：一是劳乃宣是否进行了考证，是如何考证的。二是《源流考》在当时是否得到了裕禄、袁世凯等一大批人的认可。

---

① 劳乃宣：《义和拳教门源流考》，《桐乡劳先生遗稿·拳案三种》，第6页。又见中国史学会编：《义和团》（四），上海：上海人民出版社2000年，第438页。

② 劳乃宣辑：《奉禁义和拳汇录》，《桐乡劳先生遗稿·拳案三种》，第8、9—10页。

③ 劳乃宣：《奉禁义和拳汇录》跋，《桐乡劳先生遗稿·拳案三种》，第1页。该文又见中国史学会编：《义和团》（四），上海：上海人民出版社2000年，第486—490页（下同，不再注）。

④ 劳乃宣：《禀酌拟查义和拳教案变通办法请核示由》，《拳案杂存》卷中，《桐乡劳先生遗稿·拳案三种》，第6页；劳乃宣：《拳案杂存》序，《桐乡劳先生遗稿·拳案三种》，第1页。

⑤ 林华国：《历史的真相——义和团运动的史实及其再认识》（《义和团史事考》修订本），天津：天津古籍出版社2002年，第44—45页。而林氏《义和团史事考》为北京大学出版社1993年出版。

劳氏的韧劲在论证义和拳源流中亦得到了极好的发挥。他从两个方面对自己的观点进行了论证：一是从历史资源里寻找所谓"理论支撑"，二是从现实中寻找事例支撑；而且他还针对各种质疑，从各个方面维护自己的观点。

其一，劳氏观点的"理论支撑"很简单，即嘉庆十三年上谕和二十年直隶总督那彦成奏疏。在清代众多的圣训和大臣奏折中，劳乃宣找出了这两条典型史料，具体内容见劳氏编纂《义和拳教门源流考》①（因嘉庆上谕和那彦成奏疏全文太长，不再转述），确实过于单薄。也正如林华国所说："《源流考》所依据的史料不过两条，一为嘉庆十三年上谕，一为嘉庆二十年直隶总督那彦成奏疏。"他只是凭借着其感性认识，从那彦成奏疏对义和拳的脉络分析中较为牵强地联系到当下的义和拳身上。因此，戴玄之认为劳乃宣"义和拳乃白莲教之支流"说不足信，"其动机旨在宣传义和团系邪教，应严惩而著书，不是为学术而研究，因此不作学理探讨，只做官样文章，仅根据那彦成一纸报告，牵强附会，以圆其说，因身为县令，保境安民有责，指鹿为马，情尚可原，不意数十年来，中国史学家几乎一致视同信史，从无驳斥者，此实非劳氏始料所及"②。"义和团由梅花拳而来，梅花拳由义和拳而来。至于义和拳，则源于咸、同年间的乡团"、"义和团与白莲教无关"。③

而日本学者佐藤公彦不同意此种说法，他说："正是由于这些受八卦教（白莲教）影响的具有浓厚宗教巫术性质的拳棒武术在乡村内广泛地传播与存在，在此基础上才开始了初期义和团运动的武力仇教斗争，从这个意义上看，吴桥知县劳乃宣在《义和拳教门源流考》中所指出的义和拳与白莲教的关联性，抛开其政治意图，尽管论证不充分，但仍不能不承认他的观点有着直观的

---

① 劳乃宣：《义和拳教门源流考》，《桐乡劳先生遗稿·拳案三种》，第1—8页；又见中国史学会编：《义和团》（四），上海：上海人民出版社2000年，第433—439页。如果从劳氏撰写此书知识来源来分析，与他博通经史有一定的关系。据《学稼堂剩书存目》，劳乃宣藏书有1200余种，史书较多，如通典和通志类、东华录、续东华录、咸丰东华录及各种关于外国史的书籍等，其中就有《那文毅公奏议（残本）》。见甲57：《劳乃宣存札》，第三函，中国社会科学院近代史研究所图书馆藏。

② 戴玄之：《义和团研究》，台北：文海出版社1963年，第1、5页。

③ 详见戴玄之：《义和团研究》，台北：文海出版社1963年，第10、34—40页。但戴氏认为"中国史学家几乎一致视同信史"，大概指他对当时台湾近代史研究中的一种看法。笔者不敢苟同。其乡团说（义和团与白莲教无关）也受一些专家学者的质疑。

正确性。"① 笔者认为其中称"论证不充分"正是劳氏"理论论证"上的严重弱点，即对于最关键的义和团和白莲教的关系，是否一脉相承，缺乏充分的论证，其"理论支撑"难以支持他的结论。因此可以说劳氏用递推的方式论证义和拳"乃白莲教之支流"，白莲教即是朝廷钦定的邪教，推导出义和拳即是邪教的过程中存在着明显的疏漏，难以令人信服。

因此，劳乃宣一方面认为"卑职查义和团名目，实系白莲教支流，嘉庆年间查办白莲教余党时，办理有案，见于那文毅公奏疏。其教以习学拳棒为由，托言神灵附体，讲道教拳，诡称念诵咒语，能御枪炮，教内有祖师爷及大师兄二师兄等名称，其为邪教，确有凭证"②。另一方面，劳氏对此观点是否能自圆其说也有所认识，曾曰："弟初正其邪教之名，出于考据，犹可谓纸上谈兵也"，"卑职初谓其仇教，不扰良善为托词，犹可曰出于臆度也"。③

其二，从现实中寻找事例支撑。这是劳乃宣花费气力，以图自圆其说的重点所在。劳氏曾曰："弟初正其邪教之名，出于考据，犹可谓纸上之谈也。今景州所获僧武修供明八卦教矣，故城所获僧大贵供明离卦教矣，武修及吴桥所获节小亭皆当堂试演降神附体矣，献县、景州、吴桥、东光、武邑、枣强起获神位、妖符、妖书，不一而足矣。其为邪教，凿凿有凭。虽欲代为掩饰，不可得也。"④ "上年余考出其教派源流，正其邪教之名，出示谕禁，并刊刻《源流考》一书，以示士民见者。初犹未尽深信。未几而河间、深、冀各属，相继

---

① [日]佐藤公彦著，宋军、彭曦、何慈毅译：《义和团运动的起源及其运动》，北京：中国社会科学出版社2007年，第128页。另外，佐藤公彦又曰："……关于义和团的起源问题目前分为两种对立的见解。其一为笔者与路遥（山东大学）、程歗（中国人民大学）、李世瑜（天津社科院）的观点，基本上支持劳乃宣的'白莲教起源说'；另一种是戴玄之、周锡瑞等学者的'与白莲教无关说'——目前前者采纳了与A.史密斯和G.N.施达格相同的'团练起源说'；后者以'民间文化起源说'与前者有别。与笔者观点最为对立的是周锡瑞氏的大作 The Origins of the Boxer Uprising（《义和团运动的起源》，1987年版）。"见该书第25页。此外，佐藤还提出："不论笔者还是路遥、程歗，都无意于像周锡瑞所贬低的那样，用清中期'义和拳'这一'最为遥远的事物来说明最为切近的事物（清末义和拳——笔者）'，也没有认为名称一致就是同一事物。而学界也大致取得了共识，认为义和团的形成是'多源一流'的（只是具体如何形成尚未解名）……"见该书第30页。但笔者认为，佐藤公彦一方面是基本支持劳乃宣的观点，更多的则是他花费很大的气力，对劳乃宣观点的补充论证。

② 劳乃宣：《禀遵饬出示禁习义和拳严密防范并送示稿由》，《拳案杂存》卷中，《桐乡劳先生遗稿·拳案三种》，第1页。

③ 劳乃宣：《致胡绍筬书》，《拳案杂存卷上》，《桐乡劳先生遗稿·拳案三种》，第10页；劳乃宣：《禀山东抚宪袁夹单》，《拳案杂存》卷下，《桐乡劳先生遗稿·拳案三种》，第13页。

④ 劳乃宣：《致胡绍筬书》，《拳案杂存卷上》，《桐乡劳先生遗稿·拳案三种》，第10页。

变作，焚杀劫掠，聚众抗官，拒敌官军，形同叛逆。乃渐有知其非为义民者。迨景州所获僧武修供出八卦教，故城所获僧大贵供出系离卦教，武修及吴邑所获节小亭，均当堂试演降神附体，枣强王庆一家起获妖书一本，景州朱家河之战，搜获妖符数十张，及各处起获供奉邪神纸位，不一而足，其为邪教彰明较著，证据凿然。于是民间始各省悟。"① 总之，劳乃宣尽管"理论论证"不充分，但其在搜集实例方面花费了很大的心思，因此产生了一定的影响。

针对时人的各种疑问，劳氏又进行了针锋相对的阐发，其观点在《钦颁劝学篇外篇非攻教第十五》的按语、《义和拳教门源流考书后》、《致胡绍镗书》、《奏陈义和拳党情形请奏明办理由》等文中有所表述。因其中多有重复，现据《义和拳教门源流考书后》为主，参考其他各文，对劳氏的应答阐述如下：

针对"邪教"之说"言之过甚"的质疑，劳氏答曰："大凡邪教之兴，初不过敛钱牟利，继则恃众横行，迨党羽渐盛，羽翼丰满既成，再有借口之端、相激之势，一旦揭竿而起，则逆谋成矣。"② 是劳氏对所谓"邪教"兴起规律的归纳。接着他又以现实事件举例，曰：

> 义和拳之名，初不甚著。盖其行藏诡秘，犹畏人知。及上年冠县一带仇教事起，托词义愤，气焰始张，愚民无知，从而附和，其势益炽。官既不能持情法之平，以伸良儒之气；又不知其正邪教之名，以破愚顽之惑。拳弱则挫折夫拳党以媚教；拳强则乞怜于教士以袒拳。彼党习知官之欺弱畏强也，则益相纠结，以肆其横而抗官。至官不能耐一撄其锋，即猝然而发。若迩日平原之事，列队千人，开放大炮，拒敌官兵，匪首朱红灯自称明裔，逆迹昭著，不待言矣。其他官传拳民，其党数百，麇聚堂下，官既禁不敢问者有之，官出资设席两解拳教者有之，拥众千百，枪械林立，动言焚杀官吏，熟识之而莫敢谁何，纪纲法度，荡然无存，不乱何待乎？近者荏平又启衅矣，调兵弹压，相持不下，尚不知作何究竟，前日平原之

---

① 劳乃宣：《奉禁义和拳汇录》跋，《桐乡劳先生遗稿·拳案三种》，第 1 页。

② 劳乃宣：《义和拳教门源流考书后》，《拳案杂存》卷上，《桐乡劳先生遗稿·拳案三种》，第 1 页。《义和拳教门源流考书后》又见中国史学会编：《义和团》（四），上海：上海人民出版社 2000 年，第 451—456 页（下同，不再注）。

变，但掠教民，今荏平则掠及平民矣。①

他认为义和拳为邪教、乱党证据确凿："观《源流考》所引成案，及近日各处所讯供词，所获书符、神位等物，皆邪教之确证也。各处杀人放火、劫掠财物、抗官拒捕之案，皆乱民之确据也。"②并把义和团与咸丰年间爆发的太平军作对比："其党既众，无以为食，非掳掠不能给，其不得不反者，势也。旱象已成，人心思乱。失此不图，广西金田之祸，不过期月间事耳！"③

针对为何不以重兵弹压，而以正（其邪教之）名为主，并变通办理的疑问，劳乃宣曰：

> 其党以习拳为号，八卦教之名隐而不露，其逆谋左道，授受渊源，惟为首同谋枭桀之辈知之，非特外人不知，即被诱入教者，亦不尽知。故莠民之狡者从之，良民之愚者亦从之。各处拳党，尽有衣冠之族、殷实之家，杂乎其中，非仅无业游民也。此皆由于不知其为邪教，误为所惑，使知其根柢，谁肯从之。此等乡愚，若概以邪教之罪罪之，未免情轻法重，且人数既众，操之已蹙，亦恐激出事端。然其易于惑众在此，其易于解散亦在此。为今之计，当言之于朝，请明降谕旨，指出义和拳为八卦教之流派，嘉庆年间曾经奉旨明禁查办有案，谕令直、东两省官吏通行禁止。其愚民无知、误被诱惑者，勒限首悔，免其治罪。此后再有传习者，照例惩处。专就查禁邪教立言，不必涉及西教。此旨一下，两省督抚列衔恭录谕旨，刊刻告示，颁发各州县，遍行张贴，饬下各牧令邀请公正绅士，分赴城乡，普加劝导，凡有误从其教者，一律改悔，不必照例赴案自首，当堂具结。不准出一票、派一票，以杜滋扰。如此则被诱良民，自必真心悔悟，即怙恶不悛之辈，亦必隐讳，不敢昌言。革心者半，革面者半，而其党之势消矣。然后不动声色，徐徐查访，务得其死党主名，密捕究治。倘敢抗拒，其势已孤，临以兵威，无不克者。故及今图之，一纸诏书，犹胜

---

① 劳乃宣：《义和拳教门源流考书后》，《拳案杂存》卷上，《桐乡劳先生遗稿·拳案三种》，第1页。

② 劳乃宣：《奉禁义和拳汇录》跋，《桐乡劳先生遗稿·拳案三种》，第2页。

③ 劳乃宣：《义和拳教门源流考书后》，《拳案杂存》卷上，《桐乡劳先生遗稿·拳案三种》，第1页。

于十万之师，不必果烦兵力也。若再因循，一朝决裂，不可为矣。①

针对官、民皆目义和拳为义民，义和拳提出"扶清灭洋"等口号和拥有"刀枪不入"等法术，"邪教"之说"大拂人情"的质疑，劳乃宣首先从伦理角度驳斥了"义民"说，其曰："父兄为强邻所制，为子弟者不能振兴门户，使人不敢欺，徒逞忿，私相斗詈，为父兄生事，非孝子悌弟之所为也。今之仇教者，何以异是。保护教堂累奉明旨，而显违诏令，与教堂为难，是乱民也，何义之有？"② 关于"刀枪不入"、"能御枪炮"等说法，劳氏驳斥曰："至于能御枪炮之说，诳人语耳。有见其演于市者，一人袒而立，一人持枪击之，无所损。此如戏剧家吞刀吐火之类，其眩人耳目，非手法即药物耳。弊在施枪之人与所用之枪，若易外人，以他枪击之，必不验矣！近于景州试演，自毙一人，盖手法一时失误，而其党误称教堂镇压所致，几与教堂为衅。夫使教堂果能镇压，其术使之不效，尚何能敌外国乎？平原之役，中枪炮而死者二十余人，尤为不能抵御枪炮之明证，谓可收为国家之用，愚人之见也。"③ 劳氏在《禀陈义和拳党情形奏明办理由》中，对此还增加了这样一句辩驳："血肉之躯，谓兵火不能侵损，天下万无此理。彼符咒法术之说，乃稗官、戏剧、游戏装点之词，流俗之人，误为世间果有此事，其愚妄亦可笑矣。"④ 在当时的氛围之中，劳氏不囿于流俗之见，对"刀枪不入"的认识比较清醒，但其出发点在于坚决镇压义和团则是显而易见的。

针对有人提出劳乃宣处置义和拳的措施与曾国藩处置哥老会的措施"持论适与相反"的质疑时，劳乃宣提出："哥老会在会之人，皆自知其拜会为犯禁之事，不敢明告于人。至于为匪，尤属显然之罪，人所共知。故专办为匪者，其不为匪者，自然闻风敛迹。若一一搜寻，反致惊扰生事。若义和拳则在会之人，并不自知犯禁，方且明目张胆，不畏人知；其仇教又以义举自命，若专罪其仇教，必致激而愈甚。惟正其邪教之名，使人人共晓，则其气焰自然衰

---

① 劳乃宣：《义和拳教门源流考书后》，《拳案杂存》卷上，《桐乡劳先生遗稿·拳案三种》，第2—3页。

② 同上书，第3页。

③ 同上书，第3—4页。

④ 劳乃宣：《禀陈义和拳党情形奏明办理由》，《拳案杂存》卷中，《桐乡劳先生遗稿·拳案三种》，第15页。

熄。故但问其邪教不邪教，不问其仇教不仇教，为釜底抽薪之法。义和拳与哥老会情形正属相反，故办法不能不相反，而其解散协从，消除反侧，则相反正相同也。且曾文正公不问在会，亦一时权宜之术耳。观近来部定哥老会匪章程，为首开堂抢劫扰害者，就地正法。虽经入会并非头目者，监禁系杆，无知被诱悔罪自首者，免其究治，非果终于不问也。今拟义和拳办法亦以改悔免罪为主，非欲一一治其罪也，或不为文正所诃乎！"①

把义和拳定为"邪教"，要面临的一个难题，就是外国传入的天主、耶稣教（西教）异端，不符合中国传统的思想，是否是邪教，应该如何对待，这是涉及外交的问题。劳乃宣为此解释曰："异端与邪教不同，若古之杨、墨，今之佛、老，异端也。汉之张角，明之徐鸿儒，邪教也。杨墨言仁义而差者也，佛老言心性道德而差者也，其学虽误，其心无他，其徒党从无犯上作乱之事，君子有辞而辟之，无取乎戮。若邪教之徒，小则惑人，大则肇乱，古所谓造言乱民之刑，不待教而诛者也。西教，若杨、墨、佛、老之类也，异端也。义和拳，张角、徐鸿儒之类也，邪教也。异端乱学，治之以学术，邪教乱国，治之以国典。余非右西教也，教民不作乱，拳民作乱，能不异其施哉！"②

关于"禁止邪教立言，而不涉其与西教为仇（灭洋）"的疑问，劳乃宣的策略是："其仇教，乃其借名耸众之术，非本心也；其本心实在惑众以作乱。不言仇西教，诛其心也。愚民之为所惑者，误以其仇教为义愤也。若专罪其仇教，适足以激众怒而固党援，则正堕其术中矣。今不问其仇教与否，而专禁其邪教，则民间晓然于上之禁止，非袒西教，可以消释群疑，解散党羽；且遇有教案交涉，亦易于措手。……今与居常无教案之时，即以邪教示禁，遇有教案告西人曰：义和拳本干例禁，乃我内政，不关交涉，应由我自行处置。其教案当就事论事，持平办理，与禁止义和拳无涉。彼见我果禁义和拳，并无纵庇伤害之意，不生疑惧之心，自不致强行干预，无礼要挟。我于教案乃可一秉大公，但论曲直，不分民教，则操纵自如，不致动生窒碍。拳案之不涉教，正为教案之不涉拳计，微权妙用，皆在划清界限之中。但此计宜早行之，迟之则有不及之虑。何则？拳党专向教堂生衅，我不早自申禁，西人必有迫我降旨明禁

---

① 劳乃宣：《义和拳教门源流考书后》，《拳案杂存》卷上，《桐乡劳先生遗稿·拳案三种》，第5—6页。

② 同上书，第4页。

之一日，彼时即不以保护教堂为言，动吾民之愤坚，彼党之心，受外人之制，窒碍丛生，而妙用失矣。"①

劳乃宣还就"仇教"与"邪教"的虚实之争（"仇教实事也，邪教虚名也，舍事实而争虚名，无乃迂阔而不切事情乎?"），进行了论述："人心向背，全系乎名。名之所在，人心从之。彼之仇教，亦名也，其实事乃作乱耳。彼托乎仇教之名，以行其作乱之实，民遂忘其作乱之实，而专惑其仇教之名。其所以煽动人心若是之易者，全系乎所托之名。今正其本然之名，以破其所托之名，则人心之惑解而所恃之端失，其党涣其势孤矣，非迂图也。名不正则言不顺，言不顺则事不成。则正其邪教之名，非今日已乱之第一要义哉!"②

劳乃宣认为，"彼党借仇教为名，托词忠义，蛊惑众听。其是非最难别白，非有名言至论，疏通证明，不足以破世俗似是而非之见。"③ 为此，他集中提出应明确以下数端（五则）："一则当知其实为邪教乱民，本干例禁"，"一则当知其专仇西教、不扰平民之说，乃系托名非其本意，其居心实在谋乱，不可为其所愚也"，"一则当知习教之民并非投降敌国，无端扰害，实非情理，不得谓之义举"，"一则当知民教同属编氓，朝廷并无歧视，不当自生畛域，互启猜嫌也"，"一则当知其能御枪炮兵刃，皆系虚诞之辞，其实毫无伎俩，不可为其所诳也"。④ 在此不再详细展开。

劳氏此观点在当时是鲜明而突出的，甚至在当时的官场有点儿"异类"，"颇为时流所诟病"⑤，因此不可能得到官场一大批人的支持。当时上谕关于义和团的表述为："总理各国事务衙门奏请饬严禁拳会一摺……俾百姓咸知私立会名，皆属违禁犯法，务宜革除恶习，勉为良民。倘仍有执迷不悟，复蹈故辙，即行从严惩办，勿稍宽纵。"⑥ 其中只是"请饬严禁拳会"而已，或称义和拳为"私立会名，皆属违禁犯法"，或称其为"恶习"，后来曾称为"拳民"、"团民"，其后改为剿杀政策后，称之为"拳匪"等，但一般不用"邪

---

① 劳乃宣：《义和拳教门源流考书后》，《拳案杂存》卷上，《桐乡劳先生遗稿·拳案三种》，第4—5页。

② 同上书，第6页。

③ 劳乃宣：《奉禁义和拳汇录》跋，《桐乡劳先生遗稿·拳案三种》，第1页。

④ 同上书，第1—5页。

⑤ 劳乃宣：《拳案杂存》序，《桐乡劳先生遗稿·拳案三种》，第1页。

⑥ 劳乃宣辑：《桐乡劳先生遗稿·拳案三种》，《奉禁义和拳汇录》，第1页。

教”之词称呼之。①

从当时的督抚等奏折中分析，毓贤之类不必说，而直隶总督裕禄的态度则是摇摆不定，开始曾在一定程度上支持劳乃宣的观点。光绪二十五年十一月十日（1899 年 12 月 12 日），“裕禄命藩、臬两司刷印劳乃宣所著《义和拳教门源流考》，分发各州县，并对义和拳会衔示禁”，次日“裕禄电复臬司廷雍，力主对义和团应以武力镇压，不得‘敷衍姑息’”②。但裕禄对劳乃宣的支持，对其《源流考》的认可只是暂时的，也有所保留。十一月十九日（12 月 21 日），袁世凯致电裕禄，建议将吴桥县令劳乃宣所拟“惩办拳匪”六条上奏朝廷。裕禄对此并不同意，复电曰：“河间、深、冀一带，拳匪滋事，派兵弹压，敝处已经附奏，并电总署。近日查核拳匪情形，并无大伎俩，但能捕获首要，胁从自易解散。若如劳令所禀，张大其事，奏请明降谕旨，所虑民教结怨甚深，有所挟持，妄攀诬指，多生枝节，转非所宜。该令所陈六条，只可采择而行，似未可照禀出奏。”③ 从中可以看出，裕禄的主张是“弹压”、“解散”，与袁世凯完全支持劳氏主张有所不同。后来裕禄“督宪告示”主要是重申上谕的精神，其中较严厉的指称为“是教习拳棒，射利惑民，本属大干例禁。况近日无知愚民，惑于外来匪徒，持符念咒，降神附体，能御枪炮之说，辄私去义和拳会，练习拳棒，蔓延各处。……乃辄聚众持械，焚折房屋，抢掠财物，甚至掳人伤人，抗拒官兵，其情与强盗土匪何异？尔等各有身家性命，何苦被匪煽惑，执迷不悟，自蹈刑章”④。对于义和拳是否邪教，裕禄出于某种考虑，未再提及，其态度后来也出现转变。因此袁昶曾曰：“不意东省渐次肃清，流入直隶，直隶督臣（裕禄）观望迁延，养痈遗患，听其蔓延，始谋不臧，咎实难辞。”⑤

只有直隶布政司廷杰、按察司廷雍的《藩、臬宪告示》和梅东益、张连芬的《告示》与劳乃宣的观点有相似之处。廷杰和廷雍的《藩、臬宪告示》

① 李文海等编著：《义和团运动史事要录》，济南：齐鲁书社 1986 年，第 278 页。其中如 1900 年 7 月 13 日，清廷以“演习邪教”之罪名，残酷杀害数日前由义和团拿获之“白莲教”数十名口。此可以作为清廷一般称白莲教为“邪教”的例证，也说明一般不称义和团为邪教。

② 李文海等编著：《义和团运动史事要录》，济南：齐鲁书社 1986 年，第 61、62 页。

③ 同上书，第 64 页。

④ 劳乃宣辑：《奉禁义和拳汇录》，《桐乡劳先生遗稿·拳案三种》，第 2 页。

⑤ 袁昶：《请亟图补救之法以弭巨患疏（庚子五月二十二日）》，中国史学会主编：《义和团》（四），上海：上海人民出版社 2000 年，第 160 页。

曰："剀切晓谕严禁邪教惑人匪徒构衅事……尔等果系安分守法，专为保卫身家乡里，自有别项武艺可学，岂可听其邪术，误入迷途，以致身陷重罪。该妖僧匪首等专以杀灭教民为名，或图敛财，或另有诡计，多系无业之徒，毫无顾忌，其胁从凡有生业之人，何苦自投法网……以后不论会不会教不教，但敢有为匪肇衅者，定当严行拿办，不稍宽贷，倘再有拳匪前来煽诱勾结，无论何人不得容留"①。其中虽有邪教、邪术名目，但只是一带而过，并未作为强调之点，其重点乃是告诫百姓义和拳为"拳匪"，不得从事，不得容留等，最后仍提出"民教相安"。但随着清廷内部主剿派与主抚派之争走向白热化，藩司廷杰和臬司廷雍从抵牾走向对立，廷杰倾向于主剿，廷雍倾向主抚，二人唱对台戏，对下属即各府州县产生了较大影响。②

梅、张二人的《梅军门、张道宪告示》中曾说："原恐尔等无知愚民，为义和拳匪所诱，误信邪术"。虽有"邪术"之称，但重点仍是勿为"拳匪"所诱，也没有强调义和拳为"邪教""白莲教支流"的说法。

而河间王知府则认为义和拳"煽惑人心，为害最烈。无知愚民，辄误信其术……是能御枪炮之术，显系借左道欺哄愚民，其实毫无伎俩。究其起衅之源，虽有拳匪煽惑所致，亦有教民激之使成"。并对教民、平民提出各自的要求为："庶民教从此相安，地方得以安靖。"③ 王氏的倾向性于此也可以看出。

袁世凯主张坚决镇压义和团，基本上同意劳乃宣所提的各项主张，并在其署理山东巡抚后，实际上依据劳乃宣的若干主张，制定若干镇压义和团的措施，取得了成效，但在发布的《查禁拳匪告示》中，也只是称之为"拳匪"、"拳教"，未使用"邪教"之名称。后来在遭到御史熙麟等奏劾④后，袁氏不得不更加谨慎。

总之，当时除袁昶外，几乎没有人在公开场合呼应劳氏，站出来赞同义和拳"乃白莲教支流"、"实系邪教"的观点。这在劳氏自己的论述中也可找到一些旁证。劳乃宣一再要求"证其（义和拳）邪教之名"⑤，是因为许多人

---

① 劳乃宣辑：《奉禁义和拳汇录》，《桐乡劳先生遗稿·拳案三种》，第4—5页。
② 参见黎仁凯、边翠丽：《义和团运动兴起发展阶段的直隶地方官》，《河北大学学报》（哲学社会科学版）1998年第6期。
③ 劳乃宣辑：《奉禁义和拳汇录》，《桐乡劳先生遗稿·拳案三种》，第7页。
④ 李文海等编著：《义和团运动史事要录》，济南：齐鲁书社1986年，第69页。
⑤ 劳乃宣：《义和拳教门源流考书后》，《拳案杂存》卷上，《桐乡劳先生遗稿·拳案三种》，第5页。

"独于正名一端断断以为不可"①。"朝野上下，终不见以正名为然"②。

而与此相反，支持义和团、称之为义民的人则有很多，如"其党以扶中朝灭洋教为词，平民有受教民欺压者，入其教即可抵制，故群相信从，有义民会之称，是民目之为义民也。上年东省委员访查，谓其习拳专为自为身家，其中各种技艺无不精妙，从未恃强生事。禀中有'义气相尚，心必直爽，路遇不平，不惜躯命，代为伸理，及设法开导，化私为公，俾其有勇知方，可储为异日有用之材'等语，是官目之为义民也。官、民皆目之为义民也，而子独目之为邪教，不亦大拂人情乎？"③ 直隶境内"钦遵委员李牧密查，旋据禀称，访闻运河以北，人多习拳，新立义民会，旧名义和团，改名梅花拳。实为保全身家起见，原为不法情事，请设法劝导，化私为官，妥为办理，预防流弊"④。而山东省的官员则更有不同的声音："东省官民多不知其为邪教，率以义民目之，该党亦俨然以义民自居，有指之为邪教者，辄强辩不服。"⑤ 此种观点代表了更多人的意见，乃至得到朝中某些实权大臣（守旧官员如载漪、刚毅、徐桐等等）的支持和认可。可见"义和拳乃白莲教"、"实系邪教"的主张，在当时的官场公开信奉者很少，劳氏是其中的"极少数"之一。⑥

综上所述，劳乃宣的论证尽管较为薄弱，难以令人信服，但在当时发生的

---

① 劳乃宣：《致胡绍箴书》，《拳案杂存》卷上，《桐乡劳先生遗稿·拳案三种》，第8页。

② 同上书，第10页。

③ 劳乃宣：《义和拳教门源流考书后》，《拳案杂存》卷上，《桐乡劳先生遗稿·拳案三种》，第3页。

④ 劳乃宣：《禀遵饬出示禁习义和拳严密防范并送示稿由》，《拳案杂存》卷中，《桐乡劳先生遗稿·拳案三种》，第1页。

⑤ 劳乃宣：《禀刊发义和拳教门源流考并刊印告示呈请立案由》，《拳案杂存》卷中，《桐乡劳先生遗稿·拳案三种》，第4页。

⑥ 当时堪称与劳乃宣同道的还有平原知县蒋楷。他在《平原拳匪纪事》中曾曰："……又语之（王甲三）曰：'符咒、妖人也。以符咒惑民，邪教也。邪教必叛，妖人必乱；乱则斩，叛则灭；汝有身家，勿信教匪之邪术也。'甲三大省悟。……义和拳符咒治病与汉张角同，其与教民为难，为荧惑人心耳。齐鲁间多邪教，'白莲'、'闻香'屡起屡仆，自古邪教能成事者，亦无邪教不滋事者。……蒋楷曰：'甚矣，名之不可假人也。虽乱民亦不得以乱自名，必假之于义。我以义假之，愚民信之，无业之民归之，其势不为乱不止。楷禀请示禁，吴桥令劳君乃宣，亦援嘉庆十三年谕旨，为书后正其名。直督韪之，吴桥之乱不作。所遇有幸与不幸，固如是其天渊哉。如袁统领、朱哨官森罗殿之战，亦一'时之功。功不得叙，而袁统领以之获罪；并阵亡勇丁，亦不得卹，尤可伤也。楷身在事中，谨就耳目所见闻，略为诠次，俾后来有考焉。"中国史学会主编：《义和团》（一），上海：上海人民出版社2000年，第353、354、362页。蒋楷之目的固然是为自己辩护，也有不确之处，但他认为义和拳是邪教的观点则与劳乃宣基本相同。另外一点，蒋氏《平原拳匪纪事》是事后之作，当时及后世影响不及劳乃宣的《义和拳教门源流考》。

义和拳案例中，大力寻找对其有利的事例，不遗余力地论证和推销"义和拳乃白莲教之支流，实系邪教"这一观点，反驳当时各种"异说"。其维护清朝封建统治秩序之用心于此彰显。

二、劳氏镇压义和团的具体措施

据劳氏《自订年谱》、《奉禁义和拳汇录》、《拳案杂存》及相关史料，可以归纳出劳氏"义和拳乃白莲教支流"说的践履——镇压义和拳具体措施如下：

第一，禀明上官，争取上司的支持。义和拳在直隶的势头可谓愈来愈烈，劳乃宣仅为一名"七品"知县，欲想采取诸多措施，必须要获得上官即知府、总督、藩、桌两司等支持，这是传统社会里通常的为政之道。为此劳乃宣多次禀奏。"卑职乃宣与六月间曾上出示谕禁一禀，十月间复上刊发《义和拳教门源流考》一禀，酌拟变通成例一禀，本月初七日又上酌议办法六条一禀。计均先后仰蒙宪鉴。"① 劳氏争取上司支持一度取得一定的成效，如："卑职前将遵饬查禁传习义和拳晓谕严密防范由，禀蒙宪鉴，并蒙通饬顺直各州县一体照办在案。"② 宪鉴即直隶总督裕禄，这表明裕禄曾给予一定的支持。但总体而言，由于当时复杂的政治局面，劳氏的主张和具体措施没有得到直隶总督和中央朝廷的肯定。这从劳氏多次呼吁中得到旁证："惟有奏请明降谕旨，正其邪教之名声，其惑众之罪，则朝命一下，是非大明，人人皆知其为犯上作乱之徒，而非爱国忠君之辈，人情不复归向，惩办自易为力，此请旨申禁为第一义也……卑职乃宣所禀六条，迅赐批准奏办，非特卑职等之幸，实各州县亿兆生民之幸也。"③ 前面已经提及，劳氏所禀六条，裕禄的态度是"采择而行，似未可照禀出奏"，可以说基本上没有采纳。虽然梅东益等"佥谓卑职乃宣所禀六条，皆属至当不易，切实可行。"④ 但是新授贵州提督淮军右翼统领梅东益

① 劳乃宣：《禀会同查办义和拳情形请照前禀准行由（阜城景州故城吴桥东光五州县会衔)》，《拳案杂存》卷中，《桐乡劳先生遗稿·拳案三种》，第18页。

② 劳乃宣：《禀刊发义和拳教门源流考并刊印告示呈请立案由》，《拳案杂存》卷中，《桐乡劳先生遗稿·拳案三种》，第4页。

③ 劳乃宣：《禀会同查办义和拳情形请照前禀准行由（阜城景州故城吴桥东光五州县会衔)》，《拳案杂存》卷中，《桐乡劳先生遗稿·拳案三种》，第18—19页。

④ 同上书，第19页。

所起的作用显然很有限。

第二，在吴桥城乡张贴告示，广为劝导，扩大舆论宣传。劳氏"作《义和拳教门源流考》一编，识语内将其借名仇教意图，不轨狡谋，明为抉出，刊印成帙，发交办理。保甲、绅董分示城乡，并取出示稿，叙入嘉庆年间所奉谕旨，稍加改订，刊刻刷印。于查办保甲时，每村发给一张，务使家喻户晓，无不周知，庶互相劝戒，不致误被诱惑，躬蹈刑章"①。劳乃宣刊印散发《义和拳教门源流考》，正其"邪教"之名。"正其本然之名，以破其所托之名，则人心之惑解而所恃之端失。其党涣，其势孤矣……名不正则言不顺，言不顺则事不成。则正其邪教之名，非今日已乱之第一要义哉！"②

第三，颁布"查办义和拳教案变通办法"以便"按照成例变通办理"③。因为处置邪教手续等较为复杂，劳氏提出了变通办理的六条措施：一曰正名以解众惑，二曰宥过以安民心，三曰诛首恶以绝根株，四曰厚兵威以资震慑，五曰明辨是非以息浮言，六曰分别内外以免牵制。④ 其中关键之措施是第四项，特别是在义和拳势力大盛之时，强调调动大股军队，发兵弹压解散，以达到如下之目的："父诏其子，兄勉其弟，互相劝戒。未被所诱者，益加警惕，曾被所诱者，痛改前非。即有外来拳匪入境，一见踪迹，立即通知分董牌头、地方保正，飞速赴县禀报，以凭拿办。倘敢庇匿容留，查处重究。至前经被诱、现已具结改悔之人，即属无罪良民，照旧各按生业，不必警疑，无论何人不可以已往之事，借口挟制，违者治以讹诈之罪。"⑤

第四，"五州县"联合，厚集兵力，弹压解散。在直隶义和拳日益高涨之际，直隶南部阜城、景州、故城、吴桥、东光五县知县，会集于景州，与梅东益共同研究"查办"义和拳事宜。为此劳氏认为"其（义和拳）人数众多，蔓延广远，声势浩大，骄悍难驯，非厚集兵力，不能镇服。卑职乃宣前禀请驻

---

① 劳乃宣：《禀刊发义和拳教门源流考并刊印告示呈请立案由》，《拳案杂存》卷中，《桐乡劳先生遗稿·拳案三种》，第4—5页。

② 劳乃宣：《义和拳教门源流考书后》，《拳案杂存》卷上，《桐乡劳先生遗稿·拳案三种》，第6页。

③ 劳乃宣：《禀酌拟查办义和拳教案变通办法请核示由》，《拳案杂存》卷中，《桐乡劳先生遗稿·拳案三种》，第7页。

④ 详见劳乃宣：《禀陈义和拳党情形请奏明办理由》，《拳案杂存》卷中，《桐乡劳先生遗稿·拳案三种》，第9—17页。

⑤ 劳乃宣辑：《庚子奉禁义和拳汇录》，《桐乡劳先生遗稿·拳案三种》，第10页。

兵三营，今卑职等与梅军门统筹全局，三营犹嫌单薄。拟请多调数营，以资得力而免疏虞。"① 劳氏曾亲自镇压辛集义和拳，他曾对袁世凯曰："卑职访闻后调兵前往，该匪等胆敢列队迎敌，拒伤官兵，当场击毙数名，生擒十余人，余匪始各散去，讯明获犯节小亭等。"②

因此，劳乃宣在吴桥较为"成功"地剿杀了本邑的义和拳。劳乃宣曾说过："余之是作，但为一邑计耳。吴邑于今春见萌芽，余即觉而早治，习染未深，党类未盛，但正其邪教之名，使人人共晓，自能父诏兄勉，互相诰诫，不为所动，即偶有一二人曾被诱惑者，亦俱匿迹销声，不敢复犯。故能收效于无形。"③ 总体上看，吴桥的义和拳与周边相比，虽也"酿出庞家桥辛集杀人放火、拒敌官兵巨案"，但很快就被镇压下去，"计就地正法者，节小亭一名。戮尸枭首者李德海、郑凤亭二名，监禁者四名，枷号者十余名"。④ 劳氏对自己在吴桥县处置义和拳的措施，评价曰："义和拳一党，自去年以来蔓延于直省之广平、深、冀、河间，东省之济东、兖、沂、曹各属，其势日炽。卑县今春亦有萌动。经卑职考出其教派根源，正其邪教之名，出示谕禁，并辑《义和拳教门源流考》一编，刊印成本，颁示士民，遍行劝戒。其焰渐熄。近日，邻近之阜城、景州、故城、东光等处，拳厂林立，衅端纷起，糜烂不堪言状。卑境幸图之于早，尚称完善。"⑤ 其满意之情溢于言表。

三、劳氏"义和拳乃白莲教支流"说的传播和影响

由于劳乃宣不遗余力地四处宣传"义和拳乃白莲教之支流"的主张，因此在当时和日后产生了一些影响。

劳乃宣当然希望自己的观点为朝廷采纳，"或冀为当道所采择，见诸施行"⑥，这是他最大的希望；但从当时的形势来看，这一目的似乎一直没有实

---

① 劳乃宣：《禀会同查办义和拳情形请照前禀准行由》，《拳案杂存》卷中，《桐乡劳先生遗稿·拳案三种》，第19页。

② 劳乃宣：《禀山东抚宪袁（夹单）》，《拳案杂存》卷下，《桐乡劳先生遗稿·拳案三种》，第8页。

③ 劳乃宣：《义和拳教门源流考书后》，《拳案杂存》卷上，《桐乡劳先生遗稿·拳案三种》，第1—2页。

④ 劳乃宣辑：《奉禁义和拳汇录》，《桐乡劳先生遗稿·拳案三种》，第9页。

⑤ 劳乃宣：《禀山东臬宪胡另单》，《拳案杂存》卷下，《桐乡劳先生遗稿·拳案三种》，第7页。

⑥ 劳乃宣：《义和拳教门源流考书后》，《拳案杂存》卷上，《桐乡劳先生遗稿·拳案三种》，第7页。

现。退而次之，能得到直、东两省督抚及藩司、臬司等的认可和支持，也不失为可行之策。为此，劳乃宣四处传播自己的这一主张，正如胡彭寿在《跋》语中所言："乃腾（膳）书见知京、津、保、济之间。"① 其于"京津"的禀书，前面已有所提及，现在需要补充的是，劳氏曾在禀（北京的）太常寺卿袁昶夹单内大力宣传自己的主张："官吏多不知其教派根源，措置颇为棘手，吴桥境内今春亦有萌芽，卑职考出此党乃白莲教支流，其源出于八卦教之离卦教，嘉庆年间奉有谕旨禁饬，直隶曾经拿办有案，见于仁宗睿皇帝圣训及那文毅公奏疏。知其与西教为难，乃其假名耸众之术，非其本意，若专罪其仇教，则正堕其术中。因出示正其邪教之名，严行禁止，不涉仇教，以免群疑……乃与二三知己私相讨论，设为问答，作书后一篇，以俟知者食芹而美，欲献末由。因思我公伟猷深识，冠绝群伦，倚畀方隆，虚怀若谷，不揣冒昧，以所刊之本并书后各一帙，邮呈钧诲，以备采择。或者于荩臣谋国之略，外交因应之方，不无壤流之助，则宇内生民之幸也。"② 太常寺卿袁昶是清廷内部中力主镇压义和团的官员之一，这与劳乃宣的主张有相同之处。袁昶曾上书奕劻，力陈义和团"罪大恶极"，应"格杀勿论"。③ 在光绪二十六年五月二十日（1900 年 6 月 16 日）的御前会议上，袁昶曾"据理力争"，反对主"抚"。据恽毓鼎记载："太常卿袁昶在槛外高呼'臣袁昶有话上奏'！上谕之入，乃详言拳实乱民，万不可恃，就令有邪术，自古及今，断无仗此成事者。太后折之曰：'法术不足恃，岂人心亦不足恃乎？今日中国积弱已极，所仗者人心耳，若并人心而失之，何以立国？"④ 但是，袁昶等始终坚持主"剿"的方针，就遭到了主抚派的打击。在载漪等为首的守旧大臣的撺掇下，七月三日（7 月 28 日），"清廷斩杀许景澄、袁昶于京师菜市口"⑤。袁昶是京中为数不多的始终坚持主张镇压义和团的官员之一，可以算作劳氏的同道，最后只落得身首异处的结果。

---

① 胡彭寿：《拳案三种》跋，《桐乡劳先生遗稿·拳案三种》，第 1 页。

② 劳乃宣：《禀太常寺卿袁夹单》，《拳案杂存》卷下，《桐乡劳先生遗稿·拳案三种》，第 4 页。

③ 李文海等编著：《义和团运动史事要录》，济南：齐鲁书社 1986 年，第 159 页。

④ 恽毓鼎著，史晓风整理：《崇陵传信录》，《恽毓鼎澄斋日记》附录，杭州：浙江古籍出版社 2004 年，第 785 页；又见中国史学会主编：《义和团》（一），上海：上海人民出版社 2000 年，第 48 页。

⑤ 李文海等编著：《义和团运动史事要录》，济南：齐鲁书社 1986 年，第 328 页。而戴玄之提出，斩杀许景澄、袁昶是慈禧太后的主张，因为她怀疑光绪帝与之有密谋，参见戴玄之：《义和团研究》，台北：文海出版社 1963 年，第 217—221 页。

接下来看劳氏与"保、济"的投书情况。

劳乃宣曾向保定沈知府申告自己的政见，祈盼其"或蒙采择，见诸施行，则宇内生民之幸也。如能奏请明降谕旨，固属上策；设或不能，即由院司列衔刊示，颁发通饬查禁，亦不失为中策。若专待州县敷衍弥缝，则为无策矣"①。沈知府是否接受其主张，现已不得而知。

他还向邻近的山东省济南府知府、山东按察使及山东巡抚袁世凯投禀，以期得到他们的响应和采纳。他曾两次向济南卢知府（卢昌诒）投禀，第一次是专向卢知府申明政见的："伏思我宪台崇酋伟望，领袖全济，今正办理此案，居当其任。卑职食芹而美，负曝而暄，不敢避出位之嫌，愿以献之左右，谨将所据谕旨、奏疏及卑职禀稿、示稿、钞录成册，呈请察核，倘蒙采择，见诸施行，将见令行禁止，消患未萌，所以造福于斯民者，匪浅鲜也。"② 第二次是请卢知府向袁世凯转达意见："昨奉传知，武卫右军姜军门统马步五营赴德州至泰安一带驻扎，而未言何事。窃料必为拳教生衅，弹压保卫而来，有此兵威，拳党气焰当可稍息。但恐袁侍郎不知拳党根源，或为民间妄传义民之称所惑，于措置之方，殊有窒碍，关系似非浅鲜，我公可否将卑职所呈《源流考》及书后请袁太尊转呈袁侍郎查阅，如蒙采以入告，见诸施行，两省生民之幸也。"③

从以后劳氏的记述来看，卢知府将其《源流考》等转呈给了袁世凯，袁世凯见后较为赞赏，并曾会见过劳乃宣。劳氏曾曰："前月趋谒行辕，得以面聆训诲，并蒙殷殷垂询，兼及义和拳党一事，当经面陈大略，并呈所拟办法六条，过蒙奖励，感愧莫名。"④ 可见劳氏的主张曾得到袁世凯的当面赞扬。之后，劳氏多次向袁世凯呈禀，表达自己镇压义和团的主张。但义和拳运动仍在持续发展，于是劳乃宣径直向袁世凯建议直、东两省在边境地区"会同兜拿"义和拳，"卑职已禀请督宪再行飞咨宪台，请酌核办理，但恐往返稽迟，咨达尚需时日，或致走漏消息，坐失事机。惟有先行径禀，仰肯宪恩，俯念事关大局，可否即行派员带兵前赴德州，会同该州宋牧，并直省文武，公同商办，不

① 劳乃宣：《禀保定府沈夹单》，《拳案杂存》卷下，《桐乡劳先生遗稿·拳案三种》，第6页。
② 劳乃宣：《禀山东济南府卢另单》，《拳案杂存》卷下，《桐乡劳先生遗稿·拳案三种》，第1—2页。
③ 同上书，第3页。
④ 劳乃宣：《禀山东抚宪袁夹单》，《拳案杂存》卷下，《桐乡劳先生遗稿·拳案三种》，第8页。

分畛域，合力严拿，以期速获而免抗拒之处"①。在当时督抚中，袁世凯和东南督抚刘坤一、张之洞等是主张镇压义和团的主要代表，但袁世凯得以和劳氏有直接的接触，并较为赞同劳氏的主张，并在一定程度上将劳氏的主张付诸实行（但限于当时的条件，袁世凯也未能或曰未敢公开将劳氏《义和拳教门源流考》及六项措施完全付诸实行）。

后来劳乃宣将自己的《义和拳教门源流考》刊印成册，并辑《奉禁义和拳汇录》、《拳案杂存》等付梓，散发亲朋友好，借此扩大宣传。

劳氏鼓吹"义和拳乃白莲教支流"、实"系邪教"的影响可以从多个角度去分析。

从所辖吴桥而言，劳乃宣基本上达到了自己的目的，成功地"剿杀"了吴桥的义和团。前面已经分析，在此不赘。

从横向影响的角度分析，除对周边的一些州县也有所影响外，劳氏之主张对袁昶和袁世凯也有一定影响。太常寺卿袁昶在公、私场合都赞同劳氏主张。袁昶公开赞同劳氏的主张，见于其奏折："伏查嘉庆十三年七月上谕，即有山东、河南一带匪徒，设立八卦教、义和拳等名目之事，此项实系白莲教之余孽，曾奉仁宗睿皇帝严旨密拿惩办。去年吴桥县知县劳乃宣说帖考之最详。前月，东抚袁世凯遵旨复陈一摺，言万无招抚编为营伍之理。……臣于上年十月十三日，蒙恩召见，其时东省拳匪，借仇教为名滋事。臣曾面奏系邪教倡乱，应预为扑灭各情，旋经东抚袁世凯实力禁止，扑灭十余股，东省晏然。始而山东士绅误信左道腾谤，谓该抚不应用剿，此皆不学无识之徒，以邪为正，近舆论以渐帖服，以该抚办理为是。臣去冬以劳乃宣说帖商之总署诸臣，奏明请旨饬下东抚办理，旋因东抚办有头绪，遂寝未奏。不意东省渐次肃清，流入直隶，直隶督臣观望迁延，养痈遗患，听其蔓延，始谋不臧，咎实难辞。"② 袁昶还在日记中称义和拳曰："其总旗或画乾卦，或画坎卦，而八卦未全，惟坎卦最多，即以前嘉庆间之八卦教也。忽而变换向洋教用力，此则用邪于正，斯亦奇矣。"③ 前面已经提及，袁世凯也在很大程度上接受了劳氏的主张及具体

① 劳乃宣：《禀山东抚宪袁夹单》，《拳案杂存》卷下，《桐乡劳先生遗稿·拳案三种》，第9页。
② 袁昶：《请亟图补救之法以弭巨患疏（庚子五月二十二日）》，中国史学会主编：《义和团》（四），上海：上海人民出版社2000年，第159—160页。
③ 袁昶：《乱中日记残稿》，中国史学会主编：《义和团》（一），上海：上海人民出版社2000年，第347页。

措施。这一点袁昶在奏折中已经指出。与袁昶不同的是，身居山东巡抚的袁世凯十分谨慎，没有在公开场合使用过"邪教"一词。他在山东境内镇压义和拳，大都采纳了劳乃宣的做法，多管齐下，使山东的义和团很快陷入了低潮。胡彭寿夸大其辞，曰："而袁公因是肃清齐鲁，以一山东蔽遮江淮，使丑类不至蔓延南下，南服诸公，得以从容联保，约靖人心。不然，岂仅衡山汉阳大通江山之难而已。将南方之祸，必更甚于北方。恐瓜分之势已成，虽欲今日言和不可得矣。此袁公之功，即公（劳氏）之力也。公之心其可聊慰矣乎!"① 这又可谓劳氏"成功"的一点。

劳乃宣的此一主张在东南一些督抚和士绅中也有些影响。劳乃宣提出"剿拳和洋"的主张②，这就与持"东南互保"主张的南方各督抚及士绅有了契合点，较为显著的是张之洞和郑孝胥。前面已经讲述，张之洞两次邀请劳乃宣入幕及不久又向清廷保荐劳氏（九人之一），其中一个重要因素，就是因为张之洞较为欣赏劳乃宣在"庚子事件"中坚决镇压义和团的主张和作为。义和团运动失败后，劳乃宣仍然不遗余力地宣传自己的主张，一有机会就把自己撰写及搜集著述和资料送人，如他和郑孝胥认识后不久，就送给郑氏《义和拳教门源流考》、《奉禁义和拳汇录》二种③。此外还有一些士绅官吏也支持劳氏的主张，如恽毓鼎分析义和团的起因曾讲过这样一段话："义和拳之为邪教，即八卦教白莲教之支流与流裔，劳玉初京卿考证最详。顾朝廷所以信之者，意固别有所在。邵陵、高贵之举，两年中未尝稍释，特忌东西邻责言，未敢仓卒行。载漪又急欲其子得天位，计非藉兵力慑使臣，固难得志也。义和拳适起，诡言能避火器，以仇教为名，载漪等遂利用之以发大难，故廷臣据理力争，谓邪术不足信，兵端未可开，皆隔靴搔痒之谈也。甲午之丧师，戊戌之变政，己亥之建储，庚子之义和团，名虽四事，实一贯相生，必知此而后可论十年之朝局。"④ 从中可以看出恽氏对劳乃宣主张的同情和支持态度。

---

① 胡彭寿：《拳案三种》跋，《桐乡劳先生遗稿·拳案三种》，第1页。

② 劳乃宣：《禀山东抚宪袁》，《拳案杂存》卷下，《桐乡劳先生遗稿·拳案三种》，第14页。

③ 中国国家博物馆编，劳祖德整理：《郑孝胥日记》，北京：中华书局1993年，1901年4月15日条，第791页。

④ 恽毓鼎著，史晓风整理：《恽毓鼎澄斋日记》附《崇陵传信录》，杭州：浙江古籍出版社2004年，第785页；又见中国史学会主编：《义和团》（一），上海：上海人民出版社2000年，第47页（二者标点稍有不同，该处引文出自史晓风整理的《恽毓鼎澄斋日记》附《崇陵传信录》）。

从纵向的角度（或曰对历史研究的角度）而言，劳氏的此种观点日后一直受到史学界的重视（既包括肯定也包括否定），劳氏"辑谕示为《庚子奉禁义和拳汇录》一卷，文禀书札为《拳案杂存》三卷，并为义和团早期之史料"①。以致有人认为："翻开各种记载，凡有关义和团的源流，千篇一律，完全根据劳乃宣'义和拳教门源流考'的解释，认为义和拳'乃白莲教之支流'，'为离卦教之子孙徒党'，是带革命性，秘密结社的邪教。"② 暂且不论其观点正确与否，从中可以看出，劳氏的观点对日后人们研究义和团（主要是研究义和团源流）影响是较大的。［日本］佐藤公彦则认为："……在官员中也有不同的见解，其中大放异彩的是直隶省吴桥县知县劳乃宣的见解，他强烈地主张义和拳源自邪教，因此应当断然予以镇压，为此他刊印了小册子《义和拳教门源流考》［光绪二十五年（1899）九月著，十月刊］，而且还亲自出马镇压义和拳。他的见解为当时被义和拳运动搞得困惑混乱的地方官、知识阶层提供了一条理解该事件的途径，并影响了出于各种理由而赞同其见解的官僚——例如袁世凯——对义和拳的方针。此外，劳乃宣的观点也为在当时混乱的漩涡当中记录了事态发展的知识分子提供了一个视角，对他们的记录——今天我们把它当作'史料'使用——产生了影响。"③

　　义和团事件过后，进入民国时期，在对运动、事件进行历史性回顾的时候，关于其起源，劳乃宣的见解成为对这一问题唯一的考证，于是各书一概采用了"义和拳一门，乃白莲教之支流"、"其为邪教，形迹显然"的义和团起源白莲教说，一致写道"义和团为白莲教一派"，"是其支流"。然而，明恩福（A. Smith）和 G. N. 施达格最早提出了"团练起源说"。第二次世界大战后，在日本也有市古宙三、村松祐次两氏率先研究这一课题；随后，里井彦七郎、堀川哲男、小林一美、佐佐木正哉也分别发表了各自的见解。在国际上，自从 1963 年戴玄之著书《义和团运动》

---

① 陈训慈：《桐乡劳玉初先生小传》，《文澜学报》1935 年第 1 集。又收录于浙江图书馆编：《陈训慈百年诞辰纪念文集》，北京：北京图书馆出版社 2006 年，第 130 页。

② 戴玄之：《义和团研究》，台北：文海出版社 1963 年，第 1 页。此观点似需斟酌，与研究的实际有一定差距。

③ ［日］佐藤公彦著，宋军、彭曦、何慈毅译：《义和团运动的起源及其运动》，北京：中国社会科学出版社 2007 年，第 21 页。

提出义和团与白莲教无关，是起源于团练的见解以来，引起了研究者们对其起源问题的关注。在 1980 年的国际学术研讨会之后，是"团练起源说"还是"白莲教起源说"，成为"义和团研究的最大研究课题"（丁名楠语）。①

劳乃宣极力想把自己关于义和拳的主张变成清廷的决策，无疑是失败了。他之所以向"京、津、保、济"一而再、再而三地"大声疾呼"，正是其主张得不到朝廷（中央）认可的反应。光绪二十七年（1901）三月，劳乃宣曾回顾曰："岁己亥，余承乏吴桥时，义和拳党萌芽于山东，骎骎及于畿辅。余惧其遂滋蔓也，刻《义和拳教门源流考》一编，证其为白莲教遗孽，布诸境内，陈诸上官，观为曲突徙薪之谋。顾当道不甚措意，未几而故城、景州、阜城、东光等处变作。余复累牍力争，滕书远近，冀悠悠之一悟。而一二知交外，多漫不加省。又未几而吴桥变作，幸图之于豫，未为所乘。次年春乃有明申禁，台省皆颁告示，余又有《奉禁义和拳汇录》之刻，于识语内大声疾呼，苦心剖析，虽颇为时流所诟病，而吴邑士民，类多惊省，然保定、天津、京师已如火炎炎不可响迩矣。余自知不合于时，奉身而退，曾不逾时，而神州陆沉，罹此浩劫，不幸而言中，可胜慨哉！"②"当道不甚措意"、"自知不合于时，奉身而退"正是劳氏自己承认其主张没有被朝廷认可，最终归于失败的明证。我们可以再查找当时的谕旨、奏折等，几乎没有找到清廷申明"义和拳乃白莲教之支流"、为"邪教"的例证。

劳乃宣关于"义和拳一门乃白莲教之支流"、"并非义民，实系邪教"的主张，之所以难以得到清廷认可，成为朝廷的意志，有着极为复杂的历史原因和现实原因。

首先，劳氏自身论断的粗疏、臆断和片面，是其主张难以得到认可的重要原因。他自己曾两度提到"臆度"：一是致胡绍籛书中"弟初谓其专仇教民为托辞，犹可曰出于臆度也。今吴桥已杀不奉教之人矣，景州、故城已勒

---

① ［日］佐藤公彦著，宋军、彭曦、何慈毅译：《义和团运动的起源及其运动》，北京：中国社会科学出版社 2007 年，第 22 页。佐藤公彦提出："基本上支持劳乃宣的'白莲教起源说'"，参见该书第 25 页。

② 劳乃宣：《拳案杂存·序》，《桐乡劳先生遗稿·拳案三种》，第 1 页。

索不奉教之家矣，虽欲代为解免，不可得也"①；二是"卑职初谓其仇教，不扰良善为托词，犹可曰出于臆度也"②。具体论证前面已经提及，在此不再详述。

其次，与劳氏"权轻力薄"有一定关系。正如胡彭寿所言："夫公一县令耳！"③劳乃宣当时仅仅是吴桥县县令，尽管有二十年的知县生涯，尽管三次考评为"卓异"，可谓资深，但因为职权所限，其影响力也就受到了限制。于此，劳乃宣感同身受，他曾有六处类似的话语表达了"权轻力薄"的意思，如：在《禀陈义和拳党情形请奏明办理由》中曾曰："卑职权轻力薄，手无斧柯。忧愤徒深，竟无术可以防范。"④"卑职等遇事无不极力维持，尽心筹划，而权轻力薄，不能驯扰梗顽，坐视乱机，不胜忧愤。"⑤向济南卢（昌诒）知府诉说："而区区下吏，力薄权轻，仅能自治一邑，环顾四方，乱机已兆，手无斧柯，徒深忧叹！"⑥向袁世凯言曰："然区区下吏，力薄权轻，仅能约旨卑思自治一邑。而环顾四方，乱机已兆，手无斧柯，徒深忧叹！"⑦向山东按察司胡景桂曰："但区区下吏，力薄权轻，仅能自治一隅，而环顾四方，乱机已兆，手无斧柯，徒深忧愤！"⑧再向袁世凯诉说："卑职蚍虮小臣，何敢妄言大计。"⑨这些反映了其想有所作为，而位卑言轻的无奈。他在《致胡绍钱书》中真实表达了自己的这一想法，其曰："弟虽负谤，而吴邑之事以图之豫，未蹈景州、故城覆辙，已为万幸。至于鸡肋一官，得失无关轻重，毁誉祸福，久已度外置之。"⑩劳氏"鸡肋一官"的心态，既是劳氏任知县二十余年而一直未能得到升迁的不满心情之宣泄，又是自己的主张难以实现的无奈

① 劳乃宣：《致胡绍钱书》，《拳案杂存》卷上，《桐乡劳先生遗稿·拳案三种》，第1页。

② 劳乃宣：《禀山东抚宪袁夹单》，《拳案杂存》卷下，《桐乡劳先生遗稿·拳案三种》，第13页。

③ 胡彭寿：《拳案三种》跋，《桐乡劳先生遗稿·拳案三种》，第1页。

④ 劳乃宣：《禀陈义和拳党情形请奏明办理由》，《拳案杂存》卷中，《桐乡劳先生遗稿·拳案三种》，第9页。

⑤ 劳乃宣：《禀会同查办义和拳情形请照前禀准行由（阜城景州故城吴桥东光五州县会衔）》，《拳案杂存》卷中，《桐乡劳先生遗稿·拳案三种》，第8页。

⑥ 劳乃宣：《禀山东济南府卢夹单》，《拳案杂存》卷下，《桐乡劳先生遗稿·拳案三种》，第3页。

⑦ 劳乃宣：《禀太常寺郎袁夹单》，《拳案杂存》卷下，《桐乡劳先生遗稿·拳案三种》，第4页。

⑧ 劳乃宣：《禀山东臬胡另单》，《拳案杂存》卷下，《桐乡劳先生遗稿·拳案三种》，第7页。

⑨ 劳乃宣：《禀山东抚宪袁夹单》，《拳案杂存》卷下，《桐乡劳先生遗稿·拳案三种》，第10页。

⑩ 劳乃宣：《致胡绍钱书》，《拳案杂存》卷上，《桐乡劳先生遗稿·拳案三种》，第11页。

表现。劳乃宣"权轻力薄"虽不是其主张难以实现的主要原因，但其中因素不可忽视。

再次，具体实施还有决策层面、制度和技术层面的困难。其一，从政策实行的角度分析，义和团是否是"白莲教之支流"、是否是"邪教"，必须由中央政府来决策、认定，已经超出了一个知县的职权范围，甚至督抚都不得随意定性。而当时的清廷由于面临着民族危机、社会危机及复杂的派系权力之争，正逢守旧派得势，意欲利用义和团实现废帝立储的图谋。正如后人所言："端、刚、董、赵、毓、启等，岂一死遂足以塞责。"① 这些人掌权中枢，就不可能支持劳氏的主张，把"义和拳乃白莲教之支流"的主张上升为中央的决策。其二，清政府对邪教的查处治罪极严，有一套固定的制度，如劳乃宣禀奏中所言："查例载：凡传习白阳、白莲、八卦等邪教，习念荒诞不经咒语，拜师传徒惑众者，为首拟绞立决。为从年未逾六十及虽逾六十而有传徒情事，俱改发回城，给大小伯克及力能管束之回子为奴。如被诱学习，尚未传徒，而又年逾六十以上者，改发云、贵、两广烟瘴地方充军。旗人销除旗档，与民人一律办理。至红阳教及各项教会名目，并无传习咒语，但供有飘高老祖及拜师授徒者，发往乌鲁木齐分别旗民当差为奴。其虽未传徒，或曾供奉飘高老祖及收藏经卷者，俱发边充军。坐功运气者，杖八十。如有具结改悔，赴官投首者，准其免罪。地方官开造名册，申送臬司衙门存案。倘再有传习邪教情事，即按律加一等治罪。若拿获到案，始行改悔者，各照所犯之罪问拟，不准宽宥。如讯明实止茹素烧香，讽念佛经，止图邀福，并未拜师传徒，亦不知邪教名目者，免议。又各省遇有兴立邪教，哄诱愚民事件。该州县立赴搜讯，据实通禀，听院司按核情罪轻重，分别办理。倘有讳匿，辄自完结，别经发觉，除有化大为小、曲法轻纵别情严参惩治外，即罪止枷责，案无出入，亦照讳窃例从重加等议处各等语"②。这套处置邪教的制度、措施使地方官处置义和拳这类"邪教"等于"自找麻烦"，所以劳乃宣不得不提出变通办理。但即使如此，也未能被清廷采纳。

---

① 佚名：《综论义和团》，中国社会科学近代史研究所《近代史资料》编辑组编：《义和团史料》（上），北京：中国社会科学出版社1982年，第202页。

② 劳乃宣：《禀酌拟查办义和拳教案变通办法请核示由》，《拳案杂存》卷中，《桐乡劳先生遗稿·拳案三种》，第6页。

最后，义和团运动中固然有诸如"刀枪不入"、"吞符念咒"、"降神附体"等迷信因素[1]，但其中的一些口号已经朦胧地表达了反对外国侵略、维护国家主权的主张。义和团运动兴起的原因极为复杂[2]，但首先是由于西方列强的侵略造成的，尽管劳乃宣不予承认，但这是谁也无法否认的事实。民国七年（1918），一位署名若虚的人撰写了《拳匪之祸首》一文，其中说："且胶州之劫夺，乃我国开国五千年来未有之惨祸，为中国灭亡危险之起点。不有胶州之劫夺，中国不至有旅大之租借，不至有威海卫、九龙之租借，不至有广州湾之租借；不有胶州之劫夺，中国不至有义和拳；不有义和拳，中国不至因一部分暴民之野蛮复仇，而使全国负违背公法之神圣条规之名，自亦不至有百种辱国失权之《辛丑条约》。推源祸首谁软？……德人之夺我胶州也。同处光天化日之下，两国又未宣战，而忽因穷乡僻野有盗杀主人之事，即以海军占据海口，夺人土地，杀戮无辜乡民，历史上之强权施用，似未见有如此灭绝天理、伤坏人道者。有可比伦者，则德人之此次占据比国疆土是也。故二十年来，中国读书社会思及此次之刀割，疮痕至今犹未合也。盖山东乃我国文化发祥之地，先师至圣孔子之宗邦，神圣疆域，流盗外寇从无敢侵犯之者。胶州之在山东，又为古代皇室封建孝子贤孙之国，海山苍苍，人文荟萃，为董仲舒、苏轼之故治。故志称其人民朴野，以农为务，士好经术，俗多狷介，衣冠文物，有古先王之风。而今黑森林中之日耳曼民族境浮海东来，据为己有，举国乌得不痛心疾首乎。"[3]

的确，若虚的观点是有道理的。西方列强掀起抢占租界地和划分势力范围的高潮，首先是由德国租借胶州湾开始的，由此中国的民族危机日益深重，民教冲突加剧，阶级矛盾和自然灾害等诸多因素交织在一起，最终导致了义和团运动的高涨。而佐藤公彦据陈银锟的《清季民教冲突的量化分析》认为："该

---

① 佐藤公彦称："义和团是带巫术色彩的复古运动，之所以如此，是因为他们直接感受到敌我（军事、武器）的优劣远远大于以往教案事件。为了超越这一差距，他们就必须借助巫术呼唤出超自然的力量，否则就处于无法对抗的境地。"参见［日］佐藤公彦著，宋军、彭曦、何慈毅译：《义和团运动的起源及其运动》，北京：中国社会科学出版社2007年，第17页。

② 戴玄之将义和团大起的原因归纳为四点：列强侵略压迫的刺激，教士教民的欺凌，天灾的影响，政府的鼓动。参见戴玄之：《义和团研究》，台北：文海出版社1963年，第47—72页。

③ 若虚：《拳匪之祸首》，中国社会科学近代史研究所《近代史资料》编辑组编：《义和团史料》（上），北京：中国社会科学出版社1982年，第276、279页。

书所示是 1860—1899 年 990 件教案年度统计表，当然最大的峰值应为 1900 年的义和团事件，形成该图波峰的有：（1）光绪二十四年（1898）、（2）光绪二十年（1894）、（3）光绪十年（1884）。这意味着什么呢？若继以 1897 年德国占领胶州湾而来的列强瓜分狂潮、中日甲午战争、中法战争作为其背景即可一目了然。也就是说，这显示中国国内反基督事件的发生，是与外国侵略所压迫的紧迫程度相关的。"[1] 清廷所谓的利用民心、民气，正是中华民族和帝国主义矛盾激化，许多官吏、士绅和民众产生抗击西方列强侵略的反映，其中包含了以近代国家主权意识为内容的近代民族主义思想胚胎的萌芽。

而劳氏解释民教冲突时则曰："邦国自强之道，其本在亲上死长，其要在足食足兵。今日有志之士当卧薪尝胆，力图固我根本，强我国势。国势既强，外人自不敢轻侮，不在逞一朝之忿，求一时之快也。若夫毁教堂数处，劫教民数家，于人心何益，风俗何裨？杀西人一二，于国耻何补，于时局何济？而徒为国家生事、地方招祸，岂智者之所为哉。"[2] 但是西方列强大肆侵略造成的民教冲突加剧是无法掩盖的事实，因此义和团运动中包含着与列强抗争、维护民族利益的因素，这也是清廷难以将义和团定为邪教的重要原因之一。

总之，劳乃宣极力论证义和拳"乃白莲教之支流"，目的十分明确，在于为镇压义和拳制造根据。在当时的历史条件下，其主张没有被朝廷采纳，看似偶然，实有其必然。

第三节　所谓的"共和思想"

民国建立前，革命派和立宪派就对共和能否实行等问题展开过激烈的争论。民国建立后，由于共和政体是个新生事物，再加之民国初年复杂的政治形势，人们依然对共和的内涵及具体施行持有各种各样的想法和主张。劳乃宣曾先后撰写了《共和正解》、《续共和正解》、《君主民主平议》等几篇文章，阐释了自己的"共和思想"，反对民主共和（认为是谬解），力主复辟清室，美其名曰实行"周召共和"（认为此是正解），在当时引起较大反响，引起了一

---

[1] ［日］佐藤公彦著，宋军、彭曦、何慈毅译：《义和团运动的起源及其运动》，北京：中国社会科学出版社 2007 年，第 14 页。

[2] 劳乃宣：《奉禁义和拳汇录》跋，《桐乡劳先生遗稿·拳案三种》，第 3 页。

片嘘嘘声（口诛笔伐）。把劳氏的"共和思想"和当时康有为（1858—1927）、梁启超（1873—1929）、孙中山（1866—1925）等代表人物的"共和思想"加以比较，对于清末民初的"共和观念"会有更深入的认识。

劳氏《韧叟自订年谱》中曰："辛亥（1911）曾做《共和正解》，至是（1914）复作《续共和正解》并《君主民主平议》，主张复辟，作书致徐菊人，转达袁氏，又印行于世。新党大哗，不得要领而罢。"[1] 他完成自己的"得意之作"后，还曾大力宣传，有的公开发表，有的则寄给亲朋好友，以广其说。

一、简析《共和正解》与《续共和正解》

武昌起义爆发后不久，劳乃宣很快草就《共和正解》，反映了劳氏对政体变革的敏感性。该文可谓反映民初"共和"观念的一段重要史料，故不避冗长，加以征引。劳乃宣引经据典，分析了中国"共和"的出处和含义：

> 《史记·周本纪》厉王出奔于彘，太子静匿召公之家。召公、周公二相行政，号曰共和。共和十四年，厉王死于彘。太子静长于召公家，二相乃共立之为王，是为宣王。宣王即位，二相辅之，修政法文、武、成康之遗风。诸侯复宗周。韦昭云：彘之乱，公卿相与和而修政事，号共和也。《十二诸侯年表》庚申，共和元年，以宣王少，大臣共和行政。《索隐》云：宣王少，周召二公共相王室，故曰共和。又十四年，宣王即位，共和罢。《索隐》云：二相还政，宣王称元年也。此共和一语所自出也。其本意为君幼不能行政，公卿相与和而修政事，故曰共和，乃君主政体，非民主政体也。故宣王年长，共和即罢。伊尹之于太甲，霍光之于汉昭，皆是此类。与今日东西各国所谓君主立宪，绝相似。

可见劳氏的"正解共和"实为西周历史上的"周召共和"，与革命派引进的"共和"迥然不同。几乎与劳氏《共和正解》同时，康有为也著有《共和政体论》。而康氏认为"惟共和之政体甚多，吾国人之言共和者，几若以美国之政体尽也，则犹有误蔽也"。其提出共有12种"共和"政体：

---

① 劳乃宣：《桐乡劳先生遗稿·韧叟自订年谱》，第20页。

夫共和之义，于古也六，于今也六，凡有十二种；体各不同，利病各有，不能统以共和空名混之也。

夫在吾国，周召共和，为共和之始，一也；远古人皇氏九头纪，尤为大地共和之先，二也；希腊、雅典贤人议会，三也；斯巴达二王并立，四也；罗马三头之治，五也；罗马世袭总统，专制如王，六也。此或为已过之迹矣。

其在今世之共和也，有议长之共和国焉，瑞士创之；其制以政府各部长共行政，其有不谐，决以多数，数同则折衷于议长，故只有议长而无总统，共和之极则也。共和之一体也。

有国民公举总统之共和焉，美洲是也；其制总统握行政之大权，而有任期，使全国民选之，各部隶于总统。此又共和之一体也。

有上下国会合选代表王之总统共和国焉，法国是也；其制总统代表王者，有任期而无权，政府有宰相以行政，各部隶于宰相。此又共和之一体也。

有上下国会合选之总统不代表王之共和国焉，葡萄牙是也；其制国会公选总统握行政权，各部隶之，无宰相而有任期。此又共和之一体也。

有虚属之共和国焉，加拿大创之，澳洲、波与匈牙利行之；其国会有完全自治权，英与奥皇以虚名领之，不能分毫干涉焉。又共和之一体也。

有君主之共和国焉，英创之，比利时、罗马尼亚、布加利牙、那威行之；其权全在国会，虽有君主，虽无成文限制其权，然实无权，故英称大不列颠共和王国。又共和之一体也。[1]

因此，康有为认为"共和"如此之多，很难选择，"凡此十二体，吾国人将何从焉？即古远不足论，取其近可行者，则亦六体，何择焉？"[2] 而劳氏把其"正解共和"说与现实联系起来，指向当下之"共和"之谬：

而不学之流，乃用之为民主之名词，谬矣。夫君主立宪有君也，民主立宪无君者也。古之共和明明有君，乌得引为无君之解哉。今天下竞言共

---

① 康有为：《共和政体论（1911 年 12 月）》，《康有为全集》第 9 集，北京：中国人民大学出版社 2007 年，第 241 页。

② 同上书，第 242 页。

和矣。若依共和之本意解之，则今日颁布之君主立宪政体，正与周之共和若合符节也。昔者摄政王监国，犹有成王时周公负扆之风，与厉王时之周召共和尚不甚同。今摄政王退位矣，皇上幼冲，专心典学，用人行政，均责成内阁总理大臣、各国务大臣担负责任，非所谓公卿相与和而修政事哉。是今之朝局，乃真共和也，共和之正解也。若时人之所谓共和，乃民主也，非共和也，共和之谬解也。

由此，劳氏指出"不学之流"错误地把"共和"和"民主"混淆，是对"共和"之"谬解"。接着劳乃宣分析了"民主"的由来和适用范围：

抑民主之制，何自始乎？欧美以工商立国，希腊、罗马早有市府之政，其人民即具有法律之知识，渐摩服习，垂数千年，几于人人有自治之能力。民政久有基址，而其各国君主、沿海酋长之余习，暴虐有甚于中国之桀、纣者，激而生反抗之心，相推相延，乃成今日民主之制。其所由来者渐矣，非一朝一夕之故也。然犹且民主之国少而君主之国多。又其民主之政体，惟北美最完善，法国已不能及。若南美民主诸邦，至今日寻干戈，几无宁岁；迥不如欧洲君主诸国之治平。则以美国之民，徙自英国，皆素谙法律之辈。他国均不能及，故也。是则欲成民主之国政，非全国人民素谙法律不可，有可断言者。至于倾覆君主改为民主，尤非其君主暴虐已极，全国怨恨不能及此。法国大革命之际，欧洲全境民气大张，纷然群起竞争，然倾覆君政者，仅一二国，余则皆得君主立宪而已足，则已君非甚暴，民未甚怨，但得保全权利，愿望已酬，不必排其君而去之。且就君主之成局改为立宪，不必别行建设，尤事半而功倍也。此皆历考欧美往迹，确有可凭者也。

劳氏的分析颇为简练，也较为准确，从中可以看出，他对希腊、罗马、北美、南美、美国、法国、英国等国家和地区的历史及其政体知识的熟悉。清末民初康、梁等人关于此一方面的政论文章，颇有一些与之相近之处。康有为在《共和政体论》中分析近代各国实行六种"共和"政体的利弊[1]，虽较为详尽，

---

[1] 康有为：《共和政体论（1911 年 12 月）》，《康有为全集》第 9 集，北京：中国人民大学出版社 2007 年，第 242—243 页。

但精神实质和劳乃宣此处所言相差无几。劳氏尤其强调"其所由来者渐矣，非一朝一夕之故也"，并以法国为例，指出："且就君主之成局改为立宪，不必别行建设，尤事半而功倍也。此皆历考欧美往迹，确有可凭者也。"接着再次论述中国的国情：

> 若我东亚，自古及今，从未闻有民主之说。中国人之号四万万，其中略晓欧美文明法律，具民主之见解者，通商大埠或有数百人，都会通衢或有百人数十人，偏僻郡邑不过有数人或一二人，合二十二行省计之，极多万人耳。此外三万九千九百九十九万人，不识不知，顺帝之则者居其大半，皆安于君主之下者也。读书有学识之士，及粗明常理之人居其少半，皆笃守旧道德旧礼教，极端反对无君之说者也。今以极少数喜新之人，倡民主之说于三五都会、商埠，而欲普天之下山陬海澨数万倍大多数守旧之人，悉表同意，断断无此理。天下数万倍大多数之民皆不同意，而谓可以造成民主之治，岂情理之所有哉！

此处，劳氏对中国国情的分析较为客观，也有一定的道理。孙中山也有类似的论述："今中国国民四万万，其能明了了解共和之意义，有共和之思想者，尚不得谓多。其未了解并无此思想者，于共和深表反对，然彼之反对，亦以其心，未必以力也。"[①] 但劳氏出发点及接下来的论述就较为偏颇了：

> 况朝廷本无虐政，德泽犹在人心，虽近日当轴，不得其人，致滋民怨，然怨者政府，非怨君上。与欧洲革命之怨毒生于其君者，迥不相侔，尤不可同日语也。近者革命之风，四方蜂起，一似人心皆同然者，实则为少数无知妄人所煽动，不轨军队所劫持耳。昧者不察，遽谓民主之制可以实行，亦愚甚矣。使果行其说，吾知若辈中骁桀之徒，人人有大总统之想，必互不相下，彼此相争；诸方豪杰又必有仗义执言起而致讨者，乱民

---

① 孙中山：《在沪欢迎从军华侨大会上的演说》（1916 年 9 月 30 日），《孙中山全集》第 3 卷，北京：中华书局（1981 年第 1 版）2006 年第 2 版，第 374 页。需要说明的是，第 1 版《孙中山全集》由中华书局 1981 年至 1986 年陆续出齐，共 11 卷（册）。2006 年中华书局所出的第 2 版，除封面与第 1 版有所区别外，其余内容、页码、插图等与第 1 版完全相同，实为重印版。笔者参阅的是 2006 年第 2 版。

土寇因而乘之，宇内之糜烂，将不可问，而外人必坐收渔人之利以去，尚何共和之可言哉？! 此谬解之共和，所以必不可行者也。若夫正解之共和，则君主居正统之名，以镇服天下之人心；政府握大权之实，以担负行政之责任；又有国会处于监察之地位，使不致有跋扈之虑，有周、召之事功，无伊、霍之流弊，非今日救时之要道哉！吾愿今之言共和者，恪守正解，以维君统而奠民生。勿为谬解所误，致蹈无君之愆而贻民生之戚，则幸甚矣。[①]

劳氏无视清朝的腐败，仍然对清廷寄予了厚望，认为"朝廷本无虐政，德泽犹在人心"。在武昌起义已经发生，清王朝行将垮台之际，劳乃宣仍然坚持主张以爱新觉罗氏为君主的君主立宪政体，其对清廷的深厚感情由此可见一斑。

约三年后，劳乃宣再次撰写了《续共和正解》、《君主民主平议》两文，重申了"正解共和"主张，反对引进西方的民主共和政体，正式提出"还政于清"的主张。

在《续共和正解》中，劳乃宣首先抨击了民国建立后"民主实行三年来"政局的纷争，指出袁世凯当上正式大总统后，"大权集于一人，外虽有民主之名，而内实有君主之实"[②]。可谓一语中的。但是袁世凯仍没有实行劳氏的"正解之共和"，仍未能根本解决纷争之政局，因此，劳氏认为："夫纲常名教，中国数千年相传之国粹，立国之大本也，有之则人，无之则兽；崇之则治，蔑之则乱。六朝薄名教，乱者百余年；五代轻纲常，乱者数十年。今者邪说流行，堤防尽决，三纲沦，九法致，千圣百王相传之遗教，扫除破坏，荡然无复，几希之存，过于六朝五代远甚。则其乱之甚且久，必过六朝五代无疑。吾恐非百余年数十年所能止也，非特吾身不能见太平，吾子吾孙亦必不能见太平。"[③] 而对于袁世凯而言："萧墙之变，时时可忧，一身之危，有如骑虎。悍然自帝乎，则项城之心，亦尚未遽忍于出此。且必为中国所不服，外国所不承，亦非所以自全。忍而安于民主乎？则任满之后，离兵必为人所祸，恐不能

---

① 劳乃宣：《共和正解》，《桐乡劳先生遗稿》卷1，第34—36页。
② 劳乃宣：《续共和正解》，《桐乡劳先生遗稿》卷1，第37页。
③ 同上。

如华盛顿之悠游没世也。上无以对故主，中无以救兆民，下无以保子孙。进退失据，无适而可。"① 此处指出袁世凯悍然称帝的后果后来却不幸而言中。

因此，为袁世凯计，劳乃宣提出制定"中华国共和宪法"，以旧瓶装新酒的方式实行君主立宪，具体措施如下五项："一、定国名曰中华国，不称民国"，"一、定纪年曰中华共和国几年，不称民国几年"，"一、总统任期。原定五年，可以继任。今定为联两任，共十年，预为规定，以免临时周折"，"一、今年为共和三年，至总统十年任满，为共和十二年，其时宣统皇帝已十八岁，可以亲裁大政，颁定是年还政于皇帝，依周之共和十四年周召还政于宣王故事也"，"一、还政之后，大清皇帝封项城为王爵，世袭罔替。所以项城之勋劳，亦保项城之身家也"。②

最后，针对此等宪法，各国无先例可循，是否可行的疑问，劳氏回答曰："宪法创始于英，初何先例之有？法继之而不尽同英，普继之而不尽同法，且法则君主民主国体屡变，而宪法亦屡更，普则由王国而变为德之帝国，其宪法又有特别创设之制。美之宪法不尽因仍欧洲，日本之宪法不尽蹈袭欧美。盖各有其国，故民情不能胶执先例也。今远宗我国古昔之成规，近参世界普通之新法，上循国故，下顺民情，自我作古，有何不可。但期足保治安，何必一一摹录成文，削足适履乎？凡以上诸条，皆明定于宪法之内。宪法议定之后，由总统以命令宣布，则天下晓然。于项城有天下而不与之心，盛德大业为万世所共仰。且安富尊荣、子孙世享。易羿浞之丑诋而成伊周之鸿名，免拿破仑之危亡而获华盛顿之休美。化遗臭为流芳，转奇祸为殊福。其荣辱安危，岂不较之今日所处相去万里哉！且也天泽分明，民志大定，纲常名教，可以复兴，虞渊重光，人心感奋，忠臣义士，肯为世用，周室中兴之盛，不难复见。于今日为项城一身计，则如彼为天下大局计，则如此世所谓共和幸福者，此真其正解矣。"③

如此，劳氏设想等到溥仪长大成人，袁世凯还政于清廷，而清朝皇帝加封袁世凯世袭罔替之王爵，岂不两全其美哉！总之，劳乃宣在《共和正解》及

---

① 劳乃宣：《续共和正解》，《桐乡劳先生遗稿》卷1，第38页。

② 同上书，第38—39页。

③ 劳乃宣：《续共和正解》，《桐乡劳先生遗稿》卷1，第39—40页。又，劳乃宣对宪法有研究，曾负责宪法的撰拟，见劳乃宣：《桐乡劳先生遗稿·韧叟自订年谱》，第17—18页。此外报纸上有提及，见《劳乃宣之将来》，《帝国日报》一九一〇年十月十四日。

《续共和正解》中宣扬的所谓"正解共和"，是以实行"周召共和"为名，复辟清室。劳氏的此一主张诚如刘声木所曰："玩其词意，外似和平，内实严厉"；"京卿（劳乃宣）此论，虽属义正词严，独惜空言无益。夫己氏（袁世凯）在近日诚为奸雄，然比之古人，上不能及。又素不好学，不能如王莽之事事仿《周礼》，曹操之横槊赋诗。京卿欲以文字感动夫己氏，譬之与土偶人说话。其中如封夫己氏为王爵，世袭罔替等语，是又欲以爵禄诱夫己氏，其用意非不善，更惜其非其人。当夫己氏当国之时，事专以利禄诱人，一时斗鸡走狗，搏鹰逐鹿之人，咸出其门，几于为天下逋逃薮。夫己氏利用此辈非法无上之人，以攘大位，此种手段，夫己氏用之孰矣。京卿此语，如石投海，焉有用处"。①

二、分析《君主民主平议》

但是劳乃宣尚觉意犹未尽，进而又作了一篇《君主民主平议》。前两篇文章，劳氏的语气似乎还有些"含蓄"，这次则明确提出了复辟清室，还政于清的主张。他引经据典，论证如下。

首先，论证了君主制国家的产生及其特点："则官天下实为建国立君之原，则当百世循之矣。然而古今中外各国之君长，莫不以世及为常；若中国之禅授，外国之民主，不恒多见，何也？此其故关于天道人事者，至繁且赜矣。夫人群之合也，有天合有人合。有天地然后有万物，有万物然后有男女，有男女然后有夫妇，有夫妇然后有父子，此天合也。有父子然后有君臣，有君臣然后有上下，此人合也。天合者为家，人合者为国。古之人先有家而后有国，国者，家之推也。人之有家也，莫不传之子孙，此天性之自然，古今中外之所同也。"②

其次，对家天下和官天下进行了比较，分析了君主制的优点。劳氏认为"家天下"可以"长治久安"："则有国者之传诸子孙也，以传家之理推之，亦遂自然相因而莫能有异"，"古初一群推戴之始，必经无限之竞争乃得一人焉。为众之所服其事，至不易也。既得此一人以为之主，必有一番之扰攘，非所以安群生也。不若循传家之常以传国，世世戴其子孙为一国之主，则君易世而民

———————

① 刘声木：清代史料笔记丛刊《苌楚斋随笔续笔三笔四笔五笔》（全二册）（上），随笔卷9，北京：中华书局1998年，第185—186页。

② 劳乃宣：《君主民主平议》，《桐乡劳先生遗稿》卷1，第41页。

不与闻，可以传之数百年而相安无事。况先君之德泽，后民既没世不忘，祖考之诒谋，奕（易？）代每遵循不替，实为长治久安之良法乎。此其世及之故，又其一也。是以无古今中外，莫不以家天下为立国之常道"。①

劳氏认为中国上古及欧美、古希腊罗马的"官天下"（民主、共和之谓也）则都是"非常之举"，有很大的局限性："昧者不察，妄思效法，若子哙之与子之适，足以召乱而已。尔至后世莽丕之徒，假禅授之名，以行其篡夺之实，则又不足道矣。"而"欧美之民主，外国之官天下也。古之罗马、希腊，有市府之政，为民主之滥觞。然第能行之褊小之区域。迨扩为大国即不能不变为君主矣。盖人少而后，选举易公，地小而后众情易达，非广土众民所能推行无弊也。惟北美联邦区域颇大，亦能行民主之制，则以美之人民，皆英之中流以上人物，因教争而迁往者，人人具有法律知识，非他国智愚灵蠢杂然不一之民所能及也。近者南美诸国，亦效法北美，改为民主，然每易总统一次，战争一次，日寻干戈至今未已。反不如往昔为欧洲君主国属地之安全，则以人民程度不及，而妄欲效颦之所致也"。②

由此其初步的结论为："家天下为常，官天下为变"，"能为环球诸国通行之常道者，君主之制而已"，而民主只是"欧美一二国偶然适用"。③ 而康有为在分析了世界上几乎所有的民主共和政体国家的情况后得出的观点也与劳氏基本相同："中国乎积四千年君主之俗，欲一旦全废之，甚非策也。况议长之共和，易启党争，而不宜于大国者如彼；总统之共和，以兵争总统，而死国民过半之害如此。今有虚君之共和政体，尚突出于英、比与加拿大、澳洲之上，尽有共和之利而无其争乱之弊，岂非最为法良意美者乎？……"④ 也就是说要保留君主。但康有为提出了"虚君共和"，欲设立的"木偶之虚君"是孔家"衍圣公"⑤，这又是康氏标新立异之处，而劳乃宣则始终主张复辟清室，拥立溥仪。

再次，劳氏就民国实行三年以来的纷繁局势，正式提出"民主之制不适用于中国，已实行试验彰明较著，不容讳言矣。长此不变，将来总统之攘夺必

---

① 劳乃宣：《君主民主平议》，《桐乡劳先生遗稿》卷1，第41、42页。
② 同上书，第42页。
③ 同上书，第43页。
④ 康有为：《共和政体论（1911年12月）》，《康有为全集》第9集，北京：中国人民大学出版社2007年，第248页。
⑤ 同上书，第248—249页。

同于今之南美，宇内之扰乱必甚于昔之六朝五代"，"欲救此祸，非复帝制不可"。①

但与劳氏撰写此文相差无几，梁启超已撰文不同意此种观点："谓共和必召乱而君主即足以致治，天下宁有此论理，波斯非君主国耶？土耳其非君主国耶？俄罗斯非君主国耶？试一翻其近数十年之历史，不乱者能有几稔？彼曾无选举总统之事，而亦如此，则何说也？我国五胡十六国五代十国之时，亦曾无选举总统之事，而丧乱惨酷一如墨美，则又何说也？凡立论者，征引客观之资料，不能专凭主观之爱憎以为去取，果尔者不能欺人，徒自蔽耳。平心论之，无论何种国体皆足以致治，皆足以致乱。"②

最后，劳氏提出复辟的具体路线："余故议就今日共和之名称，行古代共和之实事，外无更张之显迹，而内有默运之微机，非特项城成为不世之奇杰，千古之完人，即攀龙附凤诸人，亦仍还为一朝之臣子，不复涉携贰之嫌，讵非旋乾转坤之妙用哉。"即劳氏提出在宣统成人之后，由大总统袁世凯拥戴其复辟清室，"当日原以为欲救中国非改民主不可。是以大清让天下于国民。今实验之后，灼知民主之制不适用于中国。是以国民又让还大清，彼此皆出于大公。譬如一物，本属此家所有，众意其适用于公众，劝其让出，公之众人；及众试之，并不适用，自应仍还此家，理所当然。无待再计，奉故物还故主，尤不得谓私于一姓也"。"正续《共和正解》之作，解事者见之莫不快然而餍于心。而沉湎异说之辈，则未免视为顽固之谈。是未尝即君主民主源流而深考之耳。因上溯古初建国立君之由来，博稽世界君主民主之利弊，远征吾国历代之兴亡，近察迩日民心之向背，平情衡度，以成此议。质之当世明达君子，或不河汉余言之也乎。"③

民国初年的复辟，形形色色。耿云志在《复辟的闹剧》一节中给予了分析：

> 不过，想望复辟的人却不止袁世凯及其追随者，还有退位的清皇室及其遗老遗少们。其中有清末曾积极参与预备立宪的一些王室成员，他们本想立宪成功，既可图存，又可永保清朝帝系。对革命党，尤其对袁世凯乘

---

① 劳乃宣：《君主民主平议》，《桐乡劳先生遗稿》卷1，第43页。
② 梁启超：《饮冰室合集·专集之三十三》，北京：中华书局1989年，第93页。
③ 劳乃宣：《君主民主平议》，《桐乡劳先生遗稿》卷1，第44—45页。

机攫取清朝的统治权力，极为不满，原来的民政部尚书善耆是其代表。另一些旧朝亲贵，顽固成性，他们既不赞成预备立宪，更坚决反对民主共和；对袁世凯窃取权力，则耿耿于心，如升允之流。这两类都属皇室成员，他们于辛亥鼎革之际，组织宗社党，一直为保护和恢复清室进行活动。他们甚至幻想勾结日本人搞武装叛乱活动。他们是清室复辟的核心势力。还有旧朝武人，受旧思想熏陶，不忘旧主，如张勋之流。再有，就是旧式士大夫，饱读经书，满脑子忠君守道的思想，对新制度、新人物、新思想，一切看不惯，对旧朝旧君，恋恋不忘，如劳乃宣、于式枚、刘廷琛、沈曾植、郑孝胥等人。这些人，因能恪守旧道德，思想尚称一贯，既不侍新朝，亦不为袁世凯所利诱。所以，尽管其复辟主张是错误的，但其人格尚能保持独立。这几类人，情况各异，未能真正结合一起，但其想望拥戴废帝溥仪则是一致的。1914 年 7 月间，刘廷琛在拒绝接受政事堂礼制馆顾问之职的辞呈中要求袁世凯"奉还大政于大清朝廷"。劳乃宣则将其所撰反对民主共和，主张复辟清室的《共和正解》、《续共和正解》及《君主民主平议》三篇文章合印散发，并请徐世昌等人转呈给袁世凯，其中亦要求袁世凯待溥仪成年人之时，"奉还大政"。复辟的氛围是袁世凯们有意造成的。结果却为想望复辟清室的人所利用，袁氏岂能坐视。11 月间，时为肃政使的夏寿康，上呈文要求"查禁复辟谬说"。袁世凯借机会下令查办，步军统领随将有复辟言论的国史馆协修宋育仁传讯拘留，以达杀一儆百的效果。司法部等有关部门应声行动起来，并通知各省文武长官一体行动，检举有复辟言行者，按律惩办。本来势力就有限、胆气不足的清室复辟派，一下子就给镇压下去了。①

三、与梁启超、孙中山主张之比较

将复辟清室一派势力压下去之后，袁世凯自己就开始了复辟活动。民国四年（1915）8 月，其谋划由隐蔽转而公开。其宪法顾问、美国人古德诺发表《共和与君主论》，宣称"中国如用君主制，较共和制为宜"。接着，由杨度策

---

① 耿云志：《近代中国文化转型研究导论》，成都：四川出版集团四川人民出版社 2008 年，第254—255 页。

动组织的所谓"筹安会"亮相，为袁世凯复辟帝制作舆论宣传。袁世凯利令智昏，炮制"民意"，让他的党徒为他解除当年誓守共和的束缚之后，就大模大样地接受"拥戴"，下令筹备"登基大典"，并宣布明年（1916）为"洪宪元年"。"复辟之不得人心，是任何头脑清楚的人都看出来的。梁启超与蔡锷策划云南起义，发动护国战争，许多省份继起响应。孙中山及其革命党人在各地纷纷发起反袁斗争。在全国一片讨袁声中，拥袁营垒内部相继发生倒戈。袁氏日益孤立，终于在四面楚歌声中，羞愤而死。但是，复辟的余孽，没有扫除干净。一年之后，又发生张勋拥戴清室复辟12天短命的闹剧。两次复辟的发生，说明新生的共和国没有稳定的根基，而两次复辟的迅速失败，则又说明帝制不得人心。若要行专制统治，必须弄些别的花样了。"①

在反对袁世凯复辟帝制的过程中，梁启超撰写的《异哉所谓国体问题者》一文影响最大。其文虽不如革命党人的宣言那么激烈，但说理最为透彻。文章指出："故鄙人生平持论，无论何种国体，皆非所反对，惟在现行国体之下，而思以言论鼓吹他种国体，则无论何时皆反对之"；"夫执谓共和利害之不宜商榷，然商榷自有其时。当辛亥革命初起，其最宜商榷之时也，过此以往，则殆非复可以商榷之时也"；"政体诚能立宪，则无论国体为君主为共和，无一不可也；政体而非立宪，则无论国体为君主为共和，无一而可也"；认为"国体一更，政制即可随之翻然而改，非英雄欺人之言，即书生迂阔之论耳"。②此外，梁启超还撰写了《辟复辟论》等文，由此可见，进入民国后，梁启超的思想主张与其师康有为有了很大差别，他已是反对任何形式的帝制。

孙中山是近代民主革命的先行者，他的"共和"主张是革命党人"共和"观的典型③，也代表着当时先进的中国人对"共和"的认识水平。为了推动革

---

① 耿云志：《近代中国文化转型研究导论》，成都：四川出版集团四川人民出版社2008年，第257页。关于袁世凯复辟的过程也参考了该书。

② 梁启超：《饮冰室合集·专集之三十三》，北京：中华书局1989年，第86、88、90页。

③ 孙中山曾说："我不但要推翻满清政府，并且建立共和政体。民主的观念在中国一向颇为流行，没有理由要以君主政体来妨害这种民主观念。中国人民不但爱好和平，遵守秩序，而且也浸染了选择自己的代表管理自己事务的观念。我们所需要做的，只是把这种民主观念付诸实行。为此，人民须有自己选出的全国的及各省的代表，他们为人民所选，代表人民，将为人民的最高利益而工作。我们现在为建立一种最能适应我们广大国土与众多的共和政体所遇到的困难，是不可避免的，但我确信没有其他的政体会在中国建立。"见孙中山：《中华民国》（1912年7月下旬），《孙中山全集》第2卷，北京：中华书局2006年第2版，第393页。

命，孙中山提出了"驱除鞑虏，恢复中华，建立民国，平均地权"①的纲领，并且阐发为"三大主义：曰民族，曰民权，曰民生"②；进而孙中山提出了"五权宪法"的设想："立法、司法、行政三权，为世界国家所有；监察、考试两权，为中国历史所独有。"③针对国人多有不解"共和"二字之意义者，孙中山曾给予解释："共和之所以异于专制者，专制乃少数人专理一国之政体，共和则国民均有维持国政之义务。……从前专制的时候，官府为人民以上的人，现在共和，人民即是主人，官府即是公仆。"④"二次革命"失败后，孙中山"为扫除专制政治、建设完全民国"，又提出革命的三个步骤，即"军政时期"、"训政时期"、"宪政时期"⑤三个阶段，后来孙中山还做了进一步的总结完善。

民国六年（1917），宣统复辟失败后，孙中山曾发表演说："共和政治至今六年，有共和之名，无共和之实，发现帝制两次：一袁氏洪宪；二宣统复辟。然至今共和仍在者，以人心之趋向。……段、倪等不得不假共和之名，以压服军心，则人人心理趋重共和。可知共和成立，帝制永无发生之希望，所虑者日后尚有假共和与真共和之正耳。段、倪等假共和，张、康等真复辟也，假共和之祸犹甚于真复辟。诸君系欢迎共和之人，当先拥护真共和，打除了假共和而后能得真共和之建设，此责任则在诸君。"⑥

总之，劳乃宣的"共和"主张，以咬文嚼字之故伎，维护纲常名教及传统政体，旨在复辟帝制，还政于清室。在这一点上，康有为的主张与之有相似之处。梁启超在民国时期的思想主张与其师康有为已有较大不同，他坚决反对复辟帝制，犹以《异哉所谓国体问题者》最为著名，提出共和已经建立，"惟

①　孙中山：《致公堂重订新章要义》（1905 年 2 月 4 日），《中国同盟会总章》（1905 年 8 月 20日），《孙中山全集》第 1 卷，北京：中华书局 2006 年第 2 版，第 262、284 页。

②　孙中山：《〈民报〉发刊词》（1905 年 10 月 20 日），《孙中山全集》第 1 卷，北京：中华书局2006 年第 2 版，第 288 页。

③　孙中山：《与刘成禺的谈话》（1910 年 2、3 月间），《孙中山全集》第 1 卷，北京：中华书局2006 年第 2 版，第 445 页。

④　孙中山：《在石家庄国民党交通部欢迎会的演讲》（1912 年 9 月 21 日），《孙中山全集》第 2卷，北京：中华书局 2006 年第 2 版，第 478—479 页。

⑤　孙中山：《中华革命党总章》（1914 年 7 月 8 日），《孙中山全集》第 3 卷，北京：中华书局2006 年第 2 版，第 97 页。

⑥　孙中山：《在广东省学界欢迎会上的演说》（1917 年 7 月 21 日），《孙中山全集》第 4 卷，北京：中华书局 2006 年第 2 版，第 121—122 页。

现行国体之下，而思以言论鼓吹他种国体，则无论何时皆反对之"；"且论者如诚以希求立宪为职志也，则曷为在共和国体之下，不能遂此希求，而必须行曲以假涂于君主，吾实惑之"。① 孙中山的共和主张是在三民主义的基础上，实行五权宪法的共和政体，并在革命实践中提出了军政、训政、宪政三个时期（步骤），此代表了近代史上探索共和的进步主张。从根本主旨而言，劳乃宣的"共和"主张，与孙中山相比，有着根本的不同，相差不啻霄壤。由于民国建立后，有着许多不尽人意之处，"有共和之名，无共和之实"，孙中山和劳乃宣的共同之处在于，都认识到了民国初年，具有共和思想的国人尚少，对共和了解之人也不多。而劳乃宣提出"民主之制不适于中国"的种种理由，正是日后建立民主共和政体中需要克服的困难，为将来的民主共和制度在中国的发展、完善提供了借鉴。

---

① 梁启超：《饮冰室合集·专集之三十三》，北京：中华书局1989年，第86、90页。

第四章　学术兴趣及成就①

劳乃宣属于新旧交替时代的人物，对于中学或曰中国传统文化造诣颇深，又在一定程度上接受了西学（或曰新学），在学术上是有成就的。

第一节　对中国传统文化的继承和创新

首先考察劳乃宣对中国传统文化的继承和创新。劳乃宣所受的教育及经历决定其知识结构以传统文化为主。他长期致力于"义理之学"，热衷于"礼学经世"，并对"礼学"的应用提出了不少见解②。他还长期从事语言文字学和古代数学的研究，是清末民初的语言学家和古筹算学家，尤其是他为了普及教育，提出了汉字改革的主张，对简字（汉语拼音文字的前身）提倡和推广作出过一定的贡献。在语言文字学方面，劳氏对音韵学有较深入的研究，著有《等韵一得》（1883）；他提倡推广简字，曾将王照所制的只限京音的《官话字母》增订成为《增订合声简字谱》和《重订和声简字谱》（即《宁音谱》和《吴音谱》，1905 年完成，1906 年出版）；后又撰成《简字丛录》（1906）、《京音简字述略》、《简字全谱》（1907），主张先用字母拼音方言的汉字读音，再用字母拼出京音，使方音逐渐统一于京音，以便学习普通话。民国二年

---

① 劳乃宣的政治思想与学术主张有时交织在一起，难以区分，笔者出于研究的需要，姑且分之。此外，劳乃宣的教育活动与主张亦可作为劳氏的学术兴趣与成就，但因其内容较多，有较强的专题性，故另辟一章，特此说明。

② 据《学稼堂剩书存目》，劳乃宣藏书近 1200 种（此外还存有旧信、民国旧报、拓片等目），其中经史小学类约有 580 种。劳乃宣曾多次举家搬迁，因此其书发生过散佚，但这些剩存书目，也在一定程度上反映了劳氏从事学术研究的基础条件。见甲 57：《劳乃宣存札》，第三函，中国社会科学院近代史研究所图书馆藏。

（1913），"读音统一会"制定读音时，曾采用他的许多主张。在古筹算学方面，劳氏著有《古筹算考释》（1883）、《筹算浅释》（1893）、《垛积筹法》（1894）、《衍元小草》、《筹算分法浅释》、《筹算蒙课》（此三种皆成于1898年）、《古筹算考释续编》（1899）等书共七种。

一、致力于"义理之学"

前面已经提及，劳乃宣从19岁时始"致力于义理之学"[①]，从其《劳斋日记》、《矩斋日记》等资料[②]的记载来看，他是经常躬身反省的。其实，程朱理学到了晚清时期，包括一些著名的理学家在学理上已无甚创新，只是躬于实践，身体力行而已。劳乃宣亦是如此。为此，他还制定了《日省谱》、《人道纲目》、《知耻求慊二箴》等，以严格要求自己和后人。

劳氏所定《日省谱》和《人道纲目》是劳氏践行"义理之学"这一崇高理想的表现。《日省谱》[③] 作于光绪十九年（1893），当时劳氏已51岁，其内容包括身心、职业、家政、世务和学术等五纲十目。劳氏曰："往日之非则既知之矣；而来日之是，犹不知所以求之，可不惧哉。因为日省之谱以自励，以身心、职业、家政、世务、学术为五纲，而各列省勉之目，以求其是；又列省改之目，以察其非。省勉之中，复分经纬，如行路然。以之为邮程之籍，如行军然。以之为纪律之条，旦而作夕而休，一动止一语默，检察必严，毋或自恕。方今居官，故即以治道之全为职业，一邑虽微，通乎天下，殊其分不殊其理也。异日职业更易，当别为之目焉。其他四纲则固无适而不然者也。日日省之，不愆不忘，积日而月，积月而年，兢兢焉以终吾身。或者得免小人之归乎，不敢知也，勉之而已，改之而已。"[④] 其践履"义理之学"的精神于此可见。

劳乃宣所定《人道纲目》[⑤] 不知作于何时，但其精神主旨与《日省谱》基本相同。其主要内容包括修己、治人两大纲，修己大纲之下又分正心（正心之纲包括穷理、存心、性尽三纲）、修身（修身之纲包括持躬、尽伦、任事三

---

① 劳乃宣：《桐乡劳先生遗稿·韧叟自订年谱》，第3页。
② 编号为甲57，甲57－3，甲57－4，甲57－6，甲57－7。
③ 劳乃宣：《日省谱》，《桐乡劳先生遗稿》卷5，第32—34页。
④ 同上书，第33—34页。
⑤ 劳乃宣：《人道纲目》，《桐乡劳先生遗稿》卷5，第35—36页。

纲）两项，治人大纲之下又分知人（知人之纲包括任贤、去邪两纲）、安民（安民之纲又包括正纪纲、厚民生、崇教化、修武备四纲）两项，两大纲之下，又共有十二小纲，小纲之下目的内容就更多更详细。

《日省谱》和《人道纲目》是劳氏以"义理之学"为指导，结合自身人生经历的经验之谈，足以表明他以修身、齐家、治国、平天下为崇高理想，表现了其崇儒重道的精神。

而"知耻求慊"是劳乃宣晚年的经验总结。他在《知耻求慊二箴》序中曰："昔人论学，各有宗旨。若新安（朱熹）之居敬穷理，姚江（王阳明）之致良知，昆山（顾炎武）之博学于文行己有耻，皆远宗孔子文行忠信，孟子知言养气之旨，而自抒其心得，以之自勉，即以之勉人，若射者之赴其的，行者之趋其家，俛焉，日有孳孳而不能自已者也。余自幼志于学，今老矣，阅历世故数十年，穷通得丧之境，皆备尝之。而造次颠沛，未敢少自宽假，所以省躬接物内信诸心者，厥有二语，曰知耻，曰求慊。盖耻者所当去也，知之真斯去之决；慊者所宜得也，求之专斯得之足。果能尽去其所耻，而实得其所慊，学问之道，无待他求矣。间与健儿论及乎，此健请作箴铭以资观省。爰作此二箴，以自励，并与儿孙辈共励之，且愿与世之同志共励之。"① 劳氏所制"知耻"和"求慊"的箴言，亦可以作为劳氏一生致力于"义理之学"的写照。由此可见，劳乃宣受传统儒家文化影响之深。

劳乃宣不仅躬身于"义理之学"，而且是一个涉猎广泛的学者，对中国学术的变迁也较为关注。大约在民国三年（1914）前后，劳氏在《论为学标准》中首先论述了自孔子之后至清代的学术变迁，其中把太平天国的兴起归因于汉学兴盛及"轻视道德"是错误的，但总体上看，劳氏对中国学术的变迁，尤其是对汉宋之争的认识是大致不错的。而这只是劳氏演讲的引子，劳氏论述"为学标准"，最终的落脚点则是："薛文清公（薛瑄）有言：孔子集群圣之大成，朱子集群贤之大成。愚谓曾文正公集国朝诸儒之大成。今日欲学孔子，当自学曾文正公始。曾文正公督直隶时，作《劝学篇示直隶士子》，其大旨谓：为学之术有四：曰义理，曰考据，曰辞章，曰经济。义理者，在孔门为德行之科，今世目为宋学者也；考据者，在孔门为文学之科，今世目为汉学者也；辞

---

① 劳乃宣：《知耻求慊二箴（并序）》，《桐乡劳先生遗稿》卷5，第30页。

章者，在孔门为言语之科，从古艺文及今世制艺诗赋皆是也；经济者，在孔门为政事之科，前代典礼政书及当世掌故皆是也。"① 曾氏所提出的义理、考据、辞章、经济便是劳氏所倡导的"为学标准"。

为了具体贯彻这四项标准，劳氏还提出：

> 人之才智，上哲少而中下多，有生又不过数十寒暑，势不能兼此四术而尽取之。是以君子贵慎，其所择而先其所急，当以义理之学为主。苟通义理之学，则经济该乎其中，而考据辞章则各就其性之所近，慎择而兼习之。其文经史百家，其业学问思辨，其事始于修身，终于济世，其言为直隶士子发而实本之躬行心得之余，不啻自道其经行之涂辙，而为今世学者希圣希贤之大路，非特直隶士子所当遵循，实天下之人所当奉为圭臬者也。故曰：今日欲学孔子，当自学曾文正公始。曾文正公一生学业散见所著诸书及所记日记，广博不易窥寻。惟《圣哲画像记》一篇，辑古今圣人贤人名臣通儒三十三人，图其像而为之记，藏之家塾，谓后嗣有志读书取足于此。斯文之传，莫大乎是矣。此文足以见公一生学业所宗，尚堪为今日学公之学之标准。其记后有铭曰：文、周、孔、孟，班、马、左、庄，葛、陆、范、马，周、程、朱、张，韩、柳、欧、曾，李、杜、苏、黄，许、郑、杜、马，顾、秦、姚、王三十三人，俎豆馨香，临之在上，质之在旁。此三十三人者，皆曾文正公学业之所宗也。②

劳氏还对这三十三人各自的特长分别记述，予以强调，结论仍是"公之言曰：此三十三人者，师其一人，读其一书，终身用之而不能尽。故学曾文正公者，即当于此求之，不必泛骛于外也。果能心曾文正公之心，学曾文正公之学，实事求是，身体力行，毕生以之，孔子之道，即在是矣"③。

针对"今日全球交通，西学东渐，笃守旧闻，不足以应当世之务"的社会形势，劳乃宣也不得不增添了西学的内容，对原来的曾氏四门予以新的解释："延西人翻译西书，始于上海制造局，订请伟烈亚力、傅兰雅诸人，遣中

---

① 劳乃宣：《论为学标准（尊孔文社演讲辞）》，《桐乡劳先生遗稿》卷1，第31页。
② 同上书，第31—32页。
③ 同上书，第32—33页。

国留学生出洋留学始于奏派陈兰彬、容闳率学生赴美国肄业，皆曾文正公所创行也，则中国之学西学，不得不谓曾文正公开其先矣。且西学有哲学、法政学、各种科学、语言文字学诸门，亦不外乎中学门径。哲学，义理之学也；法政学，经济之学也；各种科学，考据之学也；语言文字学，辞章之学也。第仍以曾文正公所示求学之方求之，中学西学一以贯之，无二致矣，此曾文正公之学之所以大也。曾文正公之学，即孔子之学。孟子曰：乃所愿则学孔子也。愿与诸君共勉之，并愿与天下共勉之。"[1] 劳氏既提出以曾氏提出的"儒学四门"为为学标准，也在一定程度上进行了践履。陈训慈还曾分析曰："由今观之，先生（指劳乃宣）之著吏绩，治刑法，倡简字，设学校，乃至议论当世得失，可谓畅经济之用。其疏礼制，治音韵，则又著考据之功。而遇事发为文章，铿锵可诵，复以余绪为诗词，亦高雅有致，是其辞章亦自有可传者。至若修养之纯，持守之笃，尤非于义理植基至深者不能逮。是先生之诏人取法曾氏，固已先自得之焉。"[2]

二、倾心于"礼学经世"

张寿安认为："礼，在清代受到学术界前所未有的重视，从清初顾炎武（1613—1682）、张尔岐（1612—1677）、万斯同（1638—1702），一直到晚清曾国藩（1811—1872）、孙诒让（1848—1908）等，都以礼为治学之关心重点，尤其曾国藩以礼为国家大政礼俗教化之大本，倡导'礼学经世'。"[3] 而林存阳提出："依照学术发展的内在逻辑，'以经学济理学之穷'的为学致思路向应时而起，学者们遂将研究重心又转向经学原典。在此为学路向引导之下，经学家舍理言礼，'以礼代理'的思想渐趋萌芽。经此酝酿，至清中叶以后而形成潮流，遂有'以礼代理'说的风行于世。其后，陈澧、黄以周再加推阐，故而有'礼学即理学'思想的成熟定型。"[4] 有些学者并非局限于思想层面的探讨，还曾将其礼学主张运用于社会实践中。清代礼学的复兴以及"以礼代

---

[1] 劳乃宣：《论为学标准（尊孔文社演讲辞）》，《桐乡劳先生遗稿》卷1，第33页。

[2] 陈训慈：《桐乡劳玉初先生小传》，《文澜学报》1935年第1集。又见浙江图书馆编：《陈训慈百年诞辰纪念文集》，北京：北京图书馆出版社2006年，第132—133页。

[3] 张寿安：《以礼代理——清中叶儒学思想之转变》，石家庄：河北教育出版社2001年，第5页。该书在台湾的出版时间为1994年。

[4] 林存阳：《清初三礼学》导言，北京：社会科学文献出版社2002年，第3页。

理"的思潮对劳氏的礼学研究不无影响。致力于"义理之学"的劳乃宣十分推崇曾国藩，同时也倾心于礼学研究，多有著述①，在一定程度上继承了曾氏'礼学经世'的衣钵，竭力维护以"三纲五常"为核心的礼教秩序。

（一）调适"四礼学"

谈及礼学，一般而言，人们自然会想到《周礼》中所及吉、凶、军、宾、嘉五礼。除《周礼》外，《仪礼》和《礼记》，与之共同形成"三礼"之学，对中国乃至东亚的文化产生过深远的影响。而对于清代学者而言，风俗之厚薄关系着人心之正邪，治平之要件不只在个人的内在道德，更迫切的是儒家生活礼仪的外在实践。这种使命形成儒家"四礼学"的兴起，所谓四礼是指婚、丧、葬、祭四种礼，也是和人伦日用最相关切的四种礼。礼者履也，礼之践履，亦为礼学思想之要点，并且"《礼记》言制礼之本有三：'夫礼，承天之道以治人之情。'（《礼运》）'礼也者，义之实。'（《礼运》）又言：'礼时为大。'（《礼器》）显然，情、义与时是推动两千年间礼学思想演变的基本力量。"② 清儒在重视人情人欲、人之日常生活和社会秩序的前提下，如何将礼学思想在社会上实践出来，便成为崇礼之时亟须解决的难题。劳乃宣于此颇为用心。

劳氏关于婚"礼"方面的论述都是针对现实社会出现的问题而作。譬如再嫁问题、贞女问题、未婚守志（节）等。曹续祖撰文《再醮不得为继妻》提出：凡娶再醮之妇，而又无子者，只当以妾论，不得使其子丧之曰继母，因而引发争论。劳氏的好友邵作舟曾"作驳议以正之，词严义正，抉发尽致。曹氏无可置喙矣"③。但劳氏仍感到意犹未尽，仍撰文续驳。他引经据典，提出自己的看法："但问其明媒正娶与否，不问其再醮与否也。则娶无夫再醮之妇，而明媒正娶不应离异者，有犯必按服制科罪，可知矣。服制者何？丧服

---

① 劳氏研究礼的文章见于《桐乡劳先生遗稿》，兹列举如下：《续驳曹氏〈再醮不得为继妻〉议》（卷1）、《丧服用古衣冠考》（卷1）、《曹君直礼议序》（卷2）、《王叔用女德序》（卷2）、《书归震川先生〈贞女论〉后》（卷3）、《书汪容甫先生〈女子许嫁而婿死从死及守志议〉后》（卷3）、《太庙增室议》（卷4）、《议覆中国朝鲜官员相见礼仪议》（卷4）、《上黄子寿先生论太庙增室书》（卷4）、《致徐楼樵论丧服书》（卷4）、《答马彝初论丧服书》（卷4）、《答程律生论新旧历书》（卷4）、《复陶婿抽存论古今祭葬礼制书》（卷4）、《又复抽存论姻事书两通》（卷4）等14篇。

② 张寿安：《十八世纪礼学考证的思想活力——礼教论争与礼秩重省》自序，北京：北京大学出版社 2005 年。

③ 劳乃宣：《续驳曹氏〈再醮不得为继妻〉议》，《桐乡劳先生遗稿》卷1，第14页。

也，有犯以之制刑，遭丧即以之制服。再醮之妇，果有媒妁之言，婚书之约，聘币之将，同牢合卺之礼，其死也，夫安得不服以期年之妻服，子安得不服以三年之母服哉！"① 并列举嘉庆十年（1805）陕西孙樊氏之死为例，说明："此再醮当为继妻继母之见于今律者也。礼与律有据如此，准此为断，彼援曹氏之说以为辞者，何能显与礼律为敌哉！"② 劳氏最后还强调"曹氏一空疏无学之人"，"不特未见《仪礼》与今律，且误《家礼》所载服制为朱子所厘定也"③，并且曰："《家礼》亦为明季以来世俗通行之书，曹氏所见者，仅此乡曲俗儒，学识寡陋，凭臆妄谈，本不足辨。乃贺氏择焉不精，采之《经世文编》中。《经世文编》浩博渊深，为世所重，浅见者以其载于是编也，为之震慑而不敢异议。不知文编之体，兼收并蓄，以待人之自择，非篇篇皆不易之定论也。予故表而明之，以解读《经世文编》之惑，非屑屑与曹氏争也。"④《家礼》⑤ 不足以经世，不应编入《经世文编》，这才是劳氏关注的焦点和续驳曹氏的真正目的所在。

关于贞女观念和婚嫁有不可分离的关系，是中国传统"三从四德"观念的附属产物。针对归震川的《贞女论》，劳氏借机进行阐发："昏（婚）礼有六：曰纳采，曰问名，曰纳吉，曰纳征，曰请期，皆女之父受于庙，而女不与焉。至亲迎而后，父醴女而戒之以授婿，是女子自知其身之谁属。自亲迎受父命始也，未亲迎以前，固不知也。故归氏曰：既嫁而后，夫妇之道成，聘则父母之事而已，女子固不自知其身之谁属也，为今之礼，即异于古矣。"⑥ 劳氏分别用几种情况给予分析论证："然未有父母受聘而呼其女以告之者，其女亦

---

① 劳乃宣：《续驳曹氏〈再醮不得为继妻〉议》，《桐乡劳先生遗稿》卷1，第15页。

② 同上书，第16页。

③ 同上。

④ 同上。

⑤ 据张寿安的研究："编纂家礼，不始自朱熹，但《朱子家礼》影响最大，则是事实。《朱子家礼》是否为朱熹所撰，学界争议未有定论。本文不作考证，兹据《四库全书》所录，但以《家礼》称之。四库所收家礼类的作品共有22种。……值得留意的是，四库将此22部书皆编入'杂礼书'。何谓'杂礼书'？""……可见那些不据经典、直接因应生活所需要而撰写的'仪注'，既非专经又非朝制，无法归入三礼五目，就汇编成'杂礼书'。"又"《家礼》既无仪注，邱濬所加之仪注又考古未精，遂落清儒以口实，备受批斥。……这种既无仪注又非依据经典、但凭私臆议礼的态度，在清初学风转变之际受到严厉的批判"。可供参考。见张寿安：《十八世纪礼学考证的思想活力——礼教论争与礼秩重省》，北京：北京大学出版社2005年，第42、43、280页。

⑥ 劳乃宣：《书归震川先生〈贞女论〉后》，《桐乡劳先生遗稿》卷3，第1页。

未有公然与闻其事者。虽未尝不知，然耳可得而闻之，口不可得而言之，有廉耻之心焉。若襁褓受聘，或父兄客于外而受聘，而其女未闻人言则真不知矣。不幸而所聘婿死，为女子者，惟当安于其不知之常，一听父母之所为而已。乃独瞋目攘臂公然与闻乎其事而不以为耻，父母国人反纵而贵之，不亦异哉……又使有女子于此，其父兄客于外，而受聘于甲，女不知也；未几甲死，又受聘于乙，而女仍不知也。归而告之，女将为甲守贞而不嫁乙乎？将嫁乙遂目之为不贞乎？设乙又死，女将死与不嫁乎？其死也，其不嫁也，为甲乎为乙乎？进退失据，无适而可，必穷之道也。欲免此患，必女子与闻乎聘事而后可。夫使女子与闻乎聘事，去男女自相婚姻一间矣。是溃廉耻之大防也。世之未婚守志为贵者，其意将以励世也，乃充其类足以溃廉耻之大防也。斯亦不可以已乎？归氏言曰：女子在室，惟之父母为之许聘而已，己无与焉，纯乎女道而已矣。又曰：女未嫁而为其夫死且不改适，是六礼不具，婿不亲迎，无父母之命而奔者也。旨哉言乎今之女子未嫁，闻婿死而欲守志。度其自陈于父母，必有耻于出口者，是羞恶之本心也。特以世俗之所贵意，谓是真大节之所在也，不得不强颜为之，而其心未必不赧然而内惭。夫心之所惭必非义之所安可知，而乃强颜为之，是世俗之见误之也。使知纯乎女道之说六礼不具，比之于奔之义，亦可以废然返矣。"① 可见，劳氏主张父母聘女，"必女子与闻乎聘事"，不同意过去的做法，并且对未婚守志也隐约持有不同的看法。

而在《书汪容甫先生〈女子许嫁而婿死从死及守志议〉后》中，劳氏则明确反对"未婚守志"的主张和做法："未婚守志及从死，过人之行，世俗所震矜也。先生一言以断之曰：非礼。根据经义，折衷周孔，信足以祛众惑息群嚣矣。"② 此处可见劳氏之态度。

有人采纳了焦循的看法，认为夫妻成婚始于"纳采"："焦理堂氏之言曰：国律许嫁女已报婚书及有私约尔辄悔者，笞五十；虽无婚书但曾受聘财者，亦是。一报婚书受聘财而上以之听讼，下以之定姻好，不必亲迎而夫妇之分定。古定以亲迎，则未亲迎而夫死，嫁之可也。今定以纳采，则一纳采而夫死，嫁之不可也。"③

---

① 劳乃宣：《书归震川先生〈贞女论〉后》，《桐乡劳先生遗稿》卷3，第1—2页。
② 劳乃宣：《书汪容甫先生〈女子许嫁而婿死从死及守志议〉后》，《桐乡劳先生遗稿》卷3，第3页。
③ 同上。

　　劳氏不同意以焦循为代表的这种主张，"焦氏谓夫妇之分，古定以亲迎，今定以纳采，此又似是而非之论也。"① 他分析道："律于悔婚条后继之曰：其未成婚男女，有犯奸盗者，不用此律。注云：男子有犯，听女别嫁；女子有犯，听男别娶。夫使已成婚而男女有犯奸盗，夫可出妻，妻不可去夫也。以夫妇之分已定也。未成婚而犯者可以听女别嫁，以夫妇之分未定也。夫妇之分果定于纳采乎，抑定于亲迎乎？"② 劳氏多次引用清朝律令，并以礼律结合的方式加以分析，驳斥了焦氏的夫妇之分定于"纳采"的主张，这实际上反映了清代社会生活中订婚及嫁娶中的复杂性，即如张寿安论述18世纪清儒的"婚礼观"时提出：女子之诚为从"女"、到"妇"、到"妻"，及男子称谓从"子"、到"婿"、到"夫"的变迁，以说明"夫妇之名成于合卺"，"夫妇合体"为婚姻之成立，是所谓"成妻之意重于成妇"。③ 这种"夫妇合体"才为夫妇的观念被劳氏继承，为他最后论证"未婚守志"违反礼律作了很好的铺垫。

　　劳氏最后提出："礼与律不可偏废也。礼之说，先生之言尽之矣，故复为推其著于律者如是。礼律，圣王治世之大经也。今也以礼言则为之者非，以律言而不为者是，而世之当变者其女子。若女之父母，方且惶然毅然相劝为之而不可止。夫终其身悲酸苦辛，冒天下之所难，能相劝为之，而适为礼之所不许，律之所不贵，将求其少加乎？粹然一无瑕疵之未婚，别嫁焉者而不可得。吾不识夫相逐于礼律之外，皇然毅然而为之，而世之士大夫又从而是之者，果何说也？"④ 因此张舜徽称劳氏曰："故其议论及旧礼，力斥女子许嫁而婿死从死及守志之非。是卷三《书归震川贞女论后》、《书汪容甫女子许嫁而婿死从死及守志议》，发明尽致，足以扫除宋以来束缚妇女之桎梏，有功于礼俗大矣"⑤。

---

　　① 劳乃宣：《书汪容甫先生〈女子许嫁而婿死从死及守志议〉后》，《桐乡劳先生遗稿》卷3，第3页。
　　② 同上。
　　③ 张寿安：《十八世纪礼学考证的思想活力——礼教论争与礼秩重省》，北京：北京大学出版社2005年，第18页。
　　④ 劳乃宣：《书汪容甫先生〈女子许嫁而婿死从死及守志议〉后》，《桐乡劳先生遗稿》卷3，第4—5页。
　　⑤ 张舜徽：《清人文集别录》，收录于《张舜徽集·清人文集别录》，武汉：华中师范大学图书馆2004年，第534页。

劳氏曾致书陶葆廉，论及时代与婚嫁等事，提出聘娶之间不宜过长及从俭办理的主张：

> 某君欲为稚孙说姻，愚意行聘与婚娶必须相近。当此乱世，若幼稚定婚，待长大完娶，深恐遭乱隔绝，成不了之局。先七姑母幼时缔姻芜湖韦氏，值发匪之难，音问不通，至三十余岁，卒于家中。有鉴于此，愚家聘娶无逾一年者。
>
> 信女待字，承为吴兴议姻，甚善侈靡，本非礼。况丁此时局，何必外饰称家有无，古有明训尤当力量。前年（1912）为健儿纳妇，共用京钱一百三十千。今夫妇敦睦，已生两儿，足见从俭之无所损也。此次文定拟办法数条，望转商乾宅。①

劳乃宣对丧葬之礼论述较多，而且身体力行。如光绪八年（1882），其母去世后，劳氏"与先兄共居丧，丧礼悉尊《会典》通礼，冠经衰裳考古制为之。按《仪礼·丧服》疏三王用唐虞白布冠、白布衣为丧服。为丧服用古衣冠，不用当代冠服制度之证，《大清通礼》载有衰麻冠经、屦杖之文，皆与古制无异，是尊古制正所以尊国制也"。次年"二月返保定，行小祥祭礼降服，服阙起"。第三年"行大祥祭礼。五月送眷属返保定，行禫祭礼"。②

劳氏对于丧服的研究倾注了很大心血。民国六年（1917）冬，劳氏撰成《丧服用古衣冠考》③一文，是这一方面的代表作。劳氏提出："以愚考之，今日丧服，确当用古衣冠无疑。何也？盖自三代至今，国家从未尝以当代衣冠为为丧服也。"④ 接下来，劳氏引用《仪礼》、《晋书》、《通典》、《元典章》、《大清通礼》等经典，按照时间的先后，考证了自三王以来直到清代各个朝代的丧服概况，持之有故，言之成理。最后劳氏曰："三代圣人之制作，百不一存于今，独五服之名，衰麻之等，至今承用，无异古初，虽北朝以来，累有外族入主中原，亦相因而不废，非我中国至可宝贵至当爱护之国粹哉！故虽当其

---

① 劳乃宣：《又复拙存论婚事书两通》，《桐乡劳先生遗稿》卷4，第65页。
② 劳乃宣：《桐乡劳先生遗稿·韧叟自订年谱》，第8—9页。
③ 劳乃宣：《丧服用古衣冠考》，《桐乡劳先生遗稿》卷1，第49—53页。该文还单独刊印，散发其亲朋故交。
④ 同上书，第49页。

或继周之时，以历代成例推之，丧服仍当用古衣冠，无疑义也。而今之自命为黄帝、尧、舜之子孙者，乃或弁髦视之，而贸然他族是从，吾恐人道之沦于禽兽，其不远矣。今试执途人而问之曰：父母之丧，衰麻于心安乎？不服衰麻于心安乎？吾知虽乡曲愚氓，未有能悍然不顾，直承可以不服衰麻者也。礼之大本，在人心，未有不顺人心而可以为礼者。是则我中国丧服之用古衣冠，固上因乎数千年之国故，下顺乎数万万之人心，所当亘古不废，与天地相始终者也。当此沧海横流之世，人道之不亡者几希矣！吾为是惧。上溯太古，下征历朝，考此源流，以谂来者，冀存人道于万一。"① 关于此书撰写的缘起和过程，劳氏记曰："壬子（1912）岁，徐楼樵谈及某君于其戚谊某氏之丧，不令用白布衣冠为丧服，谓衣服今已改制，不当沿旧习。人皆讥其悖妄，愚独笑其不学。盖某君殆以为衰绖之物，齐斩之服，皆大清所创制，而不知其为数千年相传之国故，亦多见其陋矣。曾致书楼樵论之。拟作此考以解群疑，悠忽数载，今始属草，惜楼樵不及见矣。一得之愚，殊多疏漏，聊为知者道，以为多数人计，非屑屑与若辈辨也。"② 此外，劳氏还著有《致徐楼樵论丧服书》③、《答马彝初论丧服书》④，学理上都未能超过《丧服用古衣冠考》，故不再赘述。

劳乃宣对近代葬礼葬仪的研究，以《复陶婿拙存论古今祭葬礼制书》较为典型，其提出的原则是："古礼，神道尚右。司马温公《书仪》、朱子《家礼》祭高曾祖祢神，主以右为上。明邱濬定祭祀之图，高祖居东，曾祖居西，祖居次东，考居次西，《通礼》从之。营葬位次最古者，周官冢人掌公墓先王居中，以昭穆为左右墓。大夫掌邦墓，令民族葬，正其位，贾疏亦如上文之昭穆左右也。"⑤ 进而，劳乃宣总结历史上一些知名人士的丧葬安排，落实到朝廷的礼制规定上："近检《东华续录》光绪十年（1884）礼部奏复，御史汪鉴奏请申明礼制一节，部议庶母准其同茔从葬，不准同穴合葬于嫡继室之墓旁，纵横各离二三尺，另为开圹立冢，不得开动父母先葬之旧圹，亦不准族人阻挠其父母未葬。有遗嘱令先死有子之妾随同合葬者，则同时开圹，不至以卑动尊礼之变，而不失其正，仍应按嫡庶之分，以次祔葬，其祔礼则侧立木主于嫡继

---

① 劳乃宣：《丧服用古衣冠考》，《桐乡劳先生遗稿》卷1，第52页。
② 同上书，第52—53页。
③ 劳乃宣：《致徐楼樵论丧服书》，《桐乡劳先生遗稿》卷4，第47—48页。
④ 劳乃宣：《答马彝初论丧服书》，《桐乡劳先生遗稿》卷4，第49页。
⑤ 劳乃宣：《复陶拙存论古今祭葬制书》，《桐乡劳先生遗稿》卷4，第63页。

室之旁，云云。得旨如所议行。"① 这就为日后丧葬中尊卑秩序的安排提供了借鉴。

由《丧服用古衣冠考》等文可知，劳氏论礼，不仅涉及人们的日常生活，而且还涉及国典朝制。劳氏的《太庙增室议》进一步证明了这一点。

同治帝去世后，太庙中祭祀的安排事关国体礼制，成为一个引人注目的问题。但当时意见分歧，劳氏结合商、周、汉、宋、元、明等朝的太庙安排，提出了自己的主张：

> 元明以来，室以中为尊，东西必须相对，不能偏增一室，非增二室不可。考《明会典》太庙前殿本九间，而我朝增为十一间。夫前殿既可增，中殿自亦可增，宜援国初增展前殿之例，增展中殿亦为十一间，以中室为太祖不祧之庙。太宗居东一室为昭世室第一，世祖居西一室为穆世室第一，圣祖居东二室为昭世室第二，皆百世不祧；世宗居西二室为穆亲庙第一，高宗居东三室为昭亲庙第一；仁宗居西三室为穆亲庙第二，宣宗居东四室为昭亲庙第二；文宗居西四室为穆亲庙第三，穆宗升祔于东五室为昭亲庙第三；皆亲尽则祧西第五室虚之。或谓六亲庙当相对，今穆上而昭下何也？曰古者同宫异庙，故可各成其尊。今同堂异室与古者合食于太祖庙相似，合食之礼，昭南向穆北向，如穆父昭子，则昭退一位而穆第一位无对，今亦仿此意也，然则此后将世世不祧，世世增室乎？曰何为其然也？亲尽则祧，礼之常也，当祧而立为世室，礼之变也。常者可豫为定制，变者必因时制宜，周至懿王而后有文世室至孝，王而后有武世室，文宗升祔之时未尝豫为，圣祖世室之议，则今又何容豫议及此乎？朝廷之为地有限，天家之缵绪无穷，传之万世，岂能增建万室，故必不能不出于祧者，势也，即礼也。他日亲尽无当祧之时，当循常理以祧迁如、肇、兴、景、显四祖之制可也，有大功德而立为世室，如太宗、世祖、圣祖之制亦可也。二者皆有祖制可遵，以待后人之拟议可矣。②

劳乃宣以历代皇室的祭祀为参考，结合昭穆制度和清朝太庙制度的实际，

---

① 劳乃宣：《复陶拙存论古今祭葬制书》，《桐乡劳先生遗稿》卷4，第64页。
② 劳乃宣：《太庙增室议》，《桐乡劳先生遗稿》卷4，第18—20页。

提出增室的建议，既不违反礼制的原则，又加以合理的变通，反映出劳氏礼学研究的经世性。他又撰《上黄子寿先生论太庙增室书》①，不同意吴汝纶及王大臣等210人的"并龛之说"，提出自己的"增室"主张。黄彭年赞同劳氏的主张，并向直隶总督李鸿章推荐了此主张，以期得到清廷的采纳。

此外，劳氏还撰写了《议复中国朝鲜官员相见礼仪议（代海关道周）》②提出："今请再行详细声明，朝鲜官至中国，无论尊卑，见督抚两司以上，概用属礼。其驻津大员及别口商务委员，见道府州县用平礼。其委员之从官，用属礼。中国官至朝鲜，无论尊卑，与其政府以下，概用平礼，以示区别。其往来公文，用属礼者，用申详；用平礼者，用照会。如此分晰厘定，则秩序益明，体统益肃矣"。③ 此外，劳氏撰写《五篹约》④ 力求在"亲朋燕集"时节俭、守时等，也明显具有礼学经世的性质，即极力维护清廷的封建秩序。

劳氏不仅自己著述礼学文章多种，而且还为一些同道撰成的礼学作品作序，借以宣传自己的礼学经世主张。如曾任礼学馆纂修的曹君直⑤作《礼议》29篇，附资政院驳刑律议四篇刊本，送劳氏阅读。劳氏撰写了《曹君直礼议序》一文，其中曰："见示受而读之，探源经心，博综史志，根往圣之微言，订昭代之彝典，中如皇子亲王亲迎礼，公主厘降见舅姑礼，子为母、妇为舅姑服诸议，类能于纲常之古义抉其精微。而满汉丁忧人员请通行三年丧议，尤为扶持名教之大端。"⑥ 他还特别提及了在清末修律过程中，曹氏对他的支持，以表明二人致力于维护礼教的共同兴趣。此文作于民国后数年，劳氏仍寄希望于将礼作为"他日拨乱反正之大用"⑦。此外，在《王叔用〈女德传〉序》中，劳氏也持有此种观点："光宣之际，异说朋兴，无知少年托名新学，以我中国伊古相传女贞之美德，为不适于时，力图推而坏之。余尝断断与争，而群

---

① 劳乃宣：《上黄子寿先生论太庙增室书》，《桐乡劳先生遗稿》卷4，第39—40页。

② 劳乃宣：《议复中国朝鲜官员相见礼仪议（代海关道周）》，《桐乡劳先生遗稿》卷4，第21—24页。

③ 同上书，第24页。

④ 劳乃宣：《五篹约》，《桐乡劳先生遗稿》卷4，第38页。

⑤ 曹君直即曹元忠（1865—1923），字夔一，号君直，晚号凌波居士，（江苏）吴县人。光绪二十年（1894）举人。曾参与康有为公车上书。捐内阁中书，历官内阁侍读、资政院议员等。民国后为清遗老。先后从管礼耕、黄以周受经学，与其弟曹元弼同为古文经学家。

⑥ 劳乃宣：《曹君直礼议序》，《桐乡劳先生遗稿》卷2，第6页。

⑦ 同上。

笑之为迂阔。刘幼云侍郎谓其意在借以动摇君臣之纲，具疏痛纠，卒莫能挽，乃未几而栋折榱崩，竟罹陆沉之祸矣，于戏其利害不较然哉。王叔用观察忧时君子也，既萃古今忠烈之士，以作正气，集复辑是编，举自古妇人之尽忠孝守节义者，以正人心存人道，不犹是子政欧公之用心乎？夫天地之道，无平不陂，无往不复，诐邪所极生心害政，举世沦胥，迨毒痛宇内，艰苦备尝，必宜穷而思返，则是编固中流失船一壶千金之用也。郑苏堪方伯谓：今厌乱之机已萌，言名教，明伦理，其时至矣。春秋之功，拨乱世而反之正。吾请拭目以俟之。"① 可见劳氏维护纲常名教和传统秩序之思想根深蒂固。

（二）维护"以礼入法"的传统

法律是社会的产物，是社会制度之一，亦是社会规范之一。瞿同祖在《中国法律与中国社会》中说："中国古代法律的主要特征表现在家族主义和阶级概念上。二者是儒家意识形态的核心和中国社会的基础，也是中国法律所着重维护的制度和社会秩序。"②

在中国古代，法与礼有密切关系，二者的关系问题是中国传统社会一个重大而引人瞩目的问题，这就涉及中国古代儒家和法家的治国理念。瞿同祖在《中国法律与中国社会》中曾有过深入的论述："儒家、法家都以维护社会秩序为目的，其分别只在他们对于社会秩序的看法和达到这种理想的方法"。"贵贱、尊卑、长幼、亲疏都有分寸的社会，便是儒家的理想社会。贵贱、尊卑、长幼、亲疏无别，最为儒家所深恶痛绝。孔子作《春秋》，以贬乱臣贼子。……礼便是维护这种社会差异的工具"；"君有君之礼，臣有臣之礼，贵贱上下是不容混淆的，孔子与上大夫言侃侃如也，与下大夫言訚訚如也。……像这样贵贱、尊卑、长幼、亲疏各有其礼，自能达到儒家心目中君君、臣臣、父父、子子、兄兄、弟弟、夫夫、妇妇的理想社会，而臻于治平"。"总之，儒家着重于贵贱、尊卑、长幼、亲疏之'异'，故不能不以富于差异性，内容繁杂的，因人而异的，个别的行为规范——礼——为维护社会秩序的工具，而反对归于一的法。法家欲以同一的、单纯的法律，约束全国人民，着重于'同'，故主张法治，反对贵贱、尊卑、长幼、亲疏而异其施的礼。两家出发

---

① 劳乃宣：《王树用〈女德传〉序》，《桐乡劳先生遗稿》卷2，第7页。
② 瞿同祖：《中国法律与中国社会·导论》，《瞿同祖法学论著集》，北京：中国政法大学2004年修订版，第8页。

点不同，结论自异。礼治法治只是儒法两家为了达到其不同的理想社会秩序所用的不同工具。"① 从思想的同异来说，此二学派完全处于极端相反的立场，本无调和的可能，但后来的历史表明，儒法之争最终消弭，演化为调和，在治国层面演变成"外儒内法"，正如汉宣帝所言："汉家自有制度，本以霸王道杂之，奈何纯任儒教，用周政乎?"② 而在礼与法的关系上，瞿同祖总结为"以礼入法"，"礼成为法律的重要组成部分。形成了法律为礼教所支配的局面"。"礼与法的关系极为密切，这是中国封建社会法律的主要特征和基本精神"。③ 并且"自儒家化的过程完成④以后，……中国古代法律便无重大的、本质上的变化，至少在家族和阶级方面是如此。换言之，家族主义及阶级概念始终是中国古代法律的基本精神和主要特征，它们代表法律和道德、伦理所共同维护的社会制度和价值观，亦即古人所谓纲常名教"⑤。以此种观点来解释劳乃宣在清末礼法之争中的表现颇有裨益。

众所周知，司法是清代州县衙门最重要的功能之一，劳氏任知县近20年，因此对清代律例研习有年；再加之劳氏对外国的国情、政体和风俗有所了解，又倾心于礼学研究，所以劳氏对维护中国"以礼入法"的传统更有其独特性。笔者认为劳氏虽称不上是法学家，但也算是一个法律熟悉者。这在清末修订刑法时得到了充分的展示。

《韧叟自订年谱》宣统二年（1910）记曰："九月，资政院开会，十二月闭会。宪政编查馆乃奏请饬赴新任。法律馆奏进新刑律，先下馆议，后交院议。予以中有数条于父子之伦、长幼之序、男女之别有所妨，在馆具说帖修正，见采一二，未克全从。在院又提倡修正案，署名者百余人。会议时，否决

---

①　瞿同祖：《中国法律与中国社会》，《瞿同祖法学论著集》，北京：中国政法大学 2004 年修订版，第 306、308—309、312—314、322—323 页。

②　《汉书》九，《元帝纪》。原注。

③　瞿同祖：《礼与服制》，《瞿同祖法学论著集》，北京：中国政法大学 2004 年修订版，第 395—397 页。

④　瞿同祖在《中国法律之儒家化》一文中将这一过程分为以下几个阶段：一、秦汉之法律为法家所拟订，纯本乎法家精神；二、法律之儒家化汉代已开其端；三、儒家有系统之修改法律则自曹魏始。参见瞿同祖：《中国法律之儒家化》，《瞿同祖法学论著集》，北京：中国政法大学 2004 年修订版，第 371—391 页。

⑤　瞿同祖：《中国法律与中国社会》，《瞿同祖法学论著集》，北京：中国政法大学 2004 年修订版，第 370 页。

一条，可决一条，可决者为移改'和奸无夫妇女罪'，用记名投票法表决，同意者七十七人，投白票，不同意者四十二人，投蓝票，时有劳党及白票党、蓝票党之称。余者未暇议及而已闭会，留待来年开会再议。因有《新刑律修正案汇录》之辑。"① 时称劳党、白党，可见其时的争论中礼教派已成一定气候。现代的研究者，一般称劳氏为"礼教派中仅次于张之洞②的重要人物"③，"礼教派的核心人物之一"④。

劳乃宣曾记述新刑律的修订过程如下："光绪二十八年（1902）四月，派沈大臣等将现行律例参酌各国法律考订拟议，是为新刑律编辑之始。三十年（1904）四月开馆，三十三年（1907）八月总则草案告成，十一月分则草案告成。宪政编查馆奏明由馆分咨在京各部堂官，在外各省督抚，讨论参考，分别签注咨复到馆，汇择核定，请旨颁行。嗣经各部各省陆续签复。三十四年（1908）五月，学部以新定刑律草案多与中国礼教有妨，分条声明，奏请敕下修律大臣，将中国旧律与新律草案，详慎互校，斟酌修改删并，以维伦纪而保治安。乃奉会同法部，再行详慎修改删并，奏明办理之旨。宣统元年（1909）正月，又特明谕申明，凡我旧律，义关伦常诸条，不可率行变革，务本此意，以为修改宗旨。是年十二月，法律大臣会同法部奏进修正草案，奉旨交宪政编查馆察核复奏。二年（1910）十月，宪政编查馆考订完竣，缮单奏呈请敕下资政院，归入议案，于议决后奏请钦定颁布施行。交院之后，先付法典股审查，继付议场会议议决二百余条。而已届闭会，竟未全功，留待明年开会再议。此新刑律历次修订之梗概也。"⑤

光绪三十三年（1907）上谕中提出修订新刑律的原则为："参考各国成法，体察中国礼教民情，会通参酌，妥慎修订，奏明办理。"⑥ 负责修订新刑律的沈家本是一位学贯中西的法学家，其主持制订的《大清新刑律》是晚清

---

① 劳乃宣：《桐乡劳先生遗稿·韧叟自订年谱》，第18页。
② 张之洞（1837—1909），洋务派代表人物之一，祖籍直隶南皮（今河北南皮）。1907年调京，任军机大臣，充体仁阁大学士，且兼管学部。1909年去世，因此劳乃宣在1910年的礼法之争中成为最主要的代表人物之一。
③ 郭婕：《劳乃宣法律思想略论》，《史学月刊》2000年第2期，第48页。
④ 于建胜：《劳乃宣与清末修律述论》，《历史教学问题》2007年第5期，第53页。
⑤ 劳乃宣辑：《谕旨谨案》，《桐乡劳先生遗稿·新刑律修正案汇录》，第2—3页。
⑥ 劳乃宣辑：《谕旨》，《桐乡劳先生遗稿·新刑律修正案汇录》，第1页。

修律的核心部分，虽然他本着妥协的精神屡次修订，但基本上以资产阶级的刑法为指导来修律。《新刑律》的体例和内容变革极大，因此在光绪三十三年至宣统三年（1907—1911）一直遭到守旧派或曰礼教派的激烈攻击。在各部院及各省督抚签注意见中，学部、两江总督张人骏、直隶总督杨士骧①、军机大臣兼掌学部的张之洞等几乎众口一词，认为《新刑律》"黩礼溃义，败坏名教"，可见反对者势力之大。而像湖南巡抚岑春蓂认为沈家本所修刑事民事诉讼各法："大致以旧律为经，新律为纬，中律为体，西律为用，因时定制，条理井然。"至于有无扞格之处，岑氏提出："迭经督同司道就现在民情风俗加意采访，悉心考察，力除拘守成例之见，冀固预备立宪之基。觉原文各条大半可行，其难行者亦互出其中。"② 这已算较为温和的态度了。关于此次礼法之争的具体过程及论证的内容，已有不少论述③，在此不必详述。

笔者需要强调的是，宣统元年（1909）张之洞去世，劳乃宣在礼教派中的位置更为显著。前面曾经提及，张之洞十分欣赏劳乃宣的才干，而劳氏对于张之洞的思想也极为钦佩。劳、张二人思想上相同之处颇多。劳乃宣代替张之洞跃升为礼教派的主将，不仅是劳氏名位的上升，而且劳氏的"理论"较之其他礼教派也有所"上升"，他不仅继承了以前礼教派的主张，而且基于自己的学识有所创新。

劳乃宣于礼学研究颇有心得，对西学也有一定的了解，并于光绪十七年（1891）编纂了《各国约章纂要》，对世界主要国家的政体、风俗、法律等有所认识，因此他能从广阔的视野来反对沈家本所修的《新刑律》。

首先，他从法律的源起来说明法律的种类："法律何自生乎？生于政体。

① 其奏折见朱寿朋编：《光绪朝东华录》，北京：中华书局1958年，总5960—5962、6009—6010页。
② 朱寿朋：《光绪朝东华录》（光绪三十三年六月），北京：中华书局1958年，总5692—5693页。
③ 李在泉：《试论清末"礼法之争"》，《昌潍师专学报》1995年第3期；郭婕：《劳乃宣法律思想略论》，《史学月刊》2000年第2期；于建胜：《劳乃宣与清末修律述论》，《历史教学问题》2007年第5期；王瑞、郭大松：《清末礼法之争探析》，《山东师范大学学报》（人文社会科学版）2003年第2期；向达：《从文化的角度看清末礼法之争》，湘潭大学哲学学院硕士学位论文2004年；张晓敏：《论清末修律中的礼法之争》，山东大学（法律硕士）硕士学位论文2006年；严文强：《清末礼教派法律思想的理性思考》，《江汉论坛》2007年第1期；周旋：《清末礼法之争中的劳乃宣》，《华东政法大学学报》2009年第4期；张晋藩：《中国近代社会与法制文明》，北京：中国政法大学出版社2003年，第110—111、252—254、311—316页；李贵连：《沈家本评传》，南京：南京大学出版社2005年，第235—288，300—310页，等。

政体何自生乎？生于礼教。礼教何自生乎？生于风俗。风俗何自生乎？生于生计。宇内人民生计，其大类有三：曰农桑；曰猎牧；曰工商。农桑之国，田有定地，居有定所，死徒不出其乡。一家之人，男耕女织。主伯亚旅，同操一业，而听命于父兄，故父兄为家督而家法以立。是家法者农桑之国风俗之大本也，其礼教政体皆自家法而生。君之于臣，如父之于子，其分严而其情亲，一切法律皆以维持家法为重。家家之家治，而一国之国治矣。所谓人人亲其亲，长其长，而天下平是也。牧猎之国，结队野处，逐水草而徙居，非以兵法部勒，不能胥匡以生，故人人服从于兵法之下。是兵法者牧猎之国风俗之大本也，其礼教政体皆自兵法而生。君之于臣，如将帅之于士卒，其分严而情不甚亲，一切法律皆与兵法相表里。所谓约束径易行，君臣简可久，皆用兵之道也。工商之国，人不家食，群居于市，非有市政不能相安，故人人服从商法之下。是商法者工商之国风俗之本也，其礼教政体皆自商法而生。君之于臣，如肆主之于佣佄，其情亲而分不甚严。君主之国如一家之商业，民主之国如合资之公司，一切法律皆与商法相表里，凡所为尚平等，重契约，权利义务相为报酬，皆商家性质也。记曰：中国戎狄五方之民，皆有性也，不可推移。又曰：广谷大川异制，民生其间者异俗，修其教不易其俗，齐其政不易其宜。是故风俗者法律之母也，立法而不因其俗，其凿枘也必矣！中国农桑之国也，故政治从家法。朔方牧猎之国也，故政治从兵法。欧美工商之国也，故政治从商法。若以中国家法政治治朔方，以朔方兵法政治治欧美，不待智者而知其不可行也。今欲以欧美之商法政治治中国，独可行之无弊乎？"[1]劳氏从法律源起的角度入手，论证了农桑、猎牧、工商之国各有其相应的法律、政体、礼教、风俗、生计，以此论证了法律一定要适应本国的国情，并强调"因俗而治"，的确有其高明之处。所以近年来，郭婕、于建胜、严文强等在论文中也认为劳氏在礼法之争中的主张"与超前立法相比，更能保持社会的稳定性，也更符合法律持续性发展的规律"；"其思想不无矛盾之处，但其法律思想至今仍有借鉴意义"；"有其历史合理性，值得批判借鉴"。至于有人说劳氏"其论理不仅严密，亦颇现代"[2] 这就需要斟酌了。李贵连曾借鉴孟森的观点曰："劳乃宣以生计生风俗、生礼教、生政体、生法律立论，以农

---

① 劳乃宣：《新刑律修正案汇录序》，《桐乡劳先生遗稿·新刑律修正案汇录》，第1—2页。
② 周旋：《清末礼法之争中的劳乃宣》，《华东政法大学学报》2009年第4期。

桑、猎牧、工商三种生计，而分环球法律为家法、军法、商法三类。坚持按照中国的农桑国情，制定符合这种国家的法律。这种理想在思维逻辑上显得很严密，但是，当时的中国还是海禁大开之前的农桑之国吗？农桑之国能不能变为工商之国？在这个问题上，劳乃宣便无法回答掌握了进化论的法理派。孟森便曾指出，劳氏此论毫无进化之思想。若按照劳氏所论，则猎牧终不可进于农桑，农桑终不可进于工商。是无异谓野蛮终不可进于文明，贫弱终不可进于富强。"①

其次，劳乃宣还亲自撰写了《修正刑律草案说帖》②、《声明管见说帖》③两篇文章，对自己不同意的"法理派"修律中的观点进行逐一批驳，从中体现了劳乃宣关于清末修律的基本思想。同时，劳乃宣也有所妥协，正如李贵连所言："在沈家本的全面驳斥后，劳乃宣撰《声明管见说帖》，放弃自己对前述几个问题的看法，赞同沈氏的意见，但对'无夫奸'和'子孙违犯教令'二条，坚持己见，并反驳沈氏。"④ 其具体内容又详见于郭婕、于建胜⑤等的论述，在此不赘。

最后，劳氏坚持"以礼入法"的传统继续完善修订《新刑律》，劳氏曰："乃宣从事馆中，得而读之，见其于主张国民主义之中，寓有维持家族主义之意，尚非专主破坏者，惟四百余条中有数条于父子之伦、长幼之序、男女之别颇有妨，未能允当于人心，于馆中具说帖修正。……前者政府特派员杨君于议场说明主旨时，以破除家族主义成就国民主义立言，甚至谓家之慈父即非国之忠臣，闻者颇议其非，因而疑及《新刑律》亦以破坏家族主义为宗旨，实则《新刑律》中保存家法之处甚多，特尚未能尽善耳，不致如杨君所言之甚也。"⑥ 劳氏在《新刑律修正案汇录序》结尾处曰："爰以历次鄙说及诸家之言汇录付印，以公诸世，庶几好礼之儒，明法之士，传播而发明之。俾公是公非

---

① 李贵连：《沈家本评传》，南京：南京大学出版社 2005 年，第 288—289 页。其中孟森所著《新刑律修正案汇录书后》载《法政杂志》第 3 期（1911 年）。

② 劳乃宣：《修正刑律草案说帖》，《桐乡劳先生遗稿·新刑律修正案汇录》，第 4—25 页。

③ 劳乃宣：《声明管见说帖》，《桐乡劳先生遗稿·新刑律修正案汇录》，第 30—33 页。

④ 李贵连：《沈家本评传》，南京：南京大学出版社 2005 年，第 259—260 页。

⑤ 郭婕：《劳乃宣法律思想略论》，《史学月刊》2000 年第 2 期；于建胜：《劳乃宣与清末修律述论》，《历史教学问题》2007 年第 5 期。

⑥ 劳乃宣：《新刑律修正案汇录序》，《桐乡劳先生遗稿·新刑律修正案汇录》，第 4—5 页。

大白于天下，则我数千年礼仪纲常之幸也。编辑既竟，举法律、政体、礼教、风俗、生计本末同异、相因相倚之理，弁诸其首，而述其缘起，如此惟海内君子，有以教之。"① 劳氏维护纲常名教之目的昭然若揭。这就表现了劳氏的因袭性和保守性。另一方面，历史唯物主义有一个基本观点是经济基础决定上层建筑，上层建筑一旦形成对经济基础又有一定的反作用。20 世纪初的中国，仍是一个以农业为基础的社会，资本主义经济虽有一定发展，但尚属幼稚，根植于一家一户的小农经济结构基础之上的传统文化包括法文化的影响仍十分广泛和深入。这种经济结构没有根本的改变，传统的封建法律及文化就难以改变，因此维护传统礼教秩序的观念就难以改变。正如瞿同祖所说："变法时期的这一场新旧之争，实质上也就是西方法律思想与儒家思想亦即纲常名教之间的冲突，这两种思想是无法调和的。中国法律长期以来一直受儒家思想的支配，形成中国法律传统，延续性持续不变。清末变法，模仿西方法律，企图打破过去的法律传统，延续性才受到冲击。但是礼教思想根深蒂固，已形成价值观念，故一时不易打破。"②

综上所述，劳乃宣调试"四礼学"以及维护"以礼入法"的传统，是礼学经世的重要体现，其礼学研究虽有一定现实针对性，也有某些可取之处，但从根本上说劳氏的礼学经世的主张是为了维护以三纲五常为基础的礼教秩序和腐朽的清朝统治，特别是在进入民国后仍试图恢复以纲常名教为核心的礼教秩序，这就具有落后性。

劳乃宣致力于"义理之学"和倾心于"礼学经世"关系密切，可称之为"表里"关系。张寿安在分析礼与理对话问题时的一段话可供参考："礼，作为道德规范，背后有一抽象原则（理）；而理作为一抽象原则，必然有实践面的规范（礼）。《礼记·乐记》说：'礼也者，理之不可易也。'似乎认为抽象原则与规范之间的密合性，有其必然。"③

---

① 劳乃宣：《刑律修正案汇录序》，《桐乡劳先生遗稿·新刑律修正案汇录》，第 5 页。
② 瞿同祖：《清律的继承和变化》，《瞿同祖法学论著集》，北京：中国政法大学出版社 2004 年修订版，第 442 页。
③ 张寿安：《十八世纪礼学考证的思想活力——礼教论争与礼秩重省》绪论，北京：北京大学出版社 2005 年，第 3 页。

三、潜心于语言文字学研究

（一）等韵学

劳乃宣的等韵学研究在近代音韵学研究中占有重要的地位。等韵学是汉语音韵学中的一个分支，关于劳氏的等韵学成就，是一项专门学问，囿于笔者的知识结构，对劳氏的等韵学难以从学理上进行把握。为了便于对劳乃宣的学术成就有一系统的认识，故借鉴已有研究成果，予以简要介绍。

在传统的"小学"里，把音韵学分为古音学（又称古韵学，以先秦两汉文献中所保存的上古音作为研究对象）、今音学（又称今韵学，以六朝唐宋时代的韵书为研究对象）和等韵学（它的研究对象不限于某一时代的音系，而是音韵学中的一种研究方法和理论体系）三个分支。这种三足鼎立的划类法，是由清代音韵学家们提出的，如劳乃宣在《等韵一得》序言中说："有古韵之学，探源六经，旁征诸子，下及屈、宋，以考唐、虞、三代、秦、汉之音是也。有今韵之学，以沈、陆为宗，以《广韵》、《集韵》为本，证以诸名家之诗，与有韵之文，以考六朝、唐、宋以来之音是也。有等韵之学，辨字母之重轻清浊，别韵摄之开合正副，按等寻呼，据音定切，以考人声自然之音是也。"① 劳乃宣把"考人声自然之音"作为等韵学的任务，实际上就把近代语音的研究也包括了进来。一般而言，大多数定义有其局限性，劳氏的分类方法也有不妥之处。因此耿振生提出："因为等韵学是一种音韵学研究方法，研究对象并非局限于'人声自然之音'，它还包括书面上的古代音系，也用于研究《广韵》音系、平水韵音系以及上古音系。所以，我们认为上述的分法及对等韵的定义都不够完善。"② 但耿振生也不得不承认，完善的等韵学定义是不易确定的，因此他采取了狭义和广义的做法："我们已经不能从狭义的即字面上的意义去理解'等韵图'、'等韵学'这些概念了，而要从宽泛的意义上来理解：'等韵图'是对那些用汉字编排的表现汉语的声、韵、调系统的图表的统称，以这种图表形式分析汉语结构的学问就是等韵学。事实上，按清代学者的观点，凡是分析汉语语音结构、研究声韵调系统的学问都属于等韵学，这是广义的等韵学。"③

---

① 劳乃宣：《等韵一得序》，《桐乡劳先生遗稿》卷2，第15页。
② 耿振生：《明清等韵学通论》绪论，北京：语文出版社1992年，第2页。
③ 同上书，第3—4页。

劳乃宣在音韵学方面的代表作是《等韵一得》。该书分《内篇》、《外篇》和《补篇》三部分。《内篇》、《外篇》成于光绪九年（1883），二十四年（1898）刊印，《补篇》成于民国二年（1913）。正如劳氏所言："乃宣七八岁时，习为射字之戏，即明母韵之理，长而好之弥笃，涉猎群籍，凡论韵之书，无不探讨玩索，以穷其端委。往来四方，凡遇方音殊别者，无不访问印证，以究其异同，核其通变。虽国书、梵经、俗曲、稗官之言，穷乡僻壤殊方异域之语，苟有涉于音韵者，皆所不遗，博考周谘，冥心孤诣，积之三十余年。窃谓于此事源流颇有心得，每与二三同志深论剧谈，辨析毫芒，穷极幽渺，设譬奇诡，发声侏缡（离），僮仆闻之窃窃怪笑所不顾也。累年参订为母韵诸谱一本，人声之自然，虽妇人孺子莫不入耳，而能通矢口，而能考之古法，仍复不差絫黍，虽未敢如沈约《四声谱》，自谓入神之作，若所谓独得胸襟穷其妙旨者，亦庶几于万一焉。光绪癸未（1883）秋，客天津，潘君笏南、洪君述轩以等韵见问，取所定谱示之，洒然领悟，亟勤笔之于书，因厘为十谱，各系以说为内篇，录平昔讨论之语为外篇，以俟知者。专重人声而不尚考订，所以别乎古韵今韵也；专主时音而不悖旧法，所以通乎古韵今韵也。夫等韵之于古韵，犹真行之于篆隶，今乐之于古乐也。以真行之偏旁正斯邈之点画，以今乐之工尺订韶濩之宫商，固为不可。然明乎真行之偏旁，今乐之工尺，其于篆隶古乐也，不愈有所凭藉而易于讲求乎？则是编或亦通儒之所不废欤。"[1] 劳氏积 30 余年撰成《内外篇》，又经过 30 年研究，进行了补充修订，撰成《补篇》，可见其用力之勤。他既继承了古代的音韵学知识，"涉猎群籍，凡论韵之书，无不探讨玩索"，又结合中国各地的方言，"博考周谘"，有所创新。

民国二十四年（1935），王力在《中国音韵学》中称劳氏的《等韵一得》"大约可以说是最后出的一部等韵书"。在进行了一番分析后，他评价曰："在等韵学的书籍当中，说理最清晰，而又可为古音学的门径者，除了江永的《音学辨微》之外，要算劳乃宣的《等韵一得》。专就音理而言，劳氏似乎还有胜过江氏的地方。"[2]

耿振生《明清等韵学通论》也涉及劳氏的《等韵一得》，对其优缺点有所

---

① 劳乃宣：《等韵一得序》，《桐乡劳先生遗稿》卷2，第15页。

② 王力：《中国音韵学》，上海：上海书店 1990 年影印（据商务印书馆 1937 年），第 161、165 页。

论述："劳氏也受清文拼音法的启发，不仅提出三合切法，还进一步提出四合、五合切法。……劳氏所讲的五合切法用到汉字上为画蛇添足"；"声母系统共有五十八母，其中二十二是无字之音，有字之音即为传统三十六字母"；"劳乃宣《等韵一得》以戛、透、轹、捺四种名目区别同一部位的辅音，戛音包括不送气的塞音、塞擦音，透音包括送气的塞音、塞擦音，轹音包括擦音和边音，捺音即鼻音。……劳乃宣是近代等韵学的大师，他的分析还是比较好的"、"（列举《等韵一得补篇》中'啊'字连读为例）劳乃宣审音能力颇高，此处可见一斑"①。从总体上而言，耿振生肯定了劳乃宣的等韵学成就。

关于《等韵一得》成书的背景、成就及评价，朴允河在《劳乃宣〈等韵一得〉研究》②中采用历时研究法（diachronic study，是指纵贯式的历史性研究）、并时研究法（synchronic study，是指横向式的同时性研究）、比较研究法（comparative study）进行了深入细致的研究。朴允河提出："劳氏《等韵一得》已经对中国音韵学之现代化有很大的贡献"、"1888 年，西方制造国际音标，试图反映世界各地可能有之所有音。在西方制作国际音标以前，劳乃宣已经试做同样目的同样效果的一套音系，就是《等韵一得》。只是范围限于中国境内。如劳氏自己说'是编所论专以中国同文之音为断，与西学无涉也'。《等韵一得》〈母韵合谱〉中之字，一个字等于一个音值，分析音韵非常精致。《等韵一得》不受外来影响，根据中国传统等韵学，再参考满文之拼音现象而做出来的纯粹属于中国人的成果。劳乃宣这项尝试比国际音标却早几年，此点是劳氏值得骄傲的地方，以表意文字做到如此绝妙的标音效果，已经达到了等韵学追求的最佳目标了。"③ 最后，朴氏在结语中将劳氏的音韵学成就总结为六点："1. 分合南北音，剖析毫厘；2. 遵守三十六字母系统，以为枢纽；3. 改良反切，精益求精；4. 正名定物，以简驭繁；5. 分析音节结构，以明

---

① 耿振生：《明清等韵学通论》绪论，北京：语文出版社 1992 年，第 84、238、57、68 页。

② 朴允河：《劳乃宣〈等韵一得〉研究》，台湾师范大学国语研究所硕士学位论文 1992 年。其结构如下：第一章绪论（包括前言、劳乃宣的生平及著述、《等韵一得》成书背景、《等韵一得》内容简介等四节）；第二章《等韵一得》五十八字母分析；第三章《等韵一得》五十二摄分析；第四章《等韵一得》之声调分析；第五章《等韵一得》语音系统拟测；第六章审音余论；第七章结论。文末附参考书目以及附录五种。全文共 235 页。

③ 朴允河：《劳乃宣〈等韵一得〉研究》，台湾师范大学国语研究所硕士学位论文 1992 年，第 2、161 页。

音位；6. 鼓吹射字法，寓教于戏。……一、三、五、六项皆是劳氏之优点，二、四本为劳氏之好处，反而伴随若干反效果，成为他的疵累了。"① 近现代其他音韵学家也有不少关于劳氏等韵学的论述，在此不再详述。

总之，通过以上的介绍，可以看出劳氏《等韵一得》的研究，虽然有个别地方有牵强附会之处，乃至因溺古造成一些错误；但总体而言，还是得到了音韵学专家、学者的肯定，乃至有人提出："其分析法与现代音韵学没有两样，只是符号与名称不同而已，实在可说是现代音韵学之先驱"②，其学术价值是不言而喻的。另一证明见于劳氏《等韵一得序》中转述罗稷臣、沈子封③对劳氏《等韵一得》的评价，其中曰"是编作于癸未（1883）客天津时。罗稷臣观察见之，谓通于中国音韵，于习学外国语言文字事半功倍，以此作为有益于西学，劝付剞劂。乃宣未敢自信，觊所学稍进，勒为定本，然后出而问世。忽忽十余年，学殖荒落，迄未能有所成就。今岁权宰清苑受代后，沈子封太史来主畿辅学堂讲席，以时方讲求西学，亦持罗君之论，力促梓行。会返任吴桥下邑，事简，因以暇日，寻绎旧书，重加审订，授诸手民。夫乃宣目不能识西文，口不能道西语；是编所论专以中国同文之音为断，与西学无涉也。而两君子皆谓有益于西学，诚不敢信其必然。然无问何地方音，举不能无母与韵与声，熟于母韵声之条理，四海五洲莫能外也。两君子皆神明于音韵之理者，而罗君于西学尤精，所言其不余欺乎？虽然乃宣于是编，第知明吾中学而已，其于西学之离合远近何如，则非乃宣之谫陋所能知也。"④

关于劳乃宣撰写《等韵一得》的原因，首先是劳氏的兴趣使然。从七八岁时，劳氏就"习为射字之戏，即明母韵之理，长而好之弥笃，涉猎群籍，凡论韵之书，无不探讨玩索，以穷其端委"；其次，是其有感于前人等韵学著作的不足而作："古韵、今韵以考据为主，等韵以审音为主。各有专家，不相谋也。然古今之韵，得反切而后易名，反切之理，得等韵而后易解，则

---

① 朴允河：《劳乃宣〈等韵一得〉研究》，台湾师范大学国语研究所硕士学位论文 1992 年，第 161—164 页。

② 同上书，第 164 页。

③ 稷臣：罗丰禄（1850—1901/1903?），字稷臣，生于福建闽县（今福州市），曾任李鸿章幕僚多年，晚清外交家、翻译家，精通英语，与严复等人留学于英国。子封，沈曾桐（1853—1921），字子封，号桐叔、櫽，浙江嘉兴人，沈曾植之弟，光绪十二年（1886）进士，为强学会发起人之一。

④ 劳乃宣：《等韵一得序》，《桐乡劳先生遗稿》卷 2，第 16 页。

等韵又古韵、今韵之阶梯矣。声音之道，随世而变，是故自宋以来迄于近代，言等韵之书日新月异。然自司马温公、邵康节、刘鉴诸家而外，类多师心自用，囿于一隅。江慎修《四声切韵表》、戴东原《原声类表》博矣，而所明者古韵钦定音韵阐微同文韵统精矣。而一以明今韵，一以明梵音，皆非专言等韵之书，故等韵迄无善本。"① 再次，从当时的历史条件分析，有人提出"劳氏爱国爱民，深深感到中国衰落的原因之一，为中国语言过于复杂难学，不但如此，方言参差不齐，造成语言沟通之障碍，因此他试图整理出代表中国主要方言的共同音韵体系"；"因此他认为中国盛衰之关键在于教育，教育的基本条件在于语言、文字之自由活用"。② 此观点并一定准确，但从一定程度上说明了劳氏从事音韵学研究是为了方便大多数人的交流、沟通，进而有利于教育的普。再结合劳氏的汉字改革理论及成就，这一点就更加明显了。

（二）汉字改革理论及成就

清朝末年，为了推行"新政"，尤其为了筹备预备立宪，一些人做了不少实际的工作。如劳乃宣为了普及教育，进而认识到必须提高大众的识字率，才能造就胜任选举的合格"公民"，为此他曾在南京等地创办了简字学堂，并撰写了关于"简字"的著作《增订合声简字谱》等五种。

黎锦熙在《国语运动史纲》中将清末民初的国语运动分为四个阶段：第一期，切音运动时期（约当庚子［1900］以前）；第二期，简字运动时期（约庚子［1900］到辛亥［1911］）；第三期，注音字母与新文学联合运动时期（约民国元年［1912］至民国十二年［1923］）；第四期，国语罗马字与注音符号推进运动时期（约民国十三年［1924 以后］）。③ 而在第二期简字运动中的重要代表人物就是王照（1859—1933）和劳乃宣。

劳氏实际上就是在王照《官话合声字母》的基础上有所创新，提出了汉字改革理论，并试图在全国范围内推广。黎锦熙在"论大众语"中曾给下了三个定义，其中曰：

---

① 劳乃宣：《等韵一得序》，《桐乡劳先生遗稿》卷2，第15页。
② 朴允河：《劳乃宣〈等韵一得〉研究》，台湾师范大学国语研究所硕士学位论文1992年，第16页。
③ 黎锦熙：《国语运动史纲》，上海：上海书店1990年影印本，第10—22、23—48、49—125、127—256页。

第一，"大众语"是所谓"无产阶级"的语言，主张这个定义的，请大胆地说出来，并无妨碍，因为这是三十年前王照先生所下的定义。王先生的'阶级意识'是最发达，他的《官话和声简字母》（癸卯重刊本）凡例第十三条说：'此字母专为无力读书、无暇读书者而设，故务求简易，专拼北人俗话，肖之即不误矣。……若用以拼音文话，则读者有混淆误解之弊，是必不可。

所谓"无力读书、无暇读书者"是何等人？他也解释清楚了：是"贫民"、"妇女"那些"下等人"（凡例十四条）。至于有力读书、有暇读书的"上等人"呢？他说："仍以十年读汉文书为佳！"（凡例第十六条）。王先生真可谓"阶级意识"最发达的了。……

总之，"大众语"是"占幅员人数最多者"之"无产阶级"的语言，这乃是三十年前王照先生的旧说。①

关于"大众语"的第二个定义②，黎氏论述劳氏的观点：

第二，"大众语"是各种各色的方言。主张这个定义的，颇感彷徨与国语究竟要不要统一，有一派索性拿来反对国语统一（参见页300），殊不知这个定义又是三十年前国运统一运动大家劳乃宣先生所下的"统一的大众语"和"方言的大众语"，其间又怕什么矛盾冲突呢？连这点儿"辩证法"都不知道吗？劳先生当年提倡"简字"，他把简字运动分成两个阶段：第一步是"方言统四"（详见页28至29，又42），第二步才是"国语统一"。他在清光绪末年写给上海《中外日报》的信中说："夫文字简易与语言统一，皆为今日中国当务之急。然欲文字简易，不能遽求语言之统一，欲语言统一，则必先求文字之简易：'至鲁''至道'，有不能一蹴而就几者。盖设主音不主形之字，欲人易识，必须令其读以口中本然之音；若与其口中之音不同，则既须学字，又须学音，更觉难矣。假使以官话字母强南人读以北音，其扞格必有甚于旧日主形之字者。故必各处之人

---

① 黎锦熙：《国语运动史纲》，上海：上海书店 1990 年影印本，第 12、14 页。
② 第三的定义为："大众语"是交通发达、往来密切、自然混合、南腔北调的普通话。具体论述，同上书，第 21—26 页。

教以各处土音，然后易学易记。……果能天下之人皆识土音简易之字，即不能官音，其益已大矣。至于学习官音，乃别是一层功夫，不能于学习简易文字时兼营并进也。……迨土音简易之字既识之后，再进而学官音，其易有倍蓰于常者；盖以此方人效彼方语，必求肖其音；已识主音之字，则有所凭藉。……以本识之字，本明之法，而但变其音，有不涣然易解者哉？此文字简易与语言统一有不能不历之阶级也。"①

对于劳氏的观点，黎锦熙认为应予以完善，提出："我们与其把'方言的大众语'和'统一的大众语'分成两个阶段，不如把他们合成一个阶段，而同时用拼音工具作钤键，来统一他们一切的冲突，的矛盾。"②

但耿云志在《平民主义的文化趋势》一节中倾向于支持王照和劳乃宣的观点："在大办白话报与提倡演说的同时，甚或更早，另有一部分先觉者同样出于对下层民众的关注，出于尽快普及教育的考虑，而大力提倡简字和拼音。早在戊戌维新运动之前，就有人开始提出拼音文字的设想。他们受西方文化影响，以为西人拼音文字大利于普及教育。中国文字与语言分离，文字繁难，致教育难以普及。所以他们想从改革文字入手，为普及教育创造条件。宋恕1892年初写成的《六字课斋卑议》（初稿）中，提出切音注字的主张。1895年，卢戆章发表《切音新字》；1896年，沈学发表《盛世元音》；1897年，王炳耀发表《拼音字谱》。此期间还有吴敬恒的所谓'豆芽字母'，蔡锡勇的'传音快字'等等③。可见，当时先觉之士是如何热心于下层民众的教育问题。这其中有两个人贡献最为突出，一个是王照，一个是劳乃宣。"④

王尔敏在《清季知识分子的自觉》中，对王照、劳乃宣的语言文字成就也给予了肯定。他提出："至于（知识自觉的）另一动向，则又衍生为两个不同的步骤，后日在发展，更演变为不同范畴的知识内容：一个趋向于白话文运

---

① 黎锦熙：《国语运动史纲》之《序（一）论大众语（第二定义）》，上海：上海书店1990年影印本，第15—16页。

② 同上书，第20页。

③ 参见周敏之：《王照研究》，长沙：湖南人民出版社2003年，第92页。原注。

④ 耿云志：《近代中国文化转型研究导论》，成都：四川出版集团四川人民出版社2008年，第219页。

动，另一个趋向于语言统一运动"①；"关于语言统一的构想，出于古文大家吴汝纶，而努力于语文统一之先驱稍早者为蔡锡勇，系同文馆出身，而以创办汉阳枪炮厂闻名。所著《传音快字》一书，为国语注音的权舆（黎锦熙：《国语运动史纲》，第 2 页及第 13 页。原注）。而清季最重要而影响于后世较直接者则为王照与劳乃宣二人。现代注音符号，其基本形式完全因袭王照，而且仍有不少系直接采用王照所创之'官话字母'"②。

劳乃宣对王照的《官话合声字母》十分赞赏，并给予支持。他在征得王照同意的情况下，在官话合声字母的基础上，拟成宁音和吴音两种合声简字谱，分别叫做《增订合声简字谱》和《重订合声简字谱》。光绪三十一年（1905），他在两江总督周馥的支持下，在江宁省城设简字学堂，"以方音为阶梯，以官音为归宿，奏明立案"，此事发生很大影响，以致光绪三十四年（1908）劳乃宣受到慈禧太后的接见。劳氏奉命进呈其《简字谱录》，主张语言、文字由繁趋简，是自然发展之势。故劳氏以此为所著《简字全谱》之理论基础：

> 古之人，先有语言，后有文字。文字者，所以为记语言之表识也。古籀而小篆，篆而隶，隶而真行。人事降而愈繁，则文字趋而愈简，自然之势也。今之字比之古籀、篆、隶固为简矣，而比之东西各国犹繁。何也？彼主声此主形也。主形则字多而识之难，主声则字少而识之易。彼字易识，故识字之人多；我字难识，故识字之人少。识字者多，则民智，智则强；识字者少，则民愚，愚则弱。强弱之攸分，非以文字之难易为之本哉。然则今日而图自强，非简易其文字不为功矣。③

他在《进呈简字谱录摺》中说："今日欲救中国，非教育普及不可；欲教育普及，非有易识之字不可；欲为易识之字，非用拼音之法不可。前数年京师拼音官话书报社定有官话拼音，以五十母、十二韵、四声展转相拼，得二千余

---

① 王尔敏：《清季知识分子的自觉》，《中国近代思想史论》，北京：社会科学文献出版社 2003 年，第 121 页。

② 同上书，第 123 页。

③ 劳乃宣：《简字全谱序》，《桐乡劳先生遗稿》卷 2，第 25 页。

音，包括京师语言。其取音用合声之法，与国书字头相表里。而字体则取汉字笔画，相合而成，与汉字相表里。一时风行，易识易解，性敏者数日而可通，即极钝之资，致数月无不解者。"① 他这里所说的"官话拼音"，正是王照的《官话合声字母》。他希望朝廷在此基础上"钦定通国统一全谱，并以此字编定浅近教科书，请旨颁行天下"。劳氏对于拼音字之传习，有很乐观的估计与高远的期望。此点前面在清末新政时期"变法"思想等处已有提及，他认为："此字传习极易，至多不过数月而可以成"，"中国四万万人，五六传而遍果。以国家全力行之，数年之内，可以通国无不识字之人"。②

因此黎锦熙评价劳氏奏折曰："现在看来，那时的国语运动家，比现今实在干脆得多了！简直就在汉字之外，另造一种'言文一致'的文字出来，远承秦皇（国字统一）汉武（文体统一）之规，更开新局，何等淋漓痛快！"③ 但是，劳乃宣的简字主张屡遭学部阻挠，学部的理由是"分裂语言，有碍统一"④。此后，"劳乃宣的'简字运动'既厄于学部，他便改从议会下手。那时（1910）资政院成立，这就是清朝预备立宪时代第一届变相的国会，他自己是一个议员。……劳乃宣也得到两个名流作护法，曰江谦，曰严复，这两位也是议员。……不料又是一声霹雳，武昌起义，中华革命，国体改变，'以前种种，譬如昨日死'，什么事都不能继续有效，于是庚子以来十年间之'简字运动'便也戛然中止"⑤。劳乃宣的简字主张虽然在南京等局部地区进行了实践，但由于没有遇到合适的机遇等诸多原因，始终未能在全国推广。因此耿云志说："王照、劳乃宣及当时其他一些致力于文字改革的人，都把此事看得太简单了。但他们把眼光投注到下层平民身上，反映了那时文化平民化的大趋势。"⑥ 由此可见，耿云志与王尔敏两先生对劳乃宣在文字改革上的主张的进

---

① 劳乃宣：《进呈简字谱录摺》，《桐乡劳先生遗稿》卷4，第1—2页。
② 同上书，第3页。又，"同时代致力于语文合一的学者，尚有吴汝纶、吴敬恒、严修、王璞等人，均足为国语统一运动之先驱。而在古文大家吴汝纶之声言'使天下语音一律'，尤为此一运动之先河。见王尔敏：《清季知识分子的自觉》，《中国近代思想史论》，北京：社会科学文献出版社2003年，第125页。此外，黎锦熙在《国语运动史纲》中的看法与此有相似之处。
③ 黎锦熙：《国语运动史纲》卷1，上海：上海书店1990年影印本，第30页。
④ 同上书，第31页。
⑤ 同上书，第31—33页。
⑥ 耿云志：《近代中国文化转型研究导论》，成都：四川出版集团四川人民出版社2008年，第219—221页。

步性基本上给予了肯定，黎锦熙对劳乃宣的创新精神（另造一种“言文一致”的文字）也给予了充分的肯定，并且提出完善的意见——将劳氏分“方言的大众语”和“统一的大众语”两个阶段合并为一个阶段。民国二十三年（1934）曾参与过汉字拼音化改革[①]的鲁迅也曾评价过语言文字改革，其中曰：“劳乃宣和王照他两位都有简字，进步得很，可以照音写字了。”[②]

此外，为了筹备立宪，做好会议记录等工作，速记成为必需之事。劳乃宣对于此事也积极支持：“中国夙无此法，有之自蔡氏《传音快字》始。其法本诸美人而易之以中国之音，其书著于二十年前，尔时中国尚无议院之说也。今则国会之开有定期矣，咨议局、资政院次第举办矣，是速记之洵为今日当务之急也。特是中国之言，其音至杂，京师之语为官音，而各处又有其方音。为统一计，必主官音；而各处方音不备，外省用之又多不便。法当以官音为主，而各处方音亦必兼备，乃足为全国之用。蔡氏之书，自谓为中国正音，当指官音言矣。而按之官音，殊不谐协，是其法虽善，而所以用其法者，犹未尽善也。中国等韵之学，于全国同文之域，语音无所不统。余作《简字全谱》即以等韵之理为本，用以括全国方音而仍以京音为主。今本此意以变通蔡氏之法，用其模型而易其结构，使母、韵、声之纲领，与韵学精蕴息息相通，而自京师官音以至各省方音皆兼举并包，同条共贯，名之曰《中国速记字谱》，用以备京外议会之采择，或足为预备宪政之一助乎。然而此字书写虽易，而母、韵、声之条理极为精密，笔画之分辨极为微妙，非讲求有素，用法不能明，非练习既久，运笔不能速，非若简字之易学易知也。盖简字为普及计，故取其学之易，此字为速记计，故取其书之易，各有所当，不能同也。夫此字之分别，母、韵、声在笔画之曲直巨细，方向之纵横斜正，位置之左右远近，其理在音而其

① 黎锦熙：《国语运动史纲》卷2，上海：上海书店1990年影印本，第74页：“争论不完，终于依据浙江会员马裕藻、朱希祖、许寿裳（都是章炳麟的学生）、钱稻孙及部员周树人（即鲁迅）等之提议，把审定字音暂时用之‘记音字母’正式通过，此前三派（即偏旁派、符号派和罗马字母派）都无可属，可称为‘简单汉字派’，而创其例者章炳麟也。”

② 鲁迅：《门外文谈》，《鲁迅全集·且介亭杂文》第6卷，北京：人民文学出版社1981年，第95页。该文注释1曰：本篇最初发表于一九三四年八月二十四至九月十日的《申报·自由谈》，署名华圉。后来作者将本文与其他有关于语文改革的文章四篇辑为《门外文谈》一书，一九三五年九月由上海天马书店出版。注释1见第103页。后来鲁迅在《关于新文字——答问》中也曾提到此事：“先前也曾有过学者（指王照、劳乃宣），想出拼音字来，要大家容易学，也就更容易教训……”见《鲁迅全集》第6卷，第160页。

用在形。书之时，闻其音而必思其形；阅之时，见其形必思其音。多一思索即多一犹豫，欲其速也，甚难必也。习之极熟，闻音而即得其形，见形而即得其音，不待思虑，自然在目，然后能为速记之用。盖母韵声之义法，理也；运笔之速，技也。既明其理，必熟其技，乃适于用。是则在学者之勤于练习矣。虽然余之创此字也，但明其理而未习其技，使余自为之，亦不能速也。其诸柳氏梓人，所谓其床阙足而不能理，将求他工者耶。"①

四、长期从事于古筹算学研究

劳乃宣从事古筹算学的研究始于光绪七年（1881），"署保定谭子韩同年，约阅童试卷，考得古筹算之制，制筹试之易简而广大，自此究心筹算"②。后于光绪九年至十五年（1883—1899）间，著成《古筹算考释》等著作七种。在西学东渐的背景之下，他对于古筹算的应用提出了一些新的认识。

劳乃宣于古筹算的研究开始有一定的偶然性，后来则包含以中学对抗西学的倾向，正如《古筹算考释序》所言："古算皆筹也，珠盘兴而筹之用渐废，西法盛而筹之传遂绝。嘉道以来，诸生表章中法，不遗余力，筹为中法根本，失传已久，而无人为之疏通证明之真阙典也。曩读梅徵君《古算器考略》，识古筹之制；又读《孙子算经》诸书，见有乘、除、开方用筹诸法，因依《汉志九章》之说，制赤黑筹各一握，用以布算，至为简易。久之，始悟九章诸术皆筹也。又久之，复悟天元正负开方亦筹也。偶以教人，虽诸乘方之繁赜，正负数之纠纷，算家累牍所难明者，初学顷刻可解。夫乃叹古人制器立法之妙，粗精本末，一以贯之，非后世私智小术所能及已。乃征考诸书，加以训释，缀以图草，辑为此编，以明古筹算之法。凡术之涉乎筹者，备详之，其余则略焉。专释筹义，非谈算理也。千古良法湮没，数百年一旦复明快何如乎？惜未能起李云门、焦里堂、李尚之、罗茗香诸先生而一质之也。"③

劳氏致力于古筹算学研究，有一定的现实针对性。首先，他是为了教育儿女，开发其智力："筹算为学算最易之具，故古之人童而习之。自筹算失传，而算法遂为难事矣。余既考古制，制筹作《古筹算考释》以解之，而筹法复

---

① 劳乃宣：《中国速记字谱序》，《桐乡劳先生遗稿》卷2，第26—27页。
② 劳乃宣：《桐乡劳先生遗稿·韧叟自订年谱》，第8页。
③ 劳乃宣：《古筹算考释序》，《桐乡劳先生遗稿》卷2，第14页。

明于今。家中小儿女略能识数，辄教之筹算以为戏玩，诸儿以戏为学，无苦其难者。及稍长，虽极钝之质，亦能乘除开方。有语以开方为算家难事，率诧以为奇，可见筹算之易知而易能矣。顾考释之书，于入门浅近之法尚略，暇日取教儿辈初学加减乘除开方诸法，笔之于书，命儿绚章及诸女设题演草，名之曰《筹算浅释》。语取其名，不厌其俚，解取其易，不厌其烦，俾不知算数之人一览可晓，藏之以为家塾课本，非敢出而问世也。"①

其次，是为了向普通百姓普及浅显的数学知识。"余宰吴桥，劝设里塾于各乡，于讲读《弟子规》、《小学》诸书外，兼课以浅近算学，既各予以算筹及筹算浅识矣。继思浅释虽浅，尚无依次课程为教者，法因略仿西人功课书之意，为此编。于算式列位加减乘除，皆以极浅者为始，由渐而进，定为逐节演习之式，以授塾师。为师者第按此定本，循序讲授，量其资质，以为迟速。虽童蒙极钝之质，亦必能想说以解此书。既毕，乃及浅释，自沛然无扞格之虞矣。古者，子生六年教之数与方名，十年学书，计童蒙之年，无不习算者，其必有简易之教法可知，惜乎今不传矣。此编虽仿西人，或犹有古人小学之遗意也乎。"②劳氏在吴桥知县任上，为了普及浅近算学，不得不仿"西人"之形式，制成《筹算蒙课》的课本，可谓社会大势之反应。

再次，劳氏致力于古筹算的研究，时间较久，著述颇丰，但仍没有摆脱"道则古胜于今"思想的束缚，有着对抗西学的意味。劳氏曰："九数之学，肇自古初三代之隆，列于六艺。自汉、唐以迄宋、元，算学家莫不兢兢以法古为重。迨西法入中国，而有算学今胜于古之论学者，乃有蔑古之心矣。间尝论之中国之学，皆古胜于今；西国之学皆今胜于古。何也？文明之运以渐而开，必有极盛之会，过此则见衰，中国文明开于先，以唐、虞、三代为极盛，故古胜于今。西国文明开于后，方今渐臻于盛，故今胜于古。凡学皆然，算学亦何独不然，而独谓算学今胜于古，非笃论也。试观古人筹算之法，囊括万有，无所不赅。虽后世人积智，新理日出，而加减乘除之体，纵横正负之用，百变而莫出其范围，如宪法数十变而益精，而气朔闰余之规模终不能易羲和之旧。是则古先圣哲之所留遗，固百世所能外也。余作《古筹算考释》，考明筹算古制，幸为当代大雅所不弃，承学之士，由吾说以造精深之域者，颇不乏人。古

---

① 劳乃宣：《筹算浅释序》，《桐乡劳先生遗稿》卷2，第19页。
② 同上书，《筹算蒙课序》第23页。

法之沾溉于今者，良不鲜矣。顾筹算之用，义蕴无穷，前编仅及天元、正负、开方而止，四元以下犹阙。今复续撰是编，以补所未备。夫编中诸术，多有近代所创设及己意所推阐者，非尽商高隶首之传也，而必谓古胜于今，何哉？盖诸术皆本于筹算之为用，变动不居而神化不测其究也，易知而简能，非有古制之存，何由钻仰而穷其妙乎明算？君子试取一握之筹，演而绎之，当知余言之不缪，而古法诚不可轻量也已。"① 这就表现出劳氏指导思想上的局限性。因此吕淑红对于劳乃宣的古筹算学评价较低，认为中国古筹算从先秦至宋、元有着悠久的历史，自明代起渐被珠算所取代，而晚清劳乃宣等人从事的古筹算学研究，是一种复古的表现，与社会发展格格不入。吕提出应该弘扬优秀的传统文化，而不是简单复古。②

　　李约瑟在《中国科学技术史》数学卷中之"自然数的逻辑演算"部分也曾提及劳乃宣的"算筹"成绩，同时也指出了其不足："在 19 世纪，劳乃宣写了很多关于内皮尔算筹和早期算筹的著作，例如《古筹算考释》及其补编《古筹算考释续编》等，如果对数计算尺和加法器这两种工具不是如此迅速地按照内皮尔的方法发明出来，那末，这种算筹系统的用途可能会更大一些。"③这也反映出劳氏古筹算研究中的局限性。

五、力图倡导近代图书馆事业

　　劳乃宣还对近代图书馆事业的倡导十分感兴趣。劳乃宣曾撰写《青岛尊孔文社建藏书楼记》一文。当时劳乃宣从中国古今藏圣贤书以读圣贤书的目的出发，记述了建此藏书楼的主旨："士生三代之下，欲闻圣人之道，非圣人之书末由。是书者，圣人之道之所寄也。夫圣人之道，人道也。圣人之书，人道之书也。苟为人即不能不由人之道，欲由人之道即不能外乎圣人之书。故凡有血气者，莫不知圣人之书之可贵而尊之宝之。虽然明镜鉴形，妍者之所喜而媸者之所恶，夏鼎铸奸，人类之所恃，魑魅魍魉之所忌。秦之所以焚书者，以圣人之道适足以彰其丑也。当秦时知圣人之书之可贵者，率藏之山岩、屋壁之

---

① 劳乃宣：《古筹算考释续编序》《桐乡劳先生遗稿》卷 2，第 24 页。

② 吕淑红：《论劳乃宣现象》，《内蒙古师大学报》（哲学社会科学版）1991 年第 2 期。

③ ［英］李约瑟：《中国科学技术史》（第 3 卷《数学》），《中国科学技术史》翻译小组译，北京：科学出版社 1978 年，第 160 页。

间。汉兴求书，乃得有所凭借，以明圣人之道，而人道赖以不灭，则藏书之功也。比者革命之变，神州陆沉，学校禁读经书，私家有授经者，官吏至加以刑罚，人道之不绝者如缕矣。德国尉君礼贤，以西人而读吾圣人之书，明吾圣人之道者也。时居青岛，闻而忧之，与中国寓岛诸同人，结尊孔文社，以讲求圣人之道，议建藏书楼，以藏经籍。……青岛为德国租界，内地官吏势力所不及，虽欲摧残之而不能。他日内地读书者日少，老者既代谢后，生者不获窥圣人之典籍，寰宇之中，晦盲否塞，芸芸群生，必且如秦代黔首之见愚，莫克知人道之所在，有欲考寻圣人之书，以为人道之指导者，将不可得。而是楼也，岿然独存，且卷帙富有，足资探讨，与古昔之抱残守缺者尤不同。人道之晦而复明，绝而复续，不于是乎在，而安在，其功不胜于山岩、屋壁之藏万万哉。"① 他们的做法是"同人乐赞其成，相与捐资，趱期兴作，行见不日成之。圣经贤传之精，子史百家之富，萃集于斯，圣人之道，将不外求而得焉"②。其设藏书楼主观上为使读传统经典者后继有人，以最终完成复辟的"大业"。为此，劳氏记曰："楼基建作之始，尉君属为文记之，缄诸铁函，埋之基下，以为千百世后，久远之征。爰述其建设颠末，与所以守先待后之意，以俟来者。"③ 但在客观上，此举为近代化图书馆建设事业的一次探索。河北省地方志编纂委员会编《河北省志·文化志》曾有记述："劳乃宣（1843—1921）近代音韵学家、藏书家、图书馆事业倡导者。……（劳氏）重视图书馆建设。民国三年（1914）与德国人尉礼贤在山东尊孔文社内建立藏书楼。"④

是年秋，劳氏因避战火，躲避到曲阜。一次偶然的机会，促成他真正提出了近代图书馆事业的设想。"甲寅（1914）之秋，移家阙里。一日登至圣庙奎文阁，傑（杰）阁三重，轩楹崇广，而洞然无一物，为之慨然。考之古奎文阁，藏书之所也，建于金昌明时。元至大间，五十四代衍圣公以赐书甚多，请

① 劳乃宣：《青岛尊孔文社藏书楼记》，《桐乡劳先生遗稿》卷5，第24页。

② 同上书，第24页。

③ 同上书，第24—25页。

④ 河北省志地方志编纂委员会编：《河北省志·文化志》（第79卷），北京：方志出版社2001年，第608—609页。又见《尊孔文社藏书楼》一文中说："1914年，在尉礼贤、劳乃宣主持下，在尊孔文社内建立了藏书楼，成为青岛第一座现代图书馆（在礼贤书院内）。藏书楼广收经、史、子、集之'富萃'，以便'集斯圣人之道，将不外求而得焉'。同时，也收藏现代图书和外文图书。外文图书以德文居多。藏书楼建筑完工，劳乃宣写了《青岛尊孔文社藏书楼记》一文。"青岛市政协文史资料研究委员会编：《青岛文史资料·名胜古迹特辑》，1985年6月18日，（无出版社）第83页。

设典籍一员掌之。明宏治间重修，巡抚徐公购书，付衍圣公，四方藩郡闻而致者，日益富。想见当日缥缃万轴，达屋充栋，洋洋乎大观也。数百年来，阁犹巍然，独与籍之官设之如故，而书则无一卷之遗焉。失于何时，已无所考，可胜叹哉！夫阙里毓盛之邦，朝廷崇儒之地，为海内所共仰，且圣泽所垂，自古未遭兵燹，若于此设馆藏书，保存古今图籍，以备四方人士观览稽求，诚我国唯一之盛举也。迩者各省竞设图书馆矣，然建筑有费，购书有费，用人有费，非财力充足不能兴举，故都会而外，成立者鲜。而此则奎文阁为固有之书楼，典籍官为固有之典守，庙役为固有之胥徒，所缺者书耳。"① 回顾奎文阁藏书的沧桑，劳乃宣分析了改建为藏书楼的优势和不足：书楼和管理人员等都已具备，唯一的不足是书籍缺乏。

因此，他提出从官、私两条途径募捐和搜集图书："而京师官书及各省官刻书籍，合而计之，四部应有之书，约略具备。若援元、明故事，请之部省，行文诸处，凡京外官刻书之有板者，每种各解一部于曲阜，以备圣庙之藏，以供天下之览，当无不邀允许，则不烦财力，而图书馆成矣。又私家著述，莫不冀保守流传，应广告宇内著作鉴藏诸家。凡自刻书籍，或先人所遗，或本人所著，或重刊古籍，欲传之不朽，使得奕代长存万流共见者，各印一部，送此储藏，既可保守，又可流传，当亦人人所愿也。至于旧钞旧刻古书、罕见珍本，际兹乱世，保守为难，如愿送此代藏，亦听其便。"② 这就充分利用了曲阜孔家独特的优势，既节省了经费，又可以募捐到不少书籍，可谓一举多得。为实现此一目的，劳氏主张："奎文阁略加修葺，为藏书之处，阁旁斋舍，为观书之处，无论何处人士，皆许就观。来谒林庙之人皆许登览，择诸习书籍一人，使之管理，即任以奎文阁典籍之职，选庙役之勤慎者数人，兼供使令，各略加资给，所费无多，以地方教育费充之，非甚难也。"③ 为了使奎文阁藏书楼正常运行，劳氏制定了详细的藏书章程14条④。该章程涉及名称（阙里图书馆）、书籍来源和分类、编列书目、藏书和阅览制度、人员管理、作息时间等诸多方面，某些规定与现代图书馆的规章已有相似之处。所以，劳氏所设计的

① 劳乃宣：《奎文阁藏书议（附章程）》，《桐乡劳先生遗稿》卷4，第33页。
② 同上书。
③ 同上书，第33—34页。
④ 同上书，第34—35页。

奎文阁藏书楼虽名为藏书楼，实际上明显地具有了近代图书馆的性质。

总而言之，劳氏对于中学造诣较深，既有继承也有创新。他致力于"义理之学"和"礼学经世"以继承中国传统文化为主，而在等韵学研究和汉字改革方面既继承前人的成就，又有所创新。劳乃宣的《等韵一得》，总体上得到了音韵学专家的肯定，乃至有人称之为"现代音韵学之先驱"。他旨在提高识字率的简字（拼音字母）推广，得到了黎锦熙等语言学家的称赞，鲁迅也称赞劳乃宣此举"进步得很"。劳氏的古筹算学研究，对于儿童的算学启蒙及提高百姓的算学水平颇有裨益，但其目的包含着抵抗西学的倾向，也具有不太适应社会发展的保守性。劳氏撰写了《青岛尊孔文社建藏书楼记》、《奎文阁藏书议》及所附章程，力图对传统藏书楼进行改造的主张，已富有近代图书馆事业的性质，有一定的进步性。劳乃宣在理学和礼学、语言文字学、古筹算学及图书馆学等领域取得一些成就，有的还较为显著，包含着较大的进步性；但是由于劳氏溺古太深，其中仍具有一定的保守性。

第二节　对西学的认知和选择

西学在近代中国是一个内涵逐渐丰富、发展的概念，因此张之洞在《劝学篇》中曾曰："四书五经、中国史事、政书、地图为旧学；西政、西艺、西史为新学，旧学为体，新学为用。"[1] 笔者在此节中采用的西学，借鉴张之洞"西政、西艺、西史为新学"的说法，是一种广义的西学。

劳乃宣原本对西学有一定的学习和了解。通过在周馥、盛宣怀和端方幕府办理洋务文案，劳氏对洋务也愈加熟悉，对西学的认识又有所加深。劳氏曾以"知洋务"自诩，从一些劳氏的反对者中可以得到反证，如在"庚子事件"中，同情义和团、主张闭关的左绍佐曾上书徐桐曰："近有浙人，昌言著书[2]，指义和团为白莲教之余裔，岂不冤哉。细询此著书之人，盖自命为知洋务者，殆鬼奴也。"[3] 下面再以劳氏所编《各国约章纂要》等为例，对其认知和接受

---

[1]　张之洞：《劝学篇·设学第三》。
[2]　浙人指浙江桐乡劳乃宣，著有《义和拳教门源流考》。原注。
[3]　左绍佐：《悟澈源头·上徐桐书》，中国社会科学近代史研究所《近代史资料》编辑组编：《义和团史料》（上），北京：中国社会科学出版社 1982 年，第 232 页。

西学的程度进一步加以分析。

一、编辑《各国约章纂要》

光绪十七年（1891），劳乃宣在吴桥知县任上，编辑了《各国约章纂要》。关于劳氏编辑该书的动机，诚如邵作舟所言："泰西通盟以来，所为约章，颁于官者皆国自为篇。保定始有《类编》之刻，而天津复有《类纂》之刻，端绪浩眇，不可猝寻。光绪十有七年（1891），东南之仇天主教者数起，始于芜、湖、江、汉之间，骚然而动，舌人往复，讼言日滋。吾友劳先生玉初，方宰吴桥，因举约章之涉于内地者，纂其要略，备州县循览易晓。分游历、传教、商务为三，而附以仪文、法禁诸杂条，复述海外邦域教术，及盟于中国所始各篇，凡八卷。"① 即在当时民教冲突日趋激烈的背景下，劳乃宣有感于以前所编《条约类编》和《约章类纂》查询不便，才决定编纂《各国约章纂要》。即如劳氏所言："诸书备列全约，卷帙稍多，口岸内地包括在内，内地官幕不熟洋务者，尚觉翻阅不易。今摘取约章之专涉内地者，纂为一编，附以章程、成案，名为《各国约章纂要》。诚知不免挂漏，而意取简要，于内地州县，未始无小补也。"② 可见，劳氏所编具有较强的针对性，即不仅要自己熟悉洋务，办理本县内中外交涉的事务，还欲帮助内地各州县官，提高其办理洋务及中外交涉的水平，表现出了传统士大夫以天下为己任的胸怀。

为了改变查询约章"端绪浩眇，不可猝寻"的缺点，劳乃宣在编纂体例上有所创新，他既不按时间编纂，也未按国别编纂，而是按照专题予以编纂："内地交涉以游历、传教及内地商务为三大端，辑为三卷，他若交际仪文、优待保护，法禁狱讼等类，虽不专指内地，而亦有内地不可知者，采其要者，为杂条三卷。"同时"各国所立之约，有曰和约，有曰条约，有曰会议条款者，有曰修好条规者，有曰通商章程者，《类纂》统称条约章程，列于每门之前，颁行之章程，通行之成案，则附于每门之后，今仿刻律例之式，分为两层，约

① 邵作舟：《各国约章纂要》序，沈云龙主编：《近代中国史料丛刊续编》第 19 辑（186），台北：文海出版社 1975 年，第 1 页。邵作舟（1851—1898），名运超，字班卿，安徽绩溪人，著有《邵氏危言》。邵氏为劳乃宣之好友。劳乃宣的长子绲章续娶了邵作舟的女儿邵振华，二人又为亲家关系。

② 劳乃宣：《各国约章纂要》凡例，沈云龙主编：《近代中国史料丛刊续编》第 19 辑（186），台北：文海出版社 1975 年，第 3 页。

章及章程列于下，成案附于上，俾检阅较易"。① 这样就尽力做到了条目清楚，便于检索，既有约章条文，又有具体成案，便于内地各州县及幕僚参考。

在约章的起止断限，劳氏尽量选取最长时段："《类编》、《类纂》皆以各国立约年月为首，全书之纲也。此编虽简，而纲领不可不具，辑各国立约年表为卷首。《类编》首英国，以道光江宁和约为始也。《类纂》首俄国，以康熙黑龙江和约为始也。今从《类纂》。……《类纂》所录以光绪十一年（1885）为断，是编以光绪十六年（1890）为断，十二年（1886）后续订约章，《类纂》所未录者，今以次编列。其章程、成案采诸《类纂》者居多，间有未备，考录档案以补之。"② 据《各国约章纂要》卷首《各国立约年表》，所辑约章始于康熙二十八年（1689）的《尼布楚条约》，止于光绪十六年（1890）的《议定烟台条约续增专条》，共搜集了清廷与 16 个国家签订的条约 51 件③。此外，劳氏为了使各州县更好地办理洋务及中外交涉事宜，尤其是认识外来宗教，还撰写了三篇文章，作为附录："各国之所在，邦交之所起，天主耶稣之本末，皆不可不知。作《各国述略》、《立约缘起》、《西教源流》各一篇，附录于后，并绘地球图，大略附之。"④

劳乃宣主编《各国约章纂要》的附录《各国述略》、《立约缘起》、《西教源流》从一定程度上表明了劳乃宣等当时士大夫的"世界观"及其对世界历史地理知识的认知水平。

首先，从《各国述略》中可以看出劳氏对世界大势的基本认识。劳氏在光绪十七年（1891 年，甲午中日战争之前）已经接受了地圆学说、五大洲观念和世界万国的观念，而放弃了"地方如棋"、"天朝上国"等观念。劳氏在《各国述略》起始部分曰："地形如球，以周天度数三百六十度计之，每度得中国之二百里，纵横各七万二千里。南北之中为赤道，日驭之所正照也。南北

---

① 劳乃宣：《各国约章纂要》凡例，沈云龙主编：《近代中国史料丛刊续编》第 19 辑（186），台北：文海出版社 1975 年，第 3—4、5 页。

② 同上书，第 4—5 页。

③ 劳氏所编的 51 个条约有遗漏。据王铁崖编《中外旧约章汇编》的统计，从 1689 年至 1890 年间，中国与外国签订约章为 167 个，当然王氏有说明"本汇编的范围不限于与外国订立的条约和协定，还包括外国企业、公司等订立的各种章程、合同等在内"。见王铁崖编《中外旧约章汇编》第 1 册，编辑说明及目录，北京：三联书店 1957 年。

④ 劳乃宣：《各国约章纂要》凡例，沈云龙主编：《近代中国史料丛刊续编》第 19 辑（186），台北：文海出版社 1975 年，第 5—6 页。

极去日渐远，凝阴洹结，是为南北冰海。大地之土，环北冰海而生，披离下垂，凹凸参差不一，其形泰西人分为四：曰亚细亚洲，曰欧罗巴洲，曰阿非利加洲，此三土相连在地球之东半；别一土曰亚墨利加，分为南北二洲，在地球之西半，是为五大洲。"① 这表明劳氏等人在继承徐继畲、魏源等合理主张的基础上，对于世界地理的认识更加科学。《各国述略》中记述的 16 个国家是劳氏在前贤著述的基础上，有针对性选择的："中国在亚细亚洲东南，通商各国有在欧罗巴洲者，有在南北亚墨利加洲者，有在亚细亚洲者。徐氏《瀛环志略》、魏氏《海国图志》及近今西人所撰地理志略诸书言之綦详。今辑是编恐阅者不知各国所在，各述其大略，并绘地球图附于后，俾稍知其梗概，不能详备，不通商之国，亦不及也。"② 郭双林在其《西潮激荡下的晚清地理学》中曾对晚清西方地理学在中国的传播作过系统研究，他提出同光年间为"系统介绍"时期，"西方近代地理学知识也开始以更大的规模向中国传播"，"系统的西方近代地理学知识开始传入中国"，③ 深度也有所增加。劳氏所言"近今西人所撰地理志略诸书言之綦详"，说明他对西方地理书籍有所参考，也可作为印证郭氏观点的一个事例。

《各国约章纂要》中所附《各国述略》记述了俄、英、瑞典、美、法、德等在世界上颇具影响的 16 个国家，可以看出劳氏对世界主要国家的认识，试以俄、英为例：

> 俄罗斯国据亚细亚、欧罗巴两土之北境，复跨海据亚墨利加之西北隅，长约二万余里，四裔第一大国也。其都城在欧罗巴。其东土与中国吉林、黑龙江、外蒙古、新疆接壤，为君主之国，君权无限，兵力强盛，人民种类不一，有耕商，有游牧，以希腊教为国教，亦有习天主教、耶稣、回教、佛教者。

> 英吉利国在欧洲西北，海中国，本三岛以东两岛相连，南北约二千余里，东西五六百里，以西别一岛，南北约七八百里，东西约五六百里，属

---

① 劳乃宣编：《各国约章纂要》附录之《各国述略》，沈云龙主编：《近代中国史料丛刊续编》第 19 辑（186），台北：文海出版社 1975 年，第 361 页。

② 同上书，第 361—362 页。

③ 参见郭双林：《西潮激荡下的晚清地理学》，北京：北京大学出版社 2000 年，第 9—18 页。

地甚多。亚墨利加、阿非利加、亚细亚各洲皆有之，以亚洲之印度为最大。水师最盛，为欧洲强大之国。民以耕耘、开矿、造物、贸易为业，商务之盛为各国冠。国有上下议政两院，君权有限，为君民共主之国，以耶稣教为国教，亦有习天主教者。①

从这两个国家的记述中可以看出，劳氏总是注重介绍每个国家的位置、面积大小、政体、生产方式、军事、宗教信仰等概况。对于其他十余个国家，劳氏采用了相似的方式予以介绍，不再一一列举。

综上，劳氏对世界各大国的认识不一定都十分准确，但总体把握还是比较到位的，也能达到方便各州县官参考之目的。由此还可以看出，劳氏已经把中国看做世界万国中的一员，如称俄罗斯"四裔第一大国"，英国"水师最盛，为欧洲强大之国"、"商务之盛为各国冠"，美国为"北亚墨利加大国"。这说明此时已有一批士大夫基本上不再具有传统的"天朝上国"观念，其"世界观"已趋于接近现代的科学水平。笔者参考郭双林《西潮激荡下的晚清地理学》中"五大洲说的普及"和"中国中心观的动摇"②等相关研究，认为：在甲午中日战争之前，劳氏等持有"地球是球形"、"五大洲和东西半球"说及世界各国各有其特点等观念的人士在当时尚属先觉者。因为绝大多数国人在甲午中日战争之后，才逐渐放弃了"天朝上国"等不切实际的观念。③

其次，劳氏组织编写《立约缘起》也是出于方便各州县办理中外交涉事宜之目的："中国与各国之立约也，各有缘起，不考其端委，不能知今日邦交之所由来也。其说散见于诸家记载及近时档案，今略举其概以备省览，而以通商口岸附焉。"④值得注意的是，劳氏在《立约缘起》中已不再具有传统的朝贡贸易观念，而是萌生了近代平等通商贸易的观念。他还把清朝签订条约所形成的中外通商与历史上中外交往，主要是中欧交往联系在一起："欧洲诸国自

---

① 劳乃宣编：《各国约章纂要》附录之《各国述略》，沈云龙主编：《近代中国史料丛刊续编》第19辑（186），台北：文海出版社1975年，第362—365页。
② 郭双林：《西潮激荡下的晚清地理学》，北京：北京大学出版社2000年，第200—222、240—248页。
③ 张立胜：《试论天朝上国观念在晚清的崩溃》，《广西社会科学》2008年第7期。
④ 劳乃宣编：《各国约章纂要》附录之《立约缘起》，沈云龙主编：《近代中国史料丛刊续编》第19辑（186），台北：文海出版社1975年，第371页。

古未通中国，惟东汉桓帝延熹九年，大秦王安敦遣使自日南徼外献方物，载《后汉书》，为见于史册之始。考之西史，即罗马一统之世，其帝奥利留安敦也。至明正德间，法兰西（明史作佛郎机）使臣自南洋满喇加入宫，乃复见焉。时法人已夺满喇加为市埠，驾大舶通市广东，建城台于澳门。葡萄牙（明史作波尔都瓦）继之，言者非制，请驱逐。法去而葡以贿留，挈家居之，遂长子孙。荷兰争澳不得，乃踞台湾。其后意大利、日耳曼诸人踵至，皆以澳门为东道主。入本朝葡人居澳，仍其旧制。荷兰之在台湾，已为郑氏所逐。康熙平台之后，荷兰首请通市，英吉利诸国相继而至，乃通商于广东，此海口通商之所由来也。"[1] 此后，介绍了海口通商所涉及各国条约的签订缘由，及长江通商口岸及陆路通商口岸各约章的签订缘由及简况。最后附录各通商口岸如下：

沿海通商口岸：奉天牛庄、直隶天津、山东烟台、江苏上海、浙江宁波、温州，福建福州、厦门、台湾、淡水，广东潮州、广州、琼州、北海；长江通商口岸：江苏镇江、安徽芜湖、江西九江、湖北汉口、宜昌，四川重庆；陆路通商口岸：蒙古恰克图、库伦，新疆伊犁、塔尔巴哈台、喀什噶尔，甘肃嘉峪关，广西龙州，云南蒙自。[2]

尽管当时中外邦交实际上已不能平等，但劳氏仍是一厢情愿地希望中外通商能按照所订条约办理，以减少不必要的纠纷。

最后，劳氏是有鉴于教案日益增多，为各州县办理中外交涉事宜而编纂《各国约章纂要》，其附录《西教源流》（在《各国约章纂要》中占有重要的地位）就是为了应对此事而作。

劳氏曰："西方之教大者有三：曰佛教，曰天主教，曰回教。佛教汉时入中国，回教唐时入中国，天主教明时入中国，而其立教，则在佛教之后，回教之前。溯其渊源，又在佛教之前，今已蔓延于五大洲。中国所传有旧约、新约诸书，其梗概略可考。见士大夫以其异教，屏置勿道，然中外交

---

① 劳乃宣编：《各国约章纂要》附录之《立约缘起》，沈云龙主编：《近代中国史料丛刊续编》第19辑（186），台北：文海出版社1975年，第371—372页。

② 同上书，第379—380页。

涉，此为一大关键，若于彼教之说，一无所知，遇事无以因事，今撮其大要，著于篇。"①

劳氏在介绍了《旧约全书》、《新约全书》及天主教、耶稣教的历史及传播等概况后，最后的落脚点是解决好当下的民教冲突。19 世纪 80 年代末，西教的宣教士日益增多："中国传教之人，天主教法国最多，耶稣教英国、美国最多，按光绪十三年（1887）新报天主教在中国传教者，法国四百人，分于十三省；意大利八十二人，分于四省；比国二十九人，分于二省；日斯巴尼亚国二十九人，德国十四人，共五百五十四人。光绪十五年（1889）新报耶稣教在中国传教者，英国四百九十八人，美国二百四十五人，德国与欧洲他国立会者四十九人，自立会者四人，各国会四十一人，共八百三十七人。此天主教耶稣教入中国之始末也。"② 这是晚清各级官员必须面对的现实。其实这正是晚清时期教案日益增多的主要诱因之一。

而劳乃宣则认为："然而四方之传教者时启争端，何也？一则由于传闻之失实，一则由于操纵之失宜。中国自明以来，即有白莲教、无为等邪教，相传有采生折割之术，又以同色同财诱人入教。天主教之入中国，异言异服，骇人听闻。其教又异于圣人，而别为一端，故群以邪教目之。世俗之人，不知其详，但知其为邪教，谓必与白莲等教相同，因有符咒蛊惑、诱污妇女、迷拐幼孩、挖眼剖心之谣，讹传既久，士大夫亦从而信之。至于形诸奏牍，刊诸著述，好事之徒，随声附和，各处每有檄文、揭帖，张皇其词，而教堂又收育婴孩、兼传男女，益足以启人之疑，而衅隙从此生矣。其男女之别不严，乃教士自沿其西国之俗，初非有心诱惑。至于符咒迷拐等邪术，实天主教所无，且为其教所禁。其形迹偶有可疑，或缘别教匪徒假托。"③ 他还列举实例予以说明："故道光二十六年（1846）所奉谕旨有别教匪徒，假托天主教之名，藉端滋事，一切作奸犯科应得罪名，具照定例办理之语。同治九年（1870），天津焚教堂之案，查出男女一百五十余口，逐一讯供，均称习教已久，其家送至堂中豢养，并无被拐情事。曾文正公至天津，百姓拦舆递禀者数百余人，亲加推

① 劳乃宣编：《各国约章纂要》附录之《西教源流》，沈云龙主编：《近代中国史料丛刊续编》第 19 辑（186），台北：文海出版社 1975 年，第 381 页。
② 同上书，第 398—399 页。
③ 同上书，第 402—403 页；又见劳乃宣：《各国约章纂要附录西教源流后论》，《桐乡劳先生遗稿》卷 3，第 28 页。

问，挖眼剖心有何实据，无一能指实者。询之天津城内外，亦无一遗失幼孩之家，因知皆属无稽之谈。当经奏明请旨通饬各省，俾知从前檄文揭帖所称教民挖眼割心、戕害生民之说，多属虚诬，布告天下，咸使闻知。光绪二年（1876），皖南教案有白莲教党类白会清，混入天主教，左道惑众，经沈文肃公训明，与天主教无涉，将白会清按妖匪例正法，皆其明证也。"① 劳氏在关注民教冲突时，还注意将天主教耶稣教与中国的邪教区别开来，这就为其日后在"庚子事件"中提出义和拳"乃白莲教之支流"的主张奠定了基础。

为了更好地认识民教冲突，劳乃宣还分析了中外各教的不同成因：

教也者，本于天，出于性，而为人道之品节者也。中国之教，君臣父子之伦，礼乐刑政之制，皆是也，无一人不在教之中，而未尝专立教之名。……中国之教出于上，外国之教出于下也。从来御众之道，必正名分，必齐号令，必明赏罚。中国上古之世，继天立极之圣人，即首出御世之天子，尺土莫非其有也，一民莫非其臣也，不必别立名号而名分自尊。有改正朔、易服色、别器械、殊徽号之制，有生杀予夺之权，不必托诸神鬼而号令自一，赏罚自行。故其为教也，循乎人道之常，而行之万世而无弊。外国则不然，古之时草昧初开，文明未启，为之君长者无开天济物之才，辅相财成之道。民性颛蒙，风俗顽犷，一二聪明绝特之士，生于其时，思有以救之，而不得其位，无权以行其教化，不得不托诸神道，建立名号，以为号召众徒之帜。于是乎有主教之神，不能强人，人必从也；于是乎有教内教外之畛域，不能无号令也，于是乎有教规；不能无赏罚也，于是乎有以鬼神祸福为劫制之法，此教之所由来也。说虽荒谬，而实出于救世之苦心。故犹太之摩西、耶稣，印度之释迦，阿剌（拉）伯之穆罕默德，在彼国皆不得不谓之圣人，特不如中国圣帝明王之大耳。天主教天堂地狱、永福永罪之说，与佛氏之轮回果报，大同小异，设堂礼拜与回教规模相近，亦与佛教、回教之流亚也。顾佛教、回教，各行其地，其流传于中国也，佛教则中国遣使求之，回教则但行乎其族类，而天主教则强聒

① 劳乃宣编：《各国约章纂要》附录之《两教源流》，沈云龙主编：《近代中国史料丛刊续编》第19辑（186），台北：文海出版社1975年，第403—404页；又见劳乃宣：《各国约章纂要附录西教源流后论》，《桐乡劳先生遗稿》卷3，第28—29页。

人以其必从。盖其教之宗旨，以劝人入教为功德，欲遍行其教于天下，恒遣人四出传布。俾蛮荒陋俗，素无得此于化之区，一旦闻所未闻，每有得此翕然信从者。①

应该说，劳氏对宗教的认识有一定道理，尤其是对于天主教的扩张性认识得比较清楚。但接下来，他对 19 世纪下半叶西方传教士宣教的影响及评价，就不太符合实际了："乃亦欲得此于华夏，则其人之愚也。食饿夫以豆羹，被乞儿以短褐，诚足以济其饥寒而生感慕。若夫太官之庖，冠裳之会，亦欲以此进之，则不知量矣。今中国之人其教者，非乡曲之愚民，即市井之无赖，都邑之士，稍知礼义者，率不为所动，固不足为吾风俗人心之大害也。试观佛教之入中国，千余年矣，而吾圣人之教，如日月经天，江河行地，何尝稍损毫末哉？则教士之在中国，亦似僧徒视之可矣。"② 他还凭借历史上佛教对中国的影响来比喻之。

因此，劳氏号召各地方官解决民教冲突的做法为："有牧民之责者，遇有此等流言，亟当明白剖示，以释群疑，庶几弭变未形，不致酿成巨患。又有习教之人，仍属中国子民，仍归中国官管辖，约章载有明文，原不应稍有歧视，而畛域既分，猜嫌易启，教内者恃教士为护符，每有欺人之意；教外者屏教民于不齿，时有忿嫉之情。争讼到官，袒民则无以服教之心，袒教则适以激民之怒。操纵之间，稍失其平，衅端即因之而肇，不激不随，无偏无党，是又在听讼者加之矣。……三代衰，王政阙，礼义废，而佛至乎中国。佛之所以为吾患者，乘其阙废之时而来，补其阙修其废，使其政明而礼义充，则虽有佛无所施于吾民矣。天主教之于今日，亦犹是也。然则明吾政刑，敦吾礼义，修其本以胜之，非今日当务之急哉？"③ 劳氏"无偏无党"、"明刑敦礼"的举措对于控

---

① 劳乃宣编：《各国约章纂要》附录之《西教源流》，沈云龙主编：《近代中国史料丛刊续编》第 19 辑 (186)，台北：文海出版社 1975 年，第 399—401 页；又见劳乃宣：《各国约章纂要附录西教源流后论》，《桐乡劳先生遗稿》卷 3，第 27—28 页。

② 劳乃宣编：《各国约章纂要》附录之《西教源流》，沈云龙主编：《近代中国史料丛刊续编》第 19 辑 (186)，台北：文海出版社 1975 年，第 401—402 页；又见劳乃宣：《各国约章纂要附录西教源流后论》，《桐乡劳先生遗稿》卷 3，第 28 页。

③ 劳乃宣编：《各国约章纂要》附录之《西教源流》，沈云龙主编：《近代中国史料丛刊续编》第 19 辑 (186)，台北：文海出版社 1975 年，第 404—405 页；又见劳乃宣：《各国约章纂要附录西教源流后论》，《桐乡劳先生遗稿》卷 3，第 29 页。

制民教冲突固然也能起到一定的作用，但它基本上忽视了西方列强及传教士侵略的一面，是一种本末倒置的措施。

劳氏所编《各国约章纂要》不仅为当时的各州县官所参考，而且是清末约章编纂中的重要代表作之一，为后世编纂者提供了参考，王铁崖编辑《中外旧约章汇编》就将其列为参考书之一①。

二、对西学的迎拒

在西学东渐的大潮中，劳乃宣受到了西学的浸染。劳氏有"通儒"之称，他不仅博通古今，而且对外国的了解也达到了一定的程度。他在担任知县生涯及担任京官等时期，需要办理一些涉外事宜；在入幕任幕僚期间，也多次办理洋务文案，使劳氏对西学的认识进一步加深。但他对西学的学习是有所选择的，有迎有拒，有必要对其西学的认知及选择加以分析。

首先，劳氏对西方的历史地理和国际形势颇为熟悉。据上述《各国约章纂要》可知，为了介绍西方各国的概况，劳乃宣参阅过介绍西方各国的地理书籍。劳氏还对当时的国际形势及中外的习俗、政体等有一定的认识。如他在《谈瀛漫录》中说："天下之国，各有所尚，有耕种之国，中国是也；有游牧之国，朔漠是也；若西洋则商贾之国也。耕种之国重土，故封建郡县以土分，其相争也，争地争城，地大者胜。游牧之国重人，故部落以人分，其相争也，掳丁口而不夺地，人众者强。古来北方为中国患，但苦其杀掠，不虑其格局，其俗尚然也。商贾之国重财，故国会以商人预政事，其相争也，竞市舶之利权，索互市之口岸，市舶多口岸广者富。是其通商之本意，无利吾土地之心，凿然可信也。而今则不尽然矣，西洋诸国互相雄长者久矣。自维也纳之会而齐盟之局定，黑海之战而合从之约坚，使其长此不变，诸大国势均力敌，相持而不能相侵，无吞并之惧，自不为越国鄙远之谋。乃庚午（1870）普法一战，法蹶普兴，俄因而渝黑海之盟，英坐视莫能抗，而西洋之时势变矣。东洋本自守之国，权不在君，无远大之制，使其仍国君守府、将军执政之旧，必不足为中国患。乃自甲子（1864）以来，西洋通商，幕府归政，其主躬揽大柄，效法泰西，练兵制器，雄视海上，通和上国，而东洋之时势变矣。俄跨两土，从

---

① 王铁崖编：《中外旧约章汇编》第1册，北京：三联书店1957年，第1040页。

约既解，因生狡焉。思其之心，东侵伊犁，南伐机窪，骎骎有日辟之势。日本本不重商贾，其必欲通商于中国，意不在商可知矣。法惧俄之坐大，日之益强也，深望中国自强以敌之；又虑中国或不能自强，将为捷足者先得，因是迫而生心焉。英通缅甸，法据越南，各辟途径，其意将何为哉？至今日犹谓其无利吾土地之心，大愚不灵之见也。"① 劳氏的这些认识是否得自西方书籍难以验证，但他对19世纪70年代中外形势的分析是基本符合实际的。

其次，劳乃宣对于西方的民主制度也有一定的认识。他在《共和正解》中曾说："抑民主之制，何自始乎？欧美以工商立国，希腊、罗马早有市府之政，其人民即具有法律之知识，渐摩服习，垂数千年，几于人人有自治之能力。民政久有基址，而其各国君主、沿海酋长之余习，暴虐有甚于中国之桀纣者，激而生反抗之心，相"推"相延，乃成今日民主之制。其所由来者渐矣，非一朝一夕之故也。"并强调说："若我东亚，自古及今，从未闻有民主之说。中国人之号四万万，其中略晓欧美文明法律、具民主之见解者，通商大埠或有数百人，都会通衢或有百人数十人，偏僻郡邑不过有数人或一二人，合二十二行省计之，极多万人耳。今以极少数喜新之人，倡民主之说于三五都会、商埠，而欲普天之下山陬海澨，数万倍大多数守旧之人，悉表同意，断断无此理。天下数万倍大多数之民，皆不同意，而谓可以造成民主之治，岂情理之所有哉！"② 应该说，劳氏对西方民主制及中外政体比较的认识有一定的水平，但与革命派的出发点不同，劳氏是为了复辟君主制，反对在中国实行民主共和政体。可见，劳氏对西方民主共和制的认知结果是持排斥的态度。

另一方面，劳乃宣支持在中国建立君主立宪政体，并且倾向于学习日本的君主立宪制度，这在劳氏的《奏请设禁中顾问官摺》中有所反映，其中曰："日本于宪政未行之前，先设宫中顾问，选元勋练达之人，以备咨访宪政，实行时即改为枢密院，是为君主最高咨询之府，专资讨论而不干行政之权，皆所以为启沃君心、弼成主德之用也。上年八月初一日，孝钦显皇后、德宗景皇帝特沛纶音，宣布立宪，于筹备事宜单内，开列第九年设弼德院顾问大臣，即仿照日本枢密院办法，自应钦遵届期设立。惟日本于枢密院未设以前，先设宫中顾问官，以为枢密院之预备。而我于议院未设以前，亦先设资政院以为议院之

---

① 劳乃宣：《谈瀛漫录》，《桐乡劳先生遗稿》卷1，第10—11页。
② 劳乃宣：《共和正解》，《桐乡劳先生遗稿》卷1，第34—35页。

预备，则弼德院未设以前，亦当仿照资政院宫中顾问官之例，先设禁中顾问以为弼德院之预备。"①

　　再次，在语言文字学方面，劳氏推广简字则受到西方拼音字母及日本假名的启发，有所吸收和借鉴。如宣统元年（1909）劳氏在《请于简易识字学塾内附设简字一科并变通地方自治选民资格摺》中所说："欧美之字，以二十六字母拼合而成，习此二十六字母，明其拼法，即可识字。字少易识，故识字者十人而九。日本文化出于我，与我同文，用我汉字。而汉字之外，则有五十假名拼音达意，以为补注。士君子高深之学，必用汉字，而愚贱之人，但识假名，即能口中之语，言明目前之事理，是以村农野老、贩夫走卒皆能观书作字，地方自治不劳而举。我国自古以来专用汉字，别无此项易识之字以为补助，故上等之人乃能识字，国民教育难于普及于愚氓。"② 还说："顾或者虑新字盛行有妨古学，不知我国文字肇自神圣，有形有声有义，传心载道，万古常新，断无磨灭之理。简字有声无义，仅足以代口语；义理之精微，经史之渊雅，仍非汉字不可，简字不足以夺之。日本之有假名已千余年，而汉字至今盛行，毫无所损，是其明证。……简字以音为主，故少而易识。既识简字，即可以简字注汉字之音，则汉字亦易识矣。是简字非特无妨汉字，且可以补注汉字，为识汉字之门径也。"③ 这又反映出劳氏对于西学借鉴和吸收的一面。

　　为了考察"西教源流"，劳氏还曾涉猎过《旧约全书》和《新约全书》。

　　在《各国约章纂要》所附《西教源流》中，劳氏首先记述《旧约全书》，其中曰："《旧约全书》为西国最古之书，西国草昧之开，后于中国。中国夏商之间，西方诸国獉狉甫变，家自为俗，人自为教，有拜火、拜日及拜蛇兽之习。商太戊时，犹太人摩西起而辟之，立事天之教，专拜上帝，不拜别神，国人从之。是为犹太教乃天主教耶稣教之权舆，自斯以后，传其教者代不乏人，递有著述，流传既久，奉为经典，后人汇辑为《创世记》等三十九篇，统名曰《旧约全书》。约者，上帝与人所立之约，旧者别于新约而言。其书言之曰：上帝之神名耶和华，元始时创造天地，一日造光明，二日造穹苍，三日使

---

① 劳乃宣：《奏请设禁中顾问官摺（代）》，《桐乡劳先生遗稿》卷4，第13—14页。
② 劳乃宣：《请于简易识字学塾内附设简字一科并变通地方自治选民资格摺》，《桐乡劳先生遗稿》卷4，第7—8页。
③ 同上书，第9—10页。

水归海，使地显露，使地生草木，四日造三光，五日造鳞羽，六日造百兽、昆虫、肖己像造人、定人物之所食，七日工竣安息。"① 此后还对"原罪说"、"摩西十诫"、礼拜制度等进行了详细说明，并曰："故犹太教允为天主教之先河，而耶稣教之徒亦不能不奉《旧约全书》为经训也。"②

关于《新约全书》，《西教源流》中称："《新约全书》二十七篇，皆言耶稣之事，耶稣者，犹太人，其母马利亚，不夫而孕，大辟王之裔约瑟娶之，生子曰耶稣。时中国汉哀帝建平三年（公元前4年）也。耶稣生而神异，自谓为上帝独生子，受上帝命降生，以拯救世人。犹太人中有相传先知之言，谓上帝曾许亚伯拉罕于其子孙中降生救世主，代人赎罪，故信之者甚众。耶稣周游邦邑，宣传教法，诲人不倦，并有神术。"③ 劳氏还对西教在西方的传播、演变，在中国唐代、明清的传播及遭禁以及咸丰八年（1858）中外签订条约后"开禁"等情况进行了较为细致的介绍。从中可以看出，劳氏探究问题有着一种追根溯源的精神，他不是就事论事，而是从天主教耶稣教的源起和教义入手，试图为解决民教冲突提供一定的理论支撑。

劳氏还曾阅读过康德的汉译本《人心能力论》，并写了跋，其中曰：

今既七十余矣。衰态虽日至而心疾卒未萌，乃信治心果足以治病，而惜未见儒家之书之与医家通其邮也。岁癸丑（1913），以尉君之招，客青岛。尉君与周子叔弢译德儒康德氏《人心能力论》，属余修饰而润色之。至次年春而卒业。其书乃康氏答复胡斐兰氏之论著而作，胡氏印行而发明者。康氏儒家也，胡氏医家也，而两家互论治心以治病之道，沆瀣一气，若合符节。余读其书，皆若为余胸中所欲言而未能，目中所欲睹而未见者。而印之以孔孟之遗言，又多有相发而无相违。陆象山先生曰：东海西海有圣人出，此心同，此理同；南海北海有圣人出，此心同，此理同。信乎其不诬欤？尉君言康德之学，与吾孔孟之道什九相合，此其一斑耳。④

---

① 劳乃宣编：《各国约章纂要》附录之《西教源流》，沈云龙主编《近代中国史料丛刊续编》第19辑（186），台北：文海出版社1975年，第381—382页。

② 同上书，第384—385页。

③ 同上书，第385页。

④ 劳乃宣：《人心能力论跋》，《桐乡劳先生遗稿》卷3，第9页。又参见第331页注释④。

劳乃宣对西学的认知和选择是以"中体西用"为出发点和落脚点的，即劳氏大都按照其一贯的"道则从古从旧，器则从新从今"[①]的原则来认知和选择西学。正因为如此，尽管劳乃宣对西学尤其是对西方的习俗、政体、宗教等有了一定程度的了解，有些地方还较为深入，在一些具体的领域如语言文字方面有所吸收和借鉴，但从根本上而言，因为溺古太深，难以突破历史的局限性，对西学尤其是民主政体采取了排斥的态度，具有很大的保守性。

---

① 劳乃宣：《论古今新旧》，《桐乡劳先生遗稿》卷1，第27页。

第五章　教育活动与主张

　　劳乃宣曾在相当长的时间内从事教育活动，并提出了若干教育主张。劳氏教育活动和教育主张又是相辅相成的，形成了一定的特点，使其对近代教育做出了一定的贡献。加之他又曾多次担任教职，因此称得上是清末的一位教育家。

第一节　教　育　活　动

　　综观劳乃宣的教育活动，可以分为两类，一是传统的，主要设塾授读和书院课士；一类是趋新的，创办简字学堂与"领导"近代新式大学堂等活动。兹作如下考察：

一、设塾、课士等传统的教育活动

　　同治六年（1867），时年25岁的劳氏首次授读。这时其次女即将出生，生活压力渐增，因此"教读于恭甄甫太守①家，生徒三人：瑞璈、瑞璐、瑞敷。次女纺出生"②。翌年春，劳氏入都会试不第，便到其兄劳乃宽之岳父范梁（字楣孙）署中教读。

　　据《韧叟自订年谱》记述，劳氏这次授读持续时间较长，从同治七年至十二年（1868—1873）③，至少为五年时间，教授学生有四人，即范崇威，章

---

　　①　现据李培祜修、张豫垲纂：光绪《保定府志》（光绪七年重修，十二年刊成），查得恭甄甫即恭钧，满洲正黄旗，光绪七年八月（1881）任保定知府。卷6职官表八"国朝知府府佐各官"第10页b–第11页a，其余不详。这与劳乃宣所记时间不吻合。笔者怀疑应为同治七年（1868），待考。

　　②　劳乃宣：《桐乡劳先生遗稿·韧叟自订年谱》，第4页。

　　③　同上书，第4—5页。

氏兄弟承缵、承继、承保，并送其赴京乡试。为激励他们立志成才，劳氏还赋诗一首，题曰《贻章绍生伟生受生昆季》："男儿立身期不朽，读书岂特资耳口。至性长存天地间，富贵浮云亦何有？我生有志苦未逮，此意硁硁恒自守。卓哉吾徒二三子，头角峥嵘出尘垢。一朝抗怀希古人，吐气如虹贯牛斗。伯也用心能静专，仲也目底牛全无，随肩小弟亦岐嶷，英气勃发生眉端。殷勤为我述所志，后生直欲追前贤。窃闻学问重寡过，愿得努力全其天。我闻此语得未有，狂喜不觉忘眠餐。为尔历历倾肺腑，此事曾经识甘苦。石中玉韵山自辉，大璞不完同瓦甒。冰壶秋水自盟心。炫璧须知易招侮。一言勖汝还自勖，莫使初心负幽独。后凋勉作岁寒松，晚节期为傲霜菊。名山大业在千秋。他日相逢刮吾目。"① 这首长诗言者谆谆，表达了劳氏对爱徒的教诲和期许，也是他自期之表现。

在长达近20年的知县生涯中，劳乃宣任职的突出特点之一是十分重视教育。每到一地，他大都为县学和书院筹资或捐资购置书籍，亲临现场，课士教民。光绪十年至十三年（1884—1887），他任完县知县期间，"延名儒长燕平书院，勤校士，厚膏火。未几，文风大振。著有筹算一书，印送学子，捐书数千卷，任学子读阅"。以致"本县现存之经史子集，即乃宣当日所购置者也"。②

光绪十七年（1891）首次任吴桥县知县时，还兼署教谕、训导，直接担负指导士人读书和百姓教化之责任，其间，还"课士于澜阳书院"③。劳氏主要做法如下："筹资购书一万余卷，藏于尊经阁，俾邑人随时借观。仿黄子寿先生主讲莲池书院时成法，命诸生读书，各做笔记呈阅，评骘奖赏而鼓舞之。刻曾文正公督直隶时所做《劝学篇》，附以黄子寿先生莲池书院学规三则于后，以示诸生。"④ 由此可以看出，劳氏对黄彭年和曾国藩之推崇。除注意指导诸生（"秀民"）读书，开阔其视野外，劳乃宣也很关注"凡民"的教育。他在吴桥任上曾设立"里塾"，教育"凡民"，以使其知书达理。其意旨和做法为：

> 今天下皆设学郡邑，又往往建书院、立义学以辅之，教秀民之道稍稍

① 劳乃宣：《劫馀草·贻章绍生伟生受生昆季》，《桐乡劳先生遗稿》卷6，第1页。
② 彭作桢修，刘玉田等纂：民国《完县新志》（1934年）卷3，《行政第二》（上），第17页a。
③ 劳乃宣：《曾文正公劝学篇跋》，《桐乡劳先生遗稿》卷3，第24页。
④ 劳乃宣：《桐乡劳先生遗稿·韧叟自订年谱》，第10—11页。劳乃宣：《曾文正公劝学篇跋》，《桐乡劳先生遗稿》卷3，第24页。

修举。而凡民之教阙如，天下秀民少而凡民多，秀民有教，凡民无教，则受教之民少，不受教之民多，非所以化民成俗也。因略师古意为里塾之制，酌定规条，普劝建设。在城每街，在乡每村，各设一塾或数塾，每年秋收后，十月初开学，岁底散学，专以钦颁六谕、圣谕广训及弟子规、小学等书教授，不授他书。六谕、弟子规、小学内篇熟读讲解，圣谕广训、小学外篇但须讲解，不必熟读，并教以跪拜习礼。书皆官发，并于因公赴乡时亲往抽查，酌加奖诫。①

所谓劝设里塾，类似后来的所谓"冬学"，陈训慈称之为"不啻开今日短期民众学校之先河"②，即乘冬季农闲之际，提高百姓的文化知识水平，熟悉礼仪，以化民成俗，维护和巩固社会秩序。为此，劳氏规定了劝设里塾的时间和授读的内容，以使里塾具有可操作性；并且他还亲自抽查，有奖有罚，以利于里塾的切实开展。

在清苑县任（1896—1898）上，他亦是大力购置书籍，"当其需次，曾上书大府，运售各属书局官刻书籍，善本书始易购置，士林受惠良多，至今颂之"③。

辞县官后，劳乃宣曾在家乡桐溪书院担任过教职。《韧叟自订年谱》曰："光绪二十七年辛丑（1901）59岁……是岁，桐乡桐溪书院以策论课士，邑宰方雨亭君（家澍）聘予主课，寄卷评阅，自是为始，历任因之，至丙午（1905）科举停乃罢。"④ 从光绪二十七年至光绪三十一年（1901—1905），劳乃宣为桐溪书院讲策论，培养了一些学生，如刘富槐、卢学溥、夏邦桢等。

民国元年（1912），劳乃宣隐居于涞水县郭下村，也曾设塾教读⑤。劳氏在郭下村的生活，更使其对中国农村的"凡民"、"小民"识字者不多有了进一步的了解。民国二年（1913），卫礼贤托周馥请劳乃宣去青岛主持尊孔学社，劳乃宣来岛后，一方面和卫礼贤合作翻译《易经》，一面还为驻岛寓公子

① 劳乃宣：《桐乡劳先生遗稿·韧叟自订年谱》，第11—12页。
② 陈训慈：《桐乡劳玉初先生小传》，《文澜学报》1935年第1集。后收入浙江图书馆编：《陈训慈百年诞辰纪念文集》，北京：北京图书馆出版社2006年，第128页。
③ 金良骥修，姚寿昌总纂：民国《清苑县志》（1934年）卷4，《人物上·名宦》第63页a。
④ 劳乃宣：《桐乡劳先生遗稿·韧叟自订年谱》，第14—15页。
⑤ 同上书，第19页。

弟授读。

综上，劳乃宣在从事传统的教育活动中，取得一定的效果，表现了其对教育的关心和热情，因此有人称其"历宰诸邑，好以兴学为务"，"综其一生，无时不以教化为己任"①。

劳乃宣的传统教育活动既有与其他士人共性的地方，也有其独特之处。他作为地方官重视教育、注重加大投入，筹资或捐资支持教育及劝设里塾、重视"凡民"教育的做法值得后世借鉴。

二、创办和领导简字学堂、高等学堂或大学堂等新式教育活动

首先考察劳氏创办简字学堂的活动。在入幕两江总督期间，即在光绪三十一年至三十三年（1905—1907）间，恰逢清廷宣布预备立宪。但是，清廷又提出若干限制条件，譬如民智未开等，这固然是清政府借此巩固皇权和反对革命及拖延实行宪政的一种借口，但公民素质低下、识字人员偏少确实是当时要实施君主立宪的瓶颈之一。为此，劳乃宣提出了推广简字、普及教育的主张，以为实施君主立宪之始基，随即把开民智、提高民众识字率的主张付诸实践——劳乃宣创办了简字（拼音字）学堂，并积极兴办简易识字学塾、简字讲习所。据劳乃宣所说："（1905年）秋，陈请督部周公设简字学堂。简字者，拼音字也。宁河王小航氏造官话字母，行于北方，予见其谱，知为普及教育之利器。顾原谱专用官音，不能通行于南方，予增其母韵、声号，为《增订合声简字》一编。而宁属各府县及皖属各处语音相近之处，皆可通行；又为《重订合声简字谱》一编，而苏州及苏属各郡县及浙省语音相近之处，皆可通行。先设于金陵，任程君一夔为总理，并奏明立案。"② 尽管周馥这时已没有了李鸿章的庇护，自身麻烦不断，③ 但仍然大力支持劳乃宣的作为。所以劳乃

---

① 陈训慈：《桐乡劳玉初先生小传》，《文澜学报》1935年第1集。后收入浙江图书馆编：《陈训慈百年诞辰纪念文集》，北京：北京图书馆出版社2006年，第128页。

② 劳乃宣：《桐乡劳先生遗稿・韧叟自订年谱》，第16—17页。

③ "光绪三十二年（1906），丙午，七十岁。是年五月初一，大儿学海在两江督署病故，年五十有一……署内发生有属员脏私显著、办理荒谬者，内有我欲提谳之人，不忍奏，且知劾必遭反噬，思之至再，不能顾私害公，遂汇甄别条劾，之后果有人诬劾我在山东时迁就德人，要求在两江时允许某国人买凤仪门内操场并诬子学海在署招摇。"王云五主编：《民国周玉山先生馥自订年谱》，台北：台湾商务印书馆1978年，第112—113页。

宣多年设立简字学堂的设想才得以实现，并且在"宁属各府县及皖属各处"和"苏州及苏属各郡县及浙省语音相近之处，皆可通行"。周馥离职后，端方继续给予了支持［劳为端方拟《两江督部端匋帅江宁简字学堂高等小学堂开学演说文》（光绪三十四年正月二十四日）[①] 可谓佐证］。"两年以来，毕业者多次，给凭者数百人。毕业者又转向授受，推行于江浙各属，通晓者甚夥；素不识字之妇女村氓，一旦能读书阅报、能作函札，如盲者之忽尔能视，其欣快几无可名状。"[②]

而倪海曙则提出："他（劳乃宣）认为在南方推行京音的官话有困难，不合'言文一致'的原则，于是在王照原来方案的基础上，增加南京和苏州音的声韵母，修订成'宁音谱'（南京话合声简字）和'吴音谱'（苏州话合声简字），后来又增加闽广音的声韵母，修订成'闽广音谱'（福建话和广东话合声简字）。他把这三个谱连同原来的京音官话字母，合成《简字全谱》，1907 年出版。1905年他请两江总督周馥、江苏巡抚陈夔龙、安徽巡抚恩铭奏准在江宁（南京）设立'简字半日学堂'，先教宁音，后学京音，4 个月毕业。先后办了 10 期，毕业数百人，转相传授，推行于江浙两省。1908 年（误，应为 1906 年，引者加），端方继周馥任两江总督，又在江宁设'简字学堂'和'简字高等小学堂'。"[③]此事在《首都志》和《南京教育志》中也有所记载[④]。

劳氏创办简字学堂的活动既是出于"以利于立宪之始基"的目的，又取得了一定的成效，因此产生了积极而广泛的影响，乃至慈禧太后和光绪帝也有耳闻。"及应召入京，廷对亦力陈简字之效用，旋又具疏呈进所撰简字诸书，请由学部考核，颁行全国一体传习（光绪三十四年）。维时清廷方倡筹备立宪，颁行逐年筹备事宜，颇以开民智为急，定分年次第创设州县乡镇简易识字学塾；而于限期实施地方自治，又规定识字者可为选民。先生独以为欲求识字之普及，惟简字为捷径，因奏请于简易识字学塾内，附设简字一科，对于'极贫无力入塾一年之幼童，及年已老大从未识字之人，皆令识此简字，并将

---

①　劳乃宣：《简字谱录》，北京：文字改革出版社 1957 年，第 257—259 页。

②　劳乃宣：《进呈简字谱录摺》，《桐乡劳先生遗稿》卷 4，第 2 页。

③　中国大百科全书编委会：《中国大百科全书》（13），北京：中国大百科全书出版社 2009 年，第 250 页。

④　叶楚伧、柳怡徵主编：《首都志·大事记》，正中书局 1935 年，第 1527 页；南京市地方编纂委员会：《南京教育志》下册，第九章成人教育，北京：方志出版社 1998 年，第 1234 页。

必读课本，翻成白话简字，令其讲习。其能识汉字之人，亦酌加功课，令兼识简字'。盖'此项简字，易识易解，允堪为汉文之补助，教育之阶梯'"①。"1910 年，他与社会名流赵炳麟、汪荣宝在北京成立'简字研究会'，改向社会宣传。他写信给学部尚书唐景崇说：'他日中国于汉字之外，另用一种主音简易之字以为辅助文字，可信其必有此事。''于此事之必可行，且不可不行，自信甚笃。'"② 因此陈训慈称其"一生乐育为怀"，"而其创为简字，宣说不遗余力，尤为开风气之先焉"③，而沃丘仲子则从另一角度分析（就劳氏的理想而言），"又编字母，便童子识字，然矣不尽推行"④。但这是劳乃宣在教育领域产生显著影响的主要因素之一，因此傅任敢先生在《近代中国教育人物像传》中称其为"提倡简字以谋普及教育的劳乃宣先生"⑤，这是劳氏被称为教育家的主要业绩之一。

其次考察其创办和领导高等学堂或大学堂的活动。甲午中日战争，中国失败于日本后，维新变法成为当时议论之热点话题。在此背景下，光绪二十四年（1898），劳乃宣创办了畿辅大学堂。

关于畿辅学堂的创办，时任直隶总督王文韶在其《日记》中有记载：光绪二十四年（1898）三月，"二十三日（4 月 13 日）晴……由驿拜发正摺四件夹片四件：……创设畿辅学堂陈明筹办情形"⑥。当时劳乃宣正署理清苑县（首县）知县，"（光绪二十三年即 1897 年）秋，又兼护保定府同知"⑦，因此筹办畿辅学堂的具体任务就落到了劳乃宣的身上⑧。陈学恂主编的《中国

---

① 陈训慈：《桐乡劳玉初先生小传》，《文澜学报》1935 年第 1 集。后收入浙江图书馆编：《陈训慈百年诞辰纪念文集》，北京：北京图书馆出版社 2006 年，第 129 页。

② 中国大百科全书编委会：《中国大百科全书》（13），北京：中国大百科全书出版社 2009 年，第 250 页。

③ 陈训慈：《桐乡劳玉初先生小传》，《文澜学报》1935 年第 1 集。后收入浙江图书馆编：《陈训慈百年诞辰纪念文集》，北京：北京图书馆出版社 2006 年，第 126 页、第 128 页。

④ 沃丘仲子：《近现代名人小传》下册，北京：北京图书馆出版社 2003 年，第 325 页。

⑤ 傅任敢辑：《提倡简字以谋教育的劳乃宣先生——近代中国教育人物像传之一》，《中华教育界》第 24 卷第 7 期，1937 年 1 月。传记内容录自陈训慈的《劳乃宣传略》，由劳乃宣的后人提供。详细过程见本书第 6 页注③。

⑥ 袁英光、胡逢祥整理：《王文韶日记》，北京：中华书局 1989 年，第 992 页。

⑦ 劳乃宣：《桐乡劳先生遗稿·韧叟自订年谱》，第 13 页。

⑧ 此事又详见于孙进柱主编的《保定历代大事纪略》，方志出版社 2002 年，第 108—109 页，其中明确提出"在保定西关灵雨寺行宫创建畿辅大学堂，由劳乃宣具体筹办"。

近代教育大事记》也曾记载此事："（1898 年）4 月 13 日，直隶总督王文韶上奏，请变通书院章程，创建畿辅学堂。国家档案局明清档案馆编《戊戌变法档案史料》。4 月 15 日，光绪帝谕，所属切实兴办畿辅学堂，勿得视为具文。《德宗景皇帝实录》卷 416。"[①] 畿辅学堂是保定的第一所大学堂，劳乃宣于此有创建之功。民国《清苑县志》记载："创办畿辅大学堂，学校之兴，自公（指劳乃宣）始。"[②] 另外，中华人民共和国成立后，仍有人记起劳乃宣此举："光绪二十四年（1898），清苑知县劳乃宣于西关灵雨寺行宫创办畿辅大学堂（直隶高等学堂），为保定第一所以理工科为主的高等学校。"[③] 畿辅学堂对于培养近代人才曾起过一定的作用。这可以说是劳氏参与新式教育的起点。

光绪二十六年（1900），劳氏因事疾病复发。正是这场疾病，才使劳氏因缘际会，成为清末著名新式学堂南洋公学（上海交通大学的前身）、浙江大学堂（今浙江大学的前身）及后来京师大学堂（北京大学的前身，民国元年后改为现名）的"领导者"。

光绪二十七年正月十一日（1901 年 3 月 1 日），南洋公学第一任总理（即校长）何嗣焜猝死。在此情况下，盛宣怀挑选译书院主任张元济兼任第二任总理。但是张元济与当时的监院（相当于外文总教习）福开森"不甚相合"，任职不久就坚决辞职而去。情急之下，盛宣怀只得聘请了尚在养病的劳乃宣出任南洋公学总理。因此劳氏任南洋公学总理应在光绪二十七年四月十一日（公历 5 月 28 日）[④] 之后不久。

劳乃宣原本并不愿意担任此职。《韧叟自订年谱》记曰，光绪二十七年

①　陈学恂主编：《中国近代教育大事记》，上海：上海教育出版社 1981 年，第 86 页。

②　金良骥修，姚寿昌总纂：民国《清苑县志》（1934 年）卷 4，《人物上·名宦》第 63 页 a。

③　尤文远：《保定历史沿革初考》，政协河北省保定市委员会文史资料研究会编《保定文史资料选辑》第 1 辑，1984 年，第 13 页。

④　夏东元编著：《盛宣怀年谱长编》（下册），上海：上海交通大学出版社 2004 年，第 730 页。该日盛致信郑孝胥请他推荐南洋公学的人选。此信《郑孝胥日记》于四月十七日（6 月 3 日）有相关记述："……得盛督办书，商铁厂及南洋公学事，即复电，荐汤蛰仙。夜，月极明。"见第 796—797 页。而此前二、三月份，劳乃宣曾多次与正在张之洞幕府的郑孝胥书信往还，《郑孝胥日记》记曰：二月廿九日（4 月 17 日）"复劳玉初书"；三月初七（4 月 25 日）"劳乃宣来电，以'晋抚奏调，已辞病，亦难赴鄂，请代禀帅'"；十三日（5 月 1 日）"得劳玉初复电，称病不来"。廿五日（5 月 13 日）其日记曰："……得劳玉初书。……"，见第 791、792、793、794 页。因此郑氏推荐了汤寿潜，结果是盛宣怀还是选择了劳乃宣。

（1901）"返至上海，盛公宣怀以南洋公学总理相属，谓地偏事简，风景清旷，藉可养疴，勉应其命。居两月，病如故，复辞"①。而上海交通大学历任领导简介则为："劳乃宣（1843—1921），河北永年人。清光绪二十七年七月他出任南洋公学监督，为期不到半年，任内开办了南洋公学附属小学和公学政治班，促成了大部分中院学生赴国外留学。他除了著有很多宣扬封建礼教、维护清廷统治的文章外，还长期从事古代数学的研究，对汉语拼音文字的提倡和推广，也有一定的贡献。他还曾经协助德国人尉礼贤将《论语》译成德文。"② 据此记载劳氏任职不到半年，主要活动为开办了南洋公学附属小学和公学政治班，促成了大部分中院学生赴国外留学。此事《交通大学校史》中也有记载③。劳氏在南洋公学另一重要的作为就是作出了请求缓办上院的决策，其呈文如下：

> 查现在头班仅得七名，若因此寥寥数人而径举行大不□费之事，未为合算。若迁就塞责，徒博虚声，亦负教育之意。且造诣不同，又有未能一气递升之虑。以现在二班比之头班，以功课论，尚差二年；以资质论，亦属不如；虽三班人才较佳，比之二班又差一年功课。盖前总理何守，当日创办伊始，急于造就人才，特选各班之品学最优者以为头班，以备出洋游学之选。现除去体弱多病者不计外，仅余七名，人才难得，无怪其然也！今以各班之造诣资质而论，相去若是悬殊。倘一旦创办上院，诚恐二班三班未能按年递升，上院几同虚设。未便拘执定章，稍涉迁就，所有开办上院一节，拟请暂缓二年，以免躐等，而节縻费。④

① 劳乃宣：《桐乡劳先生遗稿·韧叟自订年谱》，第15页。

② 上海交通大学网首页，上海交通大学学校领导简介之历任校长：http：//www.sjtu.edu.cn/about/2007/0831/article_27.html。其简介中有失误之处：一是其籍贯曰河北永年人，不确，劳乃宣应为浙江桐乡人，河北永年为其出生地；二是劳乃宣主要是帮助卫礼贤将《易经》翻译成德文；三是称监督也不确，应为出任南洋公学总理。（此问题详见下文）。

③ 《交通大学校史》编写组：《交通大学校史》（1896—1949），上海：上海教育出版社1986年，第7页。又，1986年出版的《交通大学校史》之附录"交通大学校名、隶属沿革、历任负责人概况表"，记劳氏任职曰"数月""光绪二十七年（1901）7月至10月辞职（阳阴历体例并没注明，一般应为阳历，引者注）"。《交通大学校史资料选编》（第1卷）（1896—1927），西安交通大学出版社1986年，正文前之"校名严革及历任校长名录（解放前部分）"标明"总理劳乃宣"任期为"1901年秋至1901年冬"，这种说法被西安交通大学校方所采纳，参见其网站"历任校长"一目。

④ 呈文缓办上院［光绪二十七年（1901），劳乃宣］，《交通大学校史》撰写组：《交通大学校史资料选编》（第1卷）（1896—1927），西安：西安交通大学出版社1986年，第70—71页。

　　劳氏既引用美英等国的实例，又申明了公学"缓办二年"之因由，言之成理，持之有故。因此，光绪二十七年七月二十五日盛宣怀《批复缓办上院文》，同意了劳氏提出的主张，曰："自应如拟暂缓二年再行开办上院，以免躐等而节糜费"①。

　　劳氏自述担任南洋公学总理，而上海交通大学网页上则说是"南洋公学监督"。清末"戊戌变法"及"新政"，曾提出兴办和改革教育，特别是废科举，兴学堂，对近代影响更巨。当时的教育正处于新旧交替、剧烈变动之际，学堂的"总办"、"总理"、"监督"、"监院"等一度较为混乱，有必要加以考证。

　　关于南洋公学早期校务领导的名称，据《交通大学校史》（1896—1949）中所记：何嗣焜、张元济、劳乃宣、沈曾植都曾担任或代理南洋公学"总理"一职。② 另有两条资料可为佐证。蔡元培民国二十五年（1936）《论南洋公学特班》中说："特班之设，为沈总理（总理即今之校长）曾植③所提议，而盛督办宣怀从之……指导之法，稍参书院方式，学生每人写札记由教员阅批，月终由教员命题考试，评次甲乙，送总理鉴定。"④ 范祖德在《交大的创建与盛宣怀的爱国》一文中讲道："1896 年清政府批准设立南洋，……盛宣怀亲自制订了学校结构、办学模式、招生办法，落实了经费来源、校舍选址和建设，确立'中学为体，西学为用'的办学方针，采用派出去引进来的开放性政策，千方百计派出公费留学生。同时重金聘请外籍教员到学校任教。学校与外籍教员的合同规定，'专任课程，凡学堂内外一切他事不得干预'，如有违反，'得即行辞退'。他还聘请了美国人约翰·福开森担任监院（President）。盛宣怀是学校的一把手。福氏是学校的第三把手，当时第二把手叫公学总办（Manager，有时也叫公学总理）。监院的权、责很大，校舍的规划建筑、设备课程的确

　　① 《批复缓办上院文》［光绪二十七年（1901）七月二十五日，盛宣怀］，《交通大学校史》撰写组编：《交通大学校史资料选编》（第 1 卷）（1896—1927），西安：西安交通大学出版社 1986 年，第 70—71 页。

　　② 《交通大学校史》编写组：《交通大学校史》（1896—1949），上海：上海教育出版社 1986 年，第 4—7 页。

　　③ 上海大学校史编纂委员会编：《上海交通大学纪事》（1896—2005），上海：上海交通大学出版社 2006 年，第 24 页。其中提出："4 月 13 日（二月二十五），张元济就开办特班事呈文盛宣怀，提出特设一班以培养西式从政人才。"笔者也认为从时间上应该是为张元济所建议，存疑。

　　④ 该文见于《交通大学校史资料选编》（第 1 卷）（1896—1927），西安：西安交通大学出版社 1986 年，第 65—69 页。又见于朱隆泉主编：《思源湖：上海交通大学百年故事撷英》，上海：上海交通大学出版社 2006 年，第 16—17 页。

定、教员的聘任（除中文师资）、学生的管理均由监院主持。公学总理奉盛氏之命与福氏订了一个'议定约款'（聘用合同），进行约束，规定了聘期，'四年为限'，'监院应听总理节制'，对学生'有必须斥退者'，应请总理察核施行；学生犯规经总理汰除，监院不得请留①。这与外国教会在中国办学截然不同。"② 类似的记载还有不少，不必再详加列举。因此劳乃宣所记"总理"一职无误，而不是担任"监督"③ 这一职务。

劳乃宣"领导"的第二所大学是浙江大学堂（前身为浙江求是书院、浙江求是学堂，后改名为浙江求是大学堂、浙江大学堂、浙江高等学堂等）。关于在浙江大学堂的时间，劳乃宣《韧叟自订年谱》中记为光绪二十七年至二十九年（1901—1903），大约两年的时间④。光绪二十九年（1903）夏，劳乃宣因为心疾复发，实际上已不再履职，由其婿陶葆廉兼代理监督。对于其职务的名称，劳氏没有记载。

而浙江大学历任校长简介中记载："劳乃宣（1843—1921），浙江桐乡人，生于河北广平（今河北永年）。1871 年进士。1901—1902 年任浙江求是大学堂总理，1902—1903 年任浙江大学堂总理。"⑤

关于任内事迹，劳氏主要致力于学堂课本的编纂，将御纂性理精义中学类、治道类，辑录两门，以及"迁去佛像，奉先师孔子，配以浙省从祀朝廷

---

① 《聘福开森为南洋公学监院议定约款（合同）》，《交通大学校史资料选编》（第 1 卷）（1896—1927），西安：西安交通大学出版社 1986 年，第 3—4 页。

② 朱隆泉主编：《思源湖：上海交通大学百年故事撷英》，上海：上海交通大学出版社 2006 年，第 31 页。

③ 上海交通大学网站上的"监督"又从何而来呢？想必不是空穴来风。据《交通大学校史》记载："光绪三十一年春，王清穆代表商部到校任命杨士琦为监督（总理），改校名为商部高等实业学堂。光绪三十一年（1905）二月，盛宣怀辞去南洋公学督办的职务，宣告他在本校的权力结束。杨士琦任监督后，对学校教务、体制进行了一些改革。废除总理，提调职务，设教务、斋务、庶务三长，分工负责学校行政。第一任教务长伍光建。第一任庶务长唐浩镇（盛宣怀《南洋高等商务学堂移交商部接管折》，光绪三十一年（1905）。西安交大档案 2326 卷，原书注释）。"由此看来，"监督"一职是在1905 年盛宣怀被免去督办一职，失去控制权后出现的，此后督办也不再设置，"监督"就代替了"总理"，相当于校长一职，成为学校的主要负责人，一直到民国元年（1912）改称"校长"后始废。

④ 劳乃宣：《桐乡劳先生遗稿·韧叟自订年谱》，第 15—16 页："光绪二十七年（1901）时浙省设大学堂，以原设求是书院改建，巡抚任公（任道镕）聘予主之……光绪二十九年癸卯（1903）六十一岁……适奉文改为高等学堂。予招陶婿葆廉为协理。夏，心疾复发。秋，以陶婿兼代。乞假归桐乡养病。"

⑤ http：//www.zju.edu.cn/xqzl/lrxz/lrxz.htm；http：//www.zju.edu.cn/xqzl/lrxz/103.jpg。

诸贤儒"①，都表现了其对传统德育的重视。

再就是处理学潮。"（光绪二十九年即1903）三月，学生有因失物迫协司事者，予斥退六人。他（疑为衍字或有漏字）学生结党滋闹，协众告退者八十余人，予不为所动。内被协勉从者多，密自陈明来归，不足之数，别招考以足之。适奉文改为高等学堂，予招陶婿葆廉为协理。"② 清末学潮是当时社会风气的反映，这和"庚子事件"后中国社会危机的加剧密切相关。此前，南洋公学就发生过"墨水瓶"事件引发了学潮。③ 受革命思潮之影响，当时的"学界风潮"此起彼伏，正如其继任者沈曾植《与盛宣怀书》所言［光绪二十七年十一月十九日（1901年12月29日）］：

> 公学自由主义，二班生竟以揭帖公布于教习之前，此事颇有关系，不敢不以上告。原揭奉阅，仍请交下存案。应如何斟酌处置，不可不深思熟虑之。学生私会，蟠结甚牢，教习为之魁。前所辞退之白运霖，则执牛耳者也。自去秋以来，与苏中西、杭求是颇与东洋学徒通声气，《国民》、《清议》二报为其枕秘，思之殊可危。求是固已具有湖南时务学堂风气，此间不可不豫计也。仰惟钧座育才盛意，追思梅老兴学苦心，慎婉何已，独有洁身以去耳。前以二班不入操场，出谕戒谕。随得一禀，力请操枪，依然吴稚晖之故智也。事已至此，不可养痈，拟于腊月甄别一番，明出数题，观诸生志趣，以便去取。④

①　劳乃宣：《桐乡劳先生遗稿·韧叟自订年谱》，第15页。

②　同上书，第16页。

③　由墨水瓶事件引发的这场风潮，在社会各界引起了强烈的反响。进步舆论对南洋公学学生的行动给予支持和极高的评价。《新民丛报》评论说："是舍己为群主义之托始也，是犹为吾国学生社会之特色"（《筹同学善后策》，《新民丛报》第21号，1902年出版）；署名"爱国青年"的《教育界之风潮》一书，则将此事件喻为"一声霹雳"，称"公学革命，其中国革命之先声乎？其黄种革命之影响乎"（爱国青年：《教育界之风潮》卷1，1902；李新：《中华民国史》）。《苏报》更是率先支持南洋公学学生的正义斗争，从十月二十一日（公历11月20日）起，增辟了《学界风潮》一栏，专门刊载有关这个事件的专号，当期所刊登的12篇文章，仅1篇与此事件无关。南洋公学全校学生的反封建、反专制斗争，也为各地受压制的学生树立了榜样。1902年冬至1903年春，浙江浔溪公学、江南陆师学堂、浙江大学堂、上海广方言馆、杭州蕙兰书院等校，相继发生学生退学、罢课、集会等反封建反专制的斗争。一时间风起云涌，此呼彼应，被社会称为"学界风潮"。详见《交通大学校史》编写组：《交通大学校史》（1896—1949），上海：上海教育出版社1986年，第47页。

④　王尔敏、陈善伟编：香港中文大学中国文化研究所史料丛刊（三）《近代名人手札真迹——盛宣怀珍藏书牍初编》（第6册），香港：中文大学出版社1987年，第2645—2646页。又见许全胜撰：《沈曾植年谱长编》，北京：中华书局2007年，第265页。

在这种大背景下，浙江大学堂也发生了学生"迫协司事"、"结党滋闹"的学潮，劳乃宣采取了坚决压制的方式，虽有八十余名学生退学，但没有像南洋公学那样，造成事态进一步扩大。

或许斥退学生等原因，劳乃宣在一些学生中留下了不良的印象。时隔几十年后，曾有人回忆劳乃宣在浙江（求是）大学堂的情况如下："吾浙乃有浙江大学堂之创办，即就求是书院旧址改组而成，第一任监督（清季学校称学堂，校长称监督）为曾任学部侍郎之桐乡劳乃宣氏。初办学堂，一切设施均衙门化，有知府衔的提调，有知县衔的会计，学级编制尚存书院旧习，随学生各科程度之高低而分甲、乙、丙班……劳监督以任事经年，以用人不当，大权旁落于监学舍等之手，为学生所不满，以致发生学潮，旋即辞职，改由其婿秀水进士陶拙存接任。陶性温和，而措施难以如意，亦不能久安于位。当道乃乘部新章改组之际，改聘路懋勋（字勉侪）太史继位。"① 作者朱宗良系浙江大学前身浙江高等学堂肄业，该文 1956 年写于台北。从中可见，朱宗良等一些人对劳乃宣治校的评价不高。回忆约半个世纪之前的事情出现差错，在所难免。其记曰"曾任学部侍郎之桐乡劳乃宣"就有误，光绪二十七至二十九年（1901—1903）劳乃宣任职于浙江大学堂时学部尚未成立，学部的设立是光绪三十一年（1905）的事②。劳乃宣任"署理学部副大臣"，是在宣统三年（1911）十一月，那时学部尚书、侍郎已改为大臣、副大臣。

至于第一任"监督"是否确切，也有待于考证。据《浙江大学》一书关于浙江大学历任负责人名录中记载："林启任求是书院总办，陆懋勋任求是书院总理，劳乃宣任浙江求是大学堂总理、浙江大学堂总理，陶葆廉任浙江高等学堂监督，陆懋勋任浙江高等学堂监督等。"③ 民国三十六年（1947）祝文白在《浙江大学之回顾》一文中曾说："今之浙江大学，虽成立于民国十六年，而厥基所肇，实远自清季……总其事者为杭州知府林迪臣启，以陆懋勋为监院，旋升总理。至（光绪）二十七年（1901），改称浙省求是大学堂，定学额一百名。嗣陆因供职词馆入京，以劳乃宣继其任，改总理为监督。二十八年，

---

① 朱宗良：《浙大之前身》，选自《天涯赤子情——港台和海外学人忆浙大》，杭州：浙江人民出版社1987年，第9—10页。

② 张德泽：《清代国家机关考略》，北京：学苑出版社2001年，第288页。

③ 浙江大学校长办公室编：《浙江大学》，杭州：浙江大学出版社2000年第2版，第16页。

去求是名浙江大学堂。翌年，复遵学部奏定章程，改称浙江高等学堂。三十年陶葆廉任监督，旋因学潮辞职，由巡抚聂缉椝奏调陆懋勋为监督……"① 因为在该校毕业，又长期在该校任教，祝文白对于浙江求是大学堂的改名、领导职务记述颇详，也较为可信。另一则资料为陆懋勋的回忆文章，作为浙江求是大学堂和浙江高等学堂的两任领导，其说法更有权威性："是年（指光绪二十七年即 1901 年），懋勋以供职词馆，谢事入京，由监院代理，劳吏部乃宣接充总理。时奉诏将省城书院改设大学堂，十月改求是书院为浙省求是大学堂，改总理为监督，任抚部道镕专折入告。二十八年，去求是名称，为浙省大学堂，额定百二十名，时岁费三万圆有奇。二十九年，遵奏定章程，凡省会设学堂，定名高等学堂，即于是改称浙江高等学堂，聂抚部缉椝陈奏更正。三十年，陶部郎葆廉接任监督，部郎延唐广文咏裳为助，整饬学风，力趋纯正。"② 作为当时的"总理"，陆懋勋对浙江求是大学堂、浙江大学堂及浙江高等学堂的变迁之说法应该是可靠的。并且其说法与浙江高等学堂毕业生祝文白的说法是吻合的。由此，劳乃宣光绪二十七年九月先任浙江求是大学堂总理（任此职时间最短）③，十月（1901 年 11 月）后任浙江求是大学堂监督、浙江大学堂和浙

---

① 国立浙江大学编：《国立浙江大学概况》（民国三十六年四月一日本校成立廿周年纪念日），杭州：国立浙江大学 1947 年，国家图书馆藏书。该文曾载于（民国）三十年双十节本校校刊。另，作者祝文白是浙江高等学堂的毕业生，参见刘操南《浙江大学文学院中文系在遵义》："祝文白，廉生，男，55 岁，衢县，浙江高等学堂文科毕业。曾任民国大学教授二年，燕京大学及国立北平大学讲师九年。教授，讲授论语、孟子、一年级国文，1936 年 8 月到校"。引自贵州省遵义地区地方志编纂委员会编：《浙江大学在遵义》，杭州：浙江大学出版社 1990 年，第 62 页。

② 陆懋勋：《浙江高等学堂缘起》，见浙江大学校史编写组：《浙江大学简史》（第 1 卷），杭州：浙江大学出版社 1996 年，第 253 页。

③ 胡珠生编：《宋恕集》，北京：中华书局 1993 年，第 955 页。宋恕（在杭州）《壬寅日记》曰："壬寅日记（光绪二十八年，公元 1902 年）四月一日（5，8）阴晴不定。下半日，候潘风洲，还《读〈春秋〉》，并交《书后诗》五古一首，潘不在内。遂候梦旦，畅谈颇久，于其室晤许、李二生及劳总理（指劳乃宣）、徐清甫。"这时，虽然称劳乃宣为总理，但可能是一种"习惯称谓"。此外，浙江大学首页历任校长记载，劳乃宣先后任浙江求是学堂总理、浙江大学堂总理，这种称谓也不够严谨，忽略了其中的变化。

见 http：//www. zju. edu. cn/xqzl/lrxz/lrxz. htm；http：//www. zju. edu. cn/xqzl/lrxz/103. jpg。

傅任敢曾在《劳乃宣像传》中称："至是先生（劳乃宣）南归去杭，总理陆懋勋延为监院，旋升总理。"见傅任敢辑：《提倡简字以谋教育的劳乃宣先生——近代中国教育人物像传之一》，《中华教育界》第 24 卷第 7 期，1937 年 1 月。傅任敢认为劳乃宣还曾任浙江求是学堂监院。孔令仁的回忆文章中亦说："他又被任命为浙江求是大学堂（浙江大学的前身）监院，后升总理、监督，成为浙江求是大学堂的主要负责人。"见孔令仁：《我的太外公劳乃宣和祖母劳绅》，《春秋》2002 年第 2 期，内部资料。这些可供参考。

江高等学堂的监督①。任职时间大约为光绪二十七年九月（1901年10月）至光绪二十九年八月（1903年秋）。由此看来，朱宗良回忆劳乃宣为"第一任监督"也不算错。

劳乃宣出任京师大学堂（北京大学的前身）总监督是在宣统三年（1911）十月，据《北京大学纪事》："11月26日（宣统三年十月初六日）上谕：以江宁提学使劳乃宣为京师大学堂总监督。"② 劳氏《自定年谱》记载："（宣统三年）十月简授京师大学堂总监督，十一月，兼署学部副大臣。"③ 而北京大学历任校长介绍："劳乃宣（1843—1921），字玉初，浙江桐乡人。音韵学家。清同治进士。1911年11月至1912年2月任京师大学堂总监督。"④

在风雨飘摇、朝代鼎革之际，大学堂秩序十分混乱，"1911年爆发的辛亥革命，终于推倒了腐朽反动的清王朝。当这年十月武昌起义的消息传到北方，北京人心大震，京师大学堂的学生和教习也都无心上课。清政府为稳定人心，维持局面，由学部通令大学堂照常上课。该通令称：'现在武昌事起，伪言风闻，几无日无之。其实沿江各省有事之说，皆系谣传，各省官电，均称安静。即武昌之事，大兵已过信阳，火车尚通，寻将抵汉。海军兵舰，亦经到鄂，开炮攻城声势甚盛……乱事当可敉平。此时人心不靖，尤贵镇定。且徒事忧惶，亦属无济于事。所有学堂学生，习知世务，动为人则，亟须照常上课，加意坚定，慎勿轻信浮言，致滋纷扰。……其各学堂监督、学长以及兼管各员，为学生师表，尤不得随意旷课，以致学生无所事事，妄生念虑，斯为至要。'然而，迅猛发展的革命形势及其巨大影响，绝不是一纸虚假的文告所能掩盖和抵销得了的。随着各省起义消息频传，大学堂的'教员学生请假回籍者，已居多数，以致不能上课'"。⑤ 大学堂遂出现了学生停课

① 又可参见陈训慈：《桐乡劳玉初先生小传》，《文澜学报》1935年第1集。后收入浙江图书馆编：《陈训慈百年诞辰纪念文集》，北京：北京图书馆出版社2006年，第126页。

② 王学珍等主编：《北京大学纪事》（1898—1997），北京：北京大学出版社2008年第2版，第46页。

③ 劳乃宣：《桐乡劳先生遗稿·韧叟自订年谱》，第18—19页。

④ 北京大学首页北大概况历任校长 http://www.pku.edu.cn/about/lrxz/lrxz02.jspJHJlnx。

⑤ 萧超然等编著：《北京大学校史》（1898—1949）（增订本），北京：北京大学出版社1988年，第33—34页。

的情况。

在此情景下，劳乃宣自然难以集中精力处理校务，乃以病为由上折："臣年力就衰，体孱多病，曾患怔忡，有触辄发。前因感冒，牵动旧疾，两次奏蒙赏假十五日，假期届满，勉强销假到部任事，不意稍为劳动，又复举发，较前更剧，心悸不安，精神恍惚，遇事辄忘。自揣精力万难支持，与其勉强恋栈，贻误要公，何如据实上陈，乞赐天恩。念臣年届七旬，分应致事，俯赐开去大学堂总监督之缺，并署学部副大臣之任，准予归田，安心调理，则此后犬马余生皆出自圣明之赐也。"① 在当时形势极度混乱的情况之下，劳氏只能借年老体病为由，辞去这样一个棘手的职务。

劳乃宣同时咨呈学部："学堂虽现在停课，而尚有日行事件，并有款项出入，不可无以经理。查本学堂总庶务提调刘员外经绎熟悉情形，办事谙练，堪以委托视事。除照会并牌示外，为此咨呈大部请烦查照施行。须至咨呈者。"② 此处劳乃宣已提出辞职后的接替人选，反映了其离职之决心。

综上所述，劳乃宣虽然参与过一些新式学堂的活动，创建了畿辅大学堂，出任过南洋公学、浙江大学堂、京师大学堂的总理、监督或总监督；但是为时大都不长，尤其是在南洋公学和京师大学堂只有约两三个月的时间，再加之体弱多病及时局动荡等因，他根本没有充裕的精力管理学校，故而没有突出的业绩。相对而言，他在浙江大学堂的时间较长（大约两年），但从影响来看，劳氏在治校方面也没有应有的成就。因此在近代为数众多的浙江教育家中，劳乃宣并未取得一席之地。张彬等在《浙江教育家和中国近代教育》的绪论中说："我们确定的近代'浙江教育家'主要以蔡元培、张元济、罗振玉、王国维、杜亚泉、经亨颐、鲁迅、蒋梦麟、竺可桢、张雪门、陈鹤琴、杨贤江、张宗麟等人为代表，他们在中国教育的早期现代化过程中，分别涉及高等教育、中等教育、幼儿教育、教育出版、教育理论等各个领域，取得了具有开创性的成就。其中，经亨颐、竺可桢虽主持浙江的中等教育和高等教育改革，但影响波及全国，贡献是全国性的。……以高等教育为例，蔡元培和蒋梦麟把一个传统

① 《奏劳乃宣摺病请开缺由》，军机处录副光绪宣统奏折，卷号03－7453，档号03－7453－021，微缩号553—3443。

② 《劳乃宣因病请以刘经绎代理学堂事务咨呈学部》（宣统三年十二月初六日），王学珍、郭建荣主编：《北京大学史料》（1898—1949）（第1卷），北京：北京大学出版社1993年，第66页。

的国立大学办成中国第一所富有现代意义的大学；竺可桢使得一所地方性大学走向现代化之途，并获得了'东方剑桥'的美誉。"① 与后来同为浙籍出身的蔡元培、蒋梦麟、竺可桢等相比，劳乃宣确实有很大的差距。

换言之，劳氏比蔡、蒋、竺分别早生了25、43和47年，这就使得劳乃宣与之相比，自身的教育经历及知识结构等有着很大的缺陷——新学知识的不足，这既是他个人的局限，更是时代的局限。另一方面，即使同一时代出生的人，有些如伍廷芳（1842—1922）、郑观应（1842—1922）、盛宣怀（1844—1916）、马建忠（1845—1900）等人的知识结构和思想也与劳乃宣有所不同，因此劳乃宣自身的思想局限也是他没有能在这三所大学尤其在浙江大学堂（高等学堂）任上发挥更大作用的重要因素。但是从另一个角度讲，劳氏能相继出任清末这三所著名学府的领导职务本身，也不是偶然的，这从一定程度上说明了在清末的环境和氛围下，劳乃宣具备了时人认可的一些素质，他虽不属于最先进的行列，至少不属于极落伍的分子，其知识结构中具有某些趋新之势。

第二节　教　育　主　张

在多年的教育实践中，劳氏提出了一些教育主张，有的已摆脱了传统的束缚，具有了近代的色彩。

一、提倡蒙学教育及女子教育

劳乃宣博通经史，得益于其良好的蒙学教育（4岁发蒙）。宣统元年（1909），溥仪年仅4岁，正逢发蒙之期。劳乃宣有针对性地上奏了《请造就保姆辅养盛德摺》。此折体现了他提倡蒙学教育即专门幼稚园教育的思想。劳氏首先引经据典，指出保姆的重要性："窃考《易》曰蒙以养正圣功也。《礼》曰国君生子，卜士之妻、大夫之妾，使食子异为孺子室。于宫中择于诸母与可者，必求其宽裕、慈惠、温良、恭敬、慎而寡言者，使为子师。其次为慈母，其次为保母（姆），皆居子室。他人无事不往。郑氏注云：子师教示以善道

---

① 张彬等著：《浙江教育家和中国近代教育》绪论，杭州：浙江大学出版社2008年，第2—3页。

者，慈母知其嗜欲者，保母安其居处者，下文能食能言，皆有教，又教之数与方名，教之让教之数，日凡出就外傅以前，皆三母之责也。盖以作圣之基，资于蒙养，保姆之教，尤在师传之先。古昔盛时，贤君辈出，未始非保姆得人之力也。三代以下，此义失传，人君生长深宫，所与处者乳媪宦寺，皆无教不学、识见卑陋之人，非独无裨主德，且多痼弊聪明，治之所以不古若也。"①说明了"保姆之教，尤在师传之先。古昔盛时，贤君辈出，未始非保姆得人之力也"。中国古已有之，"三代"后失传，才造成了不良后果。

劳乃宣不仅博古通今，而且对西方的蒙学教育也较为熟悉。为了把道理讲透彻，劳氏在奏折中接着分析了外国幼稚园的适用范围、师资的来源、益处及起源："然此义不传于中国，而颇著于外邦。近今东西各国，类皆有幼稚园之设，以教四五岁至七八岁之儿童。其教师以女子为之，名曰保姆。保姆为女子师范之一种，未学者不能充也。其课程固不外游戏法，而其要在寓德育智育于游戏之中。故教之歌以陶淑其性情，教之艺以启发其智识，教之故事以涵养其道德，教之舞蹈以舒畅其筋骨，而儿童之恋，恋于其师也，甚于父母，是以感化之神，有不期其然而然者。此法为距今六十年前德国大教育家腓力所创，未久而各国风行，今列邦教育之良，根柢实由于此。"② 劳氏用外邦幼稚园的普遍性来说明为宣统皇帝造就保姆之"必要"。

接着劳氏来分析了其可行性，即中国的京师等处已经设有类似外邦之"幼稚园"，并取得一定的成效："前岁京师士大夫公立蒙养院一所，名曰'京师第一蒙养院'，聘用中外女师，参仿东西教法，专教五岁至八岁男女学生，以启发知识、陶冶性情、练习身体为宗旨，有识字、心算、习字、图画、手技、谈话、唱歌、游嬉等科，又于院内附设保姆讲习科，以养成保姆资格。其课程均与蒙养院相表里，且令其就近实地练习。创办两年以来，院中儿童皆有薰德善良之风，成绩甚著，是保姆之教之有益于幼学确有明证也。"③ 这就为向皇帝提供接受过专业训练的"保姆"具有了可能。

最后他提出为宣统帝造就保姆具体的办法："伏思我皇上冲龄践祚，养正之功至为重要，拟请饬令学部于在京读书世族之家，选择德性纯良、通知文艺、年

---

① 劳乃宣：《请造就保姆辅养盛德摺》，《桐乡劳先生遗稿》卷4，第11页。
② 同上书，第11页。
③ 同上书，第11—12页。

龄稍长妇女讲习保姆之学，或在官立女子师范学堂内添设保姆学一科，或即在第一蒙养院保姆讲习科特设一班，以便实地练习。由学部酌定其谈话、唱歌等科，均令学部另编课本，以明臣张居正《帝鉴图说》并钦定《承华事略补图》，加以本朝列祖列宗故事，并东西各国帝王著名者可为法戒事迹。凡稼穑艰难、小民疾苦、亲贤远佞之道，敌国外患之忧，一一编入谈话，形诸咏歌，俾之讲习，期于一年毕业。由学部详慎考选，择其尤（优）者数人，入宫充当皇上保姆，随侍皇太后调护圣躬。凡皇上起居游戏，均按所习科目，随时随事尽力辅导。仍于近支王公子弟中择年岁相若者数人，令入宫中朝夕陪侍，皇上同受教育，更足为敬业乐群之助。明年圣龄五岁，正养蒙作圣之时，内而先之以保姆之教，首植其基；外而继之以师传之功，更培其实，将见典学之效益进无疆。圣德日新，同符尧舜，实社稷民生之福也。其为保姆者，应请皇太后隆以礼貌，优以恩遇，视同师传，不以寻常乳媪辈相待，仍厚给廪饩，以恤其私，并令轮班入值，俾得不废家事，其出入宫禁，由内务府妥为照料。如蒙俞允，其一切详细办法，请敕下学部、内务府核议施行。"① 将"保姆'的选择、培训及抚育皇上的方式一一阐明，可谓周详严整，具有可操作性，表达了臣子为造就一代圣君的良苦用心。其实，上有所好，下必甚焉。推而广之，把"保姆"似的蒙学教育（更准确地说幼稚园教育）推广开来，其意义更为重大。

劳乃宣先得两个女儿，而后才有了长子劳绅章。他对两个女儿并无轻视之意，而是十分呵护，注重教育，长女劳绅（绚文）、次女劳纺（织文）都颇有才华②。光绪二十七年（1901）劳乃宣的次女劳纺因患鼠疫在广东病逝③，年

---

① 劳乃宣：《请造就保姆辅养盛德摺》，《桐乡劳先生遗稿》卷4，第12页。

② （孔令仁之外祖母）劳绅（嫁于孔繁淦），"识天文，精算术，通音律，善诗词"，曾任北京女子师范教师；民国初年推行的注音字母，在创造和推广中也有她不可磨灭的功劳。（百度百科）http://baike.baidu.com/view/314887.htm? fr = ala0。其次女劳纺（即劳织文，嫁于陶葆廉），亦很有才华，有诗文稿留存，惜英年早逝。孔令仁曾回忆曰："祖母（劳绅）继承家学，学问极其渊博。她和她的妹妹（我们称为五姨婆）都是北京女子师范学堂的第一代女教师，两人都坐着轿子到学校授课，被人们称赞为'劳氏双珠'。祖母在学校讲授数学、语文两门课，著有《勾股》、《开方》两本书，作为授课教材，可惜未能出版。这说明她对数学是精通的。祖母还精通天文学，对天上的星宿指点辨认，如数家珍。"见孔令仁：《我的太外公劳乃宣和祖母劳绅》，《春秋》2002年第2期，内部资料。

③ "光绪二十七年辛丑（1901）五十九岁，⋯⋯陶氏女纺殁于广东。"劳乃宣：《桐乡劳先生遗稿·韧叟自订年谱》，第15页。陶葆廉致汪康年曰："东边鼠疫，半由人事酿成，真鼠疫必须见有死鼠。曩年，亡室劳氏，遭此惨祸，弟备受困苦，稍知病根。"见上海图书馆编：《汪康年师友书札》（二），上海：上海古籍出版社1986年，第2114页。

仅 35 岁，将近花甲的劳氏闻讯当然十分悲痛。为此，在端方幕府期间，他以端方的名义为女儿撰写了《劳织文女士诗文遗集跋》①，以表达对次女劳织文的怀念，并借此提出了自己对于女子教育的主张。

首先，劳氏认为："教育以家庭为权舆，然必妇学昌明，而后家庭有真教育，此不易之理也。"② 劳乃宣的母亲是一位诗人，他受教颇多，于是劳氏凭借自己早年的经验，明确提出"妇学昌明，而后家庭有真教育"的观点，这实际上是对传统的"女子无才便是德"之教条的修正。

其次，劳氏以女儿为例提出"妇言"问题："妇有四德，其一为言。不学诗无以言。然则诗亦妇学之所应有事者。晋、宋以后，质漓文胜，词章之学盛，流风所被，及于闺阃；相尚以才，相竞以名，久且睥睨一切，自谓女兼士业，礼法不足以拘之。而其害于人心风俗，故章氏实斋之论曰：古之妇学必由礼以通诗，今之妇学转因诗而败礼。诚慨有才者之不可以无德也。夫人幼承诗礼之训，尝以妇德不修于世，笺班昭《女诫》，刊行于时。又精畴人术，初不屑以诗名。然其诗文至性不可掩，惓惓于家人父子之间，且多感时忧世之作。"③

复次，以劳织文为例，抨击了"无才为德说"之谬论："拙存徵君随其父勤肃公（陶模）出塞，著《辛卯侍行记》④，为世所称。今其夫人以名门弱女，间关万里，所至凡道途之夷险，形势之扼塞，人情、风俗之利病，瞭然于心目之间。故其发为文辞也，言之有故，持之成理⑤。不幸为女子身耳！若使为丈夫，必大有建树立于世，岂仅仅空垂著述以自见已哉。嗟乎！无才为德之谬说，深入人心，其足以愚我京垓亿兆之妇人女子者，虽例以秦政之焚坑可也。"⑥

---

① 劳乃宣：《劳织文女士诗文遗集跋（光绪戊申六月十二日拟）》（第 140 号），《北京大学图书馆馆藏稿本丛书》（9）《劳乃宣公牍手稿》，天津：天津古籍出版社 1987 年，第 158—160 页。光绪戊申即 1908 年。其中劳氏先后为此起草了两稿，可见其当时之心情及用心。

② 同上书，第 158 页。

③ 同上书，第 158—159 页。

④ 另一稿此处后面原拟有"记西北地理甚详"一句，见劳乃宣：《劳织文女士诗文遗集跋（光绪戊申六月十二日拟）》（第 133 号），《北京大学图书馆馆藏稿本丛书》（9）《劳乃宣公牍手稿》，天津：天津古籍出版社 1987 年，第 144 页。修订稿删去。

⑤ 另一稿此后拟有"盖其得施阅历者深矣"一句，见同上。

⑥ 劳乃宣：《劳织文女士诗文遗集跋（光绪戊申六月十二日拟）》（第 140 号），见同上书第 159 页。

最后，劳氏提出防止矫枉过正、矜奇立异之流弊："有心人辞而辟之，亦必示以中正不偏之轨，乃可以返积俗而树厥仪型。不意矫其弊者，又欲矜奇立异，举数千年之道德闲检而一朝破坏之，以为快。扶东倒西，是不惟人心风俗之忧，且适予顽旧者之口实，而妇学将终不能昌也。妇学不昌而家庭安有真教育哉。欧风东渐，女校如林，今读是集，知妇学固有真学也。主持风教之君子，其不以才废德也可。"① 其结论就是在欧风东渐的背景下，仍要"不以才废德"，才德兼备，才能妇学昌明，家庭才能有真教育。

总之，劳乃宣提倡蒙学教育和女子教育，有着现实的针对性，对于促进近代教育有积极意义。

二、提倡私家教育

劳乃宣还提倡私家教育，以为公家教育之助。劳氏博通经史，他首先从历史的角度回顾了中国历史上从三代以前、春秋、秦代、汉代、隋唐以来各时期公家与私家教育之间的递嬗：

教育之道，有公家教育、私家教育之不同，而其为教则一也。三代以上，有庠序学校之制，自乡党以至国都，皆主于官，公家教育也。春秋以降，圣哲之徒，不在君师之位，自以所学授之于人，而私家教育以起。孔孟之师表万世，继往开来，皆私家教育也。秦世焚坑，以吏为师，则禁绝私家教育，而专用公家教育。汉代经师，本皆私家教育，而立之学官，则因而用之以为公家教育。隋唐以来，一变而为科举，则又国家悬的以招，而听天下以私家教育赴之。虽公家仍有学校之设，而非所专重，则私家教育之风盛，而公家教育之力微矣。行之既久，积弊日深，竞尚空文，用非所学，科举遂为世所诟病。朝廷乃毅然废科举，兴学校，以复三代之旧。而教育之责，遂复集重于公家。此我国数千年来公私教育迭相重轻之成绩也。②

---

① 劳乃宣：《劳织文女士诗文遗集跋（光绪戊申六月十二日拟）》（第140号），《北京大学图书馆馆藏稿本丛书》（9）《劳乃宣公牍手稿》，天津：天津古籍出版社1987年，第159—160页。

② 劳乃宣：《私家教育释疑》，《桐乡劳先生遗稿》卷1，第17页。

接着对科举废除后如何处理公家教育与私家教育的关系，提出了高级教育为公家教育、下级教育为私家教育的主张：

> 然则二者于今日究以孰为宜乎？窃以为高级教育不可不赖公家之力，下级教育不可不借私家之助。何也？高级教育必穷精深之学理，窥浩博之典籍，科学繁赜，器用珍贵，硕学大师国中、域外皆不易求，非私家之力所能逮也。下级教育但求能明为人之常道，习民生之常识、通用之文字，轻而易举，私家之所优为。而疆域之广，人民之众，若非私家人自为学，家自为教，欲以公家之力溥被而遍及之，势必不能。譬之饮馔，高级教育则山珍海味也，非大官之庖不能办；下级教育则疏食菜羹也，华门圭宝野市茅檐莫不能自为之，若皆待于官厨，恐饿殍将盈野矣。①

劳氏的这一见解与他担任知县多年较为清楚百姓的教育水平有一定关系，是在他长期从事教育的基础上提出的，也基本上符合清末举办新政而财政綮绌的实际，有一定的进步性。

光绪三十四年（1908）春，学部奉旨拟定章程曰："将高等小学堂以下编定划一课本，通行天下，使穷乡僻壤，皆可购书在家教授，定期集验程度，合格者准其升学。奉旨交政务处会议。议照所陈奏请敕下学部酌拟章程，自初等高等小学各项课本编齐，一律颁行之后，听其购书在家教授，除读经讲经遵用奏定章程所定经书及注本讲读外，其各门学科皆用学部颁行之本讲授。凡该等小学应授经书及各项课本教授齐全者，准其考入中学堂本科。初等小学应授经书及各项课本教授齐全者，准其考入高等小学堂本科。其尚未齐全者，列入预科，皆不给奖叙，以示区别。均由地方官亲莅学堂公同考验，须认真考校，不得稍为迁就，以昭核实。奏奉俞允，下部遵行。"② 劳氏认为此"即下级教育听私家自为，以助官家力所不及之道。法至良意至美也"③。

劳氏提出"下级教育"为"私家教育"是有针对性的。然而三年后劳乃宣任江宁提学使视学，检验对学部新颁章程的理解和落实情况时，发现"询

---

① 劳乃宣：《私家教育释疑》，《桐乡劳先生遗稿》卷1，第17页。
② 同上书，第18页。
③ 同上。

之署员则茫然，询之议绅视学茫然，询之各州县官绅茫然，佥云未见此件部文。余不胜诧异。及检寻案牍，获此原文，以示诸人，始恍然前日之误会"①。这些署员、议绅和州县官绅都茫然无知，说明了学部制定的这些规章理解都成问题，更谈不上贯彻了。

劳氏分析其原因，认为："乃学部已遵拟章程通行天下，而官民上下迄无知者。何哉？则以学部所订章程及所标名目未尽明显，以致误会之故也。"②其误会的具体原因有二：一是由于部章的"名称稍有未甚明显，词意偶有未尽周备之处，皆系疏略"，也就是说规章本身不够严密。二是各级属官不善于精心体会："凡章程中未明备者，皆以原奏之文为主，如章程虽以改良私塾为名，当知即系原奏购书在家教授办法，与私塾改良会无涉。又如章程虽有改良私塾毕业生准应升学考试之文，当知即系原奏教授齐全者准其考入本科，尚未齐全者列入预科，办法并无未经认定改良即不准其考升之意。如此，则部章原奏融会贯通，昭然无疑矣。"③也就说，地方官员在实际理解和贯彻的过程中出现了偏差。

针对"此次所订章程与原奏未尽符合，得无隐有沮抑私家教育之意乎"的疑问，劳氏断然给予否定："余谓不然。夫私家教育为孔孟之遗规，禁绝私家教育，专用公家教育，为暴秦之苛法，学部岂不知之乎？学部而至愚也则可，学部而果明教育之理，则私家教育足为公家之助。此理至明，岂能反昧之乎！况政务处会议之奏，学部尚书亦曾列衔，岂能自反前议，以与廷旨相违乎？是则部章之于原奏有疏略而无违反，可断言也。中学以上纯统乎公家教育，高等小学以下则于公家教育之外，又悬的以招，听天下以私家教育赴之。万流辐辏，不劳而集，与公家教育并行而不悖，相得而益彰。专用学部课本，则统一而无岐趋；认真考校，不得稍有迁就，则核实而无侥获。有学校之利，无科举之弊，非执简御繁事半功倍之要道哉！居今日而求教育之普及，窃恐舍此末由矣。"④于此，劳氏提出"私家教育足为公家之助"、"（高等小学以下）私家教育与公家教育并行不悖"的主张，其落脚点在于"求教育之普及"。并

---

① 劳乃宣：《私家教育释疑》，《桐乡劳先生遗稿》卷1，第20页。
② 同上书，第18页。
③ 同上书，第19页。
④ 同上书，第19—20页。

为此"上书条陈者，乃痛加驳斥，并将此原奏部章反复申明，详细剖析宣示各属，俾官绅士庶晓然于朝旨部章皆系提倡私家教育，以为公家教育之助，绝无歧异矛盾之处。庶良法美意得以共喻于众，推行无阻，不致始终疑误。顾公牍所陈，未能曲畅，因复推论公私教育施行功效之区分，绌绎部文词旨离合异同之意义，不辞辞费，以释群疑。质诸海内知言君子，或于教育普及之道，不无所补也乎"[1]！在当时的条件下，其主张有一定的现实意义和可行性。

三、主张普及教育

劳氏主张普及教育的萌芽于其担任吴桥县知县兼署理教谕训导期间。他曾实行过劝设里塾，摹仿"先王教民之法"，教凡民利用冬闲学习礼法知识，提高识字率。劳氏在《劝设里塾启》中分析道："教秀民之法稍稍修举，而凡民之教阙如。夫天下秀民少而凡民多，秀民有教，凡民无教，则受教之民少，而不教之民多。散亿兆不教之民于天下，而欲求世之治也，不亦难乎？"[2] 接着他根据历史上的塾、庠、序等经验，结合现实，借鉴了他人的做法："无锡余氏《得一录》中，有简编义塾说，其法设塾于里中。使里民子弟每岁入塾两月，授以小学浅近之书，为之讲贯，令其通晓；教之习礼，俾行于家务，使村童牧竖，莫不略识伦理，粗知礼法，而不责以文学。其法简，其道宏，其效远，与古先圣王教民之遗法有隐相合者。"[3] 为了担负起"教育斯民"之责，劳氏的具体做法为：

> 因取余氏所述之法，参以古义，增损为里塾规条，遍告阖境邑士君子。若不弃鄙言，举而行之，俾乡曲颛蒙，咸得沐浴教泽，将见浇漓日革，仁让日兴，移风易俗之效，有事半功倍者。《白虎通》曰：其有贤才美质如学者，足以开其心顽钝之民，亦足以别于禽兽而知人伦，故无不教之民。此岂特司牧之荣，亦阖邑士民之所共庆也。"[4]

---

① 劳乃宣：《私家教育释疑》，《桐乡劳先生遗稿》卷1，第20页。
② 劳乃宣：《劝设里塾启》，《桐乡劳先生遗稿》卷4，第36页。
③ 同上书，第36页。
④ 同上书，第36—37页。

劳乃宣在劝设里塾的过程中，深刻地认识到中国民众读书识字者太少，文盲太多。正如前面提及的，他已初步认识到"凡民"之教重于"秀民"①，这为其最终提出"教育普及"的主张奠定了基础。

劳乃宣提倡教育普及的主张，是和实行宪政的主张密不可分的。劳氏主张教育普及，也是为实施宪政服务的。耿云志在《清末思想文化变迁的几个大趋势》中曾提出："在大办白话报与提倡演说的同时，甚或更早，另有一部分先觉者同样出于对下层民众的关注，出于尽快普及教育的考虑，而大力提倡简字和拼音。……这其中有两个人贡献最为突出：一个是王照，一个是劳乃宣。"② 劳氏"普及教育、提倡简字"的主张主要反映在《进呈简字谱录摺》、《请于简易识字学塾内附设简字一科并变通地方自治选民资格摺》③ 中。

光绪三十四年（1908）劳氏上奏《进呈简字谱录摺》，提出补救清政府面临危急存亡的措施："以言乎弱则宜尚武事，然无兵学无以练兵也；以言乎贫则宜讲实业，然无农工商学则无以兴利也；以言乎人心伦薄则重道德，然无义理之学则无以兴民行也。是则兴学尚矣。"④ 兴学才是挽救"危急存亡"的关键措施。但是中国的情况是："幅员万里，人民之数百兆，欲教育之普及戛戛乎其难之！中国文字奥博，文字至于数万，通儒不能遍识。即目前日用所需，亦非数千字不足应用。学童入塾，至少必五六年始能粗通文理，贫民子弟安得有此日力？故欲人人识字、人人能受教育，必不得之数也。"⑤ 这确实是制约中国发展乃至实施宪政的主要瓶颈之一。

劳乃宣从实施宪政的条件及通过中外（主要是欧美、日本）识字教育的对比，提出了实行普及教育以及推广简字（拼音字）的主张：

> 立宪之国，必识字者乃得为公民。中国乡民有阖村无一人识字者，或

① 这是劳乃宣1910年致唐尚书（唐景崇）中的话。转引自李宇明：《切音字运动普及教育的主张》，中国人民大学对外语言文化学院编：《汉语研究与应用（第4辑）》，北京：中国社会科学出版社2006年第4页。

② 耿云志：《近代中国文化转型研究导论》，成都：四川出版集团四川人民出版社2008年，第219页。

③ 劳乃宣：该二摺见于《桐乡劳先生遗稿》卷4，第1—10页。

④ 劳乃宣：《进呈简字谱录摺》，《桐乡劳先生遗稿》卷4，第1页。此摺又名《候补京堂劳乃宣奏进呈简字谱录摺》载于《政治官报》（光绪三十四年七月二十八日），第297号，第7—10页。

⑤ 劳乃宣：《进呈简字谱录摺》，《桐乡劳先生遗稿》卷4，第1页。

有一二识字之人，适为其村败类，而良民转不识字。倘比里连乡无一人能及公民资格，何以为立宪之始基乎？欧美命二十六字母，日本以五十假名，括一切文字，识此数十字母，明其拼音之法，即可执笔，自达其口所欲言；即可读书阅报，通知义理，晓达时事。英国百人中有九十余人识字，是以民智开通，雄视宇内；日本勃兴，识者皆知其本乎学校，亦由有假名以为之阶也。是故今日欲救中国，非教育普及不可；欲教育普及，非有易识之字不可；欲为易识之字，非用拼音之法不可。①

此后在论述了推广简字的基础和内容、时间后，进而提出其具体措施：

当请钦定通国统一全谱，并以此字编定各种浅近教科书，请旨颁行天下。于初等小学五年学期以前，增加一年两学期，专以此简字教授，先各习本地方音，以期易解；次通习京音，以期统一；再以各种简字教科书教以普通道德、寻常知识，一年毕业。毕业后次年，仍为初等小学第一年，照章以汉文教授。既有此易识之字，即可实行强迫之令，应令全国人民凡及岁者皆入此简字之学。一年不学者，罪其家长。再别定极简极易识之字，缩短功课为半年、一学期毕业，以待极贫不能入学一年之民，庶贫家子弟胥能就学，乃可冀全国人民无不识字、无不得受普通教育。②

他提出制定教授简字的统一教科书，并实行"强迫之命令"的主张，这就有了近代普及教育和义务教育的意味。劳氏还非常乐观地估计到：

此字传习极易，至多不过数月而可以成。以一人授五十人计之，一传而五十人，再传而二千五百人，三传而十二万五千人，四传而六百二十五万人，五传而三万一千二百五十万人。中国四万万人，五六传而遍果。以国家全力行之，数年之内，可以通国无不识字之人，将见山陬海澨田夫野老、妇人孺子人人能观书，人人能阅报，凡人生当明之道义，当知之事务，皆能通晓。彼此意所欲言皆能以笔札往复。官府之命令皆能下达而无所舛

---

① 劳乃宣：《进呈简字谱录摺》，《桐乡劳先生遗稿》卷4，第1页。
② 同上书，第2页。

误。人民之意见皆能上陈而无所壅蔽，明白洞达，薄海大同。以此育民德，何德不厚，以此睿民智，何智不开，太平之基，富强之本，胥于是乎在。①

此外，劳氏还就注意事项及自己编定《简字全谱》等做了详细说明。劳乃宣虽然只是论述提高人们的识字水平，但从另一角度而言，也是普及教育最起码的要求，有利于教育普及的实施。

劳氏上《请于简易识字学塾内附设简字一科并变通地方自治选民资格摺》与上述奏折所讲意思相同，是对《进呈简字谱录摺》的深化，从必要性和可行性，对推广简字，提高大众的识字率进行了深入和充分的论证，以实现"普及教育、地方自治"这些"筹备立宪中至要之端"。② 但是劳乃宣等人把文字改革及教育普及看得过于乐观、过于简单了，随着辛亥革命的爆发及清政府的垮台，社会条件发生巨大的改变，文字改革、教育普及的实践便中断了，劳氏等人的主张也就没有实施下去。

需要指出的是，从根本上而言，劳乃宣的教育主张仍然是为了维护清朝的统治，宣传和贯彻纲常名教及维护清政府制定的"忠君、尊孔、尚公、尚武、尚实"③ 的教育宗旨是劳乃宣教育活动及主张的前提和基础。另一方面，劳乃宣的教育主张也在一定程度上吸收了西方先进的知识和中国传统文化合理的教育理念，对今后的教育发展有一定的借鉴意义。

综上所述，劳乃宣一生与教育结下了不解之缘，其教育活动涉及了从私塾、书院到简字学堂和大学堂等诸多方面，在一定程度上体现了清末教育新旧更替的特点，是清末提倡教育救国④的代表人物之一。在中举人、成进士至担

---

① 劳乃宣：《进呈简字谱录摺》，《桐乡劳先生遗稿》卷4，第3页。

② 劳乃宣：《请于简易识字学塾内附设简字一科并变通地方自治选民资格摺》，《桐乡劳先生遗稿》卷4，第5页。该奏折又名《候补四品京堂劳乃宣奏请于简易识字学塾内附设简字一科变通地方自治选民资格摺》，见于《政治官报·摺奏类》（宣统元年十二月初六日），第800号，第5—10页。

③ 朱寿朋编：《光绪朝东华录》（光绪三十二年三月），北京：中华书局1958年，总5493页。

④ 教育救国思潮诞生于民族危机深重的晚清民国，代表人物极其众多。晚清时期萌芽、发展，容闳、严复、梁启超、张謇等较为有名，民国时期进一步发展，到20世纪20、30年代达到高潮，以蔡元培、黄炎培、张伯苓、晏阳初、陶行知等较有代表性。参见周家华：《晚清"教育救国"刍议》，《宿州师专学报》2004年第6期；陈竞蓉：《民国时期教育救国思潮初探》，《广西教育学院学报》2003年第5期等。劳乃宣和盛宣怀、吴汝纶则都是清朝统治阶级内部提倡"教育救国"的人士，而从某种程度上讲，劳乃宣和吴汝纶更为接近，提出了一些改进教育的具体主张，以为君主立宪之"始基"。

任县官之前，劳氏有大约六年的授读经历；在担任知县期间，他"好以兴学为务"，曾多次购买大量书籍，鼓励士子读书，在吴桥任知县兼任教谕训导，直接负责教育事业，注重兴教化民。此外，在光绪二十七年至光绪三十四年（1901—1905）他还在家乡桐乡桐溪书院讲课，民国元年（1912）在寓居的涞水县郭下村，设塾授课，次年移家居青岛后，还为"诸寓公子弟受业"。劳氏还提倡简字，设立简字学堂，对江、浙等地的教育产生了一定的影响，开一时风气之先。值得注意的还有，作为涉猎广泛的学者，劳乃宣被时人目为"通儒"①，其一生并非以此为业，但教育活动毕竟在其中占有了较为重要的地位。他从事教育多年，并且从事的教育活动又是多方面的，对于新式教育有一定的贡献，在清苑县，他曾创办过畿辅大学堂；还曾担任过"大学校长"，成为清末三所著名新式学堂南洋公学、浙江大学堂和京师大学堂的总理、监督或总监督。在多年从教的基础上，劳乃宣提倡蒙学教育、女子教育，提倡"私家教育以为公家教育之助"，主张提高凡民的识字率，以推行普及教育，试图为实行君主立宪打下良好的基础。由此称劳氏是一位教育家②也有一定的道理。不可否认，受时代和个人思想的局限，劳氏教育活动有维护传统礼教的保守性，但其活动亦有促进近代教育发展的进步性，其中劳氏重视教育投入，极力普及教育等做法值得后世借鉴。

---

① 1910 年，劳乃宣曾被钦定为硕学通儒议员，见《桐乡劳先生遗稿·韧叟自订年谱》，第 18 页。

② 陈训慈在《桐乡劳玉初先生小传》中对劳乃宣的教育活动介绍尤详，被后来许多人所引用。见傅任敢《缉印〈近代中国教育人物像传〉缘起》中曾曰"辑了一些清季以来，已经去世的，与近代新式教育有关系的人物的照片和小传"其中包括了劳乃宣，见《中华教育界》第 23 卷第 1 期，1935 年 7 月及《中华教育界》第 24 卷第 7 期，1937 年 1 月。陈俊英将其列入中国大教育家，见程俊英编：《中国大教育家》目录，北京：教育科学出版社 2008 年。该书最早的版本为上海中华书局 1948 年。周邦道：《近代教育先进传略·初集》，台北：中国文化大学出版社 1981 年，第 77—79 页。这些可作为一些例证。

第六章　遗老活动及其心态

从民国元年至十年（1912—1921），是劳乃宣生命中的最后十年，也是劳氏以遗民或遗老[①]自居的十年。这十年间，他辗转于河北涞水、易县、青岛、济南、上海、曲阜等地，拜谒清帝陵寝，鼓吹"尊孔复古"、"复辟清室"；并且曾想让袁世凯还政于清室，还寄希望于张勋复辟清室。

第一节　遗　老　活　动

"遗民系中国历史非常独特的现象。环顾世界历史的发展，中国跟其他民族或国家迥异处，即以改朝换代作为解决治乱最终之道。每逢遭易代之际，便有少数人为了表现对故国旧君的眷恋，选择以自我放逐或反对的方式来对待新朝，于是他们的举措便被视为'遗民'。"[②] 林志宏在其博士论文《民国乃敌国也：清遗民与近代中国政治文化的转变》中对清遗民群体的数量（据林氏不完全统计，附录表中共列出 327 位）、活动范围及对民国政治影响等进行了研究[③]。劳乃宣即是该群体中著名人物之一（林氏有"巨型遗老"和"微型遗老"之分，劳氏当属前者）。胡平生提出宗社党人、逊清遗老、保皇党分子和

---

① 关于遗老一词最初见于《史记》，详见胡平生：《民国初期的复辟派》，台北：台湾学生书局 1985 年，第 52—53 页。本文所用遗民或遗老是当时他们在信函或日记中的称谓，笔者只是沿用原有称谓，没有故意褒贬之意。

② 林志宏撰：《民国乃敌国也：清遗民与近代中国政治文化的转变》，台湾大学历史学研究所博士学位论文 2005 年 12 月，绪论。赵园在《明清之际士大夫研究》及其《续编》中对明遗民进行了深入的研究，可供参考，见赵园：《明清之际士大夫研究》，北京大学出版社 1999 年；《制度·言论·心态——〈明清之际士大夫研究〉续编》，北京：北京大学出版社 2006 年。

③ 林志宏撰：《民国乃敌国也：清遗民与近代中国政治文化的转变》，台湾大学历史学研究所博士学位论文 2005 年 12 月（此文于 2009 年由台湾联经出版事业有限公司出版，尚未得见）。

旧官僚群体,是民国初年的四种主要复辟派势力,并对逊清遗老的活动方式分消极和积极两类进行了分析。胡氏认为遗老消极的活动有如下四种:其一、诗酒唱和,其二、拜谒崇陵,其三、提倡尊孔,其四、纂史修志;积极活动为奔走联络进行复辟和著书撰文鼓吹复辟两种。[1] 笔者认为就群体而言,林志宏和胡平生等人的研究已较为深入,但劳氏既有与当时的遗老有忠于清室、复辟帝制的共同情怀,也有其作为遗老的独特之处,在胡平生等人归纳的遗老活动中,劳氏并非完全参与,而是有所选择。

一、屡次拜谒光绪帝陵寝

首先显示劳氏遗民情怀的活动是他屡次拜谒光绪帝陵寝。民国元年至二年(1912—1913)间,劳乃宣连续三次到易县朝拜光绪帝的陵墓,以示自己对已逝皇帝的眷恋和忠心。第一次是民国元年(1912),"壬子(1912)70 岁……偕张筱帆(张曾敔)、宝瑞臣(宝熙)、徐梧生(徐坊)诸人同赴易州西陵拜景庙暂安殿,并谒泰陵"[2]。

民国二年(1913)春、冬,劳乃宣又先后两次叩拜光绪帝的陵墓和参加奉安活动。"春,孝定景皇后梓宫奉移西陵,往叩拜。……十一月,德宗景皇帝、孝定景皇后山陵永远奉安,又赴西陵随班行礼。"[3] 且不时作诗抒发哀伤之情怀。其在《归田赘咏》曾曰:"归来消息忽惊传,鼙鼓无声九鼎迁。闻说长安朱紫客,簪裾济济似当年。""荒村箫鼓尚嬉春,凄绝山阳陨泣人。问讯方知陵谷变,离离彼黍共伤神。"[4]《归田赘咏之二》中则曰:"同拜桥山閟殿寒,遗臣老泪各泛澜。五陵佳气犹葱郁,莫作冬青一树看(偕张、宝、徐诸君同诣西陵,拜景庙暂安殿,并谒泰陵)。"[5]

关于劳氏参与"奉安"这件事,溥仪在《我的前半生》中有一段记述:

---

[1] 详见胡平生:《民国初期的复辟派》,台北:台湾学生书局 1985 年,第 52—70 页。

[2] 劳乃宣:《桐乡劳先生遗稿·韧叟自订年谱》,第 19 页。劳氏《自定年谱》进入民国后,只用干支纪年,不用民国,其意味十分明显,寄托了劳氏的遗老情怀,以示不做民国之"国民"。

[3] 劳乃宣:《桐乡劳先生遗稿·韧叟自订年谱》,第 19 页。

[4] 劳乃宣:《劫馀草·归田赘咏》,《桐乡劳先生遗稿》卷 6,第 19 页。(第二首诗后面附有注解:村人赛会列坐奏乐,随众往听,不觉涕零,旁观讶之,私询,同行始知有亡国之惨。群兴索然,率多散去。)

[5] 劳乃宣:《劫馀草·归田赘咏之二》(癸丑),《桐乡劳先生遗稿》卷 6,第 24 页。

"这年冬天，光绪和隆裕'奉安'，在梁各庄的灵棚里演出了一幕活剧。主演者是那位最善表情的梁鼎芬，那时他还未到宫中当我的师傅，配角是另一位自命孤臣的劳乃宣，是宣统三年的学部副大臣兼京师大学堂总监督，辛亥后曾躲到青岛，在德国人专为收藏这流人物而设的'尊孔学社'主持社事。在这出戏里被当做小丑来捉弄的是前清朝山东巡抚、袁政府里的国务员孙宝琦，……后来梁师傅一谈起这幕活剧时，就描述得有声有色。这个故事和后来的'结庐守松'、'凛然退刺客'，可算是他一生中最得意的事迹。他和我讲了不知多少次，而且越讲越完整，越富于传奇性。"① 由于梁鼎芬的多次描述，溥仪才记忆深刻，描述生动，也就深深地记住了劳乃宣这位"自命孤臣"。

二、隐居涞水、青岛等地，以"遗老"自命

劳乃宣遗老生活的第一站是直隶涞水县郭下村，"典田以习耕稼。村人子弟多来问业者，设塾授之。"② 他初欲以此谋生，长期隐居于涞水，但生活难以保障，劳乃宣在给友人的信中说："弟前岁仓猝来此，忽忽不觉年余，身世飘摇，迄未能作定居之计，故乡本有田庐，究时均在里闻以南方不如北方，未敢遽作归计。而此间仅典田二十余亩，躬耕不足，自信仍待南中接济，终非长局。目下惟姑作徘徊苟且日夕而已"③。再加之，涞水县"今年（即1913年，引者加）入夏以来，附近村镇时有盗警，亦复不免戒心，而故乡又不敢冒昧遽归"④。故在涞水县郭下村居住约一年后，劳氏就借机会移居青岛。

在民国二年（1913）秋冬之间，劳乃宣移居青岛，主持尊孔文社。青岛租界，聚集着不少的逊清遗民，和京津、上海、广东及港澳等⑤成为民初清遗民的最主要聚居地。关于其中原因，林志宏指出："首先，青岛交通便利，且

　　① 爱新觉罗·溥仪：《我的前半生》，东方出版社2007年，第78页。但该书出版较早，较早的版本有北京群众出版社1960年和1964年以及中华书局1977年，稍有删节。其中第78页中对梁鼎芬和劳乃宣捉弄孙宝琦有生动的细节描述。

　　② 劳乃宣：《桐乡劳先生遗稿·韧叟自订年谱》，第19页。

　　③ 劳乃宣：《致逵臣仁兄》，甲57-16：《劳乃宣手札》，未刊稿，中国社会科学院近代史研究所图书馆藏。

　　④ 韩行方、房学惠整理：《劳乃宣致罗振玉书札十六通》（5），《文献》季刊1999年第4期，第268页。

　　⑤ 林志宏撰：《民国乃敌国也：清遗民与近代中国政治文化的转变》，台湾大学历史学研究所博士学位论文2005年12月，第26—48页。

距离政治核心的北京甚近。……其次是该地的气候宜人，卫生条件亟佳，非常适合养居。再者，青岛的物价普遍颇高，非惟住房的费用如此，就连平日饮食，亦远超出上海的三成。虽然最后一项理由颇不利于居留环境，但清遗民们还是愿意前往。其中原因，应与能够接受政治庇护，并随时易于逃离海外有关。……居处青岛的遗民，因受地利之便，多与日人有所联系，以便日后能够远走日本、朝鲜及东三省，恐非无的放矢。所以辛亥革命以后，受到皇族宗室恭亲王溥伟的号召下，劳乃宣、周馥、吴郁生、于式枚（1853—1915）、张人骏（1846—1927）等人，均先后在此避居，直到一次世界大战爆发前夕为止。"① 大学士张之万的孙子张达骧也曾回忆说："1912 年 3 月，袁世凯任临时大总统，恭亲王溥伟及清廷的显宦张人骏、周馥、劳乃宣、吕海寰等，均寄居青岛。徐（世昌）亦随弟世光移居青岛，均以遗老自命，与旅居大连的宗社党首要人物肃王等联系不断。袁也常派徐的秘书吴笈荪到青岛和徐接洽一切。"② 这些与林志宏的记述大体吻合。

　　林志宏还引用其他人的观点称青岛遗老的聚集有"人和"因素，曰："陈毅（1873—1929）就尝比较青岛、天津、上海情况，'青岛号最盛。大学士、军机大臣、尚、侍、督、抚皆备。'有人甚至欲作《青岛寓公记》。此外有的遗民在青岛主持'尊孔文社'，藉讲学以呼唤同志前来，劳乃宣的情况便是显例。他原本住在涞水附近，因受周馥来函邀约，希望劳至青岛主持社事，基于'既可自不出房租，又略有津贴'，于是举家迁移。德国著名的汉学家，同时也是同善会教士尉礼贤（Richard Wilhelm，1873—1930），在山东创办教育事业，名声甚著。亦与迁居在此的遗民们，往来关系密切。"③ 这些记述表明卫礼贤设立的尊孔文社，不仅是一个研究儒学机构，而且是他联系前清遗老的一个组织。劳氏《韧叟自订年谱》中记道："山东青岛为德国租借地，国变后，中国遗老多往居之。德人尉礼贤笃志中国孔孟之道，讲求经学，设书院于岛境

---

① 林志宏撰：《民国乃敌国也：清遗民与近代中国政治文化的转变》，台湾大学历史学研究所博士学位论文 2005 年 12 月，第 33 页。

② 张达骧：《我所知道的徐世昌》，中国人民政治协商会议全国委员会文史资料研究委员会编：《文史资料选辑》第 48 辑，北京：文史资料出版社 1964 年，第 226 页。

③ 林志宏撰：《民国乃敌国也：清遗民与近代中国政治文化的转变》，台湾大学历史学研究所博士学位论文 2005 年 12 月，第 33 页。又参见《盛京时报》（影印本第 28 册，青岛之耆宿，1914 年 6 月 21 日，第 267 页）。

有年，与吾国诸寓公立尊孔文社，浼周玉山制军来函见招，主持社事，适馆授餐，情意优渥，于十月移家至岛。十一月，德宗景皇帝、孝定景皇后山陵永远奉安，又赴西陵随班行礼。返岛后，日与尉君讲论经义，诸寓公子弟亦有来受业者。"① 因为"适馆授餐，情意优渥"，解决了劳氏衣食住等生计问题，加之主持尊孔文社，可以宣传孔孟的思想，更符合其遗老情趣，于是劳乃宣欣然来此。

因为青岛遗老日多，劳乃宣便和年龄、志趣相同的遗老组成"十老会"②这是上海的遗老所不曾有的一个聚会组织方式，尤有其独特性。

因此大约在民国二年至四年（1912—1914）间，卫礼贤（即尉礼贤）通过前清山东巡抚周馥的介绍，拜劳乃宣为师③，在他的帮助下翻译《孟子》④及开始着手翻译《易经》。⑤ 此事在第一章已经提及，在此不赘。需要强调的是劳乃宣花费近十年的时间，与卫礼贤合译《易经》，一方面宣扬了中国传统文化尤其是儒家经典，另一方面，劳氏正是借此寄托自己的遗老情怀，也是他以遗老自居的重要活动之一。

第二节　遗老心态

一、始终坚持忠于清室，著书立说复辟帝制

最能体现劳氏遗民心态的就是始终坚持忠于清室，鼓吹让宣统成人后复辟帝制。其具体表现则是"著书撰文，鼓吹复辟"⑥ 这种积极类型。早在武昌起义爆发、民国建立之际，劳乃宣就写了《共和正解》一文，发表在《民视报》

---

① 劳乃宣：《桐乡劳先生遗稿·韧叟自订年谱》，第19页。

② 同上书，第20页。

③ 卫礼贤著，王宇洁等译：《中国心灵》，北京：国际文化出版公司1998年，第144—145页。

④ 韩行方、房学惠整理：《劳乃宣致罗振玉书札十六通》，《文献》季刊1999年第4期，第270页。其中曰："尉君自以《孟子》翻德文，每日来弟寓，由弟讲授一小时，归而笔译。"

⑤ 卫礼贤在《中国心灵》（汉译本，北京：国际文化出版公司1999年，第144页）一书中提及此事，称周馥为"前巡抚"，又提到翻译《易经》的工作由于战争爆发而中断，故二人相识似在1912年清帝退位之后，1914年8月日军占领山东之前。

⑥ 胡平生：《民国初期的复辟派》，台北：台湾学生书局1985年，第61页。

上，坚决反对革命和民主政体。① 民国三年（1914）7—9 月间，他又把《续共和正解》、《君主民主平议》两文，与前著《共和正解》一起刊印。他异想天开地要袁世凯制定宪法，十年后"还政于皇帝"、"让还大清"②。又分别写信给徐世昌、赵尔巽等人，请他们将自己的著作转交给袁。

对于此事，民国初年著名记者黄远庸③在《顽民之谬说（民国三年十月十六日）》一文中有记述和评论："半月以来，京师年乃发生一种令人奇骇之谬论，即非自今日发生，要之，至最近乃觉公然成为一种风说，则所谓宣统复辟之说是也。……最近主张复辟之著名者，则劳乃宣之《正续共和正解》，宋育仁公然联名之呈请；其见于公牍辟之最力者，则夏肃政史寿康之杜乱防嫌保全清室之呈文；其见于官事者，则总统之批交内务府查办是也。"④ 这是对当时"复辟"形势总的分析。

黄氏所说"顽民"主要是指劳乃宣、宋育仁和章梫等人，并分析了其主要思想主张：

　　劳乃宣作《共和正解》于辛亥之冬，又作《续共和正解》于甲寅（1914）六月。今合印为一册，名为《正续共和解》，送于其知交。据其书中所自言，谓曾交赵故总理秉钧⑤呈大总统阅之。其书不足万言，下附章梫之一跋⑥。在今日国体上公然倡此等谬论者，已犯刑律一百零三条或一百零一条之罪状。所谓共和正解者，据周宣王故事，谓为君幼不能行政，公卿相与和而修政事，故曰共和。故共和云者，乃君主政体，非民主政体，不学之流，乃用为民主之名词耳。因历言中国不能行民主之制，是为正编。其续编因自诩其前此有先见之明，而揣测今之总统于皇室初似不

---

① 劳乃宣：《桐乡劳先生遗稿·韧叟自订年谱》，第 20 页。
② 劳乃宣：《续共和正解》、《君主民主平议》，《桐乡劳先生遗稿》卷1，第 39、45 页。
③ 黄远庸（1884—1915），江西九江人，原名黄为基，字远庸，远生是他的笔名。中国近代新闻记者，时人誉之为"报界之奇才"。后在美国旧金山被刺死。著编有《远生遗著》。黄远生的研究者张光芒认为，新闻并非他全部的历史贡献之所在。"从更深层的价值与更为深远的意义来说，他又是作为一位新文化先驱者的形象而存在的。"
④ 黄远庸著：《顽民之旧说》，《黄远生遗著》（封面为《远生遗著》）卷4，上海：商务印书馆1926 年，第 98 页。
⑤ 查劳乃宣《韧叟自订年谱》和书信中没有送往赵秉钧的记载。
⑥ 该跋见于章梫：《一山文存》卷10，页7 至8，上海：刘承幹嘉业堂，民国七年（1918）刻本。

甚尊崇，继乃异常推戴，谓有伊尹之志，因主张创行一种宪法，谓宜名为中华共和宪法，以共和立名，谓合于彼所谓共和之正解也。谓名中华国不名民国，示帝制也，谓所以不称大清而称中华者，以中华地名，而大清乃代名也。以咬文嚼字之故技，而议论国事也如此。

宋育仁之呈文，尚未之见，据闻系联合国史馆一派旧派而为之者。宋久已扬言谓将运动某帅主张复辟。章梫者，号一山，浙人，前清翰林，邮传部参议上行走，风闻王闿运亦颇谬发议论，但此人于曾左时，已无论大事小事，专以开顽笑为事，此想亦一种顽笑耳。以上为一种顽朽派之议论之大概。此外则有外人之运动，乱党之利用，及关于某方面之风说。①

黄远庸是民初具有进步思想的政治评论家，其言论代表了当时进步媒体的主张。劳乃宣的谬论，在当时的影响，正如黄氏指出的那样："大抵复辟邪说，惟劳乃宣《正续共和正解》一书为之厉阶。"② 因此说劳乃宣以著述撰文的方式系统鼓吹复辟，是其他遗老所不及的，是劳氏作为遗老较为显著的特点之一。但是劳氏的主张是逆潮流而动，"顾躬与复辟，訾诽共和，识者叹为盛名之玷焉"③。因此遭到了社会舆论的广泛谴责。劳乃宣自己也曾说："新党大哗，不得要领而罢。"④

周明之在比较了梁济与郑孝胥、罗振玉和王国维在辛亥革命前后的不同表现后，指出了遗老们"忠"的观念的复杂性，文中说："郑孝胥、劳乃宣、王国维和罗振玉等人，以坚决而不妥协的立场，面对辛亥革命和清的败亡。可是这不是忠于清朝的人唯一可能的选择。有的遗老，对清的感情，不亚于罗、郑、王、劳等人，可是却用很不同的方式来表达他们的忠诚。这里我以梁济为例，来看忠这一问题的复杂性。"⑤ 接着周氏详细分析了梁济于 1918 年 10 月，在北京

---

① 黄远庸：《顽民之旧说（民国三年十月十六日）》，《黄远生遗著》卷 4，上海：商务印书馆 1926 年，第 98—99 页。

② 黄远庸：《复辟谬说之结束（民国三年十一月二十三日）》，《黄远生遗著》卷 4，上海：商务印书馆 1926 年，第 104 页。

③ 陈训慈：《桐乡劳玉初先生小传》，《文澜学报》1935 年第 1 集。又见浙江图书馆编：《陈训慈百年诞辰纪念文集》，北京图书馆出版社 2006 年，第 127 页。

④ 劳乃宣：《桐乡劳先生遗稿·韧叟自订年谱》，第 20 页。

⑤ ［美］周明之：《近代中国的文化危机：清遗老的精神世界》，济南：山东大学出版社 2009 年，第 46 页。

的积水潭自尽的前因后果及思想过程，得出了"可以谓之殉清，亦可以谓之殉中国的结论"①，周氏认为遗老们所面临的问题以劳乃宣的思想为代表：

> 为人臣者，不二于君，此宇宙通义也。自有史册以来，莫不于一代绝绩之交，备载其洁身完节之士，以为竹帛光，所以存天理民彝于不敝。固亘古及今所莫能异议者也。而今之论者，乃谓仁人以天下民生为重。一姓之兴亡不足计。是以夷、齐为匹夫之谅，而冯道为圣人也。②

周氏的这种观点对于分析劳乃宣忠于清室复辟帝制的心理是较为深刻的。

众所周知，民国四年（1915），袁世凯操纵筹安会，进行帝制自为的活动。劳乃宣以为有机可乘，于是致函刘廷琛③，认为："目前至要之计，在转移当世之耳目，鼓动大众之心思"④。同年劳氏曾赴上海一行。⑤ 上海是逊清遗民的又一个重要聚集地。林志宏认为，"（居于上海的）这些遗民绝大部分非为清季京官，反而更多是来自外官。譬如，曾任广东提学使的秦树声（1861—1926）"⑥ 等。"逊清遗民的诗文社中，尤以上海的活动最为热络，且规模最大。例如'淞社'，系由刘承幹、周庆云共同主持，首次修禊和成立于民国二年（1913）。先后加入该社的成员相当多，计有金武祥、李瑞清、缪荃孙、李岳瑞、吴庆坻（1848—1922/24）、徐珂、叶昌炽、陶葆廉、章梫、王国维、胡韫玉、喻长霖、唐宴、张尔田、潘飞声、姚文栋、吕海寰（1840/42—1927）、李详、郑文焯等，当中泰半俱为遗民。另外，沈曾植也发起'超社'、

---

① ［美］周明之：《近代中国的文化危机：清遗老的精神世界》，济南：山东大学出版社2009年，第48页。

② 《桐乡劳先生遗稿》卷2《刘伯宗先生年谱序》。原注。见［美］周明之：《近代中国的文化危机：清遗老的精神世界》，济南：山东大学出版社2009年，第48页。

③ 刘廷琛（1867—1932），字幼云，晚号潜楼老人。清末江西德化（今九江市）人。光绪二十年（1894）中进士，曾任编修、山西学政、陕西提学使等，光绪三十三年（1907），授学部右参议，次年改授京师大学堂总监督、学部副大臣等。曾于宣统元年向溥仪进讲。进入民国后，挂冠去青岛。1912年（民国元年）2月，清帝溥仪逊位诏下，廷琛极悲恸，大骂袁世凯为窃国大盗。1912至1917年间，曾热衷于参与策划复辟活动。

④ 劳乃宣：《致刘潜楼书》，《桐乡劳先生遗稿》卷4，第62页。

⑤ 劳乃宣：《桐乡劳先生遗稿·韧叟自订年谱》，第20页。

⑥ 林志宏撰：《民国乃敌国也：清遗民与近代中国政治文化的转变》，台湾大学历史学研究所博士学位论文2005年12月，第36页。

'逸社'，依照宋元遗民'汐社'故事，参加者几乎全为忠清遗民。"① 此外，还有以遗民自居的郑孝胥、瞿鸿禨等人。劳乃宣与这些人中有些为旧相识，如缪荃孙、沈曾植、郑孝胥等；有的关系还十分密切、情投意合，如陶葆廉是其女婿，两人思想情趣极为契合，似如师徒；章梫是劳氏是之故交，所以劳氏才得以"居章一山家勾留旬余，晤旧交多人"②。借此，劳氏和上海的遗民诗酒唱和，共抒兴亡之感慨。他也有诗记曰："旧雨相逢泪满襟，庾郎哀赋共悲吟。宾萌都托他人宇，持比新亭感更深（遇旧交为上海遗民者多）。"③ 劳氏此行除共叙友情、诗酒互唱外，其具体活动不得而知。

溥仪对劳乃宣的复辟主张也有所耳闻，曾几次提到劳乃宣的复辟主张。其一为民国三年（1914）："到民国三年，就有人称这年为复辟年了。孤臣孽子感到兴奋的事情越来越多：袁世凯祀孔，采用三卿士大夫的官秩，设立清史馆，擢用前清旧臣。尤其令人眼花缭乱的，是前东三省总督赵尔巽被任为清史馆馆长。陈师傅等人视他为贰臣，他却自己宣称：'我是清朝官，我编清朝史，我吃清朝饭，我做清朝事。'那位给梁鼎芬在梁各庄配戏的劳乃宣，在青岛写出了正续《共和解》，公然宣传应该'还政于清'，并写信给徐世昌，请他劝说袁世凯。这时徐世昌既是清室太傅同时又是民国政府的国务卿，他把劳的文章给袁看了。袁叫人带信给劳乃宣，请他到北京做参议。前京师大学堂的刘廷琛，也写了一篇《复礼制馆书》，还有一位在国史馆当协修的宋育仁，发表了还政于清的演讲，都一时传遍各地。……到了复辟年的年底，北京开始变风头的时候，证明了这种'审慎'确实颇有见地。风头之变换，始于一个肃政史要追查复辟传闻。袁世凯把这一案批交内务部'查明办理'，接着演讲过还政于清的宋育仁被步军统领衙门递解回籍。这个消息一经传出，不少人便恐慌了。劝进文章和还政于清的言论都不见了，在青岛正准备进京赴任的劳乃宣也不敢来了。不过人们还有些惶惑不解，因为袁世凯在查办复辟的民政部呈文上，批了'严禁复辟谣言，既往不咎'这样奇怪的话，而宋育仁被递解回籍时，袁世凯送了他三千块大洋，一路上又大受各衙门的酒宴迎送，叫人弄不清

---

　① 林志宏撰：《民国乃敌国也：清遗民与近代中国政治文化的转变》，台湾大学历史学研究所博士学位论文 2005 年 12 月，第 38 页。

　② 见第 51 页注释②。

　③ 劳乃宣：《近圣草·日归暂咏》，《桐乡劳先生遗稿》卷 7，第 13 页。

他到底是受罚还是受奖。直到民国四年，总统府的美国顾问古德诺发表了一篇文章，说共和不适中国国情，继而又有‘筹安会’出现，主张袁世凯为中华帝国的皇帝，这才扫清了满天疑云，使人们明白了袁世凯要复的是什么辟。风头所向弄明白了，紫禁城里的气氛变了。”①

民国五年（1916）6月，袁世凯复辟失败，在其失去帝位，妄图继续恢复大总统之职位之际，劳乃宣复辟之心仍然未泯。清朝中后期学者陈澧曾写过一篇文章叫《说长白山》，劳乃宣读到此文，认为解决了其困惑的“种族问题”，便兴奋地②写下《书陈东塾说长白山篇后》一文，重弹“中国不宜于民主，仍复君主，奉还先朝”，“还政于宣统皇帝”的老调③。据说劳乃宣还曾提出过复辟具体的建议。溥仪曾记道：“那时劳乃宣悄悄地从青岛带来了一封信。发信者名字记不得了，只知道是一个德国人，代表德国皇室表示愿意支持清室复辟。劳乃宣认为，这是个极好的机缘，如果再加上德清两皇室结亲，就更有把握。陈师傅对于这件事，极力表示反对，说劳乃宣太荒唐，是个成事不足败事有余的人；即使外国人有这个好意，也不能找到劳乃宣这样的人。”④ 由于陈宝琛的反对，此事未果。甘孺在《永丰乡人行年录》中也曾说：“七月一日，张、康拥逊帝在京复辟，称宣统九年。此事酝酿久，与闻其事者半为青（岛）沪寓公，若刘（廷琛），若劳（乃宣），若沈（曾植），若章（梫）。”⑤ 这从一定角度说明劳氏和刘廷琛、沈曾植、章梫等是积极复辟的人士，最起码劳氏曾知晓丁巳复辟的筹划。

在此前后，卫礼贤对于劳氏宣传复辟也给予了大力支持。鲁海提出：“卫

---

① 爱新觉罗·溥仪：《我的前半生》，北京：东方出版社2007年，第78—80页。

② 劳氏撰写此文的兴奋心情有诗为证。曰：“东塾鸿闻本孟坚，汉家长白有山川。聊申绪论排群喙，付与知音好共传。（注：陈东塾有《说长白山篇》，据《汉书》考得满洲本汉地，余作书后一篇以破时人种族之论。）”见劳乃宣：《劳山后草》，《桐乡劳先生遗稿》卷8，第2页。

③ 劳乃宣：《书陈东塾先生说长白山篇后》，《桐乡劳先生遗稿》卷3，第18页。

④ 爱新觉罗·溥仪：《我的前半生》，北京：东方出版社2007年，第87—88页。但劳乃宣本人却予以否认，劳氏曾曰：“甲寅（1914）岁，因余《共和正解》之作，报章绘有‘劳而无功’之画，余曾做一律。今报章又称余入都叩贺万寿，奏请与德国联姻，以图复辟，复画一人伏案而睡，梦西国帝者，抱冲人而坐。已补服立于旁，案有一纸书‘复辟’二字，题曰‘徒劳梦想’，而徒字双钩，前岁之事，诚属有因，今则纯出虚构。余固伏处阙里，未出一步也而见谤，适以见重则如出一辙，再赋一律以志之。入林猿鹤久沈冥，阊阖高寒梦莫经。岂意孤踪违魏阙，翻从画本见秦庭。誓言构出空中想，幻影摹来物外形。屡累讥弹严斧钺，我终华衮谢丹青。”见劳乃宣：《桐乡劳先生遗稿》卷7，第22页。

⑤ 甘孺辑述：《永丰乡人行年录》，南京：江苏人民出版社1980年，第66页。

礼贤在政治上也拥护君主立宪制。劳乃宣虽然是汉语言文字改革的先驱，政治上却坚持封建帝制，反对共和，认为共和制不适合中国国情。他的主张得到了卫礼贤的赞同，并从卫礼贤那里了解了西方的君主立宪制①，先后写了《共和正解》、《共和续解》（应为《续共和正解》）等文，由卫礼贤帮助出版，书名是《共和正续解》（应为《正续共和正解》，引者加）。在后来的各种反对复辟帝制的浪潮中，这本传播甚广的书也发挥了不小的作用。"②而劳氏曾说："《正续共和正解》印于六月，《君主民主平议》印于七月，各千本。致赵、徐、周三公函，印于八月，各二百本。分散将罄，而索观者尚多。爰重印之合为一册。"③印刷数量如此之多，是一笔可观的费用，可见卫礼贤对劳乃宣宣传复辟持积极态度。

民国六年（1917）7月，复辟发生，劳乃宣被授为法部尚书。但是因为"传闻纷杂"，不明"局中真像"④，劳乃宣没有敢贸然进京就职。复辟失败后，劳氏痛心不已："国中大局奇变迭生，今夏复辟之举，一梦华胥，尤堪痛惜。"⑤原本清遗民的立场就有所不同，而"复辟事件也使得清遗民的名声，自此一落千丈，甚至成为万夫所指的'逆流'"⑥。王国维致函罗振玉说："此次负责及受职诸公，如再觍颜南归，真所谓不值一文矣！诸公中以横渠（指张勋）最可惜，素公（升允）、玉老（劳乃宣）当能不忘久要，寐叟（沈）于前日已有传其南归者，恐不确。止庵（瞿鸿禨）乃无心肝，竟有电辨明心迹。"⑦而叶德辉的说法更为刻薄："近又有人为人叙书，称子培（沈曾植）为

---

①　劳乃宣在端方幕府时就已经对西方的君主立宪制度有所了解。光绪三十四年（1908），劳氏进北京受到慈禧和光绪召见期间，也曾积极宣传和支持君主立宪的主张。说"从卫礼贤那里了解了西方的君主立宪制"，不确。

②　鲁海：《卫礼贤在青岛》，孙立新、孙锐主编：《东西方之间——中外学者论卫礼贤》，济南：山东大学出版社 2004 年，第 75 页。

③　劳乃宣：《重印正续共和正解君主民主平议及三函稿跋》，《桐乡劳先生遗稿》卷 3，第 34 页。

④　劳乃宣：《致章一山函》，未刊手稿。甲 57：第三函，《劳乃宣存札》之《劳乃宣函稿》，中国社会科学院近代史研究所图书馆藏。

⑤　韩行方、房学惠整理：《劳乃宣致罗振玉书札十六通》（8），《文献》季刊 1999 年第 4 期，第 271 页。

⑥　林志宏撰：《民国乃敌国也：清遗民与近代中国政治文化的转变》，台湾大学历史学研究所博士学位论文 2005 年 12 月，第 89 页。

⑦　甘孺辑述：《永丰乡人行年录》，南京：江苏人民出版社 1980 年，第 66 页。又见王国维《致罗振玉》，吴泽主编、刘寅生、袁英光编：《王国维全集·书信》，北京：中华书局 1984 年，第 197 页。此处信中还有一句："其与犬羊为伍，岂不痛哉！"

尚书。此张勋（复辟）时代之名称，出自张勋，固属伪诏，果其出自皇上，则主忧臣辱，此不可以辛亥壬子之人例。当死难京城，岂有背负尚书官衔而逃命上海者？前此复辟，请归政之首衔二人，一则电报窃名，一则亡命逃走，遗老架子，可谓倒塌尽矣。尝言今日遗老，皆亡国大夫，断无再做中兴功臣之理。今之新人，动曰'爱国'，而日寻干戈；今之旧人，动曰'复辟'，而日谋金钱，中国之不亡，亦天幸矣。"① 这确实是复辟遗老尴尬地位的写照。

因为曾参与复辟事，劳乃宣被北洋政府下令通缉。民国七年八月十七日（1917年10月2日），劳氏在致罗振玉的信中提及复辟等事："弟蛰居阙里（指曲阜），忽膺法尚之令，政府来电促令北上。弟以衰躯难胜重任，复电请代奏开缺，俾以闲散备谘询，俟天气稍凉即当赴阙，并一面具折谢恩辞任。缮就未发，即闻变局。六月中，曲阜令来说接到山东检察厅公文转奉京师总检察厅电文，以复辟嫌疑名捕十二人，贱名亦在其列。秘以相示，劝之出走，不得已复来青岛。"② 劳氏从曲阜逃到青岛后，继续和卫礼贤一起，主办礼贤书院，完成未竟的译书事业。

民国七年（1918），劳乃宣看到北洋政府不再追查复辟分子的罪行，思想亦出现反复。他扬言："我辈于是年之事（指张勋复辟），当视为天经地义之举"③。他甚至"置备迁秩品服（复辟时的职务）"，准备"存为身后殡殓之用"④。他动员遗老们"勿拘小节，期成大业"⑤，主张"出山"，也就是企图利用到北洋政府里做官的机会，来达到复辟的目的。当然，劳乃宣的种种倒行逆施，不过如当时报纸所讥评的那样，"劳而无功"而已。可笑的是，劳乃宣在诗中还将此记录下来，加以批判：

《共和正解》之作，报章大肆讥评，有报绘一老者发辫后扬，手捧一牌大书万万

---

① 顾廷龙校阅：《艺风堂友朋手札》（下），上海：上海古籍出版社1981年，第563页。（标点稍有改动）

② 韩行方、房学惠整理：《劳乃宣致罗振玉书札十六通》（8），《文献》季刊1999年第4期，第271页。

③ 劳乃宣：《致柯凤荪、沈子封函》，未刊手稿。甲57：第三函，《劳乃宣存札》之《劳乃宣函稿》，中国社会科学院近代史研究所图书馆藏。

④ 同上。

⑤ 劳乃宣：《复章一山函》，未刊手稿。甲57：第三函，《劳乃宣存札》之《劳乃宣函稿》，中国社会科学院近代史研究所图书馆藏。

岁，向宫门而趋，而宫门半掩，内出两手，作摇状，门端露爱新二字，半觉字，后有西装一人，戰（战）手而指曰"劳而无功"。忆庚戌（1910），在资政院争新刑律时，报纸画一翁，伛偻担两巨石，一书礼，一书教，亦题"劳而无功"四字见谤。反以见重，何后先符合如是，亦足见报馆意识之陋矣。率成一律以志愧幸。

> 无功莫漫笑徒劳，华衮真成一字褒。
>
> 精卫口瘏终奋翼，杜鹃尽向尚哀号。
>
> 昔年礼教双肩重，此日天阍万仞高。
>
> 写出孤臣心上泪，画师谢尔笔如刀。[1]

这一方面说明劳乃宣对于报章的指责不以为然，另一方面也说明劳氏于复辟主张坚持之固。

二、鼓吹"尊孔"，推崇曾国藩

劳氏遗老心态另一表现就是鼓吹"尊孔"，推崇曾国藩。民国二年（1913）7月，根据孔教会会长陈焕章的要求，劳氏虽没有亲自与会，但让正在身边的外孙孔祥柯回曲阜参与筹备第一次全国孔教大会。9月，孔教会全国大会在曲阜举行。劳氏还事前替"衍圣公"孔令贻起草了名曰《论孔教》的演说词[2]，倡导"尊孔"，鼓吹"孔子之道如天地，非如宗教诸家，有一教之可名其修诸己传诸人也"，"其阐圣言、明圣道也，专以纲常名教诚正修齐人道之教。……思如此，则孔教之名，乃纯粹无疵，实足以为天地立心，为生民立命，为往圣继绝学，为万世开太平矣"。[3]他还撰写了《论为学标准（尊孔文社演讲辞）》，大力倡导曾国藩的"为学之术有四：曰义理，曰考据，曰辞章，曰经济"[4]。这就是劳氏所谓为学标准，"果能心曾文正公之心，学曾文正公之学，实事求是，身体力行，毕生以之，孔子之道，即在是矣。……曾文正公之学，即孔子之学"[5]。可见其对曾国藩何等崇敬，

---

① 劳乃宣：《近圣草》，《桐乡劳先生遗稿》卷7，第1页。
② 劳乃宣：《论孔教》，《桐乡劳先生遗稿》卷1，第46—48页。
③ 同上书，第47—48页。
④ 劳乃宣：《论为学标准》，《桐乡劳先生遗稿》卷1，第31页。
⑤ 同上书，第32—33页。

难怪有人提出"劳氏生平最服膺湘乡曾国藩",其精神导师为曾国藩①。联系到曾氏镇压太平军,鼓吹"扶持名教,敦叙人伦",成为一时所谓"中兴名臣",劳氏大力推崇曾国藩也是有现实考虑的。进而,周明之说:"在现代化方面,清遗老要以周公、孔子的理想来挽救中国现代的危机。从他们的立场,我们可以看出他们态度的单一性和排他性。这是他们绝对的忠的必然结果。辛亥的民主和革命是西方文化影响的产物。遗老既然反对共和,所以也当然反对产生共和的西方文化以及受了西方文化影响的中国现代文化。政治的保守与文化的保守在他们的思想中合流了。"②此一分析是有道理的,劳乃宣在进入民国后的尊孔和推崇曾国藩就是政治保守与文化保守之思想合流的鲜明体现之一。

三、使用干支纪年,宣传"彝伦节义",倡做"全贞"之遗老

众所周知,民国建立后,临时大总统孙中山在就职仪式上,公布改用阳历,并通电全国要求人民遵行。"这项命令促使历法充满着政治的意涵"③,劳乃宣和大部分遗老一样,在民国后拒绝使用民国纪年和阳历。劳乃宣晚年编写自订年谱④,民国之后部分都使用干支纪年,就是劳氏敌视民国、怀念清室的一种表现。劳氏的遗老心态在日常生活中也有体现,如诗酒唱和、抒发沧桑等事,主要体现在劳氏的诗词中,这在劳氏交游中已有所记述,在此不再重复。

随着时间的推移,这些遗老们的处境日渐尴尬,有些人乃至"变节"入仕民国,为了杜绝此事,维护共同的信念,保持"全节",他们还寻找相同的话题和诗作,借题发挥。其中较为典型的是民国六年(1917),劳乃宣和章梫、刘廷琛、刘富槐等为南皮张姓二烈女作诗、作传。

这件事约发生在民国五年(1916)间。南皮张姓二烈女,长曰立,次曰

---

① 朴允河:《劳乃宣〈等韵一得〉研究》,台湾师范大学国文研究所硕士学位论文1992年,绪论,第9页。

② [美]周明之:《近代中国的文化危机:清遗老的精神世界》,济南:山东大学出版社2009年,绪论,第3页。

③ 林志宏撰:《民国乃敌国也:清遗民与近代中国政治文化的转变》,台湾大学历史学研究所博士学位论文2005年12月,第68页。

④ 陶葆廉:《韧叟自订年谱》跋,第1页,《桐乡劳先生遗稿·韧叟自订年谱》。

春，父张绍廷，母亲金氏。张家很早已来天津谋生，二烈女的不幸起因于家贫及父死母贫弟幼。为了反抗天津一位以蓄妓为业的戴氏之压迫，民国五年（1916）三月十六夜，二烈女乘母亲就寝，取火柴磷毒服之。"长烈女毒先发，邻右救治不及而卒"，"次烈女重违母命，饮药，然亦卒不救。时张烈女年十七，次烈女年十四也"。① 劳氏赋诗中赞曰："娟娟姊妹花，矫矫女贞木。姊妹化女贞，足拒雪霜酷。"② 这件事不同于过去的贞洁烈妇，有反抗强暴的性质，确实令人同情。遗老们因此借题发挥，宣扬彝伦节义，表达对清朝的眷恋之情，以巩固这一小团体的势力。民国九年（1920）4 月，王国维在诗中极力赞扬劳乃宣于此的贡献，诗中曰："陵谷推移名节变，昔人所尊今则贱。画墁居然傲国工，戚施乍可呼邦媛。谁与赋诗陈彝伦，濡染大笔劳山人。"③

　　章梫曰："张筱帆总宪国变后流寓天津，以二女为其族人，命子愿撰刺二烈女事甚详。劳玉初尚书、张安圃协揆、刘幼云大臣、陈诒重侍郎皆为诗，以永其事，因据愿为传云。"④ 劳乃宣等遗老纷纷为二烈女作传、作诗，借此宣扬"忠贞"，张曾敫的推动固然是一个因素⑤，但是这些遗老们的特殊心理所起作用也不可忽视。正如章梫所言："若南皮张氏二烈女则贞烈女矣。设不自贞，腆忍以求生，未始不可养母以及弟。晚近士大夫假借老亲以从逆当时，犹有恕辞也。而二烈女不为枉寻直尺之事，则全贞而全孝者，尤大贞孝本，发于天性。有学问以涵养之，则就义益出于从容。彼李氏三女张氏二女未必学问也，而就义之从容若此，吾党痛遭国变，苟活人世，能无自愧于心哉。"⑥ 他们旨在宣扬的二烈女的"全贞"、"大贞"，不要"苟活人世"，以此自勉，誓

---

①　劳乃宣：《近圣草·附张氏二烈女事略》，《桐乡劳先生遗稿》卷 7，第 18—19 页。

②　劳乃宣：《近圣草·古诗为张氏二烈女作》，《桐乡劳先生遗稿》卷 7，第 17 页。

③　王国维：《张小帆中丞索咏南皮张氏二烈女诗》（庚申，1920），陈永正校注：《王国维诗词全编校注》，广州：中山大学出版社 2000 年，第 252 页。劳山人，指劳乃宣，劳辛亥后曾隐居于劳山，并自号劳山居士，故称。

④　章梫：《南皮张烈女传（丁巳）》，《一山文存》卷 11，第 19 页，上海，刘承幹嘉业堂，民国七年（1918）刻本。

⑤　陈永正曾解释曰："1916 年，天津发生一起逼婚案，两名张姓少女自杀。张小帆（即张曾敫，张筱帆）以二女为其族人，命子张愿书二女事，章梫撰《南皮张氏二烈女传》，请遗老劳乃宣、刘廷琛等为诗以咏其事。静安此作，亦借二女事以宣扬彝伦节义，表达了对清朝的眷恋之情。"见陈永正校注：《王国维诗词全编校注》，广州：中山大学出版社 2000 年，第 251 页。

⑥　章梫：《南皮张烈女传（丁巳）》，《一山文存》卷 11，第 20 页，上海：刘承幹嘉业堂，民国七年（1918）刻本。

做完全的遗民。而劳氏在这件事的宣传上是较为活跃的分子。

另一方面，劳氏与其他复辟者也有所不同。他虽曾为复辟清室著书立说、出谋划策，但大都未能付诸实践。他和袁世凯、逊清的王室虽有联系，但保持了一定的距离。譬如民国元年（1912），毓庆宫侍读缺人，陈宝琛、宝熙请他担任，他以衰老婉辞了。袁世凯就任正式大总统后，解散国会，设置参政院，极力网罗前清遗老，请劳乃宣出任参政，又复派人敦促。劳复书辞谢不赴①。

因此说劳氏的复辟既不同于古德诺、杨度之类出于袁世凯等人的授意，也不同于升允之流以致勾结日本人搞武装叛乱。劳乃宣属于另一类人，其属于传统士大夫，虽忠于清室，力图复辟，但人格尚能保持独立。

第三节　去世之影响及沦为遗老之原因

民国十年（1921）7月21日（农历六月十七日），劳乃宣卒于青岛，秋葬于苏州。② 劳乃宣去世后，在上海的旧友们即若干"遗民"还举行了公祭活动。《郑孝胥日记》曾有记载："民国十年八月朔（1921年9月2日），公祭劳玉初于广西路报本堂，通告者误作贵州路，遍寻不得，遇周眉泉，询于寿圣庵始得之。"③ 这则日记表明了上海公祭劳乃宣不是个体行为，而是一种群体行为，由于通知人员众多，才出现通知错误的情况。据《求恕斋日记》至少有邹嘉来、沈曾植、刘锦藻、刘承干父子等八人身与其事。④ 此举表明，尽管民国已经十年了，尽管遗老们处境尴尬，但他们内心仍然有一种可以共同维系的东西，或曰对于传统文人品格及操守的信仰。

王树枏也是当时的遗老之一，虽然他没有参加劳氏之"公祭"，但在其《陶庐老人随年录》中也曾郑重地记下劳乃宣去世的消息，并给予了评价：

---

① "袁氏遣使来聘，为参政，却之。"《桐乡劳先生遗稿·韧叟自订年谱》，第20页。

② 柯劭忞：《诰授光禄大夫劳公墓志铭》，《韧叟自订年谱》附，第2页；又见魏桥主编：《浙江省人物志》，浙江人民出版社2005年，第242页。但《浙江省人物志》一书误把劳乃宣去世日期的农历当作公历。

③ 中国国家博物馆编，劳祖德整理：《郑孝胥日记》，北京：中华书局1993年，第1878页。

④ 许全胜撰：《沈曾植年谱长编》，北京：中华书局2007年，第504页。《求恕斋日记》及其作者等具体内容见前面劳乃宣与沈曾植的交往部分。

"辛酉（指民国十年，1921 年）71 岁……某月日桐乡劳玉初乃宣卒，玉初辛未进士，嗜宋儒性理之书，一言一行矩矱程朱，通算学，与余同修《畿辅通志》于保定古莲池。历宰诸县，政声卓然，累官提学使。国变后隐居涞水，上书袁世凯争共和政体，几罹大祸。后居青岛，德人尉礼贤立尊孔文社，从劳玉初学易，及没，师事之如其生时，卒年七十有九。"① 王树枏在师友交游方面，与李鸿章、张之洞、陶模、黄彭年、吴汝纶、张裕钊、马其昶、柯劭忞、徐世昌等人交往较多，与劳氏的交往只限于在畿辅通志局同事而已。两人治学道路各异。近人张舜徽说："树枏早岁读书，仍沿乾嘉诸儒蹊径，而尝肆心力朴学。故于文字、训诂，亦复研绎甚精。"王树枏治学，沿的是传统的考据学道路，而劳氏致力于"义理之学"。但从王对劳乃宣去世后的盖棺定论式的评价来看，二人在政治理念上有共同之处，故王氏不因学问路向不同而贬抑劳乃宣。

晚年劳乃宣对于当时学术出版等活动有所影响。在劳乃宣去世的前夕，民国十年七月九日（1921 年 7 月 9 日）张元济致王甲荣函曰："搜辑檇李遗文，郡城较便，我兄主持其间，登高一呼，自有众山皆应之势。全稿已由词兄取到，正在抄录篇目。弟当复写寄呈。姓名总目及稿纸均已付印，印就当附钞资，一并寄奉。补辑乡贤辈中现以培、玉两老为最，搜补各稿将来拟就即请选定，未知尊意以为如何？"② 当搜辑檇李遗文时，张元济就想到了劳乃宣和沈曾植主持或协理其事。

在得知劳氏去世的消息以后，该年 8 月 8 日，张元济再次致函王甲荣曰："《檇（檇）李文系姓氏总目》业已印就，兹寄呈三十份。又篇目属于嘉、秀两县者，亦已录出，并收稿简章一纸、稿纸三百张，一并附呈，敬祈察入。需用缮写邮递杂费，谨先寄呈银币贰拾元，即日托嘉郡书坊同业汇丰，到时乞给与收据为幸。石门陈君已有信来，允任收稿。惜劳玉初翁于前月作古，只可请培老总操选政。所拟采访期限，仅定半年。为日无几，敬祈

---

① 王树枏撰：《陶庐老人随年录》，北京：中华书局 2007 年，第 79—80 页。王树枏（1851—1886），字晋卿，晚号陶庐。河北新城人。光绪十二年（1886）丙戌进士，官至新疆布政使。辛亥革命后历任清史馆总纂、沈阳萃升书院主讲等职。著《陶庐文集》、《诗文集》及《陶庐丛刊》等，多属经、史考证之作。主编《新疆图志》、《奉天省通志》等方志五种。1936 年卒于北京，年 86 岁。《随年录》中在辛亥以后以干支纪年，不书民国，是以遗老自居，忠清自许。

② 张元济：《张元济全集（第 1 卷）·书信》，北京：商务印书馆 2007 年，第 222 页。

转约同志分别进行，无任祷盼。"① 从一个侧面反映了劳乃宣去世在当时的影响。

民国十六年（1927）1 月 4 日张元济致汪兆镛书，谓："前复寸函并呈《潘文勤墓志铭》写本，计蒙察及。《翁文恭墓志》已得其近支克斋君回信云，检得即寄来。沈培老嗣子来告，谓尚未成。已托其脱稿后即录寄。知荷锦注，谨先奉闻。同乡陶勤肃、劳玉初两公皆有道之士，有行谊皆闻于时，以入《续碑传集》似无愧。今觅得行述、墓志、年谱，另封付邮，敬祈察入。"②

进入民国后，劳乃宣等遗老的出现有共性原因，也与劳氏自身的个性有些关系。

首先，与前清王朝有千丝万缕的利害关系。进入民国后，清遗民处境各异，在京、津、青岛、上海等地的遗老地位各有起伏，生活亦是苦乐不均③，但有一个共同之处，他们在清廷里担任过一定的官职，其中汉人统治阶层与满洲王朝在利害上已构成一体的关系，与清朝有千丝万缕的利益纠葛。"故当清帝退位后，那些被迫丧失权位、财富的旧日汉人统治阶层，都积怨于民国，以遗老自况，他们从事复辟的动机，也多少含有重新攫回权力、财富的意味在内。"④ 劳乃宣亦可作为一个例证。就在劳氏政治地位日益上升之际，辛亥革命的爆发，使其权力、财富突然丧失了（因其价值观，他又不会进入民国政府任职），以致全家生计都出现了困难，因此他积极鼓吹复辟，此一因素是不可忽视的。

其次，具有根深蒂固的忠君守道思想。劳氏等人饱读经书，坚信董仲舒所

---

① 张元济：《张元济全集（第 1 卷）·书信》，北京：商务印书馆 2007 年，第 222 页。另，《张元济年谱》第 71 页也曾记载此事："1921 年 8 月 8 日致王甲荣，寄呈《文系》姓氏总目，收稿简章及稿纸，又谓'需用邮递杂费谨先寄呈银币贰拾元，即日托嘉郡书坊同业汇奉'，'惜劳玉翁（指劳乃宣）于前月作古，只可请培老总操选政'（原信打印稿）。"

② 张元济：《张元济全集（第 2 卷）·书信》，北京：商务印书馆 2007 年，第 137 页。另，《张元济年谱》第 282 页也曾记述此事：1927 年 1 月 4 日张元济致汪兆镛书，谓"前复寸函并呈《潘文勤墓志铭》写本，计蒙察及。《翁文恭墓志》已得其近支克斋君回信云，检得即寄来。沈培老嗣子来告，谓尚未成，已脱其稿后即录寄。同乡陶勤肃、劳玉初两公皆有道之士，有行谊皆闻于时，以入《续碑传集》似无愧"。又托访觅广东开平、开建、感恩三县志书。（原信打印稿）

③ 清遗老的具体生存状况的分析，详见林志宏撰：《民国乃敌国也：清遗民与近代中国政治文化的转变》，《第二章第一节，易代之际的生计与政治选择》，台湾大学历史学研究所博士学位论文 2005 年 12 月，第 55—62 页。

④ 胡平生：《民国初期的复辟派》，台北：台湾学生书局 1985 年，第 54 页。

宣扬的"天不变，道亦不变"①。因此对中国一千多年来形成的道统与学统坚信不疑，对推翻清廷的革命主张极力反对。在清末社会危机加剧的背景下，劳氏也主张"变法"，但其前提是在维护清王朝的前提下进行政治体制改革，实行君主立宪政体。历史事实表明清王朝已经腐朽不堪，已难以承担这一重任。武昌起义终于促使了腐朽清廷的垮台。闻听清朝覆亡、溥仪逊位的消息后，劳氏痛哭流涕、暗自伤神②。这是劳氏忠诚于清皇室的重要体现之一。

民国建立后，劳氏和其他遗老们始终忠于清室、坚持复辟，反对革命、反对共和，形成了近似社会心理学上的"小团体意识"（又称群体思维）。美国人贾尼斯较早提出这一概念，并把小团体意识归纳为八点症状，其中四点对于民初的清遗民也是适用的："①大部分人都具有严重的错觉，导致过分的乐观，忽视困难，从而促成冒险的决策。②文过饰非，委过于人，轻视要求对以往的政策和决定进行再考虑的告诫。③盲目坚持群体自定的道德标准，不顾决策所承担的道德后果。④过低估计别人的力量，对对方的领袖人物抱有成见，不屑与对方进行谈判。"③ 基于共同的忠君守道信念，这些人形成了一种具有一定凝聚力的"小团体意识"。总之，正是劳氏具有的根深蒂固的忠君守道思想，才使得他对于新建的中华民国不予认同。

再次，受中国传统文化中"遗民"情结的影响。民国"清遗民"的出现也有着历史的惯性，拥有极为广阔的历史文化背景。中国历史上，"殷遗"、"宋遗"、"元遗"、"明遗"等的事迹经过"易代"或"隔代"的最高权力者的支持或士大夫的鼓吹，得到了广泛的传播，成为传统士大夫在"易代"之际遵循的思想道德之一。尤其是清初，大量的明遗民存在，譬如顾炎武、黄宗羲、王夫之、颜元等人，令人印象深刻，即有人称之为"遗民氛围"或遗民情怀等④，以抒发故明之思、明亡之恨。民初的清遗民亦是如此。但"清遗民是研究中国遗民历史里比较特殊的例子，从政治的态度而言，他们忠贞的对

---

① 劳乃宣：《论变法》，《桐乡劳先生遗稿》卷1，第6页。

② 劳乃宣：《韏簏草·归田赘咏》，《桐乡劳先生遗稿》卷6，第19页。

③ 中国大百科全书编委会：《中国大百科全书·心理学》，北京：中国大百科全书出版社1991年，第430页。

④ 赵园：《明清之际士大夫研究》，北京：北京大学出版社1999年，第397、400页。余论之一有"其时'遗民氛围'的弥漫"、"遗民情境"、"遗民情怀"等。

象，却是我们向来熟知的'满清贵族'。由此得知，清王朝塑造出来的政治文化意识，其影响层面和程度显然超出我们以往的理解"①。民国初年以汉人为多数的清遗民，大都并不顾忌种族的压迫，效忠于"故国"，对民国有着一种"先入为主"的成见。从社会心理学角度分析，这被称为社会刻板印象，亦称"刻板效应（effect of stereotyoe），指在人们头脑中存在的关于某人或一类人的固定印象。……刻板印象具有三个特征：（1）它是对社会人群的一种过于简单化的分类方式；（2）在同一社会文化或同一群体中，刻板印象具有相当的一致性；（3）它多与事实不符，甚至是错误的"②。社会刻板印象是有利于对某一群人做概括的了解，但也容易产生偏差，造成'先入为主'的成见，容易阻碍人与人之间的正常认识和交往。遗民群体对"故国"的怀念和对民国的仇视不属于人群交往，但刻板印象的三个特征对此仍有一定的适用性。

　　劳乃宣为了论证故国"满清"复辟的合理性煞费苦心，如先后撰写了《正续共和正解》、《君主民主平议》等。劳氏与其他遗民的不同之处还在，他已经考虑了"种族的差异（或歧视）"的因素，因此劳氏在看了陈澧的《说长白山》后，极为兴奋，挥笔写下《书陈东塾先生说长白山篇后》③的长篇文章，解决劳氏长期思考的一道难题："满洲之地本汉地，则满洲之人亦汉人，初无种族之别也。今之为排满说者，以种族之见，为志坚之根本。得先生此说以晓之，可以爽然悟矣。"④劳氏如此绞尽脑汁就是为了证明"然亡国者，诸臣之罪，非寡妇孤儿之罪，固为天下所共见也。辛亥之变，肇乱者假共和以为名，倡言民主之制。余谓民主断不能行于中国"。及"在公（袁世凯）应明降命令，自请退位，依法交黎氏接受政权，而宣明中国不宜于民主，仍复君主，奉还先朝，不称民国，称中华国；仿周召共和故事，以今年为共和五年，俟黎氏接续十年（实为七年，引者）任满，于共和十二年，还政于宣统皇帝。其时，帝十八，可以亲裁大政矣。"⑤因此，劳乃宣仍未能摆脱社会刻板印象这一心理现象，正如罗继祖所说："因为从封建社会的每一个王朝历史来看，王

　　① 林志宏撰：《民国乃敌国也：清遗民与近代中国政治文化的转变》，台湾大学历史学研究所博士学位论文 2005 年 12 月，绪论。
　　② 朱智贤主编：《心理学大词典》，北京：北京师范大学出版社 1989 年，第 362 页。
　　③ 劳乃宣：《书陈东塾先生说长白山篇后》，《桐乡劳先生遗稿》卷 3，第 14—20 页。
　　④ 同上书，第 14 页。
　　⑤ 同上书，第 18 页。

朝总有兴和亡，兴有从龙功臣，亡有殉节忠臣，这是封建社会制度特定历史条件下的必然产物。……清朝是封建社会最末一个王朝，它处的时代比前代特殊，是个革命浪潮汹涌的时代。在这样浪潮激荡中，有的人认识了时代，站在时代的前列，也有人跟不上时代而落到后头。"①

最后，与劳乃宣自身的经历、学识及性格等有一定关系。

劳乃宣出身于官宦世家，其祖父和父亲都是清朝中下级官吏，外祖父也曾担任道员等职。因其父"殉职"，劳氏得以"承荫监生"②。之后劳氏在科举上较为顺利，29 岁时成进士。在约八年的游幕（教席和纂修等职）生涯之后，光绪五年（1879），任临榆县知县，开始了长达近 20 年的知县生涯，成为清朝统治阶级的一员，并且三次被保荐"卓异"。在经历了义和拳事件，自己的主张不被当道采纳，劳氏本欲归田终老之际，却又因缘际会，得以入两江总督李兴锐、周馥和端方的幕府。由于其出色的表现，劳氏被端方鼎力推荐，于光绪三十四年（1908）四月廿四日受到慈禧太后和光绪帝的召见，最终出仕。劳氏还把自己多年来总结的"简字"及"普及教育"的主张上达"天听"。此后，劳氏的仕途一路走顺，至宣统三年（1911），官至江宁提学使、京师大学堂总监督、署学部副大臣等职。就在劳氏仕途一帆风顺、走向高峰之际，辛亥革命爆发，劳氏只得以年老体衰为由，辞官而去。总之，虽然劳氏在中年之后，有若干年时间仕途蹇滞，但晚年转为顺畅。因为劳氏"世受皇恩"，所以对清王朝有着深厚的感情，在其垮台后依然未改。劳乃宣的婚姻对其思想发展不无影响。劳氏娶的"天下第一家"孔氏的女儿为妻，其婚礼就是在曲阜孔家举行的③。此后劳氏也多次去曲阜居住，与孔家人如孔庆霄、孔庆霁和衍圣公孔令贻等有密切的交往。因此劳氏受孔府的影响，较他人自然更深刻些。劳氏始终如一的"忠君"、"尊孔"与孔府的影响有一定关系。

劳乃宣博通经史，对西学的认知也有一定的水平，被时人目为"通儒"，因此亦可说劳氏在旧派人物中属于较通"新知"者，但劳氏学习新知的出发点则是维护旧道统，进入民国后则表现为敌视民国，复辟清室，为此他相继撰

---

① 罗继祖：《庭闻忆略——回忆祖父罗振玉的一生》，长春：吉林文史出版社 1987 年，第 72—73 页。

② 劳乃宣：《桐乡劳先生遗稿·韧叟自订年谱》，第 2 页。

③ 同上书，第 3 页。

写成《正续共和正解》、《君主民主平议》和《书陈东塾先生说长白山篇后》等著作，有的公开发表，有的印成小册子广为散发，在当时产生了一定的影响，成为倡导复辟邪说之"一大厉阶"。所以，用新知来维护旧道，著书立说，以达到复辟之目的，构成劳乃宣在遗老群体中不同于其他遗老的主要特点之一。

"性格表现对现实的态度和在一定场合下采取的行动，也是最能表现个性差异的心理特征。可以说性格是个性中具有核心意义的部分。"[1] 劳乃宣晚年自号"韧叟"，"韧"是他一生中性格的写照。劳乃宣约 20 年担任知县，表现了"韧"字；在"庚子事件"中，在直隶绝大多数官员对义和团转向"抚"的态度时，劳乃宣依然坚持自己的镇压政策，表现了"韧"字；在宣统二年（1910）新刑律修正案争论时，劳氏力争，更表现了其"韧"的精神。民国建立后，劳氏基于自身对清朝的深厚感情，导致他顽固地坚持遗老立场，始终不肯认同民国，亦是劳氏"韧"之性格的体现。正是这种"韧"的精神使他在民国十年间，抵制住袁世凯聘请参政等各种诱惑，在全家不时面临生活困境的情况下，依然以完全的遗老自居，得以保持"完节"。

---

[1]　中国大百科全书编委会：《中国大百科全书·心理学》，北京：中国大百科全书出版社 1991 年，第 469—470 页。

结　语

近代中国是一个过渡时代，社会变迁十分剧烈。人们在研究中往往习惯分为新旧（或进步与保守）两派。根据以上研究，笔者认为：从总体而言，劳乃宣无疑属于后者。劳氏政治上较为保守，学术研究中则进步性与保守性兼备，某些领域进步倾向较大，因此孔令仁曾言："太外公（劳乃宣）在政治上是保守的，但在文化和教育上却有卓越贡献。他长期从事古代数学的研究，著有《古筹算考释》等著作。他精通音韵学，所著《等韵一得》曾列为众多学校的教科书。对汉语拼音字母（当时称'简字'）更有深刻独到的研究，著有《增订合声简字谱》、《重订合声简字谱》、《京音简字述论》、《简字全谱》、《简字丛录》等。他曾请求两江总督周馥在南京创办简字半日学堂，又向清廷上书请求推广汉语拼音，又与赵炳麟、汪荣宝等共同发起成立'简字研究会'。这些活动对汉语拼音字母的创立和推广都起了积极作用"[1]，应该说这是大体不错的。笔者还认为：劳氏和传统士人有共性，以传统的价值观念为依归，但他经历较为复杂，又有自己的独特之处。

劳乃宣（1843—1921）的一生几乎和整个（狭义）中国近代史相始终，在近代政治、学术包括教育等方面留下了一定的影响。在政治上，他担任近20年的知县，作为一名"亲民官"，竭其所能，维护任内各县的统治秩序，三次被保荐"卓异"，是晚清时期一位颇有政声的县令。他还曾进入范梁、李鸿章、曾国荃、周馥、盛宣怀、李兴锐、端方等人的幕府，办理洋务尤其对外交涉事宜，出力较大。由于在幕府中的出色表现，经端方保荐后，劳乃宣得以成为四品京堂、宪政编查馆参议、资政院硕学通儒议员、江宁提学使、京师大学堂（北京大学前身）总监督、学部副大臣等职，在清末清廷已经危机四伏的时刻，身居高官。而在义和团运动中，劳氏撰写了《义和拳教门源流考》等

---

① 孔令仁：《我的太外公劳乃宣和祖母劳绀》，《春秋》2002 年第 2 期，内部资料。

文，力主镇压义和团，在清末新刑律的修订过程中，他以中外生计、习俗、礼教、政体、法律的不同等较为广阔的视角来抵制沈家本等人的修律，维护"以礼入法"的传统，相对于其他"礼教派"，表现出一定的高明之处。民国建立后，劳氏以"遗老"自居，鼓吹所谓"正解共和"，实际上是以历史上的周召共和为例，待溥仪成人后，复辟帝制，还政清室。他还在诗词中处处流露了对故清的眷恋之情。这大体是劳乃宣一生轨迹的勾勒。笔者又认为劳乃宣的人生轨迹大约以光绪二十五年（1899）劳氏撰述《义和拳教门源流考》为界可划分为两个阶段。此前是劳乃宣处于人生的积累期，其主要活动为应对科举及担任知县和幕僚等，政治经验日渐丰富，学术成果尤其是古筹算和等韵学领域的成果日渐成熟，为日后劳乃宣的成名奠定了基础。光绪二十五年（1899），《义和拳教门源流考》的刊布，使知名度有限的劳乃宣得到了当时一批人的瞩目，劳氏的知名度大显。就其自身而言，劳氏人生进入第二个阶段即其人生的成熟期或辉煌期①。此后劳氏职位日渐上升，在清末教育、修律等领域影响渐著，而进入民国后在遗老群体中更是有显著的影响。而在此需要指出的是，在其人生的第二个阶段则更多地反映出劳氏在政治上的保守性。

劳乃宣在政治上的保守有其必然性。正如马克思所说："人创造环境，同样，环境也创造人。"② 马克思还说过："统治阶级的思想在每一时代都是占统治地位的思想。这就是说，一个阶级是社会上占统治地位的物质力量，同时也是社会上占统治地位的精神力量。""占统治地位的思想不过是占统治阶级的物质关系在观念上的表现，不过是表现为思想的占统治地位的物质关系；因而，这就是那些使某一个阶级成为统治阶级的关系在观念上的表现，因而这也就是这个阶级的统治的思想。"③ 清代"占统治地位的思想"（主流意识形态）是中国几千年来形成的统治思想，即许多人所说的"中体"，有的学者归纳为"中国的纲常名教"，"君权制度和宗法制度"。④ 劳乃宣是在这一环境下成长起

---

① 此一点观点曾受马忠文老师启发，特此致谢。

② 马克思恩格斯：《德意志意识形态》（节选），《马克思恩格斯选集》第1卷，北京：人民出版社1995年第2版，第92页。

③ 同上书，第98页。

④ 耿云志：《近代中国文化转型研究导论》，四川出版集团四川人民出版社2008年，第109—123页。耿云志先生在这里说的是洋务思想家的"中体"，笔者认为用它指清代乃至以前更长的时段也是适用的。此后他对"君权制度与宗法制度"也有多处表述。

来的，必然受到传统价值观的深刻影响（甚至有些先进之士也难以完全摆脱）。

耿云志在《近代社会转型中政治与文化的互动》中提出："在近代中国，由于内外环境巨大的压力，政治觉醒被提到首位。每一次政治觉醒都在一定程度上带动了文化觉醒。如戊戌变法、辛亥革命都曾在一定程度上推动了文化更新。反过来，文化上的觉醒，也总会促进政治变革。如戊戌维新运动前后新的思想文化观念的传播对辛亥革命与立宪运动都起到了催生和促进作用。而五四新文化运动则催生了中国共产党和促成了国民党的改组，从而造成了国民革命运动的兴起。由于近代中国政治觉醒的优先性，在一定程度上造成了思想文化领域中长期存在的泛政治化的倾向。"[①] 这对于从宏观上研究中国的政治与学术的互动不无借鉴意义。政治的变动必然引起学术的变化，学术的变化反过来又对政治产生重要的影响。乾嘉以来，汉学的兴衰、程朱理学的复兴，及出现的"儒学各派对经世致用的注重"、"儒学各派的兼收并采"、"儒学和西学的调和会通"[②] 等变化，就是由政治变动引起的。反之，"在鸦片战争至清政府垮台的70年间，不论理学，今文经、古文经学都趋向于讲求经世致用，从而也都有过一度的'复兴'。不论曾国藩重事功的理学，康有为'托古改制'的今文经学，章太炎鼓吹民族主义的古文经学，都是从儒学某一学派中去寻求思想武器，都是以学术服务于政治"[③]。乃至后来无政府主义、马克思主义的引入和传播，则对中国的政治产生了更为巨大而深远的影响。

但笔者在此关注的是微观上政治与学术二者的关系。历史是复杂的，近代中国既有康有为、梁启超、孙中山等政治与思想领域叱咤风云的进步人物（亦是总体而言），也有不少政治上处惊不变，以保守倾向为主，文化学术上颇有心得之人，如沈曾植、罗振玉、王国维、劳乃宣等。中国近代史上的新与旧、进步与保守又是多种多样的。譬如，就每个人物而言，仅以政治与学术之间关系为例，笔者认为即可能出现如下理论类型：（1）政治上进步，学术上

---

① 耿云志：《近代社会转型中政治与文化的互动》，《四川大学学报》（哲学社会科学版）2008年第1期。

② 龚书铎：《晚清儒学的变化》，《社会变革与文化趋向——中国近代文化研究》，北京：北京师范大学出版社2005年，第121—138页。

③ 龚书铎：《儒学在近代中国的变化》，《中国近代文化探索》（增订本），北京：北京师范大学出版社1997年，第63页。

进步；（2）政治上进步，学术上较为落后或保守；（3）政治上进步，学术毫无建树；（4）政治上保守，学术上较为进步；（5）政治上保守，学术上亦保守；（6）政治上保守，学术上亦无建树等等。如果再加上经济等其他因素，则排列组合更加复杂。每一种之中进步与保守亦有量的差异，不一而足①。劳乃宣总体上属于第四种类型。与之类似的人还有不少，除上述所举外，较著者还有梁鼎芬、刘廷琛、陈宝琛等。"园田一龟著《新中国人物志》，谓先生（指沈曾植）与劳乃宣夙以硕学孤忠著闻，为浙江之二名流，以前清遗老之资格，为上海复辟之领袖，盖浙江官僚之大先辈，守旧派之巨头也。自来忠诚之士，多产于江南，如福建之陈宝琛，广东之梁鼎芬，江西之刘廷琛、李瑞清等。"② 正如有学者提出："任何正面人物或反面人物，都是社会的人，历史的人，都有其复杂性、多面性。即使圣贤、伟人，要想指出他们的缺点、错误，也并不太难；而那些巨奸大恶，也不一定桩桩件件干的都是坏事。但是，这丝毫不能改变他们各自的基本面貌，不足以推翻已有的定论。"而且"史学和文艺不同，它必须力求符合客观历史实际，再现历史的事实，而不能有任何虚构，不能编造、歪曲"。③ 劳乃宣虽然在政治上以保守倾向为主，但就其一生，并非时时事事保守。总体上而言，在光绪二十四年（1898）之前，他的主张和作为，不属于保守之列，之后才逐渐落后于时代，保守倾向日增，但在清末新政期间，他主张建立君主立宪政体的主张也不能算作顽固保守之类。

在学术上，作为一位对于中西学均有所涉猎的学者，劳氏既有显著的进步性，也有一定的保守性。其学术成就中的进步性，突出表现在语言文字改革方面，其《等韵一得》、《简字全谱》等著作对音韵学的近代化和拼音字母的推广，做出了重要的贡献，并受到了后世语言学家的重视和称赞。劳氏的古筹算学研究，对于儿童的算学启蒙及提高百姓的算学水平颇有裨益。劳氏还是近代图书馆事业的倡导者，对后来的图书馆事业的发展也有积极的影响。劳乃宣编纂过地方志，曾担任过畿辅通志局的襄纂和分纂，为《畿辅通志》的编纂，尽了自己的一份贡献，他还是《阳信县志》的总纂，为此也花费一些心血。

---

① 这是笔者受韦伯等的著述所启发，而对此提出的理论假设，对每一种类型的代表人物尚未发掘和思考成熟，故待日后再加以补充。

② 王森然：《近代名家评传》（初集），北京：三联书店1998年，第31页。

③ 龚书铎：《对重要历史人物的评价》，《龚书铎自选集》，北京：学习出版社2005年，第68页。

在青岛主持尊孔学社期间，劳乃宣帮助卫礼贤将《易经》翻译成德文，为促进中西文化交流作出了贡献。劳氏的中学成就中又有一定的保守性，他致力于"义理之学"，躬身实践，被其同道称为"醇儒"，热衷于"礼学经世"，以维护纲常名教为核心的礼秩秩序为己任。其古筹算学研究中包含着抵抗西学的倾向，也具有不太适应社会发展的保守性。

劳氏对于西学的认知也有一定的水平，并进行了有选择性的借鉴。他对于西方的历史地理、习俗、政体、宗教和语言文字学等较为熟悉，而在对西方民主制度一定认识的基础上，劳乃宣采取了拒斥的态度，始终主张"民主制度不适合中国"，具有较大的保守性；与此同时，他又主张仿效日本的君主立宪制度。为了推进君主立宪政体，普及教育，劳氏借鉴了西方的拼音字母（重点是日本假名字母），在南京等地创办简字学堂，使简字在一些地区得以推广。这又是劳乃宣借鉴西学中表现出的进步性。这二者就如此矛盾地集合于劳氏一身。

劳乃宣在学术上的保守性与政治上的保守性有密切的联系，正是以传统的价值观为依归，劳氏才致力于"义理之学"，热衷于"礼学经世"，以维护以纲常名教的礼教秩序为己任。他长期从事于古筹算研究则包含着抵抗西学的倾向；乃至他对西方的民主制度虽有所认识，但坚决反对在中国实行。而劳乃宣提出"民主之制不适于中国"的种种理由，正是日后中国推进民主化进程中需要面临的课题。

另一方面，清末处于一个内忧外患、积贫积弱的时代。这势必激起士人包括劳乃宣的自强救国之心。加之，劳乃宣博通经史，勤于思考，任知县近20年，对中国社会的基层尤其是"凡民"识字较少有着清醒的认识，因此促使劳乃宣的学术研究中包含了一些进步性。劳乃宣认识到要实行君主立宪，必须普及教育，"教育的基本条件在于语言、文字之自由活用，他说：'夫普通教育之道，以文字易知与语言统一为两大阶级。'[1] 可见他以教育为自强的手段，因而文字简便、语音统一便成为先决要件。"[2] 于是，他在致力于等韵学的基础上，借鉴日本的假名字母，在王照的官话字母基础之上，倡导和部分实践了

---

①　此为朴允河原注24。《桐乡劳先生遗稿》卷2《读音简字通序》，第38页。下面还有一段解释文字，此处略。

②　朴允河：《劳乃宣〈等韵一得〉研究》，台湾师范大学国语研究所硕士学位论文1992年，第一章绪论，第8页。

简字，以此成为识字之捷径，成为现代汉语注音推行的先驱，受到后世专家学者的赞誉。这也适应了当时"平民主义的文化趋势"①。

劳乃宣在教育上也有所建树。其教育活动涉及了从私塾、书院、简字学堂到近代学堂等方面，在一定程度上体现了清末教育新旧更替的特点。其活动既有促进近代教育发展的进步性，也有受时代和个人思想的局限而维护传统礼教的保守性。在多年从教的基础上，劳乃宣提倡蒙学教育、女子教育，提倡私家教育，推行普及教育，试图为实行君主立宪打下良好的基础。因为从事教育有年，提出了若干教育主张，在当时产生积极的影响，加之担任京师大学堂、学部副大臣等教职多年，"一生乐育为怀"，"无时不以教化为己任"②，亦可称其为教育家，是提倡教育救国的早期代表人物之一。但称之为"大教育家"或"杰出的教育家"③ 则有些过誉。

当一种新文化、新学术兴起的时候，人们往往会产生两种极端，一是将新的东西视为洪水猛兽，拒之门外；一是将旧的一切全盘否定，浮躁肤浅。清末民初时期的文化嬗变进程中，也产生了这样的流弊。在这种情况下，劳乃宣撰写了《论古今新旧》一文，提出并坚持"道则从古从旧，器则从新从今"④ 的主张，并对这两种倾向进行了批评。"道则从古从旧，器则从新从今"是劳氏晚年的总结，可以说基本上贯穿了其一生，在当时的条件下有一定的张力，但从根本上说，劳氏思想的基点受程朱理学的影响，尤其是深受曾国藩、张之洞的影响根深蒂固，终因溺古太深，没有能突破"中体西用"的桎梏，表现出历史的局限性。

总而言之，劳乃宣是清末民初一个政治保守型的学者，以传统的价值观为依归，且旧中有新，以新知维护旧道；但他又集县令、幕僚、学者、遗老于一身，在这一类型中又有其独特性⑤。

---

① 耿云志：《近代中国文化转型研究导论》，四川出版集团四川人民出版社 2008 年，第 212—221 页。

② 陈训慈：《桐乡劳玉初先生小传》，《文澜学报》1935 年第 1 集。又见浙江图书馆编：《陈训慈百年诞辰纪念文集》，北京：北京图书馆出版社 2006 年，第 126、128 页。

③ 程俊英编：《中国大教育家》，北京：教育科学出版社 2008 年，第 152—154 页。该书最早的版本为上海中华书局 1948 年。李美惠：《劳乃宣教育主张与教育实践探析》，北京师范大学硕士学位论文 2009 年，摘要及第 37 页。

④ 劳乃宣：《论古今新旧》，《桐乡劳先生遗稿》卷 1，第 27 页。

⑤ 或许在近代中国亦有集这四者于一身者，但在这四个方面都称显著者，据笔者目前的陋识尚未发现。

附　录

附录一：《韧叟自订年谱》正误及补遗

注：劳乃宣撰写《韧叟自订年谱》始于1915年（当时他已经73岁），历时约五年，1920年完成，基本上记录其一生主要的事迹，但由于时隔久远，难免有所遗漏或差错。笔者现据其《自订年谱》及《劳乃宣公牍手稿》（天津古籍出版社1987年）、《简字谱录》（文字改革出版社1957年）、郭廷以编著《近代中国史事日志》（中华书局1987年）、韩信夫、姜克夫主编《中华民国大事记》（第一册）（中国文史出版社1996年）等资料编辑增补而成。

增订的体例：凡是简单的解释加（　），涉及劳乃宣自身的新增事件且内容较长者加"增"或"增补"字样，另起一段撰写。与劳乃宣相关的人物、事件于正文或"增补内容"后隔一行添加。凡增添内容改为楷体字。

谱　前

据劳乃宣《续修劳氏遗经堂支谱序》："吾宗明初，自乐安迁阳信，雍正间创修族谱，以阳信始迁祖为一世，以上无可考也。逮十二世吾曾祖观察公（劳树堂）官于南，吾祖正郎公（劳长龄）于嘉庆间迁籍桐乡，乃与阳信分支。"[①] 可知，自明初始迁祖一世算起，其父劳勋成为第十四世，劳乃宣为第十五世。

韧叟自订年谱序

韧叟尚书，与先府君订昆季之交，尚书之甥又玉（指罗振玉）之从姊夫

---

① 劳乃宣：《续修劳氏遗经堂支谱序》（1916），《桐乡劳先生遗稿》卷2，第35页。

也，故两家为世好。同治丙寅（1866）玉生于淮安寓所，公适游淮安，与于汤饼之会。嗣后公作宰近畿，光绪庚子（1900）始南归。玉年三十又五矣，始于沪江脩谒，嗣是常得侍杖履又十年。宣统元祀，公以四品京堂留京，玉亦备官学部，侍从尤密。辛亥（1911）冬，公任大学堂总监督，玉督农科。国变既作，玉避地海东，公则隐遁涞水，又移居曲阜，移青岛。迹日疏而神愈亲，书简往还，殆无虚月。又八年，己未（1919），玉归自海东，寓居津沽，岁或一再脩谒，则公年将大耋，玉亦垂垂老矣。今年（1921）六月，公既归道山。仲冬，公子笃文以公手订年谱，至属为校理。谨读一过，爱书数十年间，与公交谊于端至。公平生为醇儒，为循吏，斥拳教于星火未燎之时，争法律于彝伦将致之日，论政体于凶焰方张之世。古人所谓"不惑、不忧、不惧"，惟公当之无愧色。此则当世君子皆能知之言之，无待玉之琐琐也。辛酉（1921）十二月，姻世愚侄上虞罗振玉谨书。

《韧叟自订年谱》正文

道光二十三年癸卯（1843）1 岁

韧叟姓劳氏，名乃宣，字季瑄，号玉初，自号矩斋，又曰韧叟。劳氏古为劳山之民，以地为姓。世居山东。明初自乐安迁阳信。曾祖父观察公（劳树堂），嘉庆间官江苏粮道；祖正郎公（劳长龄）寓居苏州，以浙江桐乡县青镇劳氏为宋时同族，因入桐乡籍。先大夫仓曹公（劳勋成），官直隶沧州减河主簿，丁忧开缺，是年与先太夫人（沈蕊）居外祖沈西雍公（沈涛）广平府寓所。九月二十三日午时生于府廨。生即出嗣于胞叔先嗣考（劳绩成）功甫府君。

一二，三（1843，1，3）魏源《海国图志》成书。

六，初十（7，7）洪秀全开始布道，冯云山、洪仁玕从之。

范梁（1808—1883）36 岁。曾国藩（1811—1872）33 岁。游智开（1816—1899）28 岁。李鸿章（1823—1901）21 岁。黄彭年（1824—1890）20 岁。陶模（1835—1902）9 岁。张之洞（1837—1909）7 岁。周馥（1837—1921）7 岁。杨守敬（1839—1915），5 岁。盛宣怀（1844—1916）、赵尔巽（1844—1927）、杨晨（1845—1922）、袁昶（1846—

1900)、张佩纶（1848—1903）、瞿鸿禨（1850—1918）、柯劭忞（1850—1933）、沈曾植（1850—1922）、林纾（1852—1924）、徐世昌（1855—1939）、郑孝胥（1860—1938）、端方（1861—1911）、章梫（1861—1949）、陶葆廉（1862—1938）、罗振玉（1866—1940）、刘富槐（1869—1927）、卢学溥（1877—1956）、溥伟（1880—1936）。

（道光）二十四年甲辰（1844）2 岁
在广平。

一一，五（12，14）诏弛天主教禁。
一一，一九（12，28）耆英通告天主教弛禁。

（道光）二十五年乙巳（1845）3 岁
在广平。

（道光）二十六年丙午（1846）4 岁
母舅花溆公，官江苏丹徒县知县。外祖解官就养于南。吾母挈随南行。三妹生于舟中。至苏州寓居。母舅父调任震泽，从往县署。震泽与吴江同城，是年始入私塾从邵叶辰先生学习。

（道光）二十七年丁未（1847）5 岁
在吴江。

（道光）二十八年戊申（1848）6 岁
母舅父调金匮，从往治所。金匮与无锡同城。

（道光）二十九年己酉（1849）7 岁
在无锡。从师沈开之先生。是年江南大水。

（道光）三十年庚戌（1850）8 岁

在无锡。从师李兰申先生、宗少云先生。

增补：开始潜心于音韵学，"乃宣七八岁时，习为射字之戏，即明母韵之理，长而好之弥笃，涉猎群籍，凡论韵之书，无不探讨玩索，以穷其端委。往来四方，凡遇方音殊别者，无不访问印证，以究其异同，核其通变。虽国书、梵经、俗曲、稗官之言，穷乡僻壤殊方异域之语，苟有涉于音韵者，皆所不遗，博考周谘，冥心孤诣，积之三十余年。"①

咸丰元年辛亥（1851）9 岁
先大夫（劳勋成）任江宁布政司仓大使，从之任所。途中游金山，当时金山犹在长江之中。从师高翼哉先生。

一二，初十（1，11）杨秀清等在金田祝洪秀全寿，洪秀全称天王，"太平天国"正式建号。

（咸丰）二年壬子（1852）10 岁
在江宁。从师赵斗南先生。

（咸丰）三年癸丑（1853）11 岁
正月，闻发逆之警，由陆路避居金坛。二月江宁城陷。旋至吴江。冬，至苏州居新桥巷。

二，一一（3，20）太平军攻入南京，驻防旗人二万人几全被杀。
二，二零（3，29）天王洪秀全入南京，正式建都，改名"天京"。
严复（1853—1921）、张謇（1853—1926）生。

（咸丰）四年甲寅（1854）12 岁
在苏州。移居侍其巷，附从程亦秋先生读书。

---

① 劳乃宣：《等韵一得序》，《桐乡劳先生遗稿》卷2，第15页。

张勋（1854—1923）、杨钟羲（1854—1940）生。

（咸丰）五年乙卯（1855）13 岁

在苏州。三妹殇。伯姊适王氏。从先太夫人至嘉兴省视外祖父。厚庵先兄乃宽入县庠。

（咸丰）六年丙辰（1856）14 岁

先兄（劳乃宽）赴直隶，就姻于范梁。先大夫从军镇江，在刘公存厚营，隶属江苏巡抚吉尔抗阿麾下，被围于高资镇。吉公死之，刘公战殁。先大夫投水遇救，归苏州，移居常熟而病，十月而卒于常熟。后以军营积劳病故，议恤荫一子入监读书，因吾兄已入学，予承荫监生。是岁送枢厝于苏州先茔。从母复返苏州，居驸马府堂。

（咸丰）七年丁巳（1857）15 岁

在苏州。移居小仓口，附从余晓云先生读书，学为制举文。

（咸丰）八年戊午（1858）16 岁

在苏州。从施云门先生课文，移居江苏巡抚行辕东。

康有为（1858—1927）、升允（1858—1931）生。

（咸丰）九年己未（1859）17 岁

在苏州。附从李先生读书。外祖母殁于如皋，从先太夫人赴其丧，舟至常熟福山海口，遇大风，几乎倾覆，未渡，返苏。复由江阴渡江至如皋，从外祖父返回苏州。仲姊嫁于孔氏。外祖父居于陆园，从先太夫人往依之。

袁世凯（1859—1916）生。

（咸丰）十年庚申（1860）18 岁

二月杭州失陷，苏州告警。三月从外祖由福山口渡海至通州（南通）。四月苏州城陷。母舅父鉴亭公榷厘于泰州。冬，从外祖父赴泰州。仲姊殁于泰州。

（咸丰）十一年辛酉（1861）19 岁

在泰州。外祖（沈涛）卒。缔姻于孔氏。奉先太夫人从外舅悦庭公①乘舟北行，将就姻于曲阜。行至宿迁，闻捻逆之警，折回泰州，赁房而居。家有十三经，刊本卷帙散乱，欲整理之，而不知其次第，于友人彭燮堂处，借《十三经策案》一书，以资检核，阅书中有《小学》、《近思录》为求学阶梯之说，求之书肆，有其书而无力购买，乃以家藏诗文数种易之而归。日夕玩诵，始知学问之道，为之憬然汗下。从此，始志于义理之学。

同治元年壬戌（1862）20 岁

复依鉴亭母舅而居，以客座西厢为书室，室为曲尺形，因自号为矩斋。奉母赴上海，寄居邹氏。先兄（劳乃宽）举顺天乡试。

（同治）二年癸亥（1863）21 岁

奉母附南浔，轮船至天津、遵陆至保定。时范楣孙（范梁）公为保定知府，先兄之外舅也。兄馆于署中，赁屋奉吾母。予从外舅孔公至曲阜就姻。先室孔夫人来归。从袁石斋先生习制举文。是年苏州克复。

（同治）三年甲子（1864）22 岁

在曲阜。长女缃（字绚文）生。至保定省母。入都乡试，首场漏补诗草被贴。由通州、保定返曲阜。是年，杭州、江宁俱克复。

二，二四（3，31）左宗棠的军队攻克杭州。

六，一六（7，19）曾国荃率军攻占金陵，大肆分焚掠。

（同治）四年乙丑（1865）23 岁

---

① 按，孔悦庭即孔宪诒，见第24页注释③。

是年，浙江补行咸丰辛酉（1861）科并同治壬戌（1862）恩科乡试，赴杭州应试。由曲阜乘骡车至韩庄，易小舟至台儿庄，又易舟至杨庄，乘人力小车至清江，易舟南行，过淮安，晤王氏姊，过苏州时，甫复克，见诸亲友恍如梦寐。至桐乡起文到杭州。与雪溪堂兄承庆同寓邹氏。试毕，同至洞庭东山，时邹氏堂姊之翁邹蓉阁公官东山司巡检，在山盘桓数日，同回常熟。时伯父寓常熟。榜发，中式第六十三名。赴杭州，填亲供，时七叔父署吴江同里司巡检，先至同里小住，乃至杭州。在杭闻先嫂殁于保定。事毕，由苏州而常熟而泰州，在鉴亭公母舅处度岁。

二，二八（3，25）吴敬恒（稚晖，1865—1953）生于江苏无锡。

（同治）五年丙寅（1866）24 岁

正月由泰州至淮安王氏姊家。以外舅在苏州，命往办捐务报销事，又回苏州，事毕返淮安，以捻警未能北上。秋日，乃偕王听樵同舟至济宁而返曲阜。八月偕先室孔夫人及女缃赴保定，时先太夫人居保定陈家胡同，先兄（劳乃宽）从范公在大名道任所也。

［日］内藤湖南（1866—1934）生。

（同治）六年丁卯（1867）25 岁

在保定。教读于恭甄甫太守家，生徒三人：瑞璘、瑞璐、瑞敷。次女纺（字织文）生。

张元济（1867—1959）生。刘廷琛（1867—1932）生。

（同治）七年戊辰（1868）26 岁

正月，捻逆北犯，保定闭城守御，南皮、祁州均陷。二月，始解严。入都会试，不第。返保定，至大名道范公署中教读，生徒四人：一为范公子崇威，三为范公外孙章氏兄弟承缵、承继、承保也。是秋，捻逆平。沈氏嫂来归。返保定度岁。

2，8（一，一五）以捻军北趋，京师戒严，命恭亲王奕䜣会同神机营王大臣办理巡防事宜。

（同治）八年己巳（1869）27 岁

赴大名馆所。范公升山东盐运使，同赴济南，馆于运署。冬，赴淮安，接王氏姊，归宁、遵陆，返保定度岁。第三女缜出生。

（同治）九年庚午（1870）28 岁

赴济南馆所。范公升山西按察使，又调直隶按察使，同至保定，馆于臬署。迁居史家姑子庵。

五，二三（6，21）天津法领事丰大业为津民殴毙，法人死者十七人，俄人三，比二，英意各一。天津教案发生。

（同治）十年辛未（1871）29 岁

在保定。入都会试，中式第五十七名①，殿试误书越幅，列三甲第一百九十一名，朝考二等第十四名，引见，归班铨选。仍返保定臬署馆次。

（同治）十一年壬申（1872）30 岁

在保定。

（同治）十二年癸酉（1873）31 岁

在保定。秋，送生徒赴京乡试归，移居唐家胡同。时李文忠公为直隶总督，奏修《畿辅通志》，聘贵筑黄子寿先生彭年为总纂，开局于省城古莲花池，网罗才俊，一时文士辐辏。是冬，予承延聘为襄纂（应李鸿章之聘）。予究心于义理之学有年，见举世胥尚通脱，以道学为诟病，意谓古道不能行于今世，内颇自馁。及见黄先生言行一出于正，毅然无所挠。始知今日之世犹有不随流俗者，气为之壮，益用自厉焉。后之所就得力于此者，为不少矣。

---

① 劳乃宣在会试时记述自己的业师为 15 人，详见第 23 页注释②。

梁启超（1873—1929）生。卫礼贤（1873—1930）生。

（同治）十三年甲戌（1874）32 岁

在志局。长子绚章（字阁文）出生。

九，二二（10，31）中日台湾事件专约签字，中国承认日本行为正当，日军退出台湾，赔款七十五万元（五十万两）。

光绪元年乙亥（1875）33 岁

在志局。迁为分纂。春，李少石太守^{文杏}署易州，约阅童试卷，游红崖山，瞻西陵。秋，截取到班，入都投供，即送生徒乡试。

增：劳氏在此前后撰写了《谈瀛漫录》。①

（光绪）二年丙子（1876）34 岁

在志局。登极恩诏有殿试书写错误，许再赴试之条。四月，入都呈请于礼部具奏，未允而返。冬，言路条奏，进士截取人员，许请分发捐指直隶，入都验放。十二月，到省，仍在志局供差。清苑县邹岱东大令振岳，禀请委任县署帮审。

（光绪）三年丁丑（1877）35 岁

在志局。十月奉藩司委，查办涞水县车厂村礼王府圈地案。车厂村在涞水县西北山麓，村地三十余顷，有十余顷为佃种礼王府猎户之地，余皆民业也。同治间以欠租涉讼，奸猾之徒勾结王邸家奴，诬指合村皆王府产。挟县令插旗定界，勒交重租，村民不服，结讼累年，瘐死囹圄，叩阍跸路，卒不得。直予奉委会同涞水令陈君杰亲诣履勘，廉得其情縶王邸奴子，痛惩之，白诸上官力请奏明提省澈（撤）究，上官未尽用。吾言委大员覆勘，从事调停，蠲其通负，轻其租额，民既得释重累，亦即隐忍而罢。是岁，先兄葬先大夫（劳勋

_____

①　具体内容见第 134 页注释③所注。

成）之枢于苏州荣家山新茔。

王国维（1877—1927）生。

（光绪）四年戊寅（1878）36 岁

在志局。岁亢旱，近畿荒歉，饥民麇集省会，与朱亮生采、吴甸侯建勋创设平粥会。集资屑高粱煮粥，贱价卖与贫民，立厂于四关。执事者皆城绅，每日来食者数千人。旋官设粥厂于各关。乡办未尽善。督帅李文忠公在天津闻有弊端，檄委董亦三大令汝缄与予为总查，逐日分赴各厂稽查，有委员刘某运米一囊于家，误置予车中，旋觉悟取去，使闻劾罢之。是冬，厕事全活甚重。

（光绪）五年己卯（1879）37 岁

委署临榆县知县。四月，奉母挈眷赴任。该县隶属永平府，即以山海关城为县城。同城有山海关副都统、驻防旗营山海关通判。北依山，南滨海，东界奉天，北界热河。民情愚直。太守游公智开，循吏也。述其为州县时，终日坐于二堂，重门洞开，旁无吏役，读书治事如在书室。民有呼吁者，唤入问之，应鞫讯乃召吏役。以故，官民无阻阂。予服其得居敬行简之道，欲效之而惧不能。因略师其意，变通为堂规，每日晨起，阅公牍毕，升坐二堂，开启重门，吏役毕集，面授稿牍于吏，牌票于役，吏所拟缮皆面呈，役所传到皆面报，事毕而退。民有呼吁者，随时出坐亲问，故阍人不能隔吏、役，吏、役不能隔民人，自此为始，作令二十余年，咸率行之。驻防旗人素跋扈，县令权不属，不能约束。适获窝窃犯哈春泰，旗人也，审实例，应销档发县例办，已具文，达旗署。右翼协领来言："旗人犯窃销档本管各官，皆有处分，请免销档，交还本旗按旗例惩处，必治以重罪"，问治何罪？曰："可发黑龙江充当苦差"。予以窝窃本罪，亦不至此，今不举本案何以能如此之重，曰："旗例所属旗人有犯，但以不安本分屡次滋事，咨部即可发遣黑龙江，不必指名何事也"。予始知国家之待旗人恩重于民，而法亦严于民。盖以兵法御之也。即允之。哈春泰果发遣黑龙江，自此旗人颇知畏法。副都统祥公亨，读书人，颇持正，与予甚相得，任中颇得其力也。是岁，云溪堂兄（劳承庆）举顺天乡试。

增：民国《临榆县志》中记载曰："劳乃宣，字玉初，浙江进士，光绪五年任县事，劝农课士教养，兼施听讼极明，民无冤抑。时严禁巫祝，有巫者被控传，使降神允之，神弗降，笞二十，如是者三，乃笑曰：此必神忙也，可以入夜再请。巫者叩不止。劝令改而释之。城东北隅有静修庵。庵蓄尼皆不法，事犯勒令择配，遂毁庵为义塾。今之县议会即其地也。"[1]

（光绪）六年庚辰（1880）38岁

先兄以同知分发北河到省。予六月交卸，以天暑，太夫人有小恙。赁邑孙氏屋暂居。畅游山水。九月，奉母挈眷返省城，行至中途，得檄曾忠襄公（曾国荃）督师驻防山海关，调司文案到省，卜居扬淑胡同，仍返关城，入忠襄幕府中。

六，二四（7，30）曾纪泽抵彼得堡，马格里、日意格随行；以俄国兵船纷调日本，勾结滋事，球事未定，命曾国荃督办山海关防务，调皖楚两军海道北上，并命闽浙总督何璟等预防台湾。

（光绪）七年辛巳（1881）39岁

春，序补南皮县知县。三月撤防，随忠襄公至天津，回保定。署保定谭子韩同年，约阅童试卷，考得古筹算之制，制筹试之，易简而广大，自此究心筹算。十二月赴南皮任。

（光绪）八年壬戌（1882）40岁

南皮南境与宁津交界，宁津素有贼党，纠合多人，往来行劫于天津、山东一带，土人称为黑团，声势甚炽，其首陈二居于宁津之李庄。正月，获贼徐花、张木起，为黑团之党。捕役张永顺乡居，陈二率众执械入其家，并其妾刘氏劫去，俱杀之。予白上官，会同乐字营管带李总镇金堂亲率兵役，夜至李庄掩捕，陈二逸去，获其党人数人而归。是役也，予未及卒事，奉讳去。后任获陈二与其党，咸诛之。黑团遂绝迹。二月，先太夫人殁于保定。闻讣丁忧，去

---

[1] 仵庸修，高凌霨等纂：民国《临榆县志》（1929）之卷18，《事实编宦迹》，第16页b。

任奔丧。返省城抵寓，始知沈氏嫂亦殁。与先兄共居丧，丧礼悉尊《会典》通礼，冠经衰裳考古制为之，按《仪礼·丧服》疏三王用唐虞白布冠、白布衣为丧服。为丧服用古衣冠，不用当代冠服制度之证，《大清通礼》载有衰麻、冠经、屦杖之文，皆与古制无异，是尊古制正所以尊国制也。秋，先兄奉枢南归营葬。津海关道周公馥檄予为洋务文案，客天津关道署中。

增：民国《南皮县志》"（光绪）八年，南皮南境与宁津交界。宁津素有贼党，纠合多人，往来行劫于天津、山东一带，土人称为'黑团'，声势甚炽，其首陈二居于宁津之李庄。捕役张永顺乡居，陈二率众执械入其家，并其妾刘氏劫去，俱杀之。知县劳乃宣乃白上官，会同乐字营管带李金堂亲率兵役夜至李庄掩捕，陈二逸去。获其党数人而归。旋乃宣奉讳去，继任徐尔泰获陈二与其党，咸诛之。黑团遂绝迹。"[1] 可以与劳氏记载相印证。

三，二（4，19）李鸿章请假一月，往湖北省视母病，以张树声署直隶总督，裕宽署两广总督。

六，初十（7，24）朝鲜发生兵变，袭击日本使馆。

刘承幹（1882—1963）生。

（光绪）九年癸未（1883）41 岁

在天津。二月返保定，行小祥祭礼降服，服阙起。复到省移本房眷口于天津。全眷仍在省，以随办洋务，保加同知[2]衔。是岁，著《古筹算考释》、《等

---

① 王德乾等总修，刘树鑫等总纂：民国《南皮县志》（1933）之卷 13，《故实志中大事记》，第 44 页 a。

② "清制，府同知、通判有两种，其一为府的辅佐官，由同知与通判分理府内之政务；另一种是分派专管地方之同通判。凡隶于省的，为各直隶厅的长官，职如各府、各直隶州之制；（隶于府的为一般散厅的长官职如知县），而品级相同。府同知为正五品，在公文上称"丞"，尊称"司马"。按清代官制，府同知例由满、蒙正从七、八、九品小京官拣选兼生；亦由大理寺左右寺丞、京府通判、光禄寺署正、京官知县、兵司马指挥、銮仪卫经历、内阁撰文中书、内阁典籍、内阁办事中书、内阁汉军典籍、中书科中书、大理寺左右评事、太常寺博士、知州、盐运司运副、盐课提举、外府通判、外县知县、直隶州州同升任。府同知例应升六部员外郎、各省知府及盐运司运同。见刘子扬编著：《清代地方官制考》，北京：紫禁城出版社 1988 年，第 97—98 页。

韵一得》成。

（光绪）十年甲申（1884）42岁

二月在天津行大祥祭礼。五月送眷属返保定，行禫祭礼。补完县知县，关道周公因病请假，盛公宣怀署事①，文案事仍旧。九月到完县任。长女缃适孔氏，婿繁淦，内弟云甫②子也。就姻于署中。七叔父自南来署。

增补：周馥记曰："光绪十年甲申（1884）四十八岁，五月初六因病请开缺，相国未批准，饬在天津养病。五月十一日卸任，盛杏荪宣怀观察署。九月奉旨回津海关道任。"③

（光绪）十一年乙酉（1885）43岁

在完县任。

（光绪）十二年丙戌（1886）44岁

在完县任。恭办东陵蓟州属桃花寺道差，事毕，游盘山，宿山顶，大雪。下山出入云中，及至山下则非雪而雨也。

（光绪）十三年丁亥（1887）45岁

在完县任。十二月调署蠡县。交卸后在署度岁。

增：关于劳氏在完县的任职情况，民国《完县新志》中记载曰："劳乃宣字裕（后多为'玉'）初，原籍阳信，寄居浙江之桐乡县。光绪十年

---

① "7月上旬（闰五月中旬）因津海关道周馥患病请假修养，李鸿章上奏由盛宣怀署理。……但盛宣怀因法事上书，只署海关道四个月。"夏东元编著：《盛宣怀年谱长编》（上册），上海：上海交通大学出版社2004年，第192—193页。

② 孔庆霄（为孔子第73代孙），字云甫，号筱庭，曾任长芦盐运使司库大使，有子三人：孔繁治、孔繁淦、孔繁敏。孔懋德主编，李景明著：《孔子家世全书·家族世系》，辽海出版社1999年，第307页。孔繁淦，字子瑞，号幼云，拔贡，京师高等学堂审判厅推事，有子六人：孔祥朴等（二至六子依次为祥柯、祥榕、祥勉、祥选、祥达）。

③ 周馥：《民国周玉山先生馥自订年谱》，台北：台湾商务印书馆1978年，第41页。

由进士知完县事。学识宏通，廉明公正，宽以待民，严以驭下。下车伊始，即勤求民隐，问疾苦，兴利除弊，百废俱举。每出一票，必先计其道路之远近，志其时日，届时有延不送案者，即诘责承差，不稍宽，故胥役无勒索之弊，而人民无留难之苦。听讼时，引经折狱，案无留牍，观者如堵，疑有神助。完地多旗产，每值催头下乡收租，倚势欺压平民，官府往往右之。乃宣秉公判断，毫不偏袒。其惠政民间，编为歌谣'有我之粮食，劳公赠之'等语。延名儒长燕平书院，勤校士，厚膏火。未几，文风大振。著有筹算一书，印送学子，捐书数千卷，任学子读阅。本县现存之经史子集，即乃宣当日所购置者也。负郭植桑八百余株，惜后来者保护不力，未能成林。不数年迁蠡县，留别诗四首，载《文徵》中。旋授清苑。历任繁剧，所至有声。大吏以其才堪大用，擢江宁提学司，嗣授学务部副大臣，清鼎革，隐居涞水之郭解（下）村，日与赵明经、蓉楼、湘帆诸文人相倡和，决口不谈时事，躬耕自给，晏如也。后又隐居于青岛，教授经史，藉以自娱。寿九十余而终。阳信立有专祠焉。采访。"① 其中不乏夸张阿谀之词及道听途说等不确之处，但从中可以看出劳氏在任内作了几件实事。

（光绪）十四年戊子（1888）46 岁

正月，到蠡县任。四月，先室孔夫人以疾卒于署中。是年先兄署大名同知，年终交卸。

（光绪）十五年己丑（1889）47 岁

在蠡县任。先是户部以顺、直两属荒地并旗产地亩，议租议赋，酌拟章程奏颁遵行，督帅饬司遴派牧令中熟悉利病情形之员筹议。予在完县任内，酌拟查办荒地章程八条，详咨立案。是岁省城设清赋局，两司主之，督饬各州县遵办，简易便民，呈报踊跃。升科地亩数月，已得三千余顷，惜为言路妄陈，次年即撤局，竟未全功。

（光绪）十六年庚寅（1890）48 岁

---

① 彭作桢修，刘玉田等纂：民国《完县新志》（1934）卷3，《行政第二》（上），第17页 a。

在蠡县任。畿辅州县有道差之役。遇驾谒两陵各属，或出夫修道，或出费支应，或出马应用，皆科之民间，相沿称为大差。蠡邑历派支应与马匹二者，科之于民，旧有定额，用有所赢，官多入己。莠民有所挟，每以上控抗官敛资自肥。是岁，恭遇谒陵，蠡又二者兼派，予张示告谕，专令民间出支应一款，以为二事之用，免出马差，如有所余，存库已备公用，并陈明上官立案。事毕，余钱千余缗，皆存公中，计民间少出者一千余缗，官少入己者三千余缗。而历藉上控大差肥己之徒，仍控诸府司，府司以予陈明在先，知其不实，驳之，乃控之都察院。奉文提郡审讯。予痛陈其弊，请严惩。卒坐诬科以徒罪。蠡邑好讼之风为之一戢。纳妾牛氏，新乐人，同年周铁珊大令婢也。六月，大雨连数昼夜，署内宅正屋东一间倾圮，女纺、缜均覆于下，幸未伤。县境猪龙河决，被水成灾。秋后乃堵筑合龙。是岁，补行十五年（1889）大计，保荐卓异，补调吴桥县知县。先兄复署大名同知，旋补授。

（光绪）十七年辛卯（1891）49岁

正月卸蠡县任。二月莅吴桥任，兼署教谕训导。女纺适秀水陶氏，婿葆廉，勤肃公（陶模）子也。时勤肃由陕藩升新疆巡抚，入觐，道出吴邑，即留以就姻于吴署。妾牛氏病亡。子绚章娶妇王氏，济宁王叔廉女也。七叔殁于署中。编《各国约章纂要》成。

　　增补：劳乃宣所聘《各国约章纂要》编辑者为：曲阜孔庆霂、余杭章承保、祁门洪寿彭、清苑吴汝舟、秀水陶葆廉、钱塘鲍得名、黟（县）胡彭寿。

（光绪）十八年辛卯（1892）50岁

在吴桥任。筹资购书一万余卷，藏于尊经阁，俾邑人随时借观。仿黄子寿先生主讲莲池书院时成法，命诸生读书，各做笔记呈阅，评骘奖赏而鼓舞之。刻曾文正公督直隶时所做《劝学篇》，附以黄子寿先生莲池书院学规三则于后，以示诸生。东南乡楠蝥萌生，偕同城教佐亲往督民捕治，兼出资收买，旬余尽绝，得不成灾。冬，纳妾潘氏，乐陵人。潘为乐邑著姓旧族，以岁饥鬻于阳信族兄步斗家为婢，随其女赠嫁于马氏，马为农家而读书者，大凡纳妾，非小家女，即大家婢，而此妾为大家女，小家婢，故有旧家遗风，而无富贵习气也。

（光绪）十九年癸巳（1893）51 岁

在吴桥任。劝设里塾。里塾者，仿古家有塾之制也。《尚书大传》曰：二十五家为间，同共一巷。巷首有门，门边有塾，里中之老有道德者，为左右师，坐于两塾，以教里中之子弟。耰锄已藏，新谷已入，岁事已毕，皆入学。立春出学，传农事。是在学者，冬月而已，其三时则缘南亩务农功焉。先王之制，家有塾，党有庠，术有序，国有学，国之学，术之序，党之庠所以教秀民，以备国家之任使也；家之塾所以教凡民，使人人知为人之道也。今天下皆设学郡邑，又往往建书院、立义学以辅之，教秀民之道稍稍修举。而凡民之教阙如，天下秀民少而凡民多，秀民有教，凡民无教，则受教之民少，不受教之民多，非所以化民成俗也。因略师古意，为里塾之制，酌定规条，普劝建设。在城每街、在乡每村，各设一塾或数塾，每年秋收后，十月初开学，岁底散学，专以钦颁六谕、圣谕广训及弟子规、小学等书教授，不授他书。六谕、弟子规、小学内篇熟读讲解，圣谕广训、小学外篇但须讲解，不必熟读，并教以跪拜习礼。书皆官发，并于因公赴乡时亲往抽查，酌加奖诫。王氏姊卒于署。孙女莘生。女缜适宝应刘氏，婿启彬在津海关道，同事丹庭弟也，就姻署中。著《筹算浅释》成。

（光绪）二十年甲午（1894）52 岁

在吴桥任。次子健章（字笃文）生。中日失和，战于辽东。天津设防。吴邑当山东至天津孔道，山东以南诸省所调兵，皆出吴境，供应繁重，疲于应接，劳瘁不能胜。冬，与邻封诸邑会哨于陵县之神头镇，为炭气所熏，晕绝复苏，归来觉心气不宁，日益憔悴。是岁著《垛积筹法》成。

增：冬，作《归舟预咏》十二绝，其引子曰："宦游燕赵垂二十年，倦翼思还。初衣莫遂，乃欲改官南服，渐作归图。"①

---

① 劳乃宣：《归舟预咏》，《桐乡劳先生遗稿》卷6，第6—7页。

六，二三（7，25）中日甲午战争爆发。七，一（8，1）中日宣战。

十，五（11，2）以畿辅大兵云集，命恭亲王督办军务，庆亲王帮办，翁同龢、李鸿藻、荣禄、长麟会同商办，并设督办军务处。

（光绪）二十一年乙未（1895）53岁

在吴桥任。患心悸不眠、怔忡之疾，不能理事。延两医于署中，日事药饵，请委员帮审道慰洪述轩君寿彭来。未几，以事去，又委熊文淦君绍诮来。自春至冬不愈，乃请给假，省司即委熊君代理，仍令在署养病。交卸后，乃渐向愈。是岁，第四女𡛉（字善文）生。大计复保荐卓异。

三，二三（4，17）中日马关条约（中日新约）签字。

四，六（4，30）广东举人梁启超、麦梦华等上书请拒和约，是日由都察院代递；次日广东举人康有为又联合十八省举人在北京会商拒约自强，并于四月八日（5，2）联名上书。是为公车上书。

一二，二三（1，15）以山东曹州教案，诏将李秉衡等交部议处，巨野知县许廷瑞革职，并命各省地方官实力保护教堂。

（光绪）二十二年丙申（1896）54岁

四月病体就痊。以两次卓异并十年俸满请引见，赴津省请咨入都。六月引见，奉旨回任，每次卓异，加一级，注册候升到省，未回任。调署清苑县知县，八月到任。冬，兼理保定府同知。

增：劳乃宣在清苑县曾倡导直隶各县大力购置《时务报》。此据傅增湘致汪康年的书信，傅氏曰："忆光绪丙申（1896）《时务报》创刊时，弟适居劳玉初幕中，劳公时署保定清苑县令。弟获读此报，欣慰特甚，因语劳公，以首县之力，驰函全省各县，劝订阅此报，推销至六、七百分，因与穰公通函，深致景慕，此订交之始也。"[1] 又，廖梅在《汪康年：从民权论到文化保守主义》中曾曰："在《时务报》刊行的两年里，目前已

---

[1]　上海图书馆编：《汪康年师友书札》（三），上海：上海古籍出版社1986年，第2171页。

知就有十七处官方出面，以行政命令的方式布置官购该报，现列表如下……饬札者：陈启泰、劳乃宣（代直隶藩臬发文），职务：直隶布政使、按察使（按，劳乃宣为吴桥知县，引者加），购发对象：各府厅州县署、各属书院。"①

（光绪）二十三年丁酉（1897）55 岁

在清苑任。督部王公②明保传旨嘉奖。直省陋习，偶因雨泽愆期，乡民辄纠众民异神像至各官廨，挟令本官跪拜赏钱。予检圣训"乾隆十二年奉有谕旨"严禁。是夏得雨稍稀，出示禁止，并恭录谕旨，设于大堂。初，有来者晓示之，即退。六月，有韩村等二十余村纠众二三千人异神像鸣金鼓而来，予升堂再三开导，不听，喧嚣肆斗，击毁几案。予始终与之相持，良久乃去。禀明上官，批令严究，予闵其无知，薄惩之而罢。秋，又兼护保定府同知。先兄以山东河工奏调，开缺卸任赴山东。

（光绪）二十四年戊戌（1898）56 岁

闰三月，卸清苑县事。赴满城游抱阳山，访李鉴堂中丞（李秉衡），又至完县一行。五月，回吴桥任。冬，冢妇王氏殁于署中。是岁著《衍元小草》、《筹算分法浅释》、《筹算蒙课》成。以《筹算蒙课》发各里塾传习。

增：民国《清苑县志》记有知县劳乃宣的宦绩。其中曰："劳乃宣字玉初，浙江钱塘人。博学能文。于光绪二十四年除清苑县知县。为治本经术，以维持风化为先务。下车即毁五仙淫祠，执法峻，不畏强御。藩属、舆夫及他役，恃有庇覆，设博局，无所忌。公督役捕之，置于法。驭隶严，有所逮捕，准道里远途量予资，限期覆命，戒违限滋扰，隶咸畏惧。创办畿辅大学堂，学校之兴，自公始。当其需次，曾上书大府，运售各属书局官刻书籍，善本书始易购置，士林受惠良多，至今颂之。"③ "王祖

---

① 廖梅：《汪康年：从民权论到文化保守主义》，上海：上海古籍出版社 2001 年，第 67—68 页。

② 王文韶（1830—1908），字夔石，号虁虞。浙江仁和人，进士。光绪二十一年正月由云贵总督调任，二十四年四月召回京。任期三年零三个月。

③ 金良骥修，姚寿昌总纂：民国《清苑县志》（1934）卷 4，《人物上·名宦》第 63 页 a。

祚，字梅熙，邑人。少聪颖。年十八入邑庠，受知于邑侯劳公乃宣。考送
畿辅大学堂肄业。光绪间在籍创办宣讲所，地方自治，提倡新学，注重儿
童教育……"① 另外，建国后仍有人记曰："光绪二十四年（1898），清苑
知县劳乃宣于西关灵雨寺行宫创办畿辅大学堂（直隶高等学堂），为保定
第一所以理工科为主的高等学校。"②

五，五（6，23）命王文韶为户部尚书，在军机大臣上行走，并在总
理各国事务衙门行走；实授荣禄为直隶总督兼充办理通商事务北洋大臣。

七，二六（9，11）命总署将通商约章成案汇编一书，排印数百部，
颁行内外各衙门。

八，初十（9，25）命荣禄即刻来京，直隶总督及北洋大臣事务著袁
世凯暂行护理。

八，一三（9，28）命荣禄在军机大臣上行走，授裕禄为直隶总督，
北洋各军仍归荣禄节制，以裕禄为帮办。

八，一四（9，29）命荣禄管理兵部事务。

八，二一（10，6）命各省认真保护教堂教士及游历洋人。

十，六（11.19）以直鲁边境拳民时与教民为难，该党结会众多，一
旦藉端滋事，势将不可遏抑，命加意弹压防范。

十，一二（11，25）以山东保甲团练，绅民踊跃从事，命巡抚张汝
梅实力讲求，推之全省，以期民尽知兵，足备缓急之需。

是年，德、俄、英、法、美、日等国竞相在中国抢占租借及划分势力
范围，并有瓜分中国图出现。

（光绪）二十五年己亥（1899）57岁

在吴桥任。义和拳教门者，白莲教之支流也，其源流出于八卦教中之离卦
教。嘉庆间，惩禁有案而根株未能尽绝，直、东州县犹有潜相授受者。上年其
党类在山东冠县以仇天主教为名，聚众为乱，而官、民皆目为义民，纵容姑

① 金良骥修，姚寿昌总纂：民国《清苑县志》（1934）卷4，《人物上·名宦》第54页a。
② 尤文远：《保定历史沿革初考》，政协河北省保定市委员会文史资料研究会编：《保定文史资料
选辑》第1辑，1984年3月，第13页。

息，其势日盛。予考出其教派源流，出示谕禁，又引据嘉庆十三年谕旨，嘉庆二十年那文毅公奏疏，刊《义和拳教门源流考》，分布城乡，广为劝导。县境初尚无信从者，而临近之故城、景州、阜城、东光等邑，皆有焚毁教堂、聚众抗官之事。景州请兵督帅遣乐字营往与战胜之，留防于景。十一月，晦县属庞家桥突有德州拳党勾结县民，聚众二三百人，焚毁教堂一所、教民六家，杀不奉教平民一人。予急调景州兵至，其众已去，获余党十余人。十二月五日，又聚数百人于辛集，声将报复。予遣兵往彼，列队迎敌，击杀九人，生擒十余人，内有节小廷者，其党之二师兄也，号称能降神附体。予生堂鞫之，扃重门，任民纵观。令其当众试验，踞坐，口作神言，捽下笞之，号呼不能复作神状；请诸上官戮之，与阵歼诸人皆传收示众，余治罪有差。民间有被诱习者，改悔免罪。各村皆取结，不得信从，阖境遂皆绝迹。予所刊《源流考》遍呈上官。具牍力陈防范惩禁之策，请奏明请旨施行，上官置不省。是年补行上年大计，复保荐卓异。著《古筹算考释续编》（八卷）成。

增：民国《吴桥志料》《人物志·名宦》中记曰："劳乃宣，字玉初，浙江桐乡进士。光绪十九年知吴桥，鉴于士习帖括，锢蔽日深，购书万卷，供诸生浏览，命作笔记，择尤（优）给奖，复以算学授诸生，口讲指画，娓娓忘倦。时至军兴（指甲午中日战争），征发纷繁，公延绅耆等，厘定车轮表，以均担负，今仍其制。先时运河决口，城垣浸坏，公请于上官开减成捐局，平民得充贡监，月余集万金，城工遂竣。二十五年冬，南区人民受邪说蛊惑，开场习义和拳。公命县队往捕，斩戮数名，众遂散。乃作《义和拳源流考》，遍示人民；庚子之役，拳匪起，畿辅全省糜烂，吴桥独免。"①

其中《大事记》记载了劳乃宣知县的三件事：

光绪十九年（1893）知县劳乃宣重修县城。

光绪二十一年（1895）知县劳乃宣征调车辆，知弊窦丛生，规定车轮表以均担负，购置书籍二百余种，存文庙尊经阁，全境士子借览。

光绪二十五年（1899）畿南拳匪蜂起，知县劳乃宣禁止人民学习，

---

① 民国《吴桥志料》（缮录本）卷12，人物志之名宦，民国二十年（1931），清华大学图书馆古籍室。

著《义和拳源流考》，刷印成册，遍谕士民。①

一二，一七（1，28）慈禧太后连日召见溥字辈幼童十余人（谋废立）。

二，一八（3，29）德军侵占山东沂州，焚掠村舍。

二，二五（4，5）诏山东巡抚张汝梅毓贤，剀切晓谕士民，于入教之人，不得故存妒忌之心，遇有词讼，不论教不教，地方官应持平办理。

二，二六（4，6）以德兵滋扰兰山，命张汝梅、毓贤飞催夏辛酉兼程前进，相机因应，暗为布置；命四川总督奎俊遇有教案，持平办理。

二，二九（4，9）以德兵据守山东日照，命夏辛酉赶日弛赴布置，并促新任巡抚毓贤迅速接任。

三，二（4，11）以山东教案迭出，密谕毓贤不得事事忍让，亦不得稍涉孟浪。

三，二二（5，1）以山东德人情形叵测，亟应加意严防，预占先著，命毓贤拣派将领，严密布置，并命袁世凯等军前往。

三，二八（5，7）袁世凯部新建陆军自天津开往德州一带（时该军约一万一千人）。

一一，四（12，6）命毓贤来京陛见，以袁世凯署山东巡抚。

一一，一三（12，15）太常寺卿袁昶面奏，山东义和拳系邪教倡乱，请预为扑灭。

一一，二四（12，26）以山东民教不和，命袁世凯持平办理。

一一，二七（12，29）以拳民聚众滋事，命山东巡抚袁世凯总以弭患未然为第一要义，如始终抗拒，即须示以兵威，亦应详查案情，分别办理，不可一意剿击，致令铤而走险，激成大祸。

一二，三（1，3）以山东民心未定，命袁世凯不可一味操切，以致激成巨祸。

一二，四（1，4）命袁世凯严饬派往高密营官，相机保护德人；上谕对英教士卜克斯遇害，表示惋惜。

---

① 民国《吴桥志料》（缮录本）卷16，故事志之史略（大事记），民国二十年（1931），清华大学图书馆古籍室。《吴桥志料》中无序言，题有"河北通志局据吴桥县志局呈报本"字样。

一二，一六（1，16）毓贤觐见，赏"福"字；次日奖叙端郡王载漪所统神机营员弁。

一二，一八（1，18）美使康格抗议赏赐毓贤；李鸿章接任两广总督。

一二，二〇（1，20）命袁世凯迅速妥办高密百姓抗租德人修路一案，勿挟非用兵不可之见，致失国家团结民心本意。

一二，二四（1，24）封端郡王载漪之子溥俊为皇子（大阿哥），继承穆宗毅皇帝（同治）为子，派崇绮为师傅授读，并派徐桐常川照料（是所谓"己亥建储"）。据传拟于光绪庚子实行废立，改元"保庆"）。

一二，二七（1，27）英、美、法、德、意公使一致要求速下剿灭义和拳上谕。

（光绪）二十六年庚子（1900）58 岁

正月，与教士议结拳党毁教堂及教民家屋之案。命工匠实勘估计教堂赔银二百余两，教民六家共赔银二百余两，责诸拳党家属。是月，奉旨示禁义和拳，各长官皆出示颁行。予刻为《奉禁义和拳汇录》，于识语内痛陈其害。五月，义和拳党入京师，上下皆纵容。予知其不合于上，于义当去，适奉文调取引见，乃请卸任。六月，受代即请修墓假，开缺。至曲阜，暂居于孔氏。是月选授吏部稽勋司主事，又请于主事任内给假。闰八月，由济宁乘舟循运河至苏州，居醋库巷。冬，至嘉兴、桐乡、杭州一行。浙抚恽公（恽祖翼）订入幕府之约，返苏得陶婿自武昌来函，时张文襄公方督鄂，介陶婿相招，以浙抚在先，辞之。十二月，葬先室孔夫人于荣家山新茔，并自营生圹。是岁，绚章续娶邵氏（邵作舟之女邵振华）就姻于绩溪，携归苏州。先兄改官江苏，亦至苏州。

增：

1. 约在此年夏，作《归程试咏》十二绝。其引言曰："甲午之冬，作《归舟预咏》十二绝，忽忽六七年，此愿未酬。今岁以事得代，送孥阙里，行将乞罢，遂我初志。"[1]

---

① 劳乃宣：《归程试咏》，《桐乡劳先生遗稿》卷6，第7—9页。

2. 秋，复作《归舟初咏》。其引言曰："甲午冬，作《归舟预咏》，今夏作《归程试咏》，皆以寄归思，未得归也。七月，吾兄先归，作诗寄和。质言之曰《归舟咏》。闰月，予乞假得请，放舟而南，今乃渐得归矣。川途所经景物，非一风雨晦明滃舒欣慨，有触于中，一以见之吟咏。有得辄书，杂沓无序，题曰《归舟初咏》，将以至日呈吾兄。"①

3. 冬，复作《归舟续咏》。②

4. 作《挽袁爽秋太常》诗三首③。

一，一〇（2，19）从总署奏，命直隶山东督抚剀切出示晓谕，严行禁止义和拳会，倘仍执迷不悟，即行从严惩办。

一，二六（2，25）总署照会各国公使，已有旨命直、鲁督抚剿办义和拳。

二，一（3，1）直隶总督裕禄布告奉旨剿办义和拳；次日各国公使要求正式公布剿办义和拳之上谕。

二，一四（3，14）实授袁世凯为山东巡抚，调毓贤为山西巡抚，邓华熙为贵州巡抚（王毓藻卒）。

三，一三（4，12）以义和拳会蔓延直境，命裕禄认真查办。

三，一四（4，13）袁世凯奏陈筹饷练兵办法（将山东各营归并添募为二十营，增立一军，4，6发。）

三，一六（4，15）禁止义和拳之上谕公布于"京报"。

三，二二（4，21）以直隶地方有外来义和拳会，煽诱愚民，与教民寻衅，命裕禄切实开导，遇有两造争执，论是非不分民教，民间学习拳技，自卫身家，只论其匪不匪，不必问其会不会。

三，二三（4，22）北京出现义和拳。

四，三（5，1）以义和拳蔓延日甚，将及近畿，命裕禄、袁世凯统筹妥议，可否派员办理团练（寻袁奏拳会实难改练乡团，诏命察看情形，分别办理。）

---

① 劳乃宣：《归舟初咏》，《桐乡劳先生遗稿》卷6，第9—10页。
② 同上书，第11—12页。
③ 劳乃宣：《挽袁爽秋太常》，《桐乡劳先生遗稿》卷6，第12页。

四，一一（5，9）以义和拳会渐及京师，命步军统领衙门设法除禁，毋任聚众滋事，致启衅端。

五，九（6，5）派军机大臣刑部尚书赵舒翘、顺天府尹何乃莹前往良乡等第宣抚拳勇。

五，一〇（6，6）宣示朝廷于拳民、教民一视同仁，近来拳民倡立团会，藉端滋扰，直与国家为难，命即遵旨解散，如不悔改，即饬董福祥、宋庆、马玉崑实力剿捕；加派刚毅前往保定一带，晓谕拳民，即日解散，毋得聚众滋事；至派出在事各营伍，若藉端骚扰，即以军法从事。

五，一三（6，9）义和拳蜂集北京附近，毁京津铁路；各国公使电天津各国提督再次派兵入京。

五，一四（6，10）英国海军提督西摩（Sir Edward Seymour）率英、德、俄、法、美日、意、奥联军二千人自天津进向北进，抵杨村（铁路阻断）。

五，一五（6，11）日本使馆书记杉山彬在北京永定门外为董福祥部甘军所杀。

五，二四（6，20）德国公使克林德在北京崇文门大街被杀。

五，二六（6，22）派庄亲王载勋、协办大学士刚毅统领义和团，并派左右翼总兵英年载澜会同办理。

五，二九（6，25）载漪载勋率义和拳扰及内宫，拟杀死光绪帝，太后持不可。

六，一三（7，9）山西巡抚毓贤屠杀太原及寿阳教士四十余人。

六，一八（7，14）联军攻占天津，大肆抢掠，宋庆、马玉崑、裕禄等退至北仓。

七，四（7，29）杀吏部左侍郎许景澄、太常寺卿袁昶。

七，一二（8，6）联军攻占杨村，裕禄死之，宋庆等退蔡村。

七，一七（8，11）杀兵部尚书徐用仪、户部尚书立山、内阁学士联元；李秉衡在通州张家湾战败自杀。

七，二〇（8，14）联军攻入北京，大肆掳掠，使馆围解；次日慈禧太后偕光绪帝出北京德胜门西奔。

八，一五（9，7）命护理直隶总督廷雍严办团匪，务净根除。

八，一九（9，12）诏各省督抚按照条约办理交涉，并剿平匪徒。

八，二五（9，18）李鸿章、刘坤一、张之洞、袁世凯奏，请将载勋、刚毅、载澜、英年、载漪、赵舒翘等革职查办。

八，二七（9，20）以顺、直各属拳匪聚集之所，尚有三十余州县，命各统兵大员认真剿办。

闰八，六（9，29）刘坤一、张之洞奏请立将袒拳之王公大臣分别治罪安置，勿令随扈。

闰八，八（10，1）李鸿章接任直隶总督；两宫离太原赴西安。

一〇，四（11，25）浙江巡抚刘树堂因教案开缺，以恽祖翼补授。

一〇，一〇（12，1）诏内外大臣督抚条呈朝章国政，吏治民生、学校科举、兵政财政等改革事项，限两月内具奏（为改革做准备）。

一一，二五（1，15）奕劻、李鸿章将和约大纲十二条（即《辛丑条约》）画押。

一二，二〇（2，8）各国公使为严惩祸首事再次照会奕劻李鸿章；各国公使照会李鸿章等，要求立时开复徐用仪、许景澄、袁昶、联元、立山等五人原官，以示昭雪，抵偿之意。

（光绪）二十七年辛丑（1901）59岁

正月，恽公奉讳去任。张文襄公复来电相约，允之。二月，移家嘉兴，居徐家埭，将于三月赴鄂，晋抚岑公（岑春煊）奏调赴晋，奉旨俞允，电浙行府县敦促，鄂约在先，而晋奉朝旨，事处两难，徘徊不决，连夕不寐，疾复发，因两辞之。就医于青浦朱家角陈莲舫家。返至上海，盛公宣怀以南洋公学总理相属，谓地偏事简，风景清旷，藉可养疴，勉应其命。居两月，病如故，复辞。归嘉兴，又就医于石门令林君，服其药有效。至杭州僦居西湖僧院养月余而渐瘳。时浙省设大学堂，以原设求是书院改建，巡抚任公（任道镕）聘予主之。携眷至杭，留绚章夫妇于嘉兴。家中辑论义和拳文牍书函，为《拳案杂存》。是岁，桐乡桐溪书院以策论课士，邑宰方雨亭君家澍聘予主课，寄卷评阅，自是为始，历任因之，至丙午科举停（1905年）乃罢。子绚章入县庠。陶氏女纺殁于广东。

增补：

1. 是年，作《归舟三咏》六首。其引言曰："归舟之作，屡形篇什，初第聊寄归思，至去年之《初咏》、《续咏》而其事渐进。今春携家自吴桥迁禾，乃真归矣。复得数绝，题曰《归舟三咏》，以志吾性。"[1]

2. 按，是年劳氏次女劳纺死于鼠疫。据陶葆廉在致汪康年的信中所言："东边鼠疫，半由人事酿成，真鼠疫必须见有死鼠。囊年，亡室劳氏，惨遭此祸，弟备受困苦，稍知病根。今东省来信，均谓并无死鼠，苛政骚扰，将无已时。附上《鼠疫辨》一篇，可否加以斧削，附入报章，乞酌夺赐教。"[2]

四，一九（6，5）张之洞奏荐编修梁鼎芬、徐世昌，主事劳乃宣，道员郑孝胥，知府吴永，知县汤寿潜等。

（光绪）二十八年壬寅（1902）60 岁

在杭州学堂。上年奉上谕，各省所有书院于省城均改设大学堂，其教法当以四书五经、纲常大义为主，以历代史鉴及中外政治艺学为辅。此堂以旧设求是书院改建。予以植基立本之道，以德育为要，御纂性理精义中学类、治道类，括圣功王道之全，尤为学者当务之急。因录此两门，铅印为学堂课本。求是书院屋宇本僧寺所改，大殿佛像犹存。予请当道迁去佛像，奉先师孔子，配以浙省从祀朝廷诸贤儒。暑假时，回桐乡一行，买屋于南门内宏远桥，买田于石门湾。八月长孙元裳生，命子绚章先携嘉兴眷属移归桐乡。九月，为予六十生日，先兄由苏州来。予兄弟率子侄辈与樊芥轩、金月笙谨斋昆季、胡绍钱等饮于西湖理安僧寺中。十二月，先兄在苏州病剧，往视之，旋殁。返桐乡度岁。

增：是年作《归舟后咏》十一首。其引言中曾曰："壬寅夏，买屋于桐乡，乃有定居之所，方冀白头兄弟同返故巢，再赓前咏，以成佳话。而吾兄遽于是冬殇（殁）于吴门，平生所期遂成虚愿，废业之余，弥增悲慨。囊日篇章不忍复展，忽忽徂秋，以疾作去馆，自杭归桐，睹兹松菊，

① 劳乃宣：《归舟三咏》，《桐乡劳先生遗稿》卷6，第12页。
② 上海图书馆编：《汪康年师友书札》（二），上海：上海古籍出版社1986年，第2114页。

俯仰惘然，回忆《归舟预咏》之作，矢愿于甲午，于今十稔，始尝斯志，而吾兄不及见矣。感事成吟，杂然有作，目为《归舟后咏》，以附前编，诚不知其哀乐之何从也。"①

一〇，一五（11，14）上海南洋公学发生学潮（以禁阅新书，开除学生）。

一〇，一七（11，16）上海南洋公学学生二百余人退学，寻得中国教育会之助，成立"爱国学社"。

（光绪）二十九年癸卯（1903）61岁

正月，赴苏州，奉先兄枢葬于荣家山新茔。挈其眷属返桐乡。开学时，回杭州。三月，学生有因失物迫协司事者，予斥退六人。他（疑为衍字或有漏字）学生结党滋闹，协众告退者八十余人，予不为所动。内被协勉从者，多密自陈明来归，不足之数，别招考以足之。适奉文改为高等学堂，予招陶婿葆廉为协理。夏，心疾复发。秋，以陶婿兼代。乞假归桐乡养病。

一二，二三（2，8）日本对俄国绝交；日本海军突袭旅顺。

一二，二四（2，9）俄国对日本宣战；日本海军败俄国海军于旅顺；次日日本对俄国宣战。

（光绪）三十年甲辰（1904）62岁

在家摄养，病渐瘳。经营新居。莳花竹于庭、艺菜于圃，有屋四楹，后壁傍河而无窗，开窗临水隔以书橱，课子侄辈读书于其中。颜厅事曰：学稼堂。八月，浏阳李勤恪公（李兴锐）自闽抚移督两江，来电相招到沪相见，偕赴金陵入幕府。九月，李公薨予位，端忠敏公以江苏巡抚摄篆，仍相留。继任者周玉山督部，本故交也，留幕中如故。十一月，回桐乡至杭州一行，复归度岁。酌分田产与侄辈，使之各爨。

---

① 劳乃宣：《归舟三咏》，《桐乡劳先生遗稿》卷6，第13页。

七，二二（9，1）调魏光焘为闽浙总督，以李兴锐署两江总督（魏在两江年余，中外人士颇有烦言）。

九，二三（10，31）以周馥署两江总督（李兴锐卒），胡廷干署山东巡抚。

（光绪）三十一年乙巳（1905）63 岁

春，携眷赴金陵，道出镇江，游焦山。秋，请督部周公设简字学堂。简字者，拼音字也。宁河王小航氏造官话字母，行于北方，予见其谱，知为普及教育之利器，顾原谱专用官音，不能通行于南方。予增其母韵、声号，为《增订合声简字谱》一编，而宁属各府县及皖属各处语音相近之处，皆可通行。又为《重订合声简字谱》一编，而苏州及苏属各郡县及浙省语音相近之处，皆可通行。先设于金陵，任程君一夔为总理，并奏明立案。

增补：是年，劳乃宣作《江宁简字半日学堂师范班开学演讲》①。

三，二一（4，25）从伍廷芳、沈家本等奏请，禁止刑讯拖累，变通笞杖办法，并请查监狱羁所，以矜恤庶狱；周馥聘英人蓝洛福为南洋顾问官。

三，二二（4，26）命周馥往江北布置弹压（以江淮巡抚裁撤，人心浮动，漕标散勇肆行劫掠，清江浦商民罢市）。

四，二八（5，31）日本正式请求美国总统罗斯福斡旋日俄和议。

五，八（6，10）日本接受罗斯福之调解。

五，一〇（6，12）俄国接受罗斯福之调解。

五，三〇（7，2）袁世凯、张之洞、周馥联衔奏请于十二年后实行立宪政体。

一〇，二九（11，25）派政务处王大臣设立考察政治馆；谕各省严禁革命排满之说。

一一，六（12，2）考察政治大臣戴鸿慈、端方自北京启程（熊希龄、邓邦述、关冕钧、施肇基、温秉忠及岳昭燏等随行）。

---

① 本社编：《清末文字改革文集》，北京：文字改革出版社1958年，第55—56页。又见劳乃宣：拼音文字史料丛书《简字谱录》，北京：文字改革出版社1957年，第209—214页。

一一，一五（12，11）考察政治大臣载泽、尚其亨、李盛铎自北京启程。

（光绪）三十二年丙午（1906）64 岁

在金陵。秋，督部周公授两广总督，去任。端忠敏公继其任，仍留幕府。孙女茹生。是岁辑《简字丛录》。

增补：是年，劳乃宣有《致〈中外日报〉馆书》①，旨在宣传推广简字的原因和阶段性。

一，二三（2，16）戴鸿慈、端方离美赴德。

二，三〇（3，24）考察政治大臣端方、戴鸿慈觐见德皇。

三，一（3，25）诏宣示以忠君、尊孔、尚公、尚武、尚实五端为教育宗旨（学部侍郎严修所拟）。

四，二（4，25）裁撤各省学政，改设提学使司提学使（5，18学部奏定提学使到任前先往国外考察三月）。

六，一（7，21）考察各国政治大臣戴鸿慈、端方回抵上海（8，10到北京）。

六，一二（8，1）端方、戴鸿慈自上海电各省督抚，商立宪期限。

六，三〇（8，19）端方、戴鸿慈面奏，宪法请仿日本，兵农工商请仿日、德两国。

七，一三（9，1）宣示预备立宪，命先将官制议定，并将各项法律详慎厘定，广兴教育，清理财政，整顿武备，普设巡警，使绅民明悉国政，以预备立宪基础；俟数年后，规模粗具，再议立宪实行期限。端方奏请平满汉之界。

七，一四（9，2）调端方为两江总督兼南洋大臣，以周馥为闽浙总督，实授杨士骧为山东巡抚。

一〇，二四（12，9）上海宪政研究会成立。

---

① 劳乃宣：拼音文字史料丛书《简字谱录》，北京：文字改革出版社1957年，第215—221页。

一一，一（12，16）上海绅商设立"预备立宪公会"，郑孝胥为会长，张謇、汤寿潜为副会长。

（光绪）三十三年丁未（1907）65岁

在金陵。十一月初六日，奉电旨劳乃宣、樊恭煦、丁仁长、缪荃孙、宋书升、汤寿潜、郭立山均著来京，预备召见。闻命惶悚，以天寒衰躯多病，乞假数月，俟春暖再行赴都。是岁，作《简字全谱》，并刊《京音简字述略》。

六，八（7，17）命两江总督端方会商沿海督抚等妥议巡缉长江章程。

七，五（8，13）改考察政治馆为宪政编查馆，归并会议政务处于内阁。

七，一七（8，26）端方奏，帝国宪法与皇室典范，相辅为用，请饬编定颁布。

七，二七（9，4）以袁世凯为外务部尚书兼会办大臣；授张之洞、袁世凯为军机大臣。

八，二三（9，30）命在京各部院，在外各省督抚率所属各员，将君主立宪政体切实研究，确切辨明，免涉误会，而入歧途。

九，三（10，9）命礼部及修订法律大臣议定满汉通行礼制刑律（宗室除外）。

九，五（10，11）派沈家本、俞廉三、英瑞充修订法律大臣。

九，一三（10，19）命各省督抚均在省会速设咨议局，选公正明达官绅创办其事，即由各属合格绅民公举贤能，作为该局议员；并命预筹各府州县议事会；命中外大臣荐举人才。

一〇，一〇（11，14）以江浙绅民纷争苏杭甬路案不已，命江督端方等严防乱党从中煽惑。（据《张元济年谱》记载，劳乃宣曾与闻其事。①）

---

① 张树年主编，柳和城、张人凤、陈梦雄编著：《张元济年谱》，北京：商务印书馆1991年，第71页。其中曰："10月22日（九月十六日）浙江全省铁路公司召开股东大会，抗议清政府向英国借款筑路，并成立'拒款会'，公举汤寿潜等赴京力争拒款，仍由商民自建。先生与王文韶、陆元鼎、陶葆廉、劳乃宣等浙江十一府绅士，'为浙路遵旨自办，不借外款'请浙抚代奏公呈。"又可参见《张元济全集（第2卷）·书信》，北京：商务印书馆2007年，第67—68页，张元济致劳乃宣的信函。

一一，二六（12，29）以学部右参议刘廷琛为大学堂总监督。

一二，一〇（1，13）从张之洞奏，改津镇铁路为津浦铁路，与英、德两国公司订立借款合同，自行建修。

（光绪）三十四年戊申（1908）66岁

春，返桐乡，并至杭州一行。道出镇江，游金山，山已在陆地，回金陵。附江轮至汉口，乘火车经保定、天津，于四月到都。蒙召见于颐和园。奉旨以四品京堂候补，在宪政编查馆行走。到馆奏派参议，并考核专科总办。又奉内阁会议政务处奏派帮办提调。召对时面奏简字之用，谕令具奏。退而具疏，以所撰简字诸书进呈，请饬下学部考核，勒为定本呈，候钦定颁行天下，一体传习。奉旨学部议奏。秋，接金陵眷属入都，居衍圣公府。

增补：

1. 是年正月，为端方拟《两江督部端匋帅江宁简字学堂高等小学堂开学演说文》（光绪三十四年正月二十四日）①。

2. 是年七月，劳乃宣撰有《进呈〈简字谱录〉摺》和《上学部呈》②。

3. 劳乃宣被召见后记有《召对笔记》，并且将在北京的见闻报告端方，写成《劳京堂致端午帅书摘录：论国会事》；又据《劳乃宣公牍手稿》的记述，该年五月二十六至约九月间，劳乃宣又在端方幕府为为其办理文案若干；六月十二日，以端方的名义撰写了《劳织文女士诗文遗集跋》③。

三，二〇（4，20）命选补郎中杨度以四品京堂候补，在宪政编查馆行走。

四，二四（5，23）命吏部主事劳乃宣以四品京堂候补，在宪政编查

---

① 劳乃宣：《简字谱录》，北京：文字改革出版社1957年，第257—259页。

② 本社编：《清末文字改革文集》，北京：文字改革出版社1958年，第79—82页。

③ 劳乃宣：《北京大学图书馆馆藏稿本丛书》（9）《劳乃宣公牍手稿》，天津：天津古籍出版社1987年，第146—151、158—160页。

馆行走；以张英麟为都御使，陆宝忠因病开缺。

五，八（6，6）光绪帝疾病复作。

七，一四（8，10）候补四品京堂劳乃宣奏上"简字谱录"。

七，一五（8，11）各省代表联名上书宪政编查馆请开国会（均"预备立宪公会"之各省同志）。

七，一九（8，15）从学部奏，明年开办分科大学（计经学、法政、文学、医、格致、农、工、商八科），开办费二百万元。

一〇，二〇（11，13）命醇亲王载沣之子溥仪在宫内教养，并在上书房读书。

一〇，二一（11，14）酉刻，光绪帝崩，年三十八岁；太后懿旨，命以载沣之子溥仪（年三岁）入承大统，为嗣皇帝，并承穆宗为嗣，兼承大行皇帝之祧；太后懿旨，以摄政王载沣监国。

一〇，二二（11，15）太后懿旨，嗣后所有军国政事，均由监国摄政王裁定；未刻，慈禧太后崩，年七十三岁。

一〇，二六（11，19）安庆马炮营队官革命党熊成基乘太湖秋操起事攻城，未得手；次日熊成基为提督姜桂题及兵舰所败，自安庆北走桐城、合肥（后赴日本）。

一〇，二八（11，21）命认真缉获安庆匪党，并饬沿江各省严加防范。

一一，一〇（12，3）诏重申于宣统八年（1916）颁布宪法，召集议员。

一一，二二（12，15）王文韶卒。

一一，二五（12，18）两江总督端方奏，拟于江宁省城设南洋第一次劝业会，以开风气而劝农工。

宣统元年己酉（1909）67 岁

在京师。正月，至保定、天津一行。二月，奉旨呈进经史国朝掌故、各国历史讲义，著仍派荣庆、陆润庠、张英麟、唐景崇、宝熙、朱益藩，添派熙彦、乔树枏、刘廷琛、吴士鉴、周自齐、劳乃宣、赵炳麟、谭学衡轮班撰拟，并著孙家鼐、张之洞总司核定进呈。议定予任宪法一门，轮日撰拟进呈，有时宣召面讲。具疏奏请《造就保姆辅养圣德》，奉旨留中。又具疏《请于简易识字学塾内附设简字一科，变通地方自治选民资格》，奉旨学部议奏。

增补：

1. 据《劳乃宣公牍手稿》，在二月至五月间，劳乃宣为端方办理文案约十八件。另据《政治官报》等资料，端方于六月初八至六月二十三日在京停留，劳乃宣与之有接触，并为之起草了《《奏请设禁中顾问摺（六月十八日)》》等重要文件。再据《劳乃宣公牍手稿》，大约在七月至八月间，劳乃宣为端方起草文稿约十八件。

2. 是年十二月（阳历已为 1910 年)，劳乃宣作《上学部书》①，其中有言曰："故普及教育为今日救亡第一要义。然他国教育易普，而中国教育不易普及，何也？以他国之字易识，中国之字难识也。故别设易识之字，又为今日普及教育第一要义，亦救亡第一要义也。……而交议之件，迄亦未经复奏。闻大部于集议之时，言人人殊，莫衷一是，是以审慎迟徊，至今未能定议。……乃宣愚昧之见，拟恳请大部允如乃宣前呈所请于集议时许陪末座，以备咨询，如天之福、壤流之细，得以上补高深，固属至幸，即不然，其中疵谬，得蒙指示，亦足破除愚妄。下服此心，特是乃宣所呈《谱录》，原不敢自谓必可行用，而今日救亡之道，舍求人民易于识字，俾教育得以普及，别无他策，则实为天下之公论。此字而可行，自当议行，此字而不可用，亦当别筹所以补救之计，未克仅以百人中五人识字为已足，而其九十五人皆弃之如遗，听其晦盲否塞论胥以铺也。乃宣衰朽之质，弃官有年，伏处养疴，久已忘情簪绂，此封特征，不敢不出，而自信初无富贵利达之见，萦于胸怀。今以兹事呈身自献，强聒不休，实迫于救时之公心，绝未尝有纤毫私意，想诸公必能垂谅苦心，不致疑其有借之干进，因以沽名之想，而深闭固拒、屏弃不屑与言也。区区愚戆，敢布腹心。"

五，一一（6，28）杨士骧卒，调端方为直隶总督，未到任前以那桐

---

① 本社编：《清末文字改革文集》，北京：文字改革出版社 1958 年，第 109—110 页。

署理，张人骏为两江总督，以袁树勋为两广总督，孙宝琦署山东巡抚；命世续署外务部会办大臣。

六，八（7，24）候补四品京堂杨度奏，宪政实行，宜定宗旨。

八，二一（10，4）大学士军机大臣张之洞卒，年七十三（赠太保，予谥文襄）。

一〇，八（11，20）御史李国杰（鸿章之孙）劾直隶总督端方于孝亲皇后梓宫奉安时，沿途派人照相，该督乘舆横冲神路，不知大体；诏命交部严议。

一〇，一一（11，23）以直隶总督端方恣意任性，不知大体，革职；调陈夔龙为直隶总督兼北洋大臣，以瑞澂署湖广总督，调宝棻为江苏巡抚，以丁宝荃为山西巡抚，实授孙宝琦为山东巡抚。

一一，一六（12，28）候补四品京堂劳乃宣奏请推行京师拼音官话书报社所定官话字母。

一二，七（1，17）赏给游学专门詹天佑、严复、辜鸿铭、吴光建、刘冠雄等进士、举人有差；浙江桐乡县抗漕与江北饥民五六百人抢吃大户，次日增至三千余人。

一二，一五（1，25）浙江桐乡县乡民数千人鸣锣抗纳漕粮，入城毁仓闹署，焚船夺械，遭驻防水师排队弹压，击毙乡民一人，伤二人。

一二，二〇（1，30）熊成基谋在哈尔滨刺贝勒载洵，事泄被捕（2，27在吉林省城被杀）。

（宣统）二年庚戌（1910）68岁

在京师。与赵竺园（炳麟）、汪衮甫（荣宝）同设"简字研究会"①。钦选资政院硕学通儒议员，理藩部奏派谘议官。六月，简授江宁提学使②。宪政编查馆奏请缓赴新任。九月，资政院开会，十二月闭会。宪政编查馆乃奏请饬赴新任。法律馆奏进新刑律，先下馆议，后交院议。予以中有数条于父子之

---

① 劳乃宣和汪荣宝、赵炳麟撰写了"简字研究会"启并章程，见本社编：《清末文字改革文集》，北京：文字改革出版社1958年，第111—112页。

② 提学使司提学使，每省一员（江宁、江苏各设一员，照布政使管辖地方之例管理学务，吉林、黑龙江、新疆均各添置，秩正三品，在布政使之次，列按察使之前，总理全省学务，考核所属职员。见刘子扬编著：《清代地方官制考》，北京：紫禁城出版社1988年，第433页。

伦、长幼之序、男女之别有所妨，在馆具说帖修正，见采一二，未克全从。在院又提倡修正案，署名者百余人。会议时否决一条，可决一条，可决者为移改'和奸无夫妇女罪'，用记名投票法表决，同意者七十七人，投白票，不同意者四十二人，投蓝票，时有劳党及白票党、蓝票党之称。余者未暇议及而已闭会，留待来年开会再议。因有《新刑律修正案汇录》之辑。是岁，自号韧叟。

　　增补：是年三月，劳乃宣作《致唐尚书函》①，内容较为丰富，其中提出："此凡民之教所以尤重于秀民之教"，"夫中国文字有形、有声、有义，孳乳相生，文成数万，宏括万有，贯通天人，为环球所莫及，然其博精在此，其繁难亦在此，故优于教秀民而绌于教凡民。……故中国宜别设主音简易之字，与汉字相辅而行，已为今日海内教育者之公论。近年创造者不一而足，弟频年留意此事，所见者不下七八家。……""而部中既不议奏，亦不批答，静候年余，杳无消息"，"前者闻我公来掌学部，怦然于中，颇思请我公调阅部存进呈之本，鉴定其是非。意公凤以好学称，此区区数卷书，必能首尾全阅，不致厌其烦难，凭空武断。又凤以实事求是称，真是真非，必有独见，不致人云亦云，随声附和。既而思之，恃故旧之情以公事相干渎，于义不可，因而中止。日来小病，在家养疴，闲中偶思公事固不可干渎，学问则不妨就正，谨将经进之谱录各种，送部之《等韵一得》及两次奏稿，两次上学部呈稿、函稿，简字研究会启、章程，检呈鉴核，伏乞于公余之暇，垂览及之，能通体周览一过最善，否则择其要者注意阅之。已于署中将应注意之处诸条签出，以备择阅，敢祈阅毕之后，俯赐裁酌，于此谱之是否有裨于世用，有无流弊，有无疵累。疏中所呈诸端，是否可采办，析诸家驳难之义，持论是否允当。此外尚有何可议之处，研究会章程是否妥善，尚有何策可使益易于广播，就卓识所见，一一指示，以匡不逮。如有疑义，必待面析，俟采薪告痊，趋前候教。弟于此事之必可行，且不可不行，自信甚笃。而所撰之谱，则不敢自

---

　　① 本社编：《清末文字改革文集》，北京：文字改革出版社1958年，第113—115页。唐尚书指唐景崇（1844？—1914），字春卿，广西灌阳人，同治十年（1871）进士，点翰林，任编修、内阁学士、兵部侍郎、礼部侍郎、江苏学政等职，1910年任学部尚书。

信其果尽善美，必博求通人加以是正，乃足以信今而传后。我公为当代斯文宗匠，事宜不能不质诸左右，以求定论，此专以朋友讲习之宜，私相讨论，与公事无涉，其部中奉旨交议之案，复奏与否，议允与否，悉听秉公主持，帝毫不干求，亦毫不过问，即示复时亦望不必涉及幸甚。"

二，二二（4，1）调荣庆为礼部尚书，以唐景崇为学部尚书。

二，二八（4，7）候补五品京堂刘锦藻纂"皇朝续文献通考"成。

四，一（5，9）钦选宗室王公世职等资政院议员（宗室王公世爵有魁斌、载润等48人；各部院衙门官为奎濂、赵炳麟、柯劭忞、汪荣宝等32人；硕学通儒为吴士鉴、劳乃宣、陈宝琛、沈家本、严复、江翰、陶葆廉等10人），定于本年八月二十（9，23）为召集之期，九月初一（10，3）为第一次开院之期。

约三、四月间（4—5月）江西、湖北、江苏、奉天等多处发生抢米事件。

四，二八（6，5）南洋劝业会在南京开幕。

五，六（6，12）山东莱阳发生抗捐抗税事件。

九，一（10，3）资政院开院，监国摄政王载沣临院宣布训词（是日实到代表154名）。

一一，一九（12，30）资政院请明谕剪发易服；命毋庸议；准资政院延长会期十日。

（宣统）三年辛亥（1911）69岁

正月请训。二月出都，由京汉铁路至汉口，乘轮到金陵接印任事。赴苏州谒抚院，即至胥口木渎扫墓，并游邓尉而返。七月，至江北视学。往返行视扬州、清江、淮安、宝应、高邮等处，归途游金山，适江涨积潦数尺，山又宛在水中。忆咸丰辛亥（1861）来游，已甲子一周矣。八月，以资政院召集将届期，又奉督院以参预外省官制，委赴法制院以备咨询。卸任北上，由汉口赴都，到都闻武昌革命之变。未几，金陵失陷。九月，资政院开会。十月简授京师大学堂总监督，十一月，兼署学部副大臣。甫到任，即闻有逊位之说，力不能挽，乞罢而去。时浙省亦自立，不能归里，乃携家居于涞水之北郭下村。涞水者，昔年勘车厂村礼王府占地案之地也。未去位时，先至车厂一行，村民感念旧事，极为欢迎，本欲居之，既而以村地仍归王府，乃不果，而居郭下。十二月，遂闻逊位之变矣。

增：在辛亥革命中，劳氏所著诗文及藏书多置于江宁提学使署内，"糜为兵据，所藏书籍同付劫灰"，约在辛亥革命后不久，劳乃宣凭其记忆，写成《劫馀草》①，共约 117 首。

四，二〇（5，18）命端方以侍郎候补，授为督办粤汉铁路川汉铁路大臣。

一〇，六（11，26）以劳乃宣为大学堂总监督；次日入川鄂军在资州杀川督端方，全军反正，拔队东下。

一一，一三（1，1）孙中山到达南京就任中华民国临时大总统，中华民国诞生。

一二，二五（2，12）清帝溥仪退位。其退位诏谓："今全国人民心理，多倾向共和。……人心所向，天命可知，予亦何忍因一姓之尊荣，拂兆民之好恶？是用外观大施，内审舆情，特率皇帝将统治权公诸全国，定为共和立宪国体，……由袁世凯以全权组织临时共和政府，与民军协商统一办法。"至此，统治中国 268 年之清王朝宣告结束。

壬子（1912）70 岁

在涞水。典田以习耕稼。村人子弟多来问业者，设塾授之。颜曰：括囊私塾，以将至涞水。出都时，筮得坤之六四也。孙女萃适孔氏外孙祥勉。子健章娶妇黄氏，子寿先生孙女也。日本一宫房次郎来访，一宫为大阪朝日新闻社社员，笃志孔孟之学，吾国革命后，来游，将访求遗老，传述于故国以维纲常也。偕张筱帆（张曾敭）、宝瑞臣（宝熙）、徐梧生（徐坊）诸人同赴易州西陵拜景庙暂安殿，并谒泰陵。九月，徐梧生约游韩家岭山庄，挈健儿同往，适值予七十生日，回忆六十岁理安（杭州西湖的寺名）之游，不胜

---

①　劳乃宣：《劫馀草》，《桐乡劳先生遗稿》卷 6，第 1—16 页。

感喟！有诗纪之。毓庆宫侍读缺人，陈伯潜（陈宝琛）、宝瑞臣来敦勉，以衰老辞之。

增：是年作《寄孔云甫（庆霄）内弟七十生日》诗二首。①

七月（8月）康有为撰《共和政体论》一文，鼓吹"虚君共和"，是日起在北京《正宗爱国论》连载。

十，二四（12，2）教育部公布《读音统一会章程》，《中学校令施行规则》。

癸丑（1913）71岁

春，孝定景皇后梓宫奉移西陵，往叩拜。山东青岛为德国租借地，国变后，中国遗老多往居之。德人尉礼贤笃志中国孔孟之道，讲求经学，设书院于岛境有年，与吾国诸寓公立尊孔文社，浼周玉山制军来函见招主持社事，适馆授餐，情意优渥，于十月移家至岛。十一月，德宗景皇帝、孝定景皇后山陵永远奉安，又赴西陵随班行礼。返岛后，日与尉君讲论经义，诸寓公子弟亦有来受业者。是岁，孔氏孙女萃殁于京师。著《等韵一得补编》成。

增补：

1. 是年劳氏将自己从1911年至1913年冬的诗，结集成为《釜麓草》，其引言曰："辛亥（1911）国变，遁迹涞水之乡，典田躬耕，再易寒暑，至癸丑（1913）之冬，移居青岛。两年之中，得诗数十首，其地为釜山之麓，录之为《釜麓草》。"② 共约61首，其中包括《后车厂歌》、《登釜山》、《归田赘咏》、《归田赘咏之二》等。

2. 该年六月（7月），应陈焕章之邀，劳乃宣派外孙孔祥柯回曲阜参与筹备第一次全国孔教大会，并为当时的衍圣公孔令贻起草了《演说词》——《论孔教》③。

---

① 劳乃宣：《寄孔云甫内弟七十生日》，《桐乡劳先生遗稿》卷6，第22—23页。
② 劳乃宣：《釜麓草》，《桐乡劳先生遗稿》卷6，第16页。
③ 劳乃宣：《桐乡劳先生遗稿》卷1，第46—48页。

3. 读音统一会召开之前，吴稚晖（敬恒）曾去涞水拜会劳乃宣，邀请劳乃宣与会，劳乃宣婉辞，并有《致吴稚晖论简字》① 一书。

4. 九月二十五日（10 月 24 日）致函罗振玉，说明自己去青岛的原因。② 再据《韧叟自订年谱》③ 及一战爆发的时间分析，应为 1913 年九月二十五（10 月 24 日）于涞水，而不是 1915 年九月二十五（11 月 3 日），于曲阜。

正月初十（2，15）教育部为"筹议国语统一之进行方法"，召开读音统一会。与会各省代表及特邀代表共 80 余人，举吴稚晖为会长。会间拟定拼音字母 39 个。大会 5 月 26 日闭会。

按：据有关学者的研究：劳乃宣的主张大部分得到了采纳。而劳氏自己所言："余之所陈，不啻全经采用矣。"而黎锦熙则曰："可见这个'注音字母表'实是荟萃众说，煞费斟酌而成。"④

九，七（10，6）国会选举袁世凯为大总统，次日选举黎元洪为副总统。

十，七（11，4）袁世凯下令解散国民党，取消国民党议员资格。

甲寅（1914）72 岁

---

① 全文如下："前承枉顾，畅领教言，无任兴慰。阅报知读音统一会如期举行，足下褎然首举，领袖群贤，自必日起有功，曷胜欣幸。弟以虚声猥蒙见采，并荷贲临，殷殷劝驾。昨又接部电敦促，似不应辞。惟弟邛园遁迹，不欲涉足国门。年余七旬，衰颓聋瞆，跋涉赴会，未免艰难。而耳既失聪，审音更多不便，即使到会亦恐无益于事。是以不克应命。尚乞见原。但弟于兹事研究有年，简中曲折，略有所知，不可不贡著左右。谨具意见书一通，附以谱说，邮呈鉴阅，以备采择。管窥蠡测，不足厕大雅之林。仍望诸君公同酌夺，如有疑义，尽可随时书函往复，以期一当。弟前具进呈《简字谱录》五种，又呈部《等韵一得》一种，并《简字从录续编》一本，由邮局另呈，到祈察入。"见开雕墨印本《桐乡劳先生遗稿》卷 4，第 44 页。

② 具体内容详见第 73 页注释①。二位整理者可能由于没有参考劳乃宣《韧叟自订年谱》等资料，判断是 1915 年 11 月 3 日，有误。以下还有几函，与此情况类似。

③ 劳乃宣：《桐乡劳先生遗稿·韧叟自订年谱》，第 19 页。

④ 黎锦熙：《国语运动史纲》，上海：上海书店出版社 1990 年影印本，卷 2 第三期（三）国语统一会筹备会（1）注音字母，第 80—81 页。又参见劳乃宣：《读音简字通谱序》，《桐乡劳先生遗稿》卷 2，第 37—39 页。

青岛寓公周玉山、吕镜宇、刘云樵、赵次珊、童次山、李惺园、皆七十余，张安圃六十九，陆凤石自都来，王石坞自福山来，皆七十余，相约为"十老会"，饮于周氏斋中，各赋诗以纪之。袁氏遣使来聘为参政，却之。子绚章自里中来岛省视，携绚健两子，绁、缜两女及孔氏外孙祥柯、祥勉、祥达，同游泰山，经曲阜至济宁扫墓而返青岛。战事起，迁济南小住。又迁曲阜①赁屋寄居。辛亥曾做《共和正解》，至是复作《续共和正解》并《君主民主平议》，主张复辟，作书致徐菊人，转达袁氏，又印行于世。新党大哗，不得要领而罢。

增补：

1. 劳乃宣将 1913 年冬至 1914 年秋的诗结集为《劳山草》②，其引言曰："癸丑（1913）冬，自涞水移居青岛，以在劳山之麓为吾家得姓之地，因自号劳山居士，居此得之诗，录为《劳山草》。"③ 共约 33 首，其中包括《敬题激如京卿藏陆相所藏今上御笔》及《东归剩咏》等多种。

2. 正月十三（2 月 15 日）于青岛，致函罗振玉，记述去年冬去西陵等事，曰："弟于十月二十三日到青岛。十一月作西陵之行，于潍县车中得晤令弟，惜匆匆未获多谈。到陵次随班行礼而返，往返约两星期。在陵见各处日来叩谒者百余人。嗣得京中有人来函，言内府记有清单，共一百四十余人，已托抄此单，尚未寄来，俟寄到当录奉。梁节庵（梁鼎芬）到京蒙冲主台见，面赐手书'岁寒松柏'四大字，今在陵种树，岁赐二千元。外来叩谒诸臣每人各颁赐手书。弟由友人在京代为领到两幅各二字，托友在京装池，尚未寄到也。尉礼贤君乃牧师出身，而不问传教之事，专办学堂。现办礼贤书院，出自教会之款，而尉君经营十余年，日见扩充。今设"尊孔文社"，则由旅岛诸寓公捐助发起。集款无多，一时尚不能大办，先从编译入手。尉君自以《孟子》翻德文，每日来弟寓，由弟讲授一小时，归而笔译。又以德国哲学家康德所著之书译中文，由尉君

---

① 按照《东归别咏之二》引言所讲："甲寅（1914）八月，移家阙里，有《东归别咏》之作。"可知劳乃宣全家在八月份到达曲阜。劳乃宣：《东归别咏之二》，《桐乡劳先生遗稿》卷 7，第 9 页。

② 劳乃宣：《劳山草》，《桐乡劳先生遗稿》卷 6，第 27—31 页。

③ 同上书，第 27 页。

与周玉翁之孙叔弢（周暹）同译，而弟为之修饬而润色之。又拟起一藏书楼，日来正在经营。……岛地山川清旷，所居之屋，室中可以看山，廊下可以望海，甚足适怀。斯地为劳山之麓。《通志·氏族略》云：劳氏其先居东海劳山，因氏焉。是劳山者，寒家最古之祖居也，此来为归故乡矣。故嘱友人为绘《劳山归去来图》，而以'劳山'自号焉。升吉甫年内曾来此间居数日而去，闻赴日本，吾兄有所闻否？俾祈示及。如承赐函，可于封面书寄至青岛小包豹岛吴淞街后路西劳寓不误。"①

3. 九月初五（10 月 23 日）于曲阜，致函罗振玉，记述了自己自青岛、济南来到曲阜的经过。②

4. 九月十六日（11 月 3 日）于曲阜，再次致函罗振玉，曰："七月奉手教并《西夏国书略说》等三种，领悉壹是，久未裁盒，良以为歉，迩维起居多胜为颂。弟衰躯尚粗适，于八月中迁居孔氏后圃。拟于十月中挈健儿南归一行，小作盘桓，仍行北上，不遂作归计也。国中近事想见诸报章，浩叹而已，无可言也。近又得诗十六绝，为《东归别咏》之二（与拓片等同另寄），附呈指正，余不一一。"③

5. 是年，劳乃宣为康德著，卫礼贤和周暹合译《人心能力论》作跋④。

6. 劳乃宣作《示儿书》⑤

四，五（4，29）约法会议议决以《中华民国约法》代替《临时约法》。

四，七（5，1）袁世凯公布《中华民国约法》，废止《临时约法》，改责任内阁为总统制。

---

① 韩行方、房学惠整理：《劳乃宣致罗振玉书札十六通》（7），《文献》季刊 1999 年第 4 期，第 270 页。据《韧叟自订年谱》第 19 页，劳乃宣去西陵为 1913 年，该函落款时间为正月十三日，因此应为 1914 年 2 月 15 日（正月十三），而不是 1916 年 2 月 16 日。

② 韩行方、房学惠整理：《劳乃宣致罗振玉书札十六通》（1），《文献》季刊 1999 年第 4 期，第 266 页。

③ 同上书，第 266—267 页。

④ 劳乃宣：《人心能力论》跋，《桐乡劳先生遗稿》卷 3，第 9 页。又据国家图书馆藏书，该译本《人心能力论》第一版为上海：商务印书馆，民国三年（1914）。此后有 1915 年再版、1916 年三版和 1987 年影印版。该书全名为《人心能力论：论意志能制病情》，见杨杨：《商务印书馆：民间出版业的兴衰》，上海教育出版社 2000 年，附录，第 163 页。

⑤ 劳乃宣：《桐乡劳先生遗稿》卷 4。此信后被发表于《盛京时报》宣统三年十一月初八日，第一版（影印本第 21 册，《劳乃宣示儿书》，第 233 页）。

乙卯（1915）73 岁

在曲阜。五月，孙元期生。孔婿幼云（即孔繁淦）筑室于其后圃，约予往居。八月，迁往开轩面圃，饶有野趣。颜之曰蛰圃。九月，挈健至济宁扫墓。十月，挈潘妾及健还家省视。由兖州登火车至浦口渡江，易夜车至上海，居章一山（章梴）家勾留旬余，晤旧交多人，附火车至嘉兴，易小舟到桐乡。又挈健赴杭州一行。在家居旬余，至苏州扫墓，复附火车至金陵小住两日，仍由浦口至兖州而返曲阜。

> 增：劳乃宣在《曰归暂咏》引言中对去上海的行程和时间记述较详，曰："侨居阙里，忽忽经年。时局多虞，未能即作归计。而瞻怀间井，莫释于怀，乃暂作南归，一为省视。于十月附津浦火车至浦口，渡江易沪宁火车，至上海，小作盘桓。复附沪杭火车至嘉兴，易舟归桐乡，家居兼旬。中间至杭州一行，归后，又至苏州扫墓。即自苏北上经金陵留一日，仍自铁路而返，于十一月杪抵曲阜。往返五旬。感旧伤今，得诗三十首，颜之曰《曰归暂咏》，列之《东归诸咏》之次，聊写我怀。"[①]

七，四（8，14）杨度纠合孙毓筠、严复、刘师培、李燮和、胡瑛承袁意旨，在北京发表《发起筹安会宣言》，公开鼓吹帝制。

七，十（8，20）筹安会宣告正式成立，杨度出任理事长，孙毓筠人副理事长，严复、刘师培、李燮和、胡瑛为理事。梁启超在《大中华》杂志第一卷第8期发表《异哉所谓国体问题者》一文，反对变更国体，谓"于国体挟一爱憎之见，而以人为的造成事实，其求与其爱憎相应，则祸害之中于国家，将无已时"，反对"在现行国体之下，而思以言论鼓吹他种国体"，要求袁世凯以共和之名，行专制之实。

十，二三（11，29）北京"读音统一期成会"会员王璞等人，呈请教育部立即将公布之注音字母推行全国，并由会员在京创立"注音字母传习所"，12月22日经袁批准立案，翌年，该所附设之注音报社出版注音《百家姓》、《千字文》，并发行定期的《注音字母报》。

---

① 劳乃宣：《近圣草·曰归暂咏》，《桐乡劳先生遗稿》卷7，第13页。

一一，六（12，12）袁世凯颁令接受帝位，改国号为"中华帝国"，自称"中华帝国皇帝"。次日在居仁堂接受百官朝贺。

丙辰（1916）74 岁

在曲阜。率儿女至济宁扫墓。为七叔父立墓碑，并于冢妇王氏厝所、妾牛氏墓，各立石碣。子绚章来省视。是岁，袁氏称帝未成。旋死。陈东塾先生有《说长白山》篇，据《汉书》考得长白山在汉域内。予作书后一篇，以破时人种族之论。

增：

1. 在曲阜期间，将自己的诗作结集为《近圣草》[①]，共约 128 首，其引言曰："甲寅（1914）之秋，海上兵兴，自青岛至济南小住，旋移曲阜，所居密迩至圣庙垛，录所作为《近圣草》，济南之作附焉。"[②] 其中包括《东归别咏》、《咏史》、《赠孔晴甫内弟即祝其六十生日八十韵》、《题自定年谱后》（十六首）、《东归别咏之二》、《曰归暂咏》、《古诗为张氏二烈女作》等多种。

2. 正月初十日（2 月 12 日），于曲阜，致函罗振玉对其寄来《韩太尉墓表》的著作便是感谢及钦佩，并将近作《曰归暂咏》寄去一份。[③]

3. 十月望日（11 月 21）于曲阜，再次致函罗振玉，谈及宣传张氏二烈女事，曰："近张筱帆中丞（张曾敭）寄来张氏二烈女事略征题，弟作一诗寄之，筱帅来书欲乞足下与静安征君佳什，嘱为转恳。兹寄上事略一纸并录呈拙作，敢祈两君兴到挥毫，诗成寄下转呈筱帅为幸。此二女为筱帅同族，征诗如多，当印行也。"[④]

①　劳乃宣：《近圣草》，《桐乡劳先生遗稿》卷 7，第 1—33 页。《近圣草》中诗文的写作时间大约自 1914 年秋至 1917 年夏。

②　同上书，第 1 页。

③　韩行方、房学惠整理：《劳乃宣致罗振玉书札十六通》（4），《文献》季刊 1999 年第 4 期，第 267—268 页。据劳乃宣：《桐乡劳先生遗稿·韧叟自订年谱》，第 20 页，劳乃宣去上海为 1915 年 10 月以后，故而应为 1916 年 2 月 12 日（正月初十日），而不是 1915 年 2 月 23 日。

④　韩行方、房学惠整理：《劳乃宣致罗振玉书札十六通》（3），《文献》季刊 1999 年第 4 期，第 267 页。查张氏二烈女（长女张立次女张春）自杀时间为 1916 年 4 月 19 日（三月十七日）（见劳乃宣《古诗为张氏二烈女作》，《桐乡劳先生遗稿》卷 7，第 19 页；刘富槐：《张氏二烈女诗玉初先生命作》，《璿园诗录》卷 3，第 11—12 页）。又落款时间为十月望日，因此该函时间为 1916 年 11 月 10 日，而不是 1914 年 11 月 21 日。

约九月（10月）蔡元培、吴稚晖、张毅麐、黎锦熙等在北京发起成立国语研究会，会章规定"以研究本国语言，选定标准以备教育界之采用"为宗旨，主张"言文一致"，"国语统一"。黎锦熙、彭清鹏等人著文提倡。次年该会在北京开第一次大会，推举蔡元培为会长。

丁巳（1917）75岁

孙元裳娶妇曹氏，同邑濮院人。二月，孙元干生。五月，奉复辟之旨，简授法部尚书，具疏以衰老请开缺，俾以闲散备咨询，未达而变作。曲阜令蓝君告以得见逮之牍，劝出走。又移家青岛，居礼贤书院，复与尉君理讲经旧业。子纲章在家，屡得新党恫吓之函，携家迁居曲阜。与女缃同来岛上省视，皆小住而去。是岁，作《读音简字通谱》。

增：

1. 据劳乃宣《劳山后草》引言曰："丁巳（1917）夏，自曲阜返青岛，录所作为《劳山后草》"①，劳氏全家于是年夏自曲阜返回青岛。到青岛又将部分诗文结集为《东归复咏》。据其引言曰："蛰居阙里。荏苒三秋。时局纷拏，变生莫测，流离琐尾，又返岛隅，尉君见假屋舍，居家重理讲经旧业。抚今追昔，感事成吟，题曰《东归复咏》。"②

2. 八月十七日（10月2日）于青岛，致函罗振玉，曰："客冬泐布一函，并拙作张氏二烈女诗及事略，计早达览。匆匆经年未通尺素，驰系无已。每于子经（罗振常，1875—1942）函中，藉谂（审）起居无恙，或慰下怀。国中大局奇变迭生，今夏复辟之举，一梦华胥，尤堪痛惜。足下远得传闻，当必知其梗概，慨喟之情愫必同之。弟蛰居阙里，忽膺法尚之令，政府来电促令北上。弟以衰躯难胜重任，复电请代奏开缺，俾以闲散备谘询，俟天气稍凉即当赴阙，并一面具折谢恩辞任。缮就未发即闻变局。六月中，曲阜令来说接到山东检察厅公文转奉京师总检察厅电文，以复辟嫌疑名捕十二人，贱名亦在其列。秘以相示，劝之出走，不得已复来青岛。前岁来此乃德人尉君相招，适馆楼容为讲孔孟之学，战时去之。战

---

① 劳乃宣：《桐乡劳先生遗稿》卷8，第1页。
② 同上书，第1—2页。

后尉君以未服兵役得免干涉，仍开学校，重见欣然，愿以校舍闲屋见假居家，俾仍续理旧业。弟在曲阜日用本由南中接济，岛居公用虽略费，亦尚所差无几。惟岛中屋租奇昂，力不能任。今即有屋可居，无需租价，则亦与居曲不相上下。尉君物力已不如前，因不受其修脯，将居曲眷口接来入舍校屋。日于山光海色之间，与尉君商量旧学。播越之余，得此殊为望外。衰躯近尚粗健，眼下如恒，步履尚能登山。惟耳愈聋耳。次儿健已生两孙，桐乡里中常有书来，亦尚无恙，堪以告慰注存。吾兄近况想仍如昔，又有何著述否？深盼示我数行，以抒远念。弟前托子经所刻《归来吟》诗册已竣工，兹函请子经由沪寄呈两册，一乞指正，一祈转呈王静安兄鉴定，到望察入。如蒙赐函，请由邮寄至：中国山东青岛小豹岛上海町礼贤书院内交收为幸。余不一一。手此。即请著安，诸惟亮察不一。

　　姻弟宣顿首

　　八月十七日　　　　健儿随叩

　　王静安兄均此致声，不另。静翁有《壬癸集》①刊本，想代乞一本，寄下为叩。"②

　　3. 十月初六日（11月20日），致函罗振玉，记述了自己与内藤湖南"交臂而失"，并曰："承惠王静翁《壬癸集》两册，谢谢。弟重来岛上倏已数月，日于山光海色之间与尉君（尉礼贤）商量旧学播越，得此殊为幸事。惟有浙风气倾向新党，大儿居于故里，自逮复占后屡受恫喝，三函不敢安处，举室北来，寄居曲阜，里中田产托亲友经理，根本动摇，良足慨耳！时事无可言，今日西方如战国，中夏如五代，今方在朱梁时代。希夷坠蹭之幸恐尚在数十年后也。近作《东归复咏》十余章，附呈一份，

---

① 按，《壬癸集》是王国维在壬子、癸丑（1912—1913）年间的诗词，其中较为著名的是《颐和园词》七古一首，诗成后，罗振玉见而激赏，为手录影印行世。此诗为静安诗中的长篇伟制，王氏对之甚为得意。因此较为遗老们推崇。因为"由于作者清遗老的立场，对慈禧多称颂之词，对清朝灭亡也流露了痛悼哀伤之情"。见陈永正校注：《王国维诗词全编校注》，广州：中山大学出版社2000年，第91页。

② 韩行方、房学惠整理：《劳乃宣致罗振玉书札十六通》（8），《文献》季刊1999年第4期，第271—272页。

祈指正。内藤君归国晤面时，祈代达相慕之忱、致惜之意为幸。"①

4. 借为曹君直（曹元忠）母亲祝寿，抒发寄托复辟的情怀。曰："曹君直侍读太夫人八十寿辰，拜御笔、脩锡福匾额及福寿字之赐。君直以锡福名其堂，征诗赋赠。丁巳（1917）。

谯国有寿母，圣善三党钦。令子直凤池，芝诰荣泥金。尧城遘奇变，拂袖抽朝簪。

善养剩禄养，偕隐西山岑。介眉庆大耋，康爵跻堂斟。宸翰挥仙毫，忽从天上临。

脩龄茂松柏，锡福嘉壬林。云汉倬垂露，奎璧昭悬鍼。孤臣再拜受，霈泽沦肌深。

敬以名其堂，弈代垂德音。书来语同调，百感萦吾襟。忆昨拜鼎湖，少尽攀髯心。

睿藻亦下贲，至今珍琳（乃宣癸丑岁以崇陵奉安诣叩，奉有御笔'迪吉迎祥'四字之赐）。

吾侪伏草莽，阊阖高千寻。异数莫由报，何以微忱。缅昔西周乱，日驭虞渊沉。

纪年号共和，潜龙蛰蹄涔。一朝共和罢，龙起行甘霖。语谶既合古，焉知不见今。

与君共虔祝，帝鉴其来歆。"②

正月，二七（2，18）蔡元培、梁启超、严修等在北京发起成立中华民国国语研究会。

二，二五（3，18）废清陕甘总督升允在青岛进行复辟活动，是日访晤驻青岛日守备军司令官大谷，探询日本对复辟之态度，并要求给予支持。26日，日本陆军大臣大岛训令驻青岛守备司令官大谷转达升允，谓清室复辟"目下尚非其时"。

五，一三（7，1）张勋在北京拥戴废清帝溥仪复辟。凌晨，张勋、康有为等数十人同入清宫，谬称"共和解体，人心思旧"，奏请复辟。上

---

① 见第78页注释③。
② 劳乃宣：《桐乡劳先生遗稿》卷7，第20—21页。

午溥仪发布"即位诏",宣称"共和解体,补救已穷",宣告"亲临朝政,收回大权",改7月1日为"宣统九年五月十三日"。

五,一四(7,2)溥仪授瞿鸿禨、升允为大学士,冯国璋、陆荣廷为参预政国大臣。补授沈曾植为学部尚书,萨镇冰为海军尚书,劳乃宣为法部尚书,李盛铎为农工商部尚书,詹天佑为邮传部尚书,贡桑诺尔为理藩部尚书。

戊午(1918)76岁

在青岛。余自壬寅(1902)定居于桐乡。先代神主影像奉安家祠,外出即不奉以行。上年绹章亦出走,家中无人,乃奉至曲阜。二月,缃自曲阜来,因命奉之以来祀,奉于岛居。缃旋归去。四月,日本文学博士林泰辅字浩卿持罗叔醖(即酝)介绍名刺来见,并赠所著书。五月,绹章将移家都门,来一行,缃与元裳夫妇同来。月杪,入京,健儿妇与之同行,归宁。六月,幼云(孔繁淦)来居数日。七月,健赴京接其妇及两孙归。缃七月去,十一月复来,十二月去。

增补:

1. 正月晦日(2,21)于青岛,致函罗振玉,寄情于升允的复辟活动,曰:"弟重来岛上不觉改岁,衰躯幸尚粗健。时局纷纠,变幻离奇莫测,所届闻之同人,似有一线曙光可以希望,或者可信。素相(升允)西行,传闻已安抵陇上,所事未有确耗。其家属寓岛有饔飧莫继之忧,而素相置之不顾,令人佩服。来函盛意,昨传达其世兄,极为感激,嘱为致谢。应如何援手之处,祈酌之。梦楼岁内因省亲赴沪,昨已返岛矣。余容续布,手此。"①

2. 二月望日(3,27)于青岛,致函罗振玉,谈及照顾升允家人等事:"奉初六日手书,祗悉壹是。伏念贵体违和,甫经向愈,系念殊深。日来想已霍然,眼下何如?尚希示慰。承寄下日币五百元接济素相家用,当即转交。素相哲嗣叔秉世兄际彪(升允之嗣子)手收,嘱为致谢,书

---

① 韩行方、房学惠整理:《劳乃宣致罗振玉书札十六通》(12),《文献》季刊1999年第4期,第272页。删减部分见第42页注释①所注。

奉收条一纸寄上，祈察收。素相之心乎国而忘家，足下之因爱国而爱友，皆今日之景星庆云。否剥之世由此硕果，或者有来复之望乎？素相到宜昌虽来一书，后无消息，传闻已到陕北，未知确否？弟近尚无恙，足抒注存。国中时局变幻离奇不可测度，无从窥其底蕴。足下身处域外，登高望远，或转比近者所见较明乎？如有所闻，尚祈示及一二。济南传言有疫，大为防疫之举，日来已称消灭，而胶济之车尚仅售一二等票，未全复旧也。手复即颂康祺不一。"①

3. 二月二十日（4，1）于青岛，致函罗振玉，除谈及身体情况外，仍关心升允和溥伟的复辟活动，其中曰："承汇到日币千元，当即转交素相收讫。日内即当有函奉达也。两廖君分往西北，讷赴西，中途有一函来，到后尚无消息。仲赴北，到北大有浃洽。返此面陈又往矣。机缘颇佳，但不如天意若何耳？前函所陈恭邸嘱，奉托在东访询交易古物一节，情形何如？伫盼见示，余不多及。"②

4. 五月十三日（6，21）于青岛，致函罗振玉，谈及升允的复辟活动等事，其中曰："素相西北之行奔驰半岁，迭晤其地要人，意皆倾向，但一时不能举动，徐待机会，尚非绝望。甫于前月返岛，备历艰辛，精力意气均尚如故，惟生计极艰，不得已欲北归丙舍（正室旁的别屋），就食墓田。同人以其地去国门太近，虑有危机，金诏不可。而托足于外，必有谋生之道方能支持。此间同人反复熟商，惟有为其嗣君谋一枝栖，俾资事蓄，乃为长计。其长君叔秉，文理清通，娴习德文，兼通英文，性行谨饬，意度深稳，洵为有用之材。昨已函至章一山（指章梫）兄，嘱其与沪上同志诸人相商，公同为力，为之设法代图，不知能有效否？吾兄关念至深，故特缕达左右。吾兄虽远客异邦，而国内交游必尚有人，能否为之一图，祈酌之。叔秉之姓名为罗举，籍贯为京兆，如有机遇，望以此称之。前月东邦林浩卿博士（林泰辅，日本学者）持尊刺见访，晤谈至久，温温儒者，可佩之至，惜不能久留，即日别去。今想已返国，如晤时乞代

---

① 韩行方、房学惠整理：《劳乃宣致罗振玉书札十六通》（12），《文献》季刊1999年第4期，第272—273页。

② 同上书，第273页。其注释恭邸为恭亲王耆善（当时力主复辟有肃亲王善耆，不是耆善），误，应为恭亲王溥伟。

陈拳拳为幸。"①

5. 六月初六日（7，13）于青岛，致函罗振玉，谈及帮助升允家人等诸多事情，曰："日前奉手复并谕健儿函，具悉壹是。昨日又连接二十六、二十八、初一日手书三通，汇到日币五百元，又复素相书均已领到，当即转致素相察收，素相（升允）嘱为道谢。吾兄以爱国之心爱友，忘己为人，当此沦胥之世，有此超卓之行，风雨鸡鸣，足卜天心仁爱，剥复之期其不远乎？素公有世兄两人，其长君外出，暂疏言省，无所妨也。沈菴侍郎处弟于前月十六日寄邮一函，今已两旬尚未得其复书，想作书颇费经费也。吾兄如与通函，乞一询之。手此。即颂。著绥。

弟乃宣顿首

六月初六日

健儿侍叩，健儿行二，又行七，来函称其行四，误也。赐书之件望勿以行四署款为幸。

素公在此托为李氏，所居为花笑町，日内即拟移徙，如尊处有函仍望寄弟处转交，敝居与之相去甚近也。潜老（指刘廷琛，字幼云，号潜楼）无东渡之说。"②

6. 七夕（8，13）于青岛，致函罗振玉，谈及岛中近况，尤为关注复辟事，其中曰："前由子经处交下惠书拙刻封面笺条，颂谢。旋闻台踪已至津门。仲任兄来，述及在津晤教，并携下致恭邸印章及交素相日币千元，均已分别转交，皆嘱道谢。询悉息驾津沽，起居顺适，良以为慰。弟羁踪岛上，瞬已两年，与居停尉君（卫礼贤）患难相依，极为相得。今欧战告终，岛境究竟作何处置，无从逆睹，听之而已。衰躯幸尚粗健，惟耳金聋耳。时尚变幻不测，讷、仲两君苦心经营，极有进步。人事处处凑泊，天心当有转移，谨拭目俟之。素相主持大计，识量宏毅，众所归心。而内外辅助，端赖群策群力，诸君子皆不能督其责也。目前资用，岛上同

---

① 韩行方、房学惠整理：《劳乃宣致罗振玉书札十六通》（12），《文献》季刊1999年第4期，第273—274页。

② 韩行方、房学惠整理：《劳乃宣致罗振玉书札十六通》（13），《文献》季刊1999年第4期，第274—275页。删减部分见第43页注释①所注。

人略有所筹，尚觉不足。足下想尚可为力一二。闻此间友人言，津门尚有数人皆有志于此事者，可与商之。请询诸仲、任。不识吾兄与此数人相识否？此间一切情形皆由仲、任面谈，兹不多及。附呈弟新摄小影一纸，祈惠存。手此。"①

7. 是年作《祝陈弢庵②太保七十双寿》。其中曰："天流遗臣靡，正以佐少康。指顾鲁阳戈，回日宣重光。桓文布大义，薄海皆尊王。伫见日再中，吉语符重阳。斯时寿筵启，酒献茱萸香。"③

一一，二六（12，28）北京政府教育部，公布"国语统一筹备委员会规程"14条；同日，该部通令各省施行"全国教育联合会"议决之各省区每年派员考察国外教育案。

己未（1919）77岁

在青岛。缃正月、五月、闰七月、十二月来，皆小住而去。纶侄三月来即去。四月，元裳生曾孙于京师，筮易得否之观，名之曰志畴。绹七月来即去。闰七月游劳山，以山中不靖，未敢深入，至上下九水柳树台而返。十一月，孙元果生。文卿婿卒于家，缜奔赴宝应。健就礼贤书院教员。湖州刘澄如（刘锦藻）学士辑有《皇朝续文献通考》，至光绪三十年（1904）止，曾经进呈，嗣又续至宣统三年止。嘱余为之全部订正，于八月经始修订。

增：

1. 在同族劳之常的资助下，劳乃宣开始纂修《阳信县志》（"劳君玉初实总纂修之，任积六七年始成，其用可谓勤矣。逊五来乞弁言，吾知玉初宿学通识，富于著述，其必有以合乎章氏之说，足供国史之取材……"见徐世昌《阳信县志序》，朱兰修、劳乃宣纂民国《阳信县志》，民国十五年（1926）印行）。

---

① 韩行方、房学惠整理：《劳乃宣致罗振玉书札十六通》（14），《文献》季刊1999年第4期，第275—276页。
② 陈弢庵即陈宝琛（1848—1935），字伯潜，号弢庵，闽县（今福州）人。同治七年（1868）进士。
③ 劳乃宣：《近圣草》，《桐乡劳先生遗稿》卷7，第33页。

2. 七月初八日（8，3）于青岛，致函罗振玉，尤关心复辟事，曰："迭奉十三、二十四、二十五日三度手书，备聆壹是。素相函已转呈，刘翰怡兄函读悉，见义勇为，令人钦佩。一山书来亦述此节，并见示翰怡致其手书，内有援乙菴尚书（沈曾植）、苏堪方伯（郑孝胥）之例岁馈番佛五百尊之语，是乙、苏两君亦岁定此数也。以此三者合之，尊款岁用已宽然充足矣。来函谓所缺之数若乙、苏可分任最善，否则亦由足下任之，今既已得圆满，则鼎力所及，当留以别待缓急，暂不必再劳筹画也。此外，黄楼（张勋）及在津同志诸公皆有特馈，素公颇以竭忠尽欢为歉。愚谓诸公非为素公个人计，乃为大局计，固不必抱此硁硁之见也。黄楼岛屋已允假，惟此屋由涂君经手，涂君在青州来函，谓其中稍有窒碍，然亦有通融办法，俟日内来岛面谈，须待其来方能定局，想不致无著，沪行自必中辍矣。今日钜艰之任，吾侪所希望者首在素公，然非有所凭藉不可。此次西游既不得要领，不能不引领北望。近有廖氏昆季持梁节老函来见诸同人，备述朔方大有可为，两君曾于去年自备资斧亲历其地，深结其人，此次重来筹商进行之道，决志再往。两君之尊人为梁君高弟，梁函称此两人读易考史，兵事地理皆有真实功夫，其气甚壮，其才不凡。初次出游，书物典尽乃能成行，今仍百折不回，眼下无一人能如此者，称许备至。弟连日与谈，洵属不虚。素公尤素所倾信，意欲令其先行而已。继之北方为东方所注意，将于北方有所营，为非深知东方情状不可。素公暂不能东来，故令两君前来晋谒左右，筹商所以对待东方之道，幸进而教之。梁君函中言，凡两君所言，字字真实可听，真缓急可倚之才，试与深谈，当知不妄。其北行之资，素公将于京津所赙中分赠之，自笑为乞怜而与。愚谓彼此所营皆一家之事，无所谓邻不邻也。

足下倘亦能以备助素公者酌助之乎？素公自谓乞邻，则弟此言更为代邻乞邻，尤可笑也。一切由两廖君面陈，不能缕述，余详素公函中，不赘。"[1]

3. 闰七月望日（9，8）于青岛，致函罗振玉，谈及升允等人，曰："别来旬日，不尽依之，想元旋（指罗振玉返国，回到天津）协吉，至念

---

[1]　韩行方、房学惠整理：《劳乃宣致罗振玉书札十六通》（15），《文献》季刊1999年第4期，第276—277页。

至仰。弟日来尚属无恙，足抒注存。前谈杨君美才，能从素公行最为有益，当即函达。一山昨接其名片，言函已收到，即与海藏（指郑孝胥，字苏勘、苏庵，号海藏楼、海藏楼主人等）相商，再行函复，想不日即当有确息也。素公所需，有足下独任其重，自仍以宽筹为善。兹李子元观察（德明）、张叔戚世兄（允方）来津筹办此事，特作此函，嘱两君特诣左右，尚祈俯赐指导，筹商一切，俾有遵循，是所至祷。详细均由两君面陈，兹不多赘。"①

三，二一（4，21）国语统一筹备委员会在北京正式开会。会前由北京政府教育部指定张一麟为会长，吴稚晖、袁希涛为副会长，该会自即日起举行会议，至 25 日闭会，其间通过有关议案九项。

庚申（1920）78 岁

在青岛。奥国画师郎亚文氏来游华，将摹绘中国有名山水人物，传示西邦。尉君介画余像，携之而去。尉君以欧洲战事毕，回国一行，期明年来。四月，绸、缜来，绸旋去。女琳（善文）适嘉兴沈氏，婿颍（号慈护），子培尚书子也。八月，来岛借屋迎娶，偕归上海。婚礼时，绸、绸皆来一行。冬，缜以文卿葬事赴宝应。绸由京回里收租。先来岛一见，乃南行。是岁，修订《皇朝续文献通考》过半，未竟。

增补：

1. 是年作《祝恭邸四十寿》② 长诗一首。

2. 劳氏作《和鬼头玉汝八剩楼八人会歌》诗，其中曰："庚申（1920）中秋之夕，东友鬼头君招饮于庐田弥三郎新筑三层楼上。同座者为我国升吉甫、高孟贤、吴君廉三君，东国鹤渊仙助、浅井新太郎及鬼芦田四君，鬼头目之为八仙。作记记之，并附此诗，依韵和之。重楼新百尺，朗月射华宴。嘉宾忘远近，群仰主人贤。酒罢登高台，皓魄当空圆。

---

① 韩行方、房学惠整理：《劳乃宣致罗振玉书札十六通》（16），《文献》季刊 1999 年第 4 期，第 277—278 页。

② 劳乃宣：《劳山后草》，《桐乡劳先生遗稿》卷 8，第 9 页。

剩景数八区，一览万象全。海色如镜平，灏气涵大千。岚光乍明灭，倏忽
屡变迁。恍若徒太虚，缥缈凌秋烟。人生愜怀耳，奚必求神仙。今夕超然
游，适以完吾天。"①

　　二，三十（3，31）北京大学教授李大钊秘密发起"马克思学说研究
会"，邓中夏、高君宇、何孟雄、朱务善、罗章龙、张国焘等加入，此系
中国第一个研究与宣传马克思主义之革命团体。

　　三，二十（4，20）徐世昌令孔子七十七代孙孔德成袭封衍圣公。

　　四，十七（5，16）孙中山在上海国民党本部发表演讲，指出：
"现在的中华民国，只有一块假招牌，以后应再有一番大革命，才能够
做成一个正真中华民国。"并批判了辛亥革命后一度甚嚣尘上的"革命
军起，革命党消"的谬论，认为"无论何时，革命党万不可消，必将
反对党完全消灭，使全国人民都化为革命党，然后始有真中华民
国"。②

　　增补：辛酉（1921）79 岁

　　1. 作《辛酉（1921）元旦口占》、《辛酉乡举重逢，蒙赐御笔匾额
'丹心黄发'四字，恭纪三十二韵》等③。

　　2. 为辛酉重赋鹿鸣之岁，拜御笔之赐，作诗四首④，寄杨晨。

　　3. 六月十七日（7，21）劳乃宣卒于青岛，秋葬于苏州祖茔。

　　4. 劳乃宣将自己 1917 年夏至 1921 年春的诗文合集为《劳山后草》⑤，
共约 114 首，其中包括《题青岛新居》、《东归复咏》、《祝恭邸四十寿》
等多种。

　　5. 七，十三（8，16），王国维致蒋汝藻的信中曰："昨晚谈甚快。挽
劳玉老联拟就，请酌之。"提及挽劳乃宣联拟就（即代蒋汝藻所拟），挽

---

① 劳乃宣：《劳山后草》，《桐乡劳先生遗稿》卷 8，第 14 页。
② 孙中山：《在上海中国国民党本部的演讲》，《孙中山全集》第 5 卷，北京：中华书局 2006 年
第 2 版，第 262 页。
③ 劳乃宣：《劳山后草》，《桐乡劳先生遗稿》卷 8，第 19—20 页。
④ 同上书，第 21 页。
⑤ 同上书，第 1—22 页。

联内容为："五岳岱宗高，尚有劳山峙东海；九重归赠厚，不须皋羽恸西台。"①

6. 六，十九（7，23）中国共产党第一次全国代表大会在上海召开。

题自订年谱后（16首）

偃蹇乾坤一腐儒，老来牛马任人呼。铜仙阅尽沧桑劫，剩有难忘是故吾。
少小埋身故纸丛，白头还做蠹书虫。青灯回忆儿时味，雪案鸡窗在眼中。
忝将姓氏附传胪，戢羽依然返故庐。此事君恩沾独厚，归来补读十年书。
栽花旋现宰官身，一枕黄粱二十春。竹马儿童多长大，邯郸尤作梦中人。
儿戏潢池弄鬼兵，投巫小试一方清。晓音痒口无人省，室毁徒留事后名。
吾谋不用拂衣归，绕屋清流静掩扉。领略乡园风味好，冬春米软晚菘肥。
偶作严公座上宾，石城重访六朝春。无端束帛戈戈贲，又踏长安十丈尘。
陈谟载笔侍严廊，讲幄风清惹御香。更向广场争礼律，任他举国目为狂。
上庠方愧皋比拥，九庙俄警七鬯危。未见泮芹歌献馘，忽闻阶羽议班师。
筑室盈廷社鬼谋，坐看鱼烂更谁尤。鸿飞只有冥冥去，回首天阍涕莫收。
西山薇蕨惭孤竹，东海诗书慕幼安。行遁孤踪屡漂泊，鲁王宫畔又盘桓。
痴怀思返鲁阳戈，一纸空文起大波。徒使螳蛄声满耳，斧柯莫假奈山何？
取日虞渊愿莫酬，从今洗耳效巢由。箕山颍水知何是，且作人间不系舟。
大耋休嗟绛叟年，人生难得是华颠。茫茫来日知余几，委化无旁更问天。
毕生心迹泯将迎，历遍崎岖视若平。自问非夷亦非惠，孤怀留待后人评。
回头往事已成烟，聊记鸿泥旧日缘。自序敢希班马笔，愿随五柳传同传。

韧叟

跋

右《韧叟自订年谱》一卷，韧叟者，外舅玉初劳公晚年自号也。公抱经世才，作令畿甸十余年，怡然自慊。民怀其德，上官亦雅重之，顾罕能援引循

① 《致蒋汝藻》（1921年8月16日），吴泽主编，刘寅生、袁英光编：《王国维全集·书信》，北京：中华书局1984年第315页。其中第三句原为"百朋天锡厚"。陈永正校注：《王国维诗词全编校注》，广州：中山大学出版社2000年，第459页。附录《挽劳乃宣》。

资，按格历经俸满，大计始内升主事。建议请当道奏明惩禁拳匪，卒格不行，乞假归老。复用荐举擢京堂、侍讲筵，简提学使。与议宪政，监督大学堂署学部副大臣，骎骎向用。而逊位议起，退耕涞阴；又居青岛，授经于远人。转徙济、泗间，三谒陵寝，黍离之悲，有非并世所可共喻者。辛酉（1921）六月十七日，以微疾卒于岛寓，年七十有九。其年秋，葬于木渎荣家山祖墓。年谱之编，创于乙卯（1915），讫于庚申（1920），别有题后诗十六首。公子阖文、笃文移录付印，悉依手稿，无稍增损。辛酉（1921）年事，公未自记。是年，当重醮（宴）鹿鸣，古礼虽废，主上尊贤念旧，颁赐御书"丹心黄发"额。既而凶问上达，赏银治丧，复赐"循吏、通儒"额，身后荣哀固无余憾矣。公负重望，中外仰若灵光，精神强固，宜跻上寿而竟止于斯，何天之不慭遗耶？葆廉受知最深，乃因养病海隅，未及诀别，痛哉！

还忆光绪己丑（十五年？1889？似应为辛丑 1901 年），悼亡前室。先勤肃公闻公次女贤，属世丈何退庵茂才、丁季莘孝廉为冰上人，得谐秦晋。辛卯（光绪十七年，1891）夏，诣吴桥县署成婚，于是有挂冠接邻之约。不意，劳恭人来归甫十年而没，葆廉寻失怙，奔走于外，奉教时少。惟癸卯（光绪二十九年，1903）于浙校，丁未（光绪三十三年，1907）于金陵督幕，庚戌（宣统二年，1910）、辛亥（宣统三年，1911）于京师资政院追随较久。见公诵服儒先，跬步不苟，于古今政法、四裔情势，靡弗研求，和平通达，明决几先，故遇事从容展布，毅然不挠。自辛丑（光绪二十七年，1901）以来，异说喧豗，诬称民意，且美其名曰顺潮流。拔本决防，用夷变夏，斥人以顽旧，则老成皆仇雠，处己以维新，则狂且皆神圣，朝野耆宿，亦或怵于众口，阿世取容。公则不然，遇有悖论伤俗，与夫政体之徇虚名而贻实祸者，往往法语巽言，多方匡救。于是议会诋诽，报纸嘲谐，权贵嗔怒，几濒于危。而公持正独立，不惧不悔，盖灼见夫下流所趋，必至率人为兽，殄邦湛族，所以断断然师子舆氏，不得已之辩，而冀当世之人，万有一悟也。

公所著多散佚，其存者《遗安录》一卷，《古筹算考释》6 卷，《续编》8 卷，《筹算浅释》、《垛积筹法》、《衍元小草》各两卷，《筹算蒙课》、《分法浅释》各一卷，《约章纂要》八卷，《义和拳教门源流考》一卷，《等韵一得》三卷，《归来吟》二卷，《简字谱录》五种五卷，《读音简字通录》一卷，诗文若干卷。今将年谱校竟，悲公之遇，推论公之心事，附赘数语于后。壬戌

（1922）闰五月五日，子婿陶葆廉谨跋。

附录二：《劳乃宣公牍手稿》条目一览表

说明：1. 此表根据《劳乃宣公牍手稿》等资料制成。2.《劳乃宣公牍手稿》内容提要中曰："这部《公牍手稿》为未刊稿，记光、宣间事，多为任内往来公函。记事广涉中外商务、赋税、路矿工程、中外交涉、军火交易、团练、兵变、农田水利、民生实业、文化教育、土地买卖等问题，是研究晚清史的宝贵资料。"① 笔者将其整理后，制作为一览表，主要是为了在本文中考察劳乃宣办理公牍之种类和其办事能力提供方便，也是为日后进一步利用《劳乃宣公牍手稿》者提供一定的便利。3. 其数目之所以为约 177 件，是因为有的稿件是附件，单独作为一件，还是分为两件或若干件，不宜分清。如第 3、第 4 件为同说一事，分别发给不同的人，就算做了两件；第85 件，有外抄件，附在该件之后，就未单独算作一件等等。4. 其中时间项空白者为原未注明，且不易查明，待考；时间及地点后带问号者为尚不够确定者。

编号	抬头（去向）	事　由	落款时间	南洋或北洋
1	复赣州俞道台电	为皖省马炮两营兵变事宜	冬（二日）	南洋
2	复上海蔡道电	为上海南市自来水议归华商办理事宜	光绪卅四（1908）年十一月初五日（歌印：五日）	南洋
3	致北京外务部电	为镇江关请颁辰、密电码事宜	光绪卅四（1908）年十一月初六日（鱼印：六日）	南洋
4	致镇江刘道台电	为镇江关请颁辰、密电码事宜	同上	南洋
5	复（成都）赵次帅电	为查禁"逆报"事宜	光绪卅四（1908）年十一月初八日（齐印：八日）	南洋
6	致北京陆军部电	为"追剿"皖省叛兵余股事宜	元（十三日）	南洋
7	致济南袁抚台电	为皖省兵变事宜	文（十二日）	南洋
8	致安庆朱抚台电	为皖省兵变善后事宜	删（十五日）	南洋
9	致武昌陈制台电	为驻军地点选择事宜	（空白者未注明，待考，以下不再注）	南洋

---

① 《北京大学图书馆馆藏稿本丛书》（9）《劳乃宣公牍手稿·内容提要》，天津：天津古籍出版社 1987 年。

编号	抬头（去向）	事　由	落款时间	南洋或北洋
10	复（武昌）陈筱帅电（与上条重复）	为驻军地点选择事宜（与上重复）		南洋
11	致清江吴道台电	为英商亚细亚被扣留事宜	筱（十七日）	南洋
12	致英国驻镇江总领事	为英商亚细亚被扣留事宜	筱（十七日）	南洋
13	致济南袁抚台电	为山东滕县抽洋票花生捐一事		南洋
14	致镇江英国总领事	为山东滕县抽洋票花生捐一事		南洋
15	致清江王提帅	为现闻军心尚定，故不再出示晓谕事宜		南洋
16	复镇江英国领事	为山东滕县花生捐一事		南洋
17	致上海曾子安李平书	表感谢		南洋
18	致江阴杜标统电	为"查拿匪党"事宜		南洋
19	致北京外务部	为爪哇设立领事以免华籍入荷事宜		南洋
20	致广东张制台（人骏）	为筹集港建大学事宜		南洋
21	致广东张制台（与下条重复）	为镇江油池报效章程事宜		南洋
22	致广东张制台（与上条重复，以本条为准）	为镇江油池报效章程事宜（第二稿）		南洋
23	致北京外务部电	为蒲拉他岛（东沙群岛）事宜		南洋
24	致广东张制台	为蒲拉他岛（东沙群岛）联衔事宜		南洋
25	致镇江刘道台、温道台	为火车滋事，《字林西报》转载事宜		南洋
26	致某省	为筹备南洋劝业会事宜		南洋
27	致北京外务部度支部	为上海北市办理自来水公司借款五十万等事宜		南洋
28	致上海　李平书	为九江码头大达工程事宜		南洋
29	致南昌冯抚台	为九江码头大达工程章程事宜	微（五日）	南洋
30	致营口日本国高桥领事	为路局价钱事宜	微（五日）	南洋
31	致赣州俞道台	劝俞道以大局为重，勿思去职		南洋
32	致镇江刘道台	关于镇江天主教士施方礼为周故统之子请职事宜		南洋

续表

编号	抬头（去向）	事　由	落款时间	南洋或北洋
33	致安庆朱抚台	为皖北盗匪事宜		南洋
34	致北京池州试馆陈劼吾京卿	为矿案事宜		南洋
35	致袖京清园陆钦使（徵祥）	为南洋商人赖有仁被诬告一案		南洋
36	致爪哇商会	为南洋商人赖有仁被诬告一案		南洋
37	致南昌冯抚台电	为铜矿办理不善池倅虚縻公款事宜		南洋
38	致安庆路矿保存会诸公	为铜矿办理不善池倅虚縻公款事宜	元（十三日）	南洋
39	致昌图王统领	为辽边防务整顿事宜	支（四日）	北洋?南洋?
40	致苏州何太守	为苏会成立事宜	支（四日）	南洋
41	致盛京熊秉三京卿诸公	为水灾捐济事宜	鱼（六日）	南洋
42	致高村文道台	为抢护河防事宜	齐（八日）	南洋
43	致保定军械局	为须用过山炮十六号事宜		南洋
44	致北京农工商部电	为南洋劝业会事宜	寒（十四日）	南洋
45	致上海劝业协赞会周金箴等	为继续赞襄实业		南洋
46	致南京张制台	为某案	删（十五日）	北洋
47	致北京陆军部	为运输军火器械		南洋?
48	致北京农工商部	为南洋劝业会、出口协会成立事宜	篠（十七日）	南洋?
49	致上海协赞会周金箴诸君	为南洋劝业会事宜		南洋
50	致南京陈商董观察	为南洋劝业会事宜		南洋
51	致北京税务处	为江北提督购置军用器械事宜		南洋
52	致北京外务部	为保定警务兵有抵制日货通告事宜	支	北洋
53	致秦皇岛和国舰队司令（与63号重复）	为在督署招待和（荷）国舰队官兵	宣统元年八月廿四前几日	北洋
54	致北京邮传部	为京张铁路竣工落成事宜	宣统元年八月[1]	北洋
55	致江北提督王	为井陉争矿一案	宣统元年七月	北洋
56	法政研究学员某条陈督批	为司法独立等事	宣统元年八月	北洋
57	致农工商部	为南华侨归国商照由领事发照事宜	宣统元年某月	北洋

编号	抬头（去向）	事　由	落款时间	南洋或北洋
58	复江宁提学司陈	为南洋华商归国发照事宜	同上	北洋
59	复驻宁日领井原	为东三省交涉事宜	端督北洋任内	北洋
60	致驻和（荷兰）钦使陆（徵祥）	为爪哇设领，外部复函一事		北洋？
61	复德国某提督	为德国"兵队"离开山海关致谢事宜		北洋
62	复津海关道	为会见日本工学博士原口事宜		北洋
63	致秦皇岛大和国舰队司令（重复53）	为在督署招待大和国舰队官兵事宜	宣统元年八月廿四前几日	北洋
64	札刘道玉麟	为滦州矿务公司事宜		北洋
65	致安帅仁兄大人	为东沙群岛主权交涉事宜		北洋？
66	复子贞仁兄大人	为答复某事		南洋？
67	复经帅仁兄大人	为上年兵变等事		南洋？
68	复苏省京官公信	为皖省兵变被革员求情等事		南洋？
69	复省吾仁兄大人	为禁烟等事宜		南洋？
70	复美医士	为助款扩充医院院舍事宜		南洋？
71	复禁烟会专员	为禁烟宣传册事宜		南洋？
72	致驻宁德领事信	为处置德商私运军火事宜		南洋
73	至安庆朱抚台	为处置德商私运军火事宜		南洋
74	复日本寺垣水师提督	为惠顾一叙，招待日舰事官兵宜		南洋
75	又复日领事井原	为款待日舰官兵事宜		南洋
76	复安庆朱抚台	为日舰到达接待事宜		南洋
77	代洪先生拟致北京李仲帅		微（五日）	？
78	复驻和国陆钦使	为爪哇设领等事	宣统元年五月日	南洋
79	代洪师致桂藩王方伯黄祥	（向铁珊为沈小岚求官事宜）		？
80	复德领事伦爱森	为某事（汉口租界地界争执事宜）		南洋
81	致湖北陈筱帅（陈夔龙）	为汉口租界地界争执事宜		南洋
82	复美领事马纳利	为美国兵船来宁借小操场游息操演事宜	宣统元年五月上旬前后	南洋
83	复上海制造局总办张道	为局内甄述保荐员匠人才事宜	宣统元年七月，端督北洋任内	北洋

编号	抬头（去向）	事　　由	落款时间	南洋或北洋
84	致江督张安帅（人骏）	为局内甄述保荐员匠人才事宜	宣统元年七月，端督北洋任内	北洋
85	复驻和钦使陆徵祥	为抵制荷兰政府颁布属地民籍新律及设领事等事宜	宣统元年七月十〇日，端督北洋任内	北洋
86	札某委员、上海道	为浦东吴淞等地是否被私自占卖事宜		南洋
87	札督练公所、江宁府	为管押安徽步队营管带冷适等事宜		南洋
88	札金陵关、商务局、江宁府、江浦县	为自开商埠以前浦口及沿江租地事宜		南洋
89	札何道、曾道、工程顾问洋员格林森及札津浦南段铁路局	为津浦路南段渡淮修桥事宜		南洋
90	九江府德化县禀督批	为西捕欧毙余发程事		南洋
91	札上海道、镇关道	为上海信义银行欠贫民储蓄事宜	宣统元年五月十△日	南洋
92	盐捕统领汪道瑞关禀督批	为上海食盐事务所收买私盐		南洋
93	中西医院蒋道禀批	为洋医士李熙回国、中西医院借款事宜	宣统元年四月廿△日	南洋
94	札厘金局	为中西医院借款支付洋医士李熙荫金、川资事宜	宣统元年四月廿二日前后	南洋
95	江南盐巡道王禀批	金陵厘捐局久解上年及本年医院经费请饬解济	宣统元年五月十三日	南洋
96	爪哇华侨商会禀督批	为赖有仁受诬请雪事宜	宣统元年五月十九日	南洋
97	赖有仁禀批	（仝前由）	宣统元年五月十九日	南洋
98	津浦南段路局禀督批	用药轰石恳饬出示晓谕由	宣统元年二月廿四日	南洋
99	札江藩司、皖藩司、滁州、泗州、江宁、徐州、凤阳府	为药轰石出示晓谕事宜	同上	南洋
80	复德领事伦爱森	为某事（汉口租界地界争执事宜）		南洋

续表

编号	抬头（去向）	事　由	落款时间	南洋或北洋
100	孙道多祺、郭道重光等禀督批	为查明浦军在芜湖滋斗会批办结情形	宣统元年二月初七日	南洋
101	札饬浦军提督	为查明浦军在芜湖滋斗事宜	同上	南洋
102	皖南道郭重光禀	泾县私挖煤矿勾串外人由	宣统元年二月	南洋
103	上海巡警局汪、上海道蔡会禀	为闸北自来水借款开办事宜	宣统元年二月	南洋
104	南洋泗水埠中华学堂堂长陈禀督批	筹捐兴办商业学堂	宣统元年又二月	南洋
105	汉口燮昌火柴公司宋炜臣禀督批	为官局迫用土炮磺事	宣统元年三月	南洋
106	上海教士等禀督批	请向各省商会集捐由	宣统元年闰二月	南洋
107	皖绅周道学铭等禀督批	为津浦铁路修造呆桥有碍行船，请改活桥	宣统元年四月	南洋
108	札田道吴祚、支应局	为东洋留学生监督田道吴祚考察日本铁路事宜	宣统元年七月十日，端督北洋任内	北洋
109	总税务司赫德呈南洋大臣摘要	各关聘用洋人、华人及船只、邮政等事	光绪戊申（1908）四月十五	南洋
110	抄录光绪廿二年（1896）六月刘坤一之奏折	（为总理衙门咨南北洋大臣事宜）	大约在光绪戊申（1908）	南洋
111	照录总署密函，致南洋大臣刘坤一	制定机器制造货物税则事宜		南洋
112	抄录金陵关道朱恩绂禀南洋大臣端文	美商刘懋恩在六合开设美孚分经理一案	光绪三十三（1907）年八月廿二日	南洋
113	抄录美领事来函（附译函两件）	译美钦差来文　译美钦差致汉口马总领事函	光绪三十三（1907）年八月十四日	南洋
114	复美领事函	为美商刘懋恩在六合开设美孚分经理一案	光绪三十三（1907）年八月二十日	南洋
115	抄录外务部文件	限制洋人到内地游历，随意测绘地图。	光绪三十四年（1908）五月初八	
116	抄录邮传部文件	关于雇佣洋员详情登记等事宜	光绪三十四年六月初二日以后	南洋
117	抄录陆军部文件	陆军小学堂已聘之外国教员合同期满，即行辞退	未注明年份，六月初日	南洋

续表

编号	抬头（去向）	事　由	落款时间	南洋或北洋
118	摘抄要件一条	驻奥使、驻法使、驻俄使馆薪金条目		南洋
119	存目一条	一千九百十年比利时赛会外部咨南洋（存目）		南洋
120	拟草稿一件	为税务处咨广东增源纸厂等公司征税目等事		南洋？
121	摘抄要件备案	关于在安班澜设立商会事宜		南洋
122	抄录上海道蔡健浩（乃煌？）为马安岛英人李德立私行占地建屋与之辩论书摘录备考	关于洋商租地的问题		南洋？
123	前江督魏光焘处理要事一件	光绪三十年，南洋大臣魏批饬照会驻宁各国领事凡无契照之地，概不准售与外人。		南洋
124	抄录度支部文件	关于酌加盐价抵补药税事宜		南洋？
125	抄录沪、苏、镇、宁四关洋货给发免重征知照办法四条	沪、苏、镇、宁四关洋货，由沪宁运至通商口车站，分别给发免重征知照办法四条		
126	抄录（光绪三十四年三月十五日钱恂奏折）	关于钱恂请展缓和会条约画押事宜	七月十四日到，陆大臣咨南洋	南洋
127	拟稿一件	关于钧船运货停泊仙、濠等码头事宜		南洋？
128	照会某京堂	为华昌炼矿公司拨款四万两等事		南洋
129	照会候补四品京堂杨度	为参加第四次万国渔业大会诸事	光绪三十四年五月廿六日行	南洋
130	抄录税务处陆军部改定军火进口新章九款	税务处咨军火进事宜	光绪三十四年四月十四日咨南洋	南洋
131	拟稿一件	关于浙江田房税契新章实行事宜	宣统乙酉（1909）八月十四日（艳）	北洋
132	抄录度支部电	税契收价，均用银币照司库定价折算		
133	劳织文女士诗文遗集跋	劳织文女士诗文遗集跋（第一稿）	光绪戊申（1908）六月十二日稿	南洋
134	劳京堂致端午帅书摘录	论国会事	光绪戊申（1908）抄	南洋

编号	抬头（去向）	事　由	落款时间	南洋或北洋
135	抄录一件	汤蛰仙(即汤寿潜)挽杨斯盛君联		
136	劳京堂乃宣召对笔记		光绪戊申(1908)四月	南洋
137	谕旨一道		光绪戊申(1908)四月廿五日	南洋
138	代拟南京商业学堂摺	为创办南京商业学堂事宜	光绪戊申(1908)年六月,两江端督任内	南洋
139	芜湖道文焕禀批	请办团以辅兵力不足	光绪戊申(1908)年六月,两江端督任内代拟之件	南洋
140	劳织文女士诗文遗集跋	(第二稿)	光绪戊申(1908)六月拟	南洋
141	南洋龙目、安班兰澜华商创设商务总会请咨农工商部立案特委禀批	见左面	光绪戊申(1908)年六月,两江端督任内代拟之件	南洋
142	安徽劝业道童禀芜湖糖先调查后开办请示批	见左面	光绪戊申(1908)年七月,两江端督任内代拟之件	南洋
143	致滇督锡信	为来宁工匠替顶事宜	光绪戊申(1908)年?七月廿一日	南洋
144	米商恳免安徽铁路捐禀批	见前面	光绪戊申(1908)年?七月十三日送	南洋
145	江西税务局请饬上海道洋商赴赣省内地办运土货,停发运单禀批	见前面	光绪戊申(1908)年?七月二十三日送	南洋
146	札财政局贵军门、萨军门	为吴振南等六名留英海军学生费用等事	光绪戊申(1908)年?	南洋
147	金陵关容道禀批	关税锐减拟,仿照沪关专派扞手在车站查验由	光绪卅四(1908)年七月廿八日送	南洋
148	镇江关道、淮扬海道禀批	遵查由清至扬中间堤岸卑矮,难行轮	光绪卅十四(1908)年八月初三日送	南洋
149	复皖省京官李灼华等信	为金陵自来水公司会办舒道说项事	光绪卅十四(1908)年八月初三日送	南洋

续表

编号	抬头（去向）	事　由	落款时间	南洋或北洋
150	复日本驻宁领事井真澄	为芜湖租地安设趸船事宜	光绪卅十四（1908）年八月初四日送	南洋
151	办理清江下油河睿委员钟守元隶禀批	为请付二期挖泥机器价银事宜	光绪卅十四（1908）年七月初三日送	南洋
152	财政局详批	遵拨留英海军学生费并乞咨询接摺日期	光绪卅十四（1908）年八月初五日送	南洋
153	为咨会事咨萨提督	留英海军学生吴振南等六人，接习枪炮鱼雷等所需费用咨	（光绪）卅四年八月初五日送	南洋
154	致北京税务处	为拟具转口免照办法四条	光绪卅四（1908）年八月初七前后？虞	南洋
155	致苏州陈抚台	为拟具转口免照办法事宜	光绪卅四（1908）年八月初七前后？虞	南洋
156	苏牙厘局详批	复洋货转口，好税司条陈办法请于起运处加盖验戳	光绪卅四（1908）年八月初七日送	南洋
157	津浦铁路南段购地局禀批	洋员勘路请发枪支子药以资保护	光绪卅四（1908）年八月初七日送	南洋
158	安徽巡警道卞绪昌禀批	请于芜湖警务公所设总参事并请芜湖道监督	光绪卅四（1908）年八月初九日送	南洋
159	江南巡警总局详批	巡警局所办事件应否免予造册报部请示	全日送，即光绪卅四（1908）年八月初九日送	南洋
160	芜湖米捐局总会办详批	米商请免路捐五分应否准免请示	光绪卅四（1908）年八月初九日送	南洋
161	复皖绅周玉帅、吴赞帅等信	前事	光绪卅四（1908）年八月初九日送	南洋
162	安徽杂货批发商号大顺和等禀批	统捐名实不符、轻重不均请饬照旧章	光绪卅四（1908）年八月？	南洋
163	孙高金、陆侍金禀批	为电灯股款无着叩请饬追事	光绪卅四（1908）年八月十六日送	南洋
164	江宁绅士梅葵等禀批	为兴商改易章程民情益困，请饬照旧办理事宜	光绪卅四（1908）年八月？	南洋
165	致浙抚增固帅信	为日商呈农洋行采办棉花屡被局卡索纳捐费事宜	光绪卅四（1908）年八月十六日送	南洋
166	复日本驻沪总领事永泷久吉	为日商呈农洋行采办棉花事宜	光绪卅四（1908）年八月？	南洋

续表

编号	抬头（去向）	事　由	落款时间	南洋或北洋
167	淮运司赵禀批	为据职商魏谦请在扬城创办电灯有限公司立案事宜	光绪卅四（1908）年八月十九日送	
168	实业学堂学生张乔云等禀批	肯恩咨送上海德文医学堂肄业由	光绪卅四（1908）年八月廿三日前后	南洋
169	札该道道、局、台	为十七名学生入上海德医学堂照会驻宁柯领事、上海德总领事等事	光绪卅四（1908）年八月廿三日前后	南洋
170	札财政局、上海道、陆师学堂、陆军小学堂	为陆师学堂、陆军小学堂学生入德文医学堂事宜	光绪卅四（1908）年八月廿三日（全送）	南洋
171	陆军小学堂详批	为申送学生五名入德文医学堂等事宜	光绪卅四（1908）年八月廿三日（全送）	南洋
172	陆军学堂详批	为申送学生十二名入德文医学堂等事宜	光绪卅四（1908）年八月廿三日	南洋
173	宝应县详批	典商减短赎期、改用洋码，据绅民公禀照旧章由	光绪卅四（1908）年八月廿六日	南洋
174	民人褚德兴禀批	为祖业官占，求恩验照饬发地价事宜	光绪卅四（1908）年八月廿七日送	南洋
175	刘道更年禀批	在宿迁创永丰面粉有限公司，请咨部立案由	光绪卅四（1908）年十一月初九日送	南洋
176	芜湖米董广帮汤钰泉等禀批	恳免路捐由	光绪卅四（1908）年十一月初九日	南洋
177	陈琪禀批	控梁钰堂吞没彩银叩求提讯由	光绪卅四（1908）年九月初五日	南洋

附录三:《桐乡劳先生遗稿》版本简析

1921年劳乃宣去世后，遗著由其女婿陶葆廉整理，并由其弟子浙江桐乡乌青镇卢学溥于1927年出资刊印，定名为《桐乡劳先生遗稿》。今据所见，加以简析。

一、丁卯（1927）冬日开雕本

开雕本包括墨印开雕本和朱印开雕本。较为常见的是"墨印开雕本"，如国家图书馆古籍室、北京大学图书馆古籍室、北京师范大学图书馆古籍室等藏有此版，出版者为桐乡卢学溥，时间民国丁卯（1927），12 册 1 函。此外，北师大历史学院资料室藏《桐乡劳先生遗稿》，系高步瀛教授遗书，出版者为桐乡卢学溥，时间民国丁卯（1927），14 册 1 函，其中包括了劳氏的弟子桐乡刘富槐的《瑟园诗录词录》2 册，实际应为 12 册，这正好与国家图书馆古籍室等处所藏 12 册相吻合。另一种是朱印开雕本，北京大学图书馆古籍室、北京师范大学图书馆古籍室藏有"朱印开雕本"。据（朱印开雕本）卢学溥所作跋推断，亦为 12 册 1 函，但尚未得见全本。北京师范大学图书馆古籍室所藏出版者、时间与墨印本相同，不过为 10 册一函，函中缺失了《新刑律修正案汇录》2 册。北京大学图书馆古籍室所藏朱印开雕本出版者为桐乡卢学溥，时间为民国丁卯（1927），7 册一函，比北京师范大学图书馆所藏还少《韧叟自订年谱》1 册，《拳案三种》2 册。

这两种开雕本卷首相同，依次包括遗像、像赞、柯劭忞撰墓志铭、自定年谱（前有罗振玉序、后有陶葆廉跋），目录在卷一之前（而校刊本在卷首自定年谱之前），卷端有作者题名，而无校刊者之题名。内封 B 面镌牌记曰"丁卯冬日桐乡卢氏开雕"；卷端题"桐乡劳乃宣玉初"。"朱印开雕本"和"墨印开雕本"只是着墨不同，内容一致，我们通称其为"开雕本"；它包括自定年谱、遗稿 8 卷（其中文稿卷 1 至卷 5，共 117 篇）、拳案三种、新刑律修正案汇录等四部分。

二、丁卯（1927）冬日校刊本

校刊本在国家图书馆古籍室、北京大学图书馆古籍室和北京师范大学图书馆古籍室（封面题名又名《韧庵尚书遗稿》，公子笃文自津寄贻，有"湘盦图书"印①，并粘有"黄附 135"字样小条）、河北大学图书馆古籍室、河北师范大学图书馆古籍室②等都有收藏。出版者及时间亦为桐乡卢学溥，民国丁卯

---

① 湘盦图书，请教有关学者，其主人可能为黄彭年的儿子黄国瑄。
② 章开沅先生曾阅读过《桐乡劳先生遗稿》，他说："我所见者为'丁卯冬日桐乡卢氏校刊'本，全书共四册，木刻线装。"亦可提供《桐乡劳先生遗稿》之新的流传地，惜未注明该书的藏处。见章开沅：《劳乃宣同情农家疾苦》，《实斋笔记》，北京：东方出版社 1998 年，第 295—296 页。张舜徽也曾阅读过《桐乡劳先生遗稿》（1927 年桐乡卢氏校刻本），见张舜徽：《张舜徽集·清人文集别录》卷21，武汉：华中师范大学出版社 2004 年，第 534—535 页。

（1927），6 册一函，卷首包括遗像、像赞、自定年谱（前有罗振玉序后有陶葆廉跋）、柯劭忞撰墓志铭，较之开雕本，此本卷端无作者题名，而有校刊者之题名。内封 B 面镌牌记曰"丁卯冬日桐乡卢氏校刊"；卷端题"同邑弟子卢学溥校刊"，我们称之为"校刊本"；它包括自定年谱、遗稿 8 卷（其中文稿卷 1 至卷 5，共 112 篇）、拳案三种、新刑律修正案汇录等四部分。

需要注意的是，开雕本和校刊本中除自订年谱、文稿中的卷 6 至卷 8（诗词）、拳案三种、新刑律修正案汇录完全相同外，文稿中卷 1 至卷 5 的篇数和顺序有所不同。在这 5 卷文稿中，校刊本比开雕本少了五篇①，且两者的排列顺序也有较大差异。开雕本 5 卷的篇数依次是（目录中未标出各卷文章的数目）：卷 1 文 23 首，卷 2 文 24 首，卷 3 文 19 首，卷 4 文 22 首，卷 5 文 19 首，共 117 首。校刊本 5 卷的篇数依次是（目录中已标明各卷的篇数）：卷 1 文 15 首，卷 2 文 31 首，卷 3 文 20 首，卷 4 文 31 首（实为 28 首，少了 3 首），卷 5 文 17 首，共 112 首。

此外，二者在某些细节还有差异。开雕本所载《新刑律修正案汇录》后为刘富槐跋，而在校刊本中将此去掉，而换之劳乃宣所作跋。在《拳案三种》中《庚子奉禁义和拳汇录》中，开雕本所在各告示末尾没有时间，而校刊本则添加了时间；开雕本中《新刑律修正案汇录》开首无目录，而在校刊本则予以添加等。

三、两种台湾影印本

一是台北艺文印书馆 1964 年版。为清末名家自著丛书，国家图书馆目录索引说"据民国 16 年（1927 年）刻本影印"，末附陈训慈撰《桐乡劳玉初先生小传》。由于国家图书馆古籍室正在整理（该书原在港台室，2009 年调入古籍室），暂停开放，其据开雕本还是校刊本，尚未得见。

一是台湾文海出版社 1969 年版，收入沈云龙主编《近代中国史料丛刊》第 36 辑，第 357 号。其据"丁卯（1927）冬日卢氏校刊本"影印而成（当然

---

① 所少篇目如下：《御倭私议》上，《桐乡劳先生遗稿》卷 1，［北京师范大学历史学院资料室等藏，丁卯（1927）冬日，桐乡卢氏开雕］，第 55—56 页；《御倭私议》下，《桐乡劳先生遗稿》卷 1，第 57—58 页；《朱子议政录跋（癸卯）》，《桐乡劳先生遗稿》卷 3，第 8 页；《跋吴彝臣诗稿》，《桐乡劳先生遗稿》卷 3，第 15 页；《致吴稚晖论简字》，《桐乡劳先生遗稿》卷 4，第 44 页。

其文稿卷 4 中的文章也少了 3 篇），相对而言，该影印版流传较广，被引用较多。

此外，劳乃宣的《等韵一得》、《简字全谱》、《古筹算考释》等著作的单行本在国家图书馆和北京大学图书馆等也都有收藏。

桐乡劳先生遗稿卷 1 至卷 5 目录（开雕本）

注：目录后括号内的年份等为正文的目录中所加。

卷 1

1. 原众

2. 明耻

3. 主静辨

4. 变法论

5. 论古今新旧

6. 论为学标准（尊孔文社演讲辞）

7. 论孔教（孔教会演说词，代衍圣公）

8. 学者治生为先务说

9. 丧服用古衣冠考

10. 太庙增室议

11. 奎文阁藏书议（附章程）

12. 议覆中国朝鲜官员相见礼仪议（代海关道周）

13. 续驳曹氏再醮不得为继妻议

14. 私家教育释疑

15. 谈瀛漫录

16. 西教源流后论

17. 御倭私议上

18. 御倭私议下

19. 共和正解

20. 续共和正解

21. 君主民主平议

22. 土药征税议

---

① 正文目录中去掉"自"字。

卷4

77. 进呈简字谱录摺（戊申，1908）

78. 请于简易识字学塾内附设简字一科并变通地方自治选民资格摺（己酉，1909）

79. 奏请造就保姆辅养圣德摺

80. 奏请设禁中顾问摺（代、己酉六月，1909）

81. 奏请速设禁中顾问摺（代）

82. 上黄子寿先生书（论太庙增室事）

83. 致朝鲜国王书（代北洋大臣李）

84. 答程律生书（论新旧历书）

85. 答马彝初论丧服书

86. 致徐楼樵论丧服书

87. 复陶婿拙存论古今祭葬之制

88. 又复拙存书二通①论姻事

89. 示儿书

90. 致徐菊人请代辞参政书

91. 再致徐菊人辞参政书②

92. 致袁氏辞参政书

93. 致徐菊人书

94. 致赵次珊书

95. 致周玉山书

96. 致潘季孺书三通

97. 致吴稚晖书论简字

98. 致刘潜楼书

卷5

99. 族侄谦光家传

---

① 正文目录中为"两通"。
② 正文中缺此"目录"。

100. 赵母康孺人家传

101. 赵杏楼先生家传

102. 于晓庵先生家传

103. 吴匋侯七旬寿序

104. 范楣孙先生七十寿序（代）

105. 赐同进士出生诰授通奉大夫广西右江兵备道戴公行状

106. 高丽门下侍中谥文成安晦轩先生神道碑（代衍圣公）

107. 湖北汉黄德道武公墓志铭

108. 清故附贡生周君墓志铭

109. 有清诰赠资政大夫候选主事沈君墓表

110. 有清通议大夫四五品京堂前翰林院侍读学士张君墓表

111. 清故恩贡生卢君墓志铭

112. 青岛尊孔文社建藏书楼记

113. 知耻求慊二箴（并序）

114. 日省谱

115. 人道纲目

116. 五篡约

117. 会争赔款还银公致外务部户部电稿（代）

参 考 文 献

·

一、**史料**（除劳乃宣为作者的资料外，余皆按作者或编者拼音先后排序）

（一）文献资料汇编、文集

劳乃宣：《桐乡劳先生遗稿》，1927 年桐乡卢氏校刊本（关于其版本见附录三）。

劳乃宣编：《韧叟老人自订年谱》，铅印本，1922 年。

劳乃宣编，罗振常辑：《韧叟自订年谱》，铅印本，上虞罗氏，1922 年。

劳乃宣：《韧叟自订年谱》，台北：广文书局 1971 年影印本。

劳乃宣：《韧庵老人自订年谱》，台北：文海出版社 1976 年影印本。

劳乃宣：新编中国名人年谱集成《清劳韧叟先生（乃宣）自订年谱》，台北：台湾商务印书馆 1978 年（影印本）。

劳乃宣等：《劳乃宣存札》、《劳乃宣文稿》、《劳乃宣书稿》、《归来吟》、《韧叟词存》、《劳斋日记》、《矩斋日记》等，除《文稿》、《诗稿》、《词存》、《归来吟》、《韧叟词存》外，大部为未刊稿，藏于中国社会科学院近代史研究所图书馆。

劳乃宣纂：《各国约章纂要》，沈云龙主编：《近代中国史料丛刊续集》第 19 辑第 186号，台北：文海出版社 1975 年。

劳乃宣：《简字谱录》，北京：文字改革出版社 1957 年。

劳乃宣撰：《简字全谱》，刻本，金陵，光绪三十三年（1907），国家图书馆普通古籍室。

劳乃宣：《等韵一得》，刻本，吴桥官廨光绪二十四年（1898），国家图书馆普通古籍室。

劳乃宣：《等韵一得补篇》，刻本，涞水寓所，民国二年（1913），国家图书馆普通古籍室。

文字改革出版社编：《清末文字改革文集》，北京：文字改革出版社 1958 年。

北京大学图书馆馆藏稿本丛书编委会：《北京大学图书馆馆藏稿本丛书》（第 9 辑）

《劳乃宣公牍手稿》，影印本，天津古籍出版社1987年，1991年重印。

劳乃宣纂，孙星衍编：《泰山石刻记》，台北：新文丰出版公司1986年。

劳乃宣：《直隶旗地述略》，刻本，光绪十五年（1889）国家图书馆普通古籍室。

劳乃宣撰：《论孔教会书》，刻本，民国四年（1915），国家图书馆普通古籍室。

劳乃宣撰：《古筹算考释》（6卷），刻本，光绪二十三年（1897），国家图书馆普通古籍室。

劳乃宣撰：《古筹算浅释》（2卷），刻本，清苑官廨，光绪二十三年（1897），国家图书馆普通古籍室。

劳乃宣撰：《古筹算考释续编》（8卷），刻本，清光绪年间，国家图书馆普通古籍室。

劳步洲纂：《阳信县劳氏族谱》，刻本，阳信劳乃宣吴桥官廨，光绪十九年（1893）。

劳乃宣：《毓清臣拔贡孝经韵语序（辛酉）》，《船山学刊》1935年第4期。

王闿运　劳乃宣　吴闿生撰：《王劳吴信札》，稿本，国家图书馆普通古籍室。

《续义和拳源流考》，支碧湖，1篇，见《春坡梦传奇》1906年活字本，收入《义和团》（史料丛刊）第4册。

劳乃宣辑，蒋楷、刘春堂撰：《奉禁义和拳汇录》、《平原拳匪纪略》、《畿南济变纪略》，"近代中国史料丛刊续编"第37辑（362—364），台北，文海出版社1977年影印。

北京大学历史系中国近现代史教研室编：《义和团运动史料》（第一辑、第二辑），北京：中华书局1964年。

蔡冠洛：《清代七百名人传》，上海：世界书局1937年（后又有中国书店1984年和北京图书馆出版社2008年影印本等）。

长春市政协文史和学习委员会编，王庆祥、萧立文校注，罗继祖审订：《罗振玉王国维往来书信》，北京：东方出版社2000年。

陈祖武先生选编：《晚清名儒年谱》（14），北京：北京图书馆出版社2006年。

房学惠、王宇：《宝熙致罗振玉信札十七通》，《文献》2002年第2期。

冯友兰：《三松堂全集》，郑州：河南人民出版社2000年。

顾廷龙、戴逸主编：《李鸿章全集》，合肥：安徽教育出版社2008年。

顾廷龙主编：《清代硃卷集成》，台北：成文出版社1992年。

韩达（编）：《评孔纪年》，济南：山东教育出版社1985年。

韩行方、房学惠：《劳乃宣致罗振玉书札十六通》，《文献》1999年第4期。

胡珠生编：《宋恕集》，北京：中华书局1993年。

李刚己辑录：清代历史资料丛刊《教务纪略》，上海：上海书店1986年。

鲁迅：《鲁迅全集》第6卷，北京：人民文学出版社1981年。

罗振玉著，黄爱梅选编：《雪堂自述》，南京：江苏人民出版社1999年。

上海市图书馆编：《汪康年师友书札》（1 至 4 册），上海：上海古籍出版社 1986—1989 年。

王国维著，陈永正校注：《王国维诗词全编校注》，广州：中山大学出版社 2000 年。附录收入对联 15 首，内含《挽劳乃宣》。

王宇、房学惠：《柯劭忞致罗振玉手札廿三通》，《文献》2001 年第 1 期。

王钟翰点校：《清史列传》，北京：中华书局 1987 年。

沃丘仲子：《当代名人小传》，见《近现代名人小传》下册，北京：北京图书馆出版社 2003 年（较早版本 1922 年世界书局出版）。

吴泽主编，刘寅生、袁英光编：《王国维全集·书信》，北京：中华书局 1984 年。

杨度著、刘晴波主编：《杨度集》，长沙：湖南人民出版社 1986 年。

叶昌炽：《缘督庐日记》，南京：江苏古籍出版社 2002 年。

苑书义主编：《张之洞全集》，石家庄：河北人民出版社 1998 年。

赵德馨主编：《张之洞全集》，武汉：武汉出版社 2008 年。

赵尔巽等撰：《清史稿》，北京：中华书局 1977 年。

曾国藩：《曾国藩全集》，长沙：岳麓书社 1994 年。

章梫：《一山文存》，刘氏嘉业堂刊本，1918 年。

中国国家博物馆编，劳祖得整理：《郑孝胥日记》，北京：中华书局 1993 年。

中国史学会主编：中国近代史料丛刊《义和团》，上海：上海人民出版社 2000 年（最早版本为上海：神州国光社 1951 年）。

（二）报纸和期刊

《大公报》、《大中华杂志》、《东方杂志》、《孔教会杂志》、《孔社杂志》、《内阁官报》、《盛京时报》、《顺天时报》、《申报》、《时报》、《新青年》、《庸言》、《政治官报》。

（三）档案和方志

河北省档案馆：民国河北省各县县志。

河北省志地方志编纂委员会编：《河北省志·文化志》（第 79 卷），北京：方志出版社 2001 年。

鲁春芳主编：《蠡县县志》，北京：中华书局 1999 年。

金良骥等纂修：《清苑县志》，清苑县署，民国二十三年（1934），铅印本。

彭玉桢等纂修：《完县新志》，完县县署，民国二十三年（1934），铅印本。

王德乾等纂修：《南皮县志》，南皮县署，民国二十二年（1933），铅印本。

仵庸等纂修：《临榆县志》，临榆县署，民国十八年（1929），铅印本（以上几种民国县志又见台湾所编中国方志丛书，台北：成文出版社 1968 年影印）。

吴桥县地方史志编纂委员会：《吴桥县志》，北京：中国社会出版社 1992 年。

浙江省社会科学研究所纂：《浙江人物简志》（下），杭州：浙江人民出版社1984年。

浙江人物志编纂委员会编，魏桥主编：浙江省志丛书《浙江省人物志》，杭州：浙江人民出版社2005年。

中国第一历史档案馆：军机处录副光绪宣统奏折。

朱兰等修，劳乃宣纂：《阳信县志》8卷，含补遗），阳信县署，民国十五年（1926），铅印本。

二、理论著作

《马克思恩格斯选集》，北京：人民出版社1995年。

《列宁选集》，北京：人民出版社1995年。

《毛泽东选集》，北京：人民出版社1991年。

三、近人研究

（一）国内中文专著

程啸：《晚清乡土意识》，北京：中国人民大学出版社1990年。

陈独秀：《陈独秀音韵学论文集》，北京：中华书局2001年。

陈贵宗：《义和团的组织和宗旨》，长春：吉林大学出版社1987年。

陈寅恪：《柳如是别传》，上海：上海古籍出版社1980年。

程俊英编：《中国大教育家》，北京：教育科学出版社2008年（其最早版本为上海中华书局1948年）。

丁伟志、陈崧：《中西体用之间：晚清中西文化观述论》，北京：中国社会科学出版社1995年。

李帆：《刘师培与中西学术——以其中西交融之学和学术史研究为核心》，北京：北京师范大学出版社2003年。

葛兆光：《中国思想史》，上海：复旦大学出版社2001年。

耿振生：《明清等韵学通论》，北京：语文出版社1992年。

龚书铎：《中国近代文化探索》（增订本），北京：北京师范大学出版社1997年。

龚书铎主编：《中国近代文化概论》，北京：中华书局1997年。

龚书铎：《社会变革与文化趋向——中国近代文化研究》，北京：北京师范大学出版社2005年。

贵州省遵义地区地方志编纂委员会，何柱承主编：《浙江大学在遵义》，杭州：浙江大学出版社1990年。

胡平生：《民国初期的复辟派》，台北：台湾学生书局1985年。

黄兴涛：《文化怪杰辜鸿铭》，北京：中华书局1995年。

吉常宏、王佩增：《中国古代语言学家评传》（内有耿振生著《劳乃宣评传》），济南：山东教育出版社1992年。

《交通大学校史》编写组：《交通大学校史》，上海：上海交通大学出版社1986年。

《交通大学校史》编写组：《交通大学校史资料选编》（第1卷，1896—1927），西安：西安交通大学出版社1986年。

李迪：《中国数学通史》（明清卷），南京：江苏教育出版社2004年。

李贵连：《沈家本传》，北京：法律出版社2000年。

李贵连：《沈家本评传》，南京：南京大学出版社2005年。

黎锦熙：《国语运动史纲》，上海：上海书店1990年影印（据上海商务印书馆1934年版）。

李细珠：《晚清保守思想的原型——倭仁研究》，北京：社会科学文献出版社2000年。

李文海：《世纪之交的晚清社会》，北京：中国人民大学出版社1995年。

李文海等编著：《义和团运动史事要录》，济南：齐鲁书社1986年。

李无未：《音韵学论著指要与总目》，北京：作家出版社2007年。

李无未：《汉语音韵学通论》，北京：高等教育出版社2006年。

林存阳：《清初三礼学》，北京：社会科学出版社2002年。

路遥主编：《义和拳运动起源探索》，济南：山东大学出版社1990年。

陆宝千：《清代思想史》（第三版），台北：中和广文书局2006年（大陆版：上海：华东师范大学出版社2009年）。

卢钟锋：《中国传统学术史》，郑州：河南人民出版社1998年。

瞿同祖：《瞿同祖法学论著集》，北京：中国政法大学出版社2004年。

瞿同祖著，范忠信、宴锋译，何鹏等校：《清代地方社会》，北京：法律出版社2003年。

倪海曙：《清末汉语拼音运动编年史》，上海：上海人民出版社1959年。

桑兵：《晚清民国的学人与学术》，北京：中华书局2008年。

上海交通大学校史编纂委员会编，王宗光主编：《上海交通大学纪事》（1896—2005）（上卷），上海：上海交通大学出版社2006年。

孙立新、孙锐主编：《东西方之间——中外学者论卫礼贤》，济南：山东大学出版社2004年。

孙孔懿：《论教育家》，北京：人民教育出版社2006年。

唐作藩：《汉语音韵学常识》（第四版），上海：上海教育出版社2004年。

夏东元编著：《盛宣怀年谱长编》（上、下册），上海：上海交通大学出版社2004年。

萧超然等编著：《北京大学校史》（1898—1949）增订本，北京：北京大学出版社1988年。

熊月之：《西学东渐与晚清社会》，上海：上海人民出版社1994年。

王尔敏：《中国近代思想史论》，台北：华世出版社1977年（大陆版：北京：社会科学文献出版社2003年）。

王汎森：《中国近代思想与学术的系谱》，台北：联经事业股份有限公司2003年。

王力：《汉语音韵学》，北京：商务印书馆1956年。

王力：《音韵学初步：献给叶圣陶先生》，北京：商务印书馆1980年。

王力：《汉语音韵》，北京：中华书局2003年。

汪林茂：《晚清文化史》，北京：人民出版社2005年。

王学珍、郭荣建主编，北京大学校史研究室编：《北京大学史料》第1卷（1898—1911），北京：北京大学出版社1993年。

王学珍等主编：《北京大学纪事》（1898—1997），北京：北京大学出版社2008年第2版。

韦政通：《中国思想史》，台北：大林出版社1982年。

韦政通：《韦政通自选集》，济南：山东教育出版社2005年。

吴文俊主编：《中国数学史大系》（全10卷），北京：北京师范大学出版社1998—2001年。

杨洪升：《缪荃孙研究》，上海：上海古籍出版社2008年。

喻大华：《晚清文化保守思潮研究》，北京：人民出版社2001年。

《浙江大学校史编写组》：《浙江大学简史》（1896—1966）第1、2卷，杭州：浙江大学出版社1996年。

赵园：《明清之际士大夫研究》，北京：北京大学出版社1999年。

赵园：《制度・言论・心态：明清之际士大夫研究续编》，北京：北京大学出版社2006年。

张奠宙：《中国近现代数学的发展》，石家庄：河北科技出版社2000年。

张灏：《幽暗意识与民主传统》，台北：联经事业出版公司1989年。

张世禄等：《音韵学入门》，上海：复旦大学出版社1987年。

张卫波：《民国初期尊孔思潮研究》，北京：人民出版社2006年。

郑师渠：《晚清国粹派文化思想研究》，北京：北京师范大学出版社1997年第2版。

郑师渠、史革新：《近代中西文化论争的反思》，北京：高等教育出版社1991年。

郑师渠总主编，史革新分册主编：《中国文化通史》晚清卷，北京：北京师范大学出版社 2009 年。

朱隆泉主编：《思源湖：上海交通大学百年故事撷英》，上海：上海交通大学出版社
2006 年。

（二）国外著作中译本和中文著作

［美］包华德主编（Howard L. Boorman），沈自敏译：（中华民国史资料丛稿译稿）《民
国名人传记辞典》第 6、7、8 分册，北京：中华书局 1986 年。

［美］戴维・迈尔斯（David Myers）著：《社会心理学》，北京：人民邮电出版社
2006 年。

［英］李约瑟著，《中国科学技术史》翻译小组译（鲍国宝等译）：《中国科技史》（第
3 卷：数学），北京：科学出版社 1978 年。

［德］卫礼贤，王宇洁等译：《中国心灵》，北京：国际文化出版公司 1998 年（该书还
有国际文化出版公司 2005 年修订版）。

［美］周锡瑞著，张俊义、王栋合译：《义和团运动的起源》，南京：江苏人民出版社
1994 年。

［美］周明之：《近代中国的文化危机：清遗老的精神世界》，济南：山东大学出版社
2009 年。

［日］佐藤公彦著，宋军、彭曦、何慈毅译：《义和团运动的起源及其运动》，北京：
中国社会科学出版社 2007 年。

（三）学术论文

陈恩虎：《民初遗老圈传统文化情愫探析》，《安徽史学》2006 年第 3 期。

陈晶华：《晚清遗民的社会影响》，《理论界》2008 年第 7 期。

陈旭麓：《论"中体西用"》，《历史研究》1982 年第 5 期。

戴玄之：《义和团的本质》，《大陆杂志》第 24 卷第 1 期，1962 年 1 月。

戴玄之：《义和团与白莲教无关考》，《大陆杂志》第 25 卷第 3 期，1962 年 8 月。

戴玄之：《义和团的变质》（上、下），《大陆杂志》第 26 卷第 11、12 期，1963 年 6 月
15、30 日。

凡木：《〈周易〉西行》，《读书》1992 年第 1 期。

傅道彬，王秀臣：《郑孝胥和晚清文人的文化遗民情结》，《北方论丛》2002 年第 1 期。

葛兆光：《世间原未有斯人：沈曾植与学术史的遗忘》，《读书》1995 年第 9 期。

郭婕：《劳乃宣法律思想略论》，《史学月刊》2000 年第 2 期。

孔令仁：《我的太外公劳乃宣和祖母劳绅》，《春秋》2002 年第 2 期，内部资料。

李福友：《阳信名人劳乃宣》，《春秋》2003 年第 3 期，内部资料。

李明：《论劳乃宣的思想历程》，《今日科苑》2007 年第 22 期。

李明：《试论劳乃宣的重民思想及其实践》，《山东教育学院学报》2008 年第 1 期。

李贻荫、王平：《〈易经〉两种英译的比较》，《外语与外语教学》（大连外国语学院学报）1993 年第 4 期。

李宇明：《清末文字改革论语言统一》，《语言教学与研究》2003 年第 2 期。

刘远征：《民国初期的"共和"观念》，《法制与社会发展》2003 年第 3 期。

路新生：《论"体""用"概念在中国近代的"错位"》，《华东师范大学学报》1999 年第 5 期。

罗惠缙：《清末民初遗民关系撷拾》，《贵州社会科学》2007 年第 3 期。

罗惠缙：《清末民初遗民话语系统的文化解析》，《广西社会科学》2007 年第 8 期。

吕淑红：《论劳乃宣现象》，《内蒙古师范大学学报》（哲学社会科学版）1991 年第 2 期。

马勇：《50 年来的近代人物研究》，《近代史研究》1999 年第 5 期。

邵盈午：《从梁济"自沉"看中国近代遗老的文化心态》，《上海师范大学学报》（哲学社科版）2004 年第 1 期。

孙明：《清遗民关怀中的治统与道统——以沈曾植、曹廷杰为个案》，《史林》2003 年第 4 期。

王东杰：《从文字变起：中西学战中的清季切音字运动》，《中山大学学报》（社会科学版）2009 年第 1 期。

王雷：《民国初年生存空间的歧异——前清遗老圈里的生死节义》，《安徽师范大学学报》（人文社科版）2003 年第 1 期。

王雷：《民初前清遗老圈政治心态浅析》，《哈尔滨学院学报》2004 年第 12 期。

王雷、陈恩虎：《民国初年前清遗老圈生存心态探析》，《史学月刊》2005 年第 3 期。

汪林茂：《工具理性思路下的清末文字改革运动》，《浙江大学学报》（人文社会科学版）2008 年第 5 期。

汪林茂：《清末文字改革：民族主义与文化运动》（上）（下），《学术月刊》2007 年第 10、11 期；并被人大复印资料《中国近代史》2008 年第 2 期全文转载。

王青建：《〈古筹算考释〉研究》，《自然科学史研究》1998 年第 2 期。

王世维：《官吏、学者劳乃宣》，《青岛师专学报》1993 年第 2 期。

王晓秋：《辛亥革命与民国初年的北京大学》，《北京大学学报》（哲学社会科学版）2001 年第 6 期。

熊月之：《辛亥鼎革与租界遗老》，《学术月刊》2001 年第 9 期。

闫翠翠：《劳乃宣的"变"与"不变"》，《山东农业管理干部学院学报》2008 年第 4 期。

于建胜等：《试论劳乃宣的教育思想及其实践》，《青岛大学师范学院学报》2005 年第 4 期。

于建胜：《劳乃宣与清末修律述论》，《历史教学问题》2007 年第 5 期。

于建胜：《一个知县眼中的义和团——以劳乃宣〈义和拳教门源流考〉为中心的探析》，《山东师范大学》2010 年第 1 期。

赵慧峰：《简析民国时期的国语运动》，《民国档案》2001 年第 4 期。

庄吉发：《清代义和拳源流考》，《大陆杂志》第 65 卷第 6 期，1982 年 12 月。

（四）学位论文

陈晶华：《民国社会的异度空间——谈晚清遗民》，吉林大学硕士学位论文 2006 年。

陈珊珊：《明遗民群体的心态嬗变和启蒙思想的生成》，浙江大学硕士学位论文 2007 年。

伏传伟：《进入民国：清史馆的机构与人事》，中山大学博士学位论文 2006 年。

干春松：《制度化儒家的解体》，中国社会科学院研究生院博士学位论文 2001 年。

郭婕：《劳乃宣与清末修律》，河南大学硕士学位论文 1999 年。

韩华：《民初孔教会与国教运动》，四川大学博士学位论文 2003 年。

李美惠：《劳乃宣教育主张与教育实践探析》，北京师范大学硕士学位论文 2009 年。

禄占敏：《劳乃宣研究》，河北大学硕士学位论文 2009 年。

林志宏：《民国乃敌国也：清遗民与近代中国政治文化的转变》，台湾大学历史学研究所博士学位论文 2005 年。

朴允河：《劳乃宣〈等韵一得〉研究》，台湾师范大学国语研究所硕士学位论文 1992 年。

宋淑玉：《孔教会研究》，北京师范大学博士学位论文 2005 年。

张新慧：《清末礼教派思想述评》，山东大学硕士学位论文 2008 年。

郑绍基：《劳乃宣汉字改革理论研究》，香港大学硕士学位论文 1999 年。

周敏之：《王照研究》，中国社会科学院研究生院博士学位论文 2002 年。

（五）工具书

陈旭麓等：《中国近代史词典》，上海：上海辞书出版社 1982 年。

邓宗琦主编：《数学家辞典》，武汉：湖北教育出版社 1990 年。

顾明远主编：《教育大辞典》（增订合编本），上海：上海教育出版社 1998 年。

李盛平主编：《中国近现代人名大辞典》，北京：中国国际广播出版社 1989 年。

南京大学历史系《中国历代名人辞典》编写组：《中国历代名人辞典》，南昌：江西人民出版社 1984 年。

钱实甫：《清代职官表》，北京：中华书局 1984 年。

萧一山：《清代学者生卒及著述年表》，北平文史政治学院讲稿1931年刊本。又见萧氏著《清代通史》（五），北京：中华书局1986年。

中国社会科学院近代史研究所翻译室：《近代来华外国人名辞典》，北京：中国社会科学出版社1981年。

中国大百科全书编委会：《中国大百科全书·教育》，北京：中国大百科全书1985年。

中国大百科全书编委会：《中国大百科全书·语言文字》，北京：中国大百科全书1988年。

中国大百科全书编委会：《中国大百科全书·心理学》，北京：中国大百科全书1991年。

朱智贤主编：《心理学大词典》，北京：北京师范大学出版社1989年。

四、外文资料：

Boorman, Howard L., *Biographical Dictionary of Republican China*［monograph］. New York：Columbia Univ. , 1967 – 1979.

Chang, Hao, *Chinese Intellectuals in Crisis：Search for Order and Meaning, 1890 – 1987.* Berkley：University of California Press, 1987.

Chang, Hao, *Liang Ch'i – ch'ao and Intellectual Transition in China 1890 – 1907.* Cambridge：Harvard University Press, 1971.

North China Herald, 1901 – 1911.

Richard Wilhelm, *The Soul of China.* trans. by John Holord. New York：Harcourt, Brace and Company, 1928.

后　记

　　这本专著是在博士论文的基础上修订而成，是对劳乃宣研究的一个阶段性总结。同时让我回忆起在北师大的读博岁月，感慨良多。

　　幸运得很，在中学和大学分别工作八年和三年后，我于2007年一举考取了北京师范大学，并师从龚书铎教授攻读博士学位。首先感谢龚先生三年来对学生的细心指导和耐心帮助。

　　博士论文选题是对博士生的关键性考验，龚先生像往常一样，也让学生自己选题，以锻炼我发现问题的能力。由于学养不足、学识有限及资料的时空所限等原因，我先后选取过约二十个题目，每次先生总是不厌其烦地分析每个题目的特点，要求我根据自己的基础和材料等情况，作出取舍。由此，我在李鸿藻、辅仁大学和清代的国史馆等选题前踯躅良久后，最终选取了劳乃宣这一人物为研究对象。人物研究有其容易之处，一般多指资料相对集中，然要想研究好又有其不易之处：除把握好传主本人的资料外，与其同时代及相关的人物亦应有所了解，实际上并非易事，即如先生所言"不能就其自身研究个人，还应有所比较"。

　　博士论文能顺利完成也是与龚先生的耐心指导和鼓励分不开的。龚先生总是督促我抓紧时间，且当我交上论文后，总是及时反馈。我印象较深的是：先生虽届耄耋之年，精力尚佳，仍然亲自逐句批改我的论文。2009年底，初稿前两章交上后，由于自己的思路等原因，横生枝蔓较多，被先生删去近半。我当时虽然有点儿舍不得，却使日后的写作减少了弯路。三年来，龚先生几乎没有严厉批评过我，但每当我看到先生对我论文细致的批改时，就感受到先生那严谨治学的作风，就促使我尽力去掉一些浮躁之气。在本书即将出版之时，再次衷心感谢先生三年来对我学习和科研上的悉心指导及生活上的关心和帮助。

　　我的硕士生导师、山东师范大学王克奇教授及山东师范大学中国近现代史和专门史方向的王林等诸位老师，也曾给予我很大的帮助，是他们初步引领我走上史学研究的道路。北京师范大学李帆、史革新、郑师渠、王开玺、孙燕京、李志英、张昭军、邱涛等诸位老师在读博期间也给予了我无私的帮助。其中，在选题阶段，李帆老师对我帮助尤多；在开题报告会上，李老师、孙燕京老师、张昭军老师还提出了很好的建设性意见。经过艰辛的写作，2010年3月论文初稿完成，6月初，通过了博士论文答辩。在论文答辩会上，首都师范大学的梁景和老师，中国人民大学的黄兴涛老师和北京师范大学的李帆、孙燕京、李志英等老师又提出了宝贵的修改意见，为我的论文的进一步修订和出版提供了很大的帮助。谢谢他们！

有缘千里来相会。三年间，还得到了同学王学斌、闫长丽、王海珠、阎静、吴艳玲、孙淑松、黄益、赵亦彭、王志刚、张跃飞、张绪峰、李凯、王煦及师弟师妹袁滢滢、连振斌、李晓涛、吴岩等人各种形式的帮助。其中与学斌接触最多，他只要见到对我有用的资料，就及时告诉我，还不时阐发其学术见解，对我的论文写作颇有启发。在论文收尾阶段，他还和连振斌、闫长丽一齐帮助我查找和纠正论文中的不足，使我论文中的缺点有所弥补。同寝室的二位八〇后赵亦彭和王志刚，年龄小我十岁，他们新锐的思想和学术见解，对我的学习和研究也不无启发。在此，对同学们的支持表示感谢。

我还要深深感谢我的父母、妻子及所有的亲友。多年的求学生涯，对父母报答很少，年逾花甲的父母总是予以理解和支持。三年来，岳母帮助我照顾正在上初中的儿子，妻子王玉茹在完成教学任务之余，还帮我打印了部分资料，即将升入初三的儿子尚知努力，这些都使我减少了后顾之忧。没有亲人们的大力支持，我难以如此顺利完成论文！

中国社会科学院近代史研究所图书馆特藏室茹静老师，北京师范大学图书馆古籍室、国家图书馆古籍室、北京大学图书馆古籍室、清华大学图书馆古籍室、河北师范大学图书馆古籍室、河北大学图书馆古籍室、河北省档案馆、保定市档案馆和保定市图书馆等诸多老师热情而周到的服务，为论文写作提供了极大的便利，对他们的支持和帮助，表示感谢。

在本书即将付梓之际，还要衷心感谢人民出版社的接纳和编辑陆丽云女士的悉心校改。本书能够出版，还得益于德州学院学术著作出版基金和历史系重点学科建设基金的资助，借此机会，向多年来一直关心、支持和帮助我的德州学院的领导、历史系的领导和老师们致以谢忱。

由于本人入门较晚，学识浅薄，对于音韵学及古筹算学等知识毫无基础，因而有些问题的研究就勉为其难。有的专家提建议指出了劳氏的交游应有更好的撰写方式，但笔者学历不逮，只能暂且如此。史料是史学研究的基础。中国近代史料浩如烟海，尽管我下了较大的功夫搜集，但关于劳乃宣的史料仍未"网罗穷尽"。我将继续搜集，深化和完善对劳乃宣的研究，以待尽善尽美。总之，本书离龚先生对我的要求还有较大的差距，文中的一些结论还很粗疏，虽经反复修改，错误和疏漏在所难免，还存在着述多论少、遣词造语推敲不够等诸多不足。恳请方家、师友不吝赐教，不胜感激。

"路漫漫其修远兮，吾将上下而求索"，学术研究永无止境。在今后的人生道路上，我只有更加努力地工作，才能报答亲人、师友给予我的关心和帮助。

张立胜

2010 年 10 月 30 日草

2011 年 2 月 28 日修订于德州学院

责任编辑:陆丽云

封面设计:肖 辉

图书在版编目(CIP)数据

县令·幕僚·学者·遗老——多维视角下的劳乃宣研究/ 张立胜 著.

-北京:人民出版社,2011.8

ISBN 978 - 7 - 01 - 009977 - 4

Ⅰ.①县⋯ Ⅱ.①张⋯ Ⅲ.①劳乃宣(1843~1921)-人物研究

　Ⅳ.①K827 = 52

中国版本图书馆 CIP 数据核字(2011)第 110230 号

县令·幕僚·学者·遗老

XIANLING · MULIAO · XUEZHE · YILAO

——多维视角下的劳乃宣研究

张立胜 著

人民出版社 出版发行

(100706 北京朝阳门内大街166号)

北京集惠印刷有限责任公司印刷 新华书店经销

2011 年 8 月第 1 版 2011 年 8 月北京第 1 次印刷

开本:710 毫米×1000 毫米 1/16 印张:24

字数:405 千字 印数:0,001-3,000 册

ISBN 978 - 7 - 01 - 009977 - 4 定价:48.00 元

邮购地址 100706 北京朝阳门内大街 166 号

人民东方图书销售中心 电话 (010)65250042 65289539